旅游抽样调查资料

2010

国 家 旅 游 局 政 策 法 规 司
国家统计局城市社会经济调查司
国家统计局农村社会经济调查司

《旅游抽样调查资料》

编 委 会 名 单

编者说明

本书是反映2009年入境游客在华花费和国内居民国内旅游情况的资料性年刊，分为上下两篇。上篇为入境游客抽样调查资料，由综合分析报告和调查分类数据两部分组成，分类数据包括：入境游客的主要特征，入境外国人、港澳台同胞的花费水平和花费构成、在境内的停留时间以及入境次数、流向、对住宿设施的选择，入境游客对旅游服务质量、旅游接待设施的评价以及对旅游资源和旅游商品的兴趣等。

下篇为国内旅游抽样调查资料，汇集了2009年对城镇居民和农村居民的国内旅游抽样调查结果，共分为四个部分：第一部分为综合分析报告；第二部分为2009年国内旅游出游及花费情况；第三部分为2009年城镇居民国内旅游抽样调查分类数据；第四部分为2009年农村居民国内旅游抽样调查分类数据。

本书是根据抽样调查取得的数据和资料，经过汇总、审核、整理，汇编出来的一套全面反映调查过程和调查结果的翔实资料，可供研究旅游业发展的理论工作者和旅游行业的实际工作者参考使用。

2009年入境游客花费抽样调查和国内旅游抽样调查的组织实施，得到了国家统计局、公安部出入境管理局、中国民用航空局公安局和各省（区、市）旅游局（委）、统计局、有关边检站的大力支持和协助，在此一并表示衷心感谢！

《旅游抽样调查资料2010》
编 辑 委 员 会
二〇一〇年九月

目　　录

上篇　入境游客抽样调查资料

二、入境游客停留时间

十、入境游客对旅游商品的兴趣

十一、入境游客抽样调查总人数及构成

下篇　国内旅游抽样调查资料

第一部分　综合分析报告

第二部分　2009年国内旅游出游及花费情况

第三部分　2009年城镇居民国内旅游抽样调查分类数据

一、城镇居民国内旅游抽样调查人次数及构成

二、城镇居民国内旅游出游人均花费情况

三、城镇居民散客国内旅游人均花费构成

四、城镇居民对国内旅游服务质量的评价

第四部分　2009年农村居民国内旅游抽样调查分类数据

一、农村居民一日游情况

二、农村居民国内旅游者（过夜游客）抽样调查人次数及构成

三、农村居民国内散客过夜游人均花费情况

四、农村居民国内游客对服务质量的评价

上　　篇

入境游客抽样调查资料

第一部分　综合分析

2009年入境游客抽样调查综合分析报告

为科学准确地反映2009年我国入境旅游业发展的总体状况，国家旅游局组织实施了“入境游客花费情况抽样调查”，现将调查的有关情况、数据及结果分析报告如下：

一、2009年入境游客抽样调查情况

“入境游客花费情况抽样调查”是纳入《旅游统计调查制度》的国家调查项目。调查工作于2009年3月至7月在全国128个城市的主要边境口岸、旅游住宿单位、长江游船和部分接待入境游客的旅行社进行。在国家统计局、公安部、民用航空局等有关部门的配合下，经过各地旅游统计人员辛勤工作，按计划圆满地完成了现场调查、问卷审核、数据录入、资料汇总等工作。问卷按6种语种（即中、英、法、日、朝、俄）印刷。

本次调查的计划样本量为43000人，其中：口岸调查过夜旅游者11400人、一日游游客3800人；各省（区、市）饭店调查27600人，长江游船调查200人。另外，还对全国80家旅行社的1200个入境团队代收代付旅游费用的构成比例进行调查。

入境游客花费抽样调查的对象是到中国大陆境内旅游的外国人、香港同胞、澳门同胞和台湾同胞，调查内容主要包括：游客的主要特征、在境内的停留时间、在境内的旅游花费和构成、入境旅游的方式、在境内的行程和流向、对旅游服务质量和接待设施的评价、对旅游资源和旅游商品的兴趣等。

二、抽样调查的基本结果

（一）抽样人数的构成

2009年入境游客抽样调查共回收有效调查问卷48134份，超过计划11.9%，其中口岸调查表15950份，占回收问卷的33.1%（其中：过夜旅游者12480份，占78.2%；一日游游客3470份，占21.8%）；旅游住宿单位（含游

船）调查 32184 份，占 66.9%。2009 年入境游客抽样调查人数占当年入境旅游人数的 0.38‰，其中：外国人占当年入境外国人的 1.58‰；香港同胞占当年入境香港同胞的 0.09‰；澳门同胞占当年入境澳门同胞的 0.10‰；台湾同胞占当年入境台胞的 0.90‰。

具体情况如下：

1. 按客源地分

在 2009 年抽样调查的 48134 名入境游客中：外国游客 34565 人，占 71.8%；香港同胞 7228 人，占 15.0%；澳门同胞 2316 人，占 4.8%；台湾同胞 4025 人，占 8.4%。

2. 按旅游方式分

在 48134 名入境游客中，团体游客 20036 人，占 41.6%；零散游客 28098 人，占 58.4%。

3. 按过夜旅游者和一日游游客分

在 48134 名被调查的入境游客中：过夜旅游者 44664 人，占 92.8%，一日游游客 3470 人，占 7.2%。

4. 按性别分

在接受调查的 48134 名入境游客中，男性游客 27621 人，占 57.4%；女性游客 20513 人，占 42.6%。

5. 按年龄分

在接受调查的入境游客中：14 岁及以下的游客 398 人，占 0.8%；15 至 24 岁的 4929 人，占 10.2%；25 至 44 岁的 22865 人，占 47.5%；45 至 64 岁的 16173 人，占 33.6%；65 岁及以上的 3769 人，占 7.8%。

6. 按职业分

在接受调查的入境游客中：政府工作人员 2553 人，占 5.3%；专业技术人员 7543 人，占 15.7%；职员 8722 人，占 18.1%；技工/工人 2235 人，占 4.6%；商贸人员 11022 人，占 22.9%；服务员/推销员 1652 人，占 3.4%；退休人员 4105 人，占 8.5%；家庭妇女 3485 人，占 7.2%；军人 258 人，占 0.5%；学生 3198 人，占 6.6%；其他人员 3361 人，占 7.0%。

7. 按旅游目的分

在接受调查的入境游客中：观光游览的 16156 人，占 33.6%；休闲度假的 9630 人，占 20.0%；探亲访友的 4002 人，占 8.3%；进行商务活动的 11839 人，占 24.6%；参加会议的 2581 人，占 5.4%；宗教朝拜的 438 人，占 0.9%；文体科技交流的 1317 人，占 2.7%；其他目的 2171 人，占 4.5%。

8. 外国人按国别分

在接受调查的 34565 名外国人中：日本 6493 人，占 18.8%；菲律宾 439

人，占 1.3%；泰国 734 人，占 2.1%；新加坡 1842 人，占 5.3%；印度尼西亚 546 人，占 1.6%；马来西亚 1242 人，占 3.6%；韩国 4946 人，占 14.3%；蒙古 472 人，占 1.4%；英国 1704 人，占 4.9%；法国 1608 人，占 4.7%；德国 1025 人，占 3.0%；俄罗斯 2754 人，占 8.0%；美国 3141 人，占 9.1%；加拿大 1244 人，占 3.6%；澳大利亚 1096 人，占 3.2%；其他 5279 人，占 15.3%。

（二）入境游客在境内花费及构成情况

2009 年入境过夜旅游者在境内花费的总水平比上年有所下降，外国人、香港同胞、澳门同胞和台湾同胞的花费水平比上年均有不同程度地下降。

2009 年入境过夜旅游者在华人均天花费 180.77 美元/人天，比上年下降 2.9%，其中：外国人 192.93 美元/人天，下降 3.7%；香港同胞 137.68 美元/人天，下降 0.2%；澳门同胞 112.39 美元/人天，下降 10.1%；台湾同胞 183.76 美元/人天，下降 1.4%。

入境过夜旅游者在境内人均花费 1229.24 美元，比上年增长 4.8%。其中：外国过夜旅游者人均花费 1466.27 美元，增长 4.5%；香港同胞人均花费 495.65 美元，下降 0.2%；澳门同胞人均花费 415.84 美元，下降 32.1%；台湾同胞人均花费 1341.45 美元，增长 9.0%。

入境一日游游客在境内人均花费 54.60 美元，比上年增长 14.9%。其中：外国游客人均花费 58.00 美元，增长 5.9%；香港同胞人均花费 47.92 美元，增长 25.6%；澳门同胞人均花费 55.75 美元，增长 29.2%；台湾同胞人均花费 69.77 美元，下降 7.6%。

入境过夜旅游者的花费构成情况是：长途交通费占总花费的 33.1%，住宿费占 12.5%，餐饮费占 8.6%，游览费占 4.5%，娱乐费占 6.5%，购物费占 21.8%，市内交通费占 2.1%，邮电通讯费占 2.1%，其他费用占 8.8%。与上年相比，过夜旅游者在娱乐、购物和其他费用等方面的支出比例有所增加或持平，在长途交通、住宿、餐饮、游览、市内交通和邮电通讯等方面的支出比例有所减少。

入境一日游游客花费的构成是：交通费占 13.9%，餐饮费占 13.4%，游览费占 11.5%，娱乐费占 13.7%，购物费占 33.7%，邮电通讯费占 5.0%，其他费用占 8.9%。与上年相比，一日游游客在游览、购物和其他方面的支出比例有不同程度的增加，在交通、餐饮、娱乐和邮电通讯等方面的支出比例有所减少。

在入境游客的花费中，不包括国际（地区）间交通费和境外旅行商（社）收取的劳务费。

（三）入境过夜旅游者在境内停留时间

2009 年入境游客抽样调查结果显示：

1. 入境过夜旅游者在境内的停留时间为 6.8 天，比上年延长 0.5 天。入境过夜旅游者中 46.1% 的旅游者在境内停留 1～3 天，37.7% 的旅游者停留 4～7 天；外国人、台湾同胞停留时间较长，停留 8 天以上的分别占 18.9% 和 15.4%；香港同胞和澳门同胞在境内的停留时间较短，分别有 68.4% 和 61.9% 的旅游者停留 1～3 天，停留 8 天的以上分别仅有 6.1% 和 5.4%。

2. 从入境过夜旅游者的出游方式看，参加旅行团的团体旅游者在境内的停留时间短于散客。团体旅游者在境内平均停留 5.2 天，散客旅游者在境内平均停留 7.8 天。

3. 从入境过夜旅游者构成看：外国人平均停留 7.6 天，比上年延长 0.6 天；香港同胞平均停留 3.6 天，与上年持平；澳门同胞平均停留 3.7 天，缩短 1.2 天；台湾同胞平均停留 7.3 天，延长 0.7 天。

4. 在不同性别的入境过夜旅游者中，男性旅游者的平均停留时间稍长于女性旅游者平均停留时间，分别为 7.0 天和 6.5 天。

5. 在不同年龄段的入境过夜旅游者中，45～64 岁、65 岁及以上的旅游者停留时间均为 5.9 天，分别比上年缩短了 0.3 天和 1.5 天；14 岁及以下、15～24 岁和 25～44 岁的旅游者平均停留时间分别为 9.9 天、13.6 天和 6.4 天，比上年延长了 1.4 天、5.7 天和 0.7 天。

6. 在不同职业的入境过夜旅游者中，学生的停留时间最长，为 19.0 天，比上年延长 8.6 天；停留时间最短的是服务员/推销员，其平均停留时间仅为 4.5 天，比总平均停留时间 6.8 天短 2.3 天。

7. 在不同旅游目的的入境过夜旅游者中，以文体交流为主要目的的旅游者在境内的停留时间最长，为 16.2 天，比上年延长 8.2 天；其次是以探亲访友和商务为主要目的的旅游者，停留时间分别为 6.1 天和 6.8 天；以观光游览为主要目的的旅游者停留时间为 5.6 天；以会议为主要目的的旅游者在境内的平均停留时间最短，为 4.1 天。

（四）入境游客来华（内地）次数

2009 年入境游客来华（内地）次数的总体情况是：

1. 入境游客以多次来华（内地）为主，一日游游客比重有大幅增加。入境 4 次以上的过夜旅游者和一日游游客所占比例分别为 42.5% 和 61.0%，其中过夜旅游者比重与上年基本持平，一日游游客比上年增加了 10.7 个百分点；第一次来华（内地）旅游的过夜旅游者和一日游游客所占比例分别为 28.7% 和 17.5%，分别比上年增加了 0.3 个百分点和 0.4 个百分点。

2. 初次来华（内地）的入境游客主要是团体游客，而数次来华（内地）的则以散客为主。调查中，团体游客第一次入境的占 51.6%，比上年增加 2.5 个百分点；散客入境4次以上的占58.1%，增加5.5个百分点。

3. 在入境游客中，首次入境的外国游客比例相对较高，占35.3%；在港澳台同胞中，多次（4次以上）入境的游客所占比例远远高于首次游客。

4. 从全国各省（区、市）的情况看，经济发达、交通便利的省市和边境口岸省区，接待首次来本地区旅游的入境旅游人数比例相对比较低，大部分省区接待首次来本地区的入境游客比例相对较高。

（五）入境游客的行程

2009年，入境游客在境内的行程有以下特点：

1. 入境游客仍以短程为主，但所占比重较上年有所下降。游览1~3座城市的游客占被调查者的85.9%，比上年降低2.2个百分点；游览4~6座城市和一次游览7座以上城市的游客分别占11.6%和2.6%。

2. 团体游客的平均行程普遍长于散客，团体游客游览4座以上城市的占20.9%，比上年增加3.1个百分点；散客占10.9%，比上年增加1.6个百分点。

3. 在入境游客中，外国人、澳门同胞和台湾同胞的行程相对较长，一次游览4座以上城市的均超过10%；香港同胞的行程相对较短，有93.3%的游客一次只游览1~3座城市。

4. 在不同性别的游客中，男性游客的平均行程稍短于女性游客，一次游览1~3座城市的比例分别为85.3%和86.6%。

5. 在不同年龄段的入境游客中，25~44岁的游客平均行程最短，游览的城市最少；一次游览1~3座城市的比例为89.3%；其次是15~24岁的游客，一次游览1~3座城市的比例为84.8%；65岁及以上年龄段的游客平均行程最长，一次游览4座以上城市的占23.0%。

6. 在不同职业的入境游客中，政府工作人员、退休人员、军人和学生的平均行程普遍较长，一次游览4座以上城市的比例超过20%；技工/工人的平均行程普遍较短，一次游览1~3座城市的为90.2%。

7. 在不同旅游目的的入境游客中，以观光游览为目的的游客的平均行程要长于其他旅游目的的游客，一次游览4座以上城市的占23.9%；而以探亲访友和商务为目的游客的平均行程较短，一次游览1~3座城市的超过90%。

（六）入境游客的流向

1. 入境游客出境后的流向

2009年对入境游客抽样调查资料显示：（1）在入境外国游客中，到我国的“一国游游客”和以我国为最终旅游目的地的游客居于主要地位，84.3%的游客出境后返回各自的国家，较上年提高了1.2个百分点。其中，我国周边国家（日本、韩国、蒙古、俄罗斯等）多数是只到我国旅游的“一国游游客”，比重都在九成左右；欧美、大洋洲、非洲等远程市场的入境游客，出境后的流向呈现出多样性，除法国外，其他各国超过 20% 的游客离境后前往其他国家或地区。(2) 在入境外国游客出境后，除了直接返回来源地外，还有 15.7% 的游客前往其他国家或地区，这部分游客中 41.0% 的游客前往港澳特别行政区，比上年降低了 8.9 个百分点。(3) 港澳台和东南亚等市场的游客，出境后直接返回来自国家（地区）的比重比上年略有下降，占 78.8%，其余 21.2% 的游客继续前往其他国家（地区）。

2. 入境过夜旅游者在我国省（区、市）之间的流向

在这次全国各省（区、市）旅游住宿单位（含游船）抽样调查的 32184 名入境过夜旅游者中，有 11962 人不立即出境，还将前往我国其他地区游览。这些旅游者主要的流向有三个：第一，在所在的省（区、市）内继续游览，这部分旅游者所占的比重占在境内继续游览人数的 25.3%，比上年增长 1.5%；第二，前往北京、上海旅游，在各省（区、市）接待的入境旅游者中，选择这一流向的占 40.1%，比上年下降 0.5%；第三，到中国经济比较发达和旅游资源较丰富的省（区、市），如继续前往江苏、浙江、广东、四川和陕西等地区的旅游者比例相对较高，占在境内游览总人数的 17.8%。

（七）入境过夜旅游者对住宿单位的选择

2009 年入境过夜旅游者对住宿单位的选择是：选择宾馆饭店住宿的人天数占其总人天数的 58.3%，比上年下降了 12.7 个百分点；选择公寓住宿的人天数占 11.2%，比上年增加了 0.8 个百分点；在私人住所住宿的人天数占 15.7%，比上年增加了 1.3 个百分点。此外，还有 14.9% 的入境过夜旅游者在车船或招待所等旅游住宿单位中住宿。

2009 年对入境过夜旅游者选择住宿单位的调查表明：

1. 入境过夜旅游者对住宿单位的选择主要是宾馆饭店，占被调查者的 58.3%，其次是私人住所，占被调查者的 15.7%。

2. 外国过夜旅游者和澳门同胞选择宾馆饭店的比例高于香港和台湾同胞，分别为 60.8% 和 61.7%；香港同胞和台湾同胞选择宾馆饭店的比例较其他住宿单位高，分别为 48.8% 和 43.1%。

3. 在入境过夜旅游者中，团体旅游者选择宾馆饭店住宿的比例（91.1%）远远高于散客（45.9%）；而散客选择公寓和私人住所住宿的比例（20.8%）又远高于团体旅游者（2.2%）。

（八）入境游客对旅游服务质量的评价

2009 年入境游客对旅游服务质量总评价较好，在对宾馆饭店、餐饮、交通、娱乐、购物、导游和邮电通讯等七个方面的服务质量评价中，入境游客认为评价为“最好”（5分）、“好”（4分）和“尚好”（3分）的得分率与上年相比有所提高，其中满意率最高的仍是宾馆饭店，评价“尚好”以上的人数占97.0%，比上年增加了0.2个百分点。在本次调查中，入境游客对餐饮、娱乐、购物和导游服务的服务质量也给予了较高的评价，评价“尚好”以上的分别为94.4%、92.2%、93.6%和92.2%，分别比上年增加了0.3个百分点、1.7个百分点、1.6个百分点和0.6个百分点；游客对交通和邮电通讯比较满意，评价“尚好”以上的分别占被调查者的85.6%和89.5%，分别比上年增加了1.3个百分点和0.6个百分点。

不同的游客对旅游服务的评价也有所不同，外国游客对宾馆饭店、餐饮、娱乐、购物和导游服务的评价较高，满意率超过90%，分别为96.9%、94.7%、91.3%、93.4%和93.1%，除对餐饮的评价略有下降外，其他各项评价均比上年有所提高；香港同胞对宾馆饭店、餐饮、娱乐、购物、导游服务和邮电通讯服务的满意度较高，分别为97.9%、93.8%、94.9%、94.8%和90.6%；澳门同胞对各项服务的满意度较上年有较大幅度的提高，除交通外，对其他六项服务的满意率均超过90%；台湾同胞对宾馆饭店、餐饮、娱乐和购物的满意率较高，分别为96.6%、92.3%、91.5%和90.4%。

（九）入境游客对旅游接待设施的评价

旅游接待设施包括宾馆/饭店设施、餐饮设施、交通设施、娱乐设施、购物场所设施、游览/参观点的接待设施和旅游景区厕所等七个部分。

入境游客对各项旅游接待设施的评价较上年均有提高。对宾馆饭店、餐饮、娱乐、购物和游览/参观点等接待设施的评价较高，评价为“尚好”（3分）以上的比例超过90%，其中对宾馆饭店接待设施的评价最高，评价“尚好”以上的高达97.2%，比上年增加了1.0个百分点；对餐饮接待设施的评价其次，评价为“尚好”以上的达94.6%，增加了0.7个百分点；对娱乐、购物和游览/参观点的接待设施也比较满意，评价为“尚好”以上的比例分别为91.9%、93.6%和92.8%；对交通设施的满意率为86.1%，增加了0.5个百分点。

在旅游接待设施中，入境游客满意率最低的是旅游景区厕所，但满意度较上年有较大幅度的提高，评价为“尚好”以上的比例为69.5%，比上年增加了3.1个百分点。其中，外国游客对旅游景区厕所的满意程度最高，评价为“尚好”以上的比例为71.1%，比上年增加了1.2个百分点；香港同胞评价为“尚好”以上的占68.1%，比上年增加了3.9个百分点；澳门同胞评价为“尚好”以上的比例为66.5%，满意度较上年有较大幅度提高，增加了18.4个百分点；台湾同胞评价为“尚好”以上的为61.6%，增加了3.2个百分点。

（十）入境游客感兴趣的旅游资源

2009年入境游客感兴趣的旅游资源仍集中在山水风光和文物古迹两个方

面，对民俗风情和饮食烹调也有浓厚的兴趣。入境游客对山水风光感兴趣的达52.5%，比上年增长了0.9个百分点；对文物古迹有极大兴趣的为43.9%，比上年增长了0.9个百分点；对民俗风情和饮食烹调有浓厚兴趣的分别为37.7%和34.8%，分别比上年增长了2.3个百分点和0.3个百分点；游客感兴趣的旅游资源还有文化艺术和旅游购物，分别占被调查者的28.3%和29.3%，分别比上年增长了3.1个百分点和2.1个百分点；游客对医疗保健、海滩和节庆活动的兴趣较低，分别仅占被调查者的11.9%、9.3%和11.8%。

在被调查的入境游客中，台湾同胞对祖国的山水风光情有独钟，表示有浓厚兴趣的比例为55.0%；对文物古迹和民俗风情也比较青睐，选择的比例为45.1%和39.7%。外国游客对我国的山水风光、文物古迹、民俗风情和饮食烹调有较大兴趣，选择的比例分别为52.8%、45.6%、38.1%和35.6%。香港同胞也对大陆的山水风光、文物古迹、民俗风情和饮食烹调等旅游资源表现出了浓厚的兴趣，选择的比例分别为50.7%、37.9%、36.6%和34.2%。澳门同胞除对山水风光、文物古迹、民俗风情和饮食烹调感兴趣外，选择旅游购物的比重也比较高，为37.5%。

（十一）入境游客感兴趣的旅游商品

旅游商品在游客的消费支出中一直占有较大比重。在2009年入境游客花费抽样调查中，将旅游商品分为服装/丝绸、中成药/保健品、食品/茶叶、酒类/香烟、瓷器/陶器、文物复制品/字画、地毯/挂毯、首饰/珍珠、胶卷/电器、具有地方特色的纪念品/工艺品等10大类。在这10类旅游商品中，入境游客最感兴趣的首先是服装/丝绸、食品/茶叶和具有地方特色的旅游纪念品/工艺品，超过三分之一的被调查者选择了这3类旅游商品，分别为39.5%、46.7%和38.0%。其次是中成药/保健品和瓷器/陶器，分别有21.4%和23.6%的游客表示对这两类旅游商品有较大兴趣，比上年提高了1.4个百分点和1.9个百分点。

不同的游客对旅游商品的兴趣各有侧重。外国游客感兴趣的旅游商品主要是食品/茶叶、服装/丝绸和具有地方特色的纪念品/工艺品，选择率分别为46.3%、41.4%和38.2%；港澳同胞和台湾同胞对旅游商品的兴趣比较一致，均为食品/茶叶、具有地方特色的纪念品/工艺品和服装/丝绸，其中，香港同胞选择率分别为50.9%、35.1%和34.3%，澳门同胞为45.8%、40.0%和39.5%，台湾同胞为43.2%、40.7%和32.8%。

第二部分　分类数据

一、入境游客人均天花费及构成

1－1　2009年入境过夜旅游者人均天花费

		人均天花费	政府工作人员	专业技术人员	职员	技工工人
全国	**总计**	**180.77**	**203.13**	**182.80**	**178.48**	**181.53**
	团体	182.94	189.93	182.92	191.18	199.89
	散客	179.55	220.78	182.76	169.14	173.50
外国人	小计	192.93	208.59	194.03	199.68	206.24
	团体	186.24	195.14	185.73	193.65	201.72
	散客	198.11	231.31	197.63	207.68	209.40
香港同胞	小计	137.68	183.81	151.29	121.88	128.76
	团体	144.42	143.60	136.47	169.60	151.23
	散客	136.65	202.79	152.83	117.41	127.33
澳门同胞	小计	112.39	143.54	121.08	115.70	96.41
	团体	129.55	—	161.76	152.04	103.79
	散客	109.39	143.54	111.90	112.24	95.42
台湾同胞	小计	183.76	188.94	168.70	163.82	148.05
	团体	184.47	166.32	205.00	151.24	251.68
	散客	183.57	211.57	163.75	166.09	133.65

（按外国人、港澳台胞、团体及散客、职业分组）

单位：美元/人天

商贸人员	服务员推销员	退休人员	家庭妇女	军人	学生	其他
187.04	**174.69**	**174.04**	**165.92**	**189.88**	**167.89**	**189.36**
145.97	202.18	191.25	187.15	192.29	204.22	182.75
200.51	156.00	151.93	146.34	188.10	146.12	193.59
188.09	202.37	197.88	186.55	197.48	177.23	194.44
146.16	213.66	196.03	193.42	189.02	212.90	186.18
205.36	188.78	202.60	176.49	204.15	152.85	200.62
175.33	113.22	103.77	114.28	146.81	123.67	169.37
144.55	176.93	127.53	134.10	216.77	145.85	138.00
178.03	103.81	98.32	109.22	111.83	115.35	178.87
121.45	88.94	108.97	109.51	—	103.23	114.74
112.09	109.39	114.13	105.06	—	119.98	145.97
122.36	85.38	107.45	110.04	—	99.28	103.66
212.44	206.27	192.73	146.60	—	175.26	216.80
151.33	140.11	213.63	186.76	—	179.10	202.27
217.62	243.02	175.05	123.35	—	173.87	223.73

1－2　2009年入境过夜旅游者人均天花费

		人均天花费	观光游览	休闲度假	探亲访友
全　国	**总计**	**180.77**	**191.47**	**173.95**	**133.77**
	团体	182.94	191.05	188.22	165.99
	散客	179.55	192.67	161.62	132.48
外国人	小计	192.93	197.33	193.25	171.76
	团体	186.24	196.58	191.75	154.28
	散客	198.11	200.06	195.46	173.12
香港同胞	小计	137.68	157.18	121.03	91.77
	团体	144.42	139.67	148.34	244.53
	散客	136.65	174.70	117.17	90.44
澳门同胞	小计	112.39	119.89	104.59	91.80
	团体	129.55	134.46	127.39	—
	散客	109.39	108.24	100.51	91.80
台湾同胞	小计	183.76	197.68	173.73	148.18
	团体	184.47	184.39	183.56	199.82
	散客	183.57	220.83	169.33	146.70

（按外国人、港澳台胞、团体及散客、旅游目的分组）

单位：美元/人天

商务	会议	宗教朝拜	文化/体育/科技交流	其他
187.91	**217.46**	**243.53**	**189.60**	**170.69**
129.60	211.36	214.22	184.13	168.55
197.27	218.20	261.37	190.69	170.93
191.16	223.71	255.00	195.49	173.60
129.25	211.68	214.22	190.31	170.55
204.37	225.59	288.58	196.74	173.99
173.15	216.60	85.48	194.22	160.03
136.95	253.94	—	119.49	205.90
173.77	215.62	85.48	197.10	157.99
132.42	114.17	102.78	121.65	113.04
109.24	110.54	—	123.30	106.31
132.75	114.40	102.78	121.23	113.85
192.99	202.11	364.49	170.01	201.93
163.98	—	—	—	244.92
193.34	202.11	364.49	170.01	200.93

1-3 2009年入境过夜旅游者人均天花费

		人均天花费	男性	女性
全国	**总计**	**180.77**	**186.84**	**171.78**
	团体	182.94	190.02	175.98
	散客	179.55	185.48	168.32
外国人	小计	192.93	198.82	183.78
	团体	186.24	194.15	178.35
	散客	198.11	201.44	190.64
香港同胞	小计	137.68	140.40	134.20
	团体	144.42	139.78	148.75
	散客	136.65	140.49	131.50
澳门同胞	小计	112.39	112.54	112.22
	团体	129.55	138.20	120.59
	散客	109.39	108.41	110.61
台湾同胞	小计	183.76	190.33	174.31
	团体	184.47	188.52	181.30
	散客	183.57	190.67	171.43

（按外国人、港澳台胞、团体及散客、性别、年龄分组）

单位：美元/人天

14岁及以下	15～24岁	25～44岁	45～64岁	65岁及以上
179.02	**165.70**	**178.31**	**186.95**	**186.40**
210.46	191.35	176.05	184.03	194.29
159.67	151.60	179.28	188.84	174.27
187.83	180.36	190.38	197.61	202.02
213.21	200.35	178.01	187.29	199.46
167.88	166.27	198.01	206.26	208.19
109.41	123.03	142.40	139.13	117.98
—	147.81	149.18	145.52	124.22
109.41	116.30	141.80	137.77	116.20
109.79	102.58	106.06	122.77	130.05
—	117.53	140.15	115.49	141.34
109.79	99.36	101.97	123.93	123.89
167.42	171.48	174.43	196.32	196.82
180.19	155.79	171.21	189.25	203.23
163.16	175.23	174.85	199.36	190.99

1-4 2009年外国过夜旅游者人均天花费

	人均天花费	政府工作人员	专业技术人员	职员	技工工人	商贸人员
日本	201.02	200.36	194.24	200.63	239.73	201.95
菲律宾	191.06	400.76	161.11	227.48	198.36	212.93
泰国	185.12	237.94	155.88	215.48	172.58	168.52
新加坡	178.80	201.19	184.88	171.86	232.15	178.82
印度尼西亚	160.42	149.82	160.04	144.65	123.56	185.96
马来西亚	200.83	172.96	191.29	199.43	230.87	214.76
韩国	214.85	230.97	218.88	223.76	220.52	239.41
朝鲜	188.43	150.71	172.30	234.82	205.80	186.41
蒙古	229.26	168.22	279.43	205.81	295.93	219.27
印度	203.36	123.34	199.27	215.02	187.33	213.63
英国	185.50	178.47	175.69	206.54	144.74	171.55
法国	196.54	202.50	217.35	191.17	181.44	207.98
德国	201.63	233.30	218.38	251.98	114.62	181.57
意大利	208.02	156.15	184.95	179.81	292.05	210.46
荷兰	200.46	182.74	180.37	156.45	191.01	238.09
瑞典	200.93	85.00	212.57	195.88	88.15	215.60
俄罗斯	158.04	196.41	188.39	201.37	209.86	117.31
瑞士	195.33	176.86	215.64	185.69	85.00	215.16
美国	187.45	214.71	195.34	180.11	179.24	195.93
加拿大	179.63	206.48	169.59	192.01	180.20	173.56
澳大利亚	191.28	218.95	188.08	179.23	165.45	205.84
非洲国家	194.83	85.00	166.78	180.02	—	212.57
南美国家	215.82	—	199.13	141.57	303.12	236.32
其他国家	162.29	203.57	173.87	157.74	205.00	153.41

（按国别、职业分组）

单位：美元/人天

服务员 推销员	退　休 人　员	家　庭 妇　女	军　人	学　生	其　他
216.47	215.43	194.28	357.21	161.96	188.91
46.79	122.43	86.39	116.04	186.60	186.50
109.15	236.79	191.92	142.20	136.56	201.27
139.77	162.74	148.51	281.43	203.63	188.23
108.88	172.62	190.14	66.92	129.24	189.28
174.86	188.76	180.44	—	175.67	236.78
232.42	205.00	202.42	224.25	166.01	207.70
121.44	162.95	174.92	271.40	190.12	187.83
197.94	299.80	236.23	287.50	175.22	224.65
208.44	150.39	130.98	—	224.43	268.62
245.14	217.53	168.71	—	203.24	199.75
171.93	199.00	176.10	92.50	216.47	142.52
306.63	315.93	142.45	92.50	196.93	217.32
227.50	233.04	215.52	292.31	248.73	196.90
284.21	223.24	243.52	—	179.55	245.58
113.93	227.86	281.11	203.04	182.23	201.95
189.74	167.58	148.91	170.88	195.30	210.22
184.91	128.75	253.12	—	186.62	125.80
213.37	185.27	163.74	288.13	174.83	170.00
151.67	171.57	183.98	—	216.99	143.00
255.44	218.75	179.55	154.24	167.76	185.83
—	217.92	214.27	—	184.55	154.79
—	—	306.84	—	205.55	222.86
194.13	174.58	165.82	132.84	166.48	166.82

1-5 2009年外国过夜旅游者人均天花费

	人均天花费	观光游览	休闲度假	探亲访友
日本	201.02	194.60	209.57	207.96
菲律宾	191.06	190.70	207.60	182.21
泰国	185.12	206.44	189.66	136.59
新加坡	178.80	185.48	177.18	155.59
印度尼西亚	160.42	163.83	184.45	97.79
马来西亚	200.83	222.98	183.72	159.15
韩国	214.85	212.72	224.56	191.17
朝鲜	188.43	165.11	207.49	162.25
蒙古	229.26	200.20	216.75	152.59
印度	203.36	186.54	205.22	202.45
英国	185.50	168.20	206.66	183.20
法国	196.54	199.81	196.13	142.51
德国	201.63	202.09	197.95	189.10
意大利	208.02	185.38	173.98	216.60
荷兰	200.46	187.09	185.73	222.28
瑞典	200.93	233.98	161.45	134.32
俄罗斯	158.04	184.44	182.38	173.02
瑞士	195.33	190.15	183.17	255.12
美国	187.45	194.89	173.73	132.61
加拿大	179.63	193.58	173.51	149.43
澳大利亚	191.28	186.12	186.74	194.86
非洲国家	194.83	156.90	163.52	214.27
南美国家	215.82	230.99	172.52	161.82
其他国家	162.29	179.17	200.90	140.97

（按国别、旅游目的分组）

单位：美元/人天

商务	会议	宗教朝拜	文化/体育/科技交流	其他
207.09	217.53	319.60	176.64	155.96
187.99	445.00	110.69	220.90	186.05
178.43	283.27	189.64	102.07	162.63
191.34	149.08	211.60	203.91	205.70
170.77	385.96	—	268.17	111.19
202.86	196.05	—	219.18	215.19
232.50	229.49	364.62	190.92	162.06
194.90	189.09	—	288.81	248.74
236.91	—	—	—	231.83
201.13	256.03	—	263.49	177.96
179.16	220.88	267.01	165.44	165.77
190.52	145.21	—	241.58	106.93
187.74	293.58	365.95	263.52	151.80
226.41	206.60	242.13	239.67	300.69
232.55	313.06	—	300.68	218.61
143.86	—	—	267.87	348.87
115.96	269.72	171.99	130.80	148.04
183.69	264.08	—	191.51	204.32
204.60	206.39		178.76	182.49
189.76	212.07	236.09	167.98	128.25
208.49	222.39	—	143.32	171.90
204.27	194.51	—	100.00	475.21
224.00	—	—	—	260.56
149.22	253.71	—	198.73	146.05

1－6 2009年外国过夜旅游者人均天花费

（按国别、性别、年龄分组）

单位：美元/人天

	人均天花费	男 性	女 性	14岁及以下	15～24岁	25～44岁	45～64岁	65岁及以上
日 本	201.02	202.66	197.72	195.64	174.34	200.71	204.06	203.97
菲律宾	191.06	200.73	174.87	—	190.48	185.95	199.15	205.09
泰 国	185.12	180.08	192.55	268.95	122.18	173.43	206.38	183.57
新加坡	178.80	186.63	165.24	102.43	202.10	184.17	168.42	163.72
印度尼西亚	160.42	159.04	163.06	70.49	129.20	171.76	151.37	184.57
马来西亚	200.83	208.77	190.34	215.94	175.11	215.16	181.11	222.96
韩 国	214.85	221.14	200.85	177.29	177.32	211.92	232.49	220.50
朝 鲜	188.43	202.95	166.87	85.00	225.38	192.58	176.72	200.34
蒙 古	229.26	222.75	236.63	—	203.40	222.13	255.93	167.22
印 度	203.36	207.41	190.84	—	223.17	199.00	213.77	130.38
英 国	185.50	178.78	195.51	180.54	164.93	188.73	185.25	193.38
法 国	196.54	195.17	198.11	—	215.90	189.84	207.97	166.09
德 国	201.63	201.82	201.28	—	187.38	197.36	208.44	197.37
意大利	208.02	209.12	206.66	—	247.57	201.66	213.69	173.70
荷 兰	200.46	207.06	192.14	—	196.95	201.58	201.80	197.19
瑞 典	200.93	186.73	223.07	—	166.70	196.27	211.83	225.98
俄罗斯	158.04	190.52	140.27	217.27	184.87	145.73	166.76	193.87
瑞 士	195.33	169.40	252.81	—	211.84	226.84	160.24	138.15
美 国	187.45	187.78	186.89	186.31	163.94	187.49	190.17	202.96
加拿大	179.63	170.31	190.93	253.84	203.58	175.17	175.78	194.16
澳大利亚	191.28	197.97	182.20	133.83	187.57	182.61	204.54	198.24
非洲国家	194.83	190.21	209.58	—	184.55	205.32	170.44	262.62
南美国家	215.82	217.13	211.90	351.31	205.55	228.26	199.09	187.09
其他国家	162.29	169.17	149.54	195.77	149.26	174.51	138.80	213.22

1-7　2009年入境过夜旅游者在各省(区、市)人均天花费
(按团体及散客、外国人及港澳台胞分组)

单位：美元/人天

		人均天花费	外国人	香港同胞	澳门同胞	台湾同胞
北　京	小计	252.46	249.36	263.55	282.03	273.47
	团体	233.85	234.68	227.20	226.60	224.93
	散客	264.11	259.55	275.55	297.15	290.87
天　津	小计	198.84	198.17	204.41	210.75	191.03
	团体	203.27	204.20	201.26	214.92	186.33
	散客	197.51	196.31	205.46	209.62	191.87
河　北	小计	163.39	162.09	171.71	173.67	173.11
	团体	155.91	154.60	172.77	171.45	152.84
	散客	166.55	165.32	171.36	174.65	181.22
山　西	小计	176.01	172.75	178.59	200.03	178.88
	团体	180.71	175.00	190.79	204.12	192.88
	散客	168.44	168.96	166.39	191.25	155.73
内蒙古	小计	183.68	184.29	176.08	198.08	173.67
	团体	174.04	175.93	144.93	178.69	124.34
	散客	192.57	192.47	192.69	217.47	190.11
辽　宁	小计	202.38	201.64	206.60	202.39	204.73
	团体	205.21	205.94	200.34	201.84	205.66
	散客	200.75	199.54	209.54	203.08	203.47
吉　林	小计	176.25	177.36	166.06	168.06	183.26
	团体	186.75	183.76	213.77	229.09	218.09
	散客	170.15	172.67	160.90	163.71	168.60
黑龙江	小计	190.44	194.26	165.78	190.29	166.24
	团体	190.19	194.75	153.67	—	166.24
	散客	192.29	191.02	226.31	190.29	—
上　海	小计	248.48	248.53	246.69	246.82	250.46
	团体	200.16	203.51	156.82	100.78	211.17
	散客	261.37	261.22	263.60	277.56	257.09

		人均天花费	外国人	香港同胞	澳门同胞	台湾同胞
江　苏	小计	212.57	211.13	218.70	206.80	215.74
	团体	221.01	215.94	236.35	193.38	229.83
	散客	209.07	209.46	209.04	212.40	206.43
浙　江	小计	209.34	211.77	200.46	197.72	202.47
	团体	200.52	201.88	193.27	203.25	189.75
	散客	213.52	216.86	202.26	194.84	207.32
安　徽	小计	181.66	179.26	191.68	191.27	189.83
	团体	185.88	184.38	189.09	184.67	196.85
	散客	173.42	169.69	197.42	205.67	172.12
福　建	小计	195.08	199.58	190.88	180.05	187.95
	团体	183.40	194.51	173.41	139.85	172.69
	散客	198.84	201.10	196.57	196.13	193.80
江　西	小计	153.45	153.77	146.77	157.08	161.25
	团体	151.55	154.12	145.43	143.34	150.42
	散客	154.92	153.52	148.32	165.90	169.63
山　东	小计	205.27	202.20	211.85	222.95	208.69
	团体	193.39	196.73	180.00	190.94	193.27
	散客	211.39	204.76	231.64	242.73	218.90
河　南	小计	150.89	151.08	144.10	147.50	155.16
	团体	151.99	152.75	145.00	145.00	145.00
	散客	147.34	145.49	142.14	155.00	181.58
湖　北	小计	193.43	189.80	195.48	214.48	191.14
	团体	188.88	185.00	185.00	231.80	185.00
	散客	196.56	193.24	201.40	203.50	196.18
湖　南	小计	188.76	188.63	186.75	187.26	195.20
	团体	191.87	192.70	182.52	185.81	193.37
	散客	184.04	181.96	192.52	188.02	196.55
广　东	小计	174.84	177.00	169.74	171.80	173.94
	团体	181.00	178.04	186.78	181.87	187.53
	散客	171.79	176.47	163.47	165.36	166.01
广　西	小计	181.73	179.44	186.31	174.08	189.72
	团体	181.25	179.61	178.68	162.02	196.20
	散客	182.13	179.26	190.16	177.66	184.66

单位：美元/人天

		人均天花　费	外国人	香港同胞	澳门同胞	台湾同胞
海　南	小计	172.47	173.18	177.06	135.68	176.78
	团体	174.28	175.56	181.95	125.84	176.14
	散客	170.12	170.06	171.34	154.47	177.56
重　庆	小计	172.65	162.10	183.00	212.65	223.55
	团体	171.09	152.82	208.14	230.34	309.06
	散客	174.13	173.45	172.09	172.84	181.95
四　川	小计	175.63	181.78	157.53	155.81	155.22
	团体	179.31	190.16	154.14	150.00	151.66
	散客	170.66	171.93	163.61	178.31	162.96
贵　州	小计	170.62	171.61	176.29	150.83	164.37
	团体	174.44	176.04	179.95	144.47	163.90
	散客	158.43	155.69	163.62	167.79	165.05
云　南	小计	180.85	178.74	196.59	181.93	181.84
	团体	172.07	173.39	164.86	168.00	168.42
	散客	190.64	184.73	223.38	211.79	198.74
西　藏	小计	174.52	176.28	142.92	—	187.08
	团体	169.17	171.58	150.73	—	147.24
	散客	198.60	200.65	135.11	—	585.52
陕　西	小计	186.49	187.09	193.77	172.92	163.02
	团体	185.76	187.92	173.81	165.84	131.51
	散客	188.00	185.24	218.07	180.00	198.25
甘　肃	小计	155.36	163.49	153.81	96.59	85.33
	团体	158.69	170.19	154.52	85.44	78.59
	散客	145.71	144.99	152.08	160.70	128.51
青　海	小计	153.65	157.16	156.42	52.63	141.85
	团体	153.41	158.97	143.63	52.63	145.00
	散客	154.09	154.14	178.35	—	129.26
宁　夏	小计	155.56	158.24	146.53	164.68	131.99
	团体	177.26	180.31	208.23	—	109.79
	散客	150.58	152.95	138.31	164.68	139.39
新　疆	小计	176.40	179.99	145.95	116.67	165.38
	团体	175.13	179.39	135.05	116.67	187.38
	散客	181.81	182.35	331.19	—	88.36

1-8 2009年入境过夜旅游者在各省(区、市)

		人均天花费	政府工作人员	专业技术人员	职员	技工工人
北京	小计	252.46	247.47	257.70	260.66	259.41
	团体	233.85	228.46	230.51	233.32	246.96
	散客	264.11	256.00	263.53	277.31	262.62
天津	小计	198.84	188.09	196.01	201.58	203.03
	团体	203.27	208.00	212.73	193.51	211.39
	散客	197.51	186.56	192.63	203.49	199.31
河北	小计	163.39	181.33	171.90	165.61	171.07
	团体	155.91	174.37	176.42	167.20	155.17
	散客	166.55	187.02	170.92	164.68	175.14
山西	小计	176.01	174.39	164.26	174.19	173.09
	团体	180.71	177.84	180.81	179.84	185.28
	散客	168.44	154.89	134.73	167.08	106.02
内蒙古	小计	183.68	180.24	188.44	182.62	187.10
	团体	174.04	150.00	160.34	154.67	171.11
	散客	192.57	187.80	194.06	199.19	201.63
辽宁	小计	202.38	201.42	202.88	199.43	195.20
	团体	205.21	200.77	201.95	203.33	196.00
	散客	200.75	201.74	203.48	197.62	195.06
吉林	小计	176.25	189.93	173.50	172.05	159.30
	团体	186.75	200.78	182.67	176.98	160.00
	散客	170.15	170.20	172.49	169.20	158.75
黑龙江	小计	190.44	182.86	187.90	203.95	158.00
	团体	190.19	189.54	185.11	205.81	165.11
	散客	192.29	133.86	195.88	191.08	136.68
上海	小计	248.48	255.53	247.88	249.12	238.84
	团体	200.16	201.58	199.64	203.23	191.52
	散客	261.37	274.29	259.11	261.38	248.70
江苏	小计	212.57	209.65	213.86	211.08	215.94
	团体	221.01	219.77	238.10	216.17	229.88
	散客	209.07	205.24	209.82	208.45	211.68

人均天花费（按团体及散客、职业分组）

单位：美元/人天

商贸人员	服务员推销员	退休人员	家庭妇女	军人	学生	其他
257.30	231.30	239.35	242.92	233.99	234.99	241.44
231.76	237.24	232.51	231.50	215.00	243.37	232.75
266.23	224.05	253.64	268.26	252.97	220.90	252.26
200.85	194.99	198.30	198.24	186.25	203.53	201.58
201.46	211.31	201.68	202.65	190.00	201.41	190.66
200.68	181.00	195.94	192.36	185.00	204.86	205.56
165.34	177.32	158.99	147.97	162.36	140.87	141.73
143.79	168.82	142.11	150.51	126.42	143.82	126.57
173.52	182.41	181.14	146.90	177.76	139.50	149.06
171.30	177.68	185.74	147.93	189.41	225.15	201.56
177.34	177.71	177.15	175.00	184.09	197.18	203.05
164.97	177.58	207.21	136.09	207.13	246.54	200.71
185.79	173.40	205.32	180.58	213.35	143.34	177.22
182.84	150.68	154.61	150.94	—	129.85	150.00
191.20	191.57	232.37	196.75	213.35	151.05	180.62
204.04	202.70	207.57	201.80	196.00	206.79	201.63
208.06	196.00	212.14	205.00	196.00	216.16	199.42
203.24	206.42	199.59	188.08	—	188.92	202.98
168.72	138.88	176.42	197.99	160.00	199.57	182.08
164.76	160.00	178.28	210.27	160.00	217.23	183.47
169.19	117.76	170.46	169.34	—	177.50	180.00
231.10	183.56	180.01	199.47	200.00	144.39	175.91
233.45	187.90	179.79	197.20	200.00	143.87	172.07
220.86	109.79	186.45	234.03	—	150.45	209.95
263.64	212.79	234.76	224.85	208.17	228.06	254.47
201.65	201.96	194.19	204.38	229.33	191.68	199.32
268.58	216.55	265.92	242.77	165.85	246.92	272.19
211.47	203.21	220.91	214.62	181.65	214.30	210.00
219.11	206.85	228.30	214.64	195.00	215.18	219.53
209.85	199.34	207.61	214.56	171.64	213.45	207.88

1－8(续1)

		人均天花费	政府工作人员	专业技术人员	职员	技工工人
浙江	小计	209.34	218.11	216.69	207.43	200.07
	团体	200.52	222.61	205.78	197.66	192.10
	散客	213.52	214.43	220.87	211.72	202.86
安徽	小计	181.66	190.44	177.10	188.03	160.78
	团体	185.88	186.89	190.16	184.93	187.22
	散客	173.42	197.08	158.71	195.51	111.34
福建	小计	195.08	191.74	181.98	198.07	159.76
	团体	183.40	155.69	170.80	183.36	166.60
	散客	198.84	212.12	185.47	202.21	156.60
江西	小计	153.45	156.45	160.44	154.21	150.18
	团体	151.55	140.75	152.37	157.61	154.54
	散客	154.92	167.38	165.90	151.16	145.51
山东	小计	205.27	194.21	210.44	211.95	205.90
	团体	193.39	189.48	190.75	205.33	201.56
	散客	211.39	197.22	217.67	215.21	207.78
河南	小计	150.89	147.89	152.04	154.82	151.27
	团体	151.99	148.43	155.78	151.10	150.46
	散客	147.34	137.65	144.50	165.05	153.18
湖北	小计	193.43	192.66	196.90	189.80	175.01
	团体	188.88	185.00	189.18	185.00	185.00
	散客	196.56	196.60	200.69	193.16	171.42
湖南	小计	188.76	182.99	183.61	180.86	211.47
	团体	191.87	188.69	187.19	185.93	203.53
	散客	184.04	170.45	173.69	173.63	218.51
广东	小计	174.84	180.86	172.41	174.86	168.98
	团体	181.00	190.87	174.70	182.32	175.60
	散客	171.79	173.81	171.52	169.59	165.98
广西	小计	181.73	188.22	186.91	190.57	174.39
	团体	181.25	178.97	179.05	184.96	176.23
	散客	182.13	194.15	190.28	196.85	171.83
海南	小计	172.47	179.42	170.01	172.47	169.98
	团体	174.28	178.35	166.44	180.76	178.66
	散客	170.12	180.54	174.34	162.30	153.85

单位：美元/人天

商贸人员	服务员推销员	退休人员	家庭妇女	军人	学生	其他
211.47	189.65	201.97	200.25	200.60	204.27	216.84
199.44	194.62	200.47	196.52	180.00	205.44	203.71
213.34	181.06	207.45	208.85	214.34	201.85	229.97
175.73	190.37	184.03	191.23	180.00	192.57	189.79
181.78	185.87	185.13	186.68	180.00	194.40	178.75
169.86	200.41	175.60	216.24	—	181.61	212.51
205.23	191.37	178.00	203.73	164.94	169.04	202.28
189.23	192.53	185.20	209.03	164.10	185.92	173.94
207.06	190.75	170.57	199.96	170.00	162.01	213.39
151.93	138.99	150.11	149.13	142.86	152.22	154.28
149.51	134.63	151.75	148.56	149.23	151.45	156.75
153.06	143.01	147.65	149.70	134.89	152.77	152.44
210.00	194.95	194.96	207.20	224.19	197.52	194.48
186.62	190.19	191.10	202.43	199.84	184.02	192.02
215.16	199.22	200.24	214.36	248.53	207.56	196.30
131.62	197.38	161.85	154.94	—	142.54	152.75
153.04	170.47	169.98	145.00	—	153.31	145.00
117.08	278.12	138.22	204.64	—	91.34	174.05
195.95	181.42	198.45	188.93	210.78	197.97	182.95
186.86	189.46	195.05	185.00	185.00	195.70	185.00
199.93	174.12	204.18	194.13	223.67	200.17	181.57
191.76	166.43	202.12	184.54	190.28	171.29	176.78
184.58	180.44	208.20	190.27	186.81	193.26	180.45
195.64	156.85	165.33	161.26	193.31	130.89	172.67
175.27	182.17	179.67	176.37	165.05	172.08	169.78
177.48	178.32	183.92	186.25	176.20	182.89	178.31
174.83	184.25	175.57	166.74	158.74	162.81	164.49
181.86	179.04	182.56	156.81	184.55	189.72	177.98
179.02	183.11	185.80	169.22	150.00	189.94	177.46
182.71	175.32	175.10	145.11	193.19	189.49	178.35
167.35	166.68	178.87	171.96	171.58	168.13	181.69
167.72	171.20	178.55	173.20	176.10	165.03	181.76
166.96	161.30	179.52	169.32	140.00	171.13	181.57

1－8(续 2)

		人均天花费	政府工作人员	专业技术人员	职员	技工工人
重庆	小计	172.65	198.01	168.91	172.00	196.07
	团体	171.09	212.39	163.35	183.65	192.37
	散客	174.13	180.04	171.68	164.30	206.69
四川	小计	175.63	176.42	172.55	177.61	175.85
	团体	179.31	174.51	175.77	180.53	177.97
	散客	170.66	182.66	170.07	172.91	172.85
贵州	小计	170.62	168.73	167.08	167.74	185.96
	团体	174.44	162.05	175.26	172.01	180.51
	散客	158.43	188.77	152.23	154.06	240.48
云南	小计	180.85	182.20	178.25	185.78	181.34
	团体	172.07	174.20	176.67	171.27	184.83
	散客	190.64	187.44	179.62	214.32	177.53
西藏	小计	174.52	197.54	166.76	199.07	160.67
	团体	169.17	158.74	150.00	187.95	150.00
	散客	198.60	585.52	418.23	288.00	174.89
陕西	小计	186.49	177.13	188.55	187.91	180.83
	团体	185.76	181.01	187.70	181.42	176.27
	散客	188.00	165.50	189.66	203.24	188.05
甘肃	小计	155.36	173.91	145.59	162.63	153.38
	团体	158.69	169.06	153.20	157.50	155.57
	散客	145.71	183.24	132.84	179.66	149.28
青海	小计	153.65	142.47	152.68	155.08	164.05
	团体	153.41	139.30	147.32	153.35	158.24
	散客	154.09	148.79	159.12	159.53	175.66
宁夏	小计	155.56	151.99	149.81	167.18	176.00
	团体	177.26	140.00	169.53	267.63	—
	散客	150.58	163.99	145.36	151.72	176.00
新疆	小计	176.40	160.81	180.56	176.77	167.00
	团体	175.13	162.19	176.96	175.09	163.59
	散客	181.81	155.00	199.48	192.76	175.52

单位：美元/人天

商贸人员	服务员推销员	退休人员	家庭妇女	军人	学生	其他
181.37	196.51	189.89	156.58	123.89	129.89	184.00
169.97	204.72	197.02	164.01	123.89	114.84	211.83
185.31	114.49	173.11	148.14	—	193.35	158.87
176.96	183.29	178.97	169.96	198.99	168.31	177.17
175.39	182.98	177.06	171.02	167.35	190.52	193.15
177.78	184.05	187.92	164.99	249.62	131.55	148.19
161.83	169.44	182.31	182.11	173.25	181.05	166.66
172.09	172.47	185.50	180.35	173.25	178.74	170.77
136.16	130.00	157.19	188.72	—	188.00	153.03
213.60	183.81	150.67	173.74	321.85	152.01	161.79
182.68	178.79	162.15	174.15	—	155.05	179.49
223.45	190.98	122.20	171.62	321.85	147.91	150.00
178.88	183.83	159.77	156.68	153.31	173.22	163.90
165.06	179.34	159.77	253.83	167.57	190.85	165.08
289.44	217.50	—	59.53	96.29	131.36	163.01
191.71	185.82	184.15	183.73	183.19	181.30	188.71
181.95	183.31	187.92	186.02	183.19	193.91	188.69
199.27	199.04	167.11	175.51	—	145.28	188.78
148.26	135.26	154.94	164.51	158.77	141.22	160.27
153.85	135.43	157.47	169.30	142.77	167.53	160.22
132.69	134.47	138.92	124.84	206.76	104.69	160.39
150.80	130.72	158.59	157.54	—	149.45	154.21
153.83	154.83	156.62	157.70	—	151.48	157.34
144.74	114.65	163.20	157.23	—	142.69	150.41
150.22	—	156.29	184.18	—	145.00	152.11
188.62	—	153.84	140.00	—	0.00	140.00
144.57	—	158.75	228.35	—	145.00	154.38
172.86	159.78	188.55	183.33	150.00	198.00	167.54
165.95	152.74	189.41	184.47	150.00	198.59	163.53
178.09	205.58	155.00	155.00	—	194.83	184.56

1－9　2009年入境过夜旅游者在各省(区、市)

		人均天花费	观光游览	休闲度假	探亲访友
北　京	小计	252.46	240.01	247.67	243.11
	团体	233.85	232.89	233.56	240.69
	散客	264.11	255.98	271.90	243.90
天　津	小计	198.84	199.78	201.64	196.44
	团体	203.27	204.62	202.26	192.24
	散客	197.51	195.30	201.10	196.82
河　北	小计	163.39	146.95	156.02	162.38
	团体	155.91	151.93	151.93	179.24
	散客	166.55	143.53	159.86	158.92
山　西	小计	176.01	176.05	175.83	180.29
	团体	180.71	181.18	179.67	178.50
	散客	168.44	164.30	164.95	181.53
内蒙古	小计	183.68	175.18	185.58	187.06
	团体	174.04	155.29	156.00	150.72
	散客	192.57	196.06	200.37	215.32
辽　宁	小计	202.38	202.40	197.63	215.07
	团体	205.21	203.49	199.69	221.97
	散客	200.75	199.22	195.51	210.63
吉　林	小计	176.25	186.46	169.13	163.14
	团体	186.75	189.98	168.85	160.00
	散客	170.15	170.08	169.32	163.37
黑龙江	小计	190.44	183.85	192.15	177.71
	团体	190.19	181.75	194.11	171.59
	散客	192.29	209.52	143.95	181.28
上　海	小计	248.48	227.62	241.20	242.79
	团体	200.16	200.62	201.63	202.55
	散客	261.37	256.40	257.23	249.32
江　苏	小计	212.57	220.34	214.43	205.40
	团体	221.01	225.52	218.26	201.59
	散客	209.07	211.69	210.81	206.62

人均天花费(按团体及散客、旅游目的分组)

单位：美元/人天

商务	会议	宗教朝拜	文化/体育/科技交流	其他
264.69	263.64	201.37	246.40	255.05
230.28	227.98	215.00	261.73	234.86
269.71	266.22	199.09	239.43	269.47
197.74	195.26	196.72	205.51	191.37
250.39	—	196.72	204.44	190.00
197.37	195.26	—	205.74	191.91
178.22	178.52	215.24	178.49	150.28
161.64	185.24	227.41	171.47	110.61
181.35	178.09	196.98	180.50	158.22
163.71	147.35	169.70	287.50	198.56
183.59	182.67	178.71	178.68	193.18
155.30	130.61	147.19	380.77	201.92
186.11	218.59	207.10	140.42	166.39
183.06	203.06	150.00	150.00	150.00
189.77	223.03	229.94	135.62	167.48
202.97	194.34	195.00	204.59	207.34
209.93	212.41	—	212.26	196.00
202.55	192.34	195.00	200.57	209.34
170.34	174.78	—	184.41	163.24
160.00	296.03	—	160.00	160.00
170.52	170.87	—	186.15	163.54
236.82	193.68	254.95	161.79	213.90
263.09	299.87	254.95	163.11	186.75
194.78	163.35	—	158.49	247.85
265.68	258.03	200.66	224.31	239.63
191.02	205.61	233.85	194.46	185.00
268.22	261.30	192.37	233.68	250.55
208.79	208.03	205.06	216.97	200.84
226.50	195.00	195.00	219.29	195.00
208.07	208.34	221.81	216.54	202.12

1－9(续1)

		人均天花 费	观光游览	休闲度假	探亲访友
浙 江	小计	209.34	199.65	205.94	187.87
	团体	200.52	201.30	200.60	204.84
	散客	213.52	193.30	216.25	182.65
安 徽	小计	181.66	189.36	188.05	192.55
	团体	185.88	185.66	185.58	184.09
	散客	173.42	203.57	196.77	201.86
福 建	小计	195.08	183.94	186.89	200.81
	团体	183.40	184.10	189.64	190.55
	散客	198.84	183.79	184.68	202.63
江 西	小计	153.45	150.18	161.04	142.77
	团体	151.55	148.46	158.19	145.83
	散客	154.92	152.96	164.99	141.75
山 东	小计	205.27	202.13	197.13	204.55
	团体	193.39	197.65	187.55	186.43
	散客	211.39	209.36	207.00	210.02
河 南	小计	150.89	151.48	160.28	161.54
	团体	151.99	150.68	159.98	145.00
	散客	147.34	155.25	161.00	167.75
湖 北	小计	193.43	192.52	190.92	196.25
	团体	188.88	189.38	186.28	190.60
	散客	196.56	198.38	195.97	198.60
湖 南	小计	188.76	187.31	180.07	185.97
	团体	191.87	194.37	190.99	185.08
	散客	184.04	150.34	147.01	186.68
广 东	小计	174.84	178.90	179.71	164.99
	团体	181.00	181.79	180.82	179.11
	散客	171.79	175.24	178.49	162.40
广 西	小计	181.73	182.57	180.19	168.70
	团体	181.25	183.76	175.05	166.81
	散客	182.13	180.62	185.23	168.98

单位：美元/人天

商　务	会　议	宗教朝拜	文化/体育/科技交流	其　他
217.93	195.63	210.45	203.35	213.64
197.37	184.14	202.50	186.52	—
218.24	196.65	216.82	231.41	213.64
154.72	159.42	192.93	169.66	164.54
184.56	189.57	190.65	183.34	190.82
142.78	142.20	218.70	162.30	143.51
205.98	210.94	150.28	177.73	179.14
174.43	173.13	155.30	133.46	168.10
207.17	214.63	140.23	193.83	180.99
154.12	157.65	155.00	161.13	146.66
160.13	144.02	155.00	163.15	142.95
153.43	162.46	—	160.64	150.55
211.63	215.37	222.46	192.54	205.12
187.71	193.23	209.52	180.19	204.25
213.84	216.74	254.81	197.13	205.35
109.56	174.28	125.89	139.10	134.67
145.00	221.41	—	145.00	—
101.96	127.14	125.89	133.21	134.67
194.74	205.12	206.56	183.77	191.09
188.39	185.00	185.00	203.24	185.00
195.69	207.44	222.73	180.33	191.86
200.59	194.39	219.36	192.15	169.42
179.59	182.27	192.73	206.84	165.57
207.32	197.58	234.78	183.48	170.42
172.83	175.56	167.97	169.00	167.29
180.64	171.30	175.33	187.03	183.50
171.98	176.41	163.45	162.26	158.35
192.88	184.30	103.93	190.07	166.27
187.13	176.92	—	193.67	169.44
193.27	185.31	103.93	188.43	163.81

1－9(续2)

		人均天花费	观光游览	休闲度假	探亲访友
海　南	小计	172.47	173.90	171.91	182.93
	团体	174.28	175.33	175.43	161.38
	散客	170.12	171.67	166.70	202.08
重　庆	小计	172.65	167.07	170.74	190.86
	团体	171.09	161.89	179.26	230.63
	散客	174.13	177.31	158.61	176.28
四　川	小计	175.63	176.27	181.68	160.08
	团体	179.31	179.34	181.61	182.85
	散客	170.66	165.64	181.82	152.08
贵　州	小计	170.62	171.24	173.26	178.43
	团体	174.44	172.37	175.54	183.17
	散客	158.43	163.59	161.41	173.48
云　南	小计	180.85	168.03	174.46	193.23
	团体	172.07	172.11	173.62	169.97
	散客	190.64	159.09	175.66	196.68
西　藏	小计	174.52	174.36	154.93	150.00
	团体	169.17	172.65	160.55	150.00
	散客	198.60	190.54	124.62	—
陕　西	小计	186.49	185.01	188.24	187.83
	团体	185.76	185.86	188.16	186.66
	散客	188.00	181.78	188.40	188.58
甘　肃	小计	155.36	155.00	152.75	163.10
	团体	158.69	159.20	157.69	169.02
	散客	145.71	135.81	134.36	158.99
青　海	小计	153.65	149.42	156.95	212.31
	团体	153.41	154.61	156.52	—
	散客	154.09	129.04	157.65	212.31
宁　夏	小计	155.56	158.57	151.95	109.10
	团体	177.26	163.58	140.00	73.19
	散客	150.58	155.22	155.94	145.00
新　疆	小计	176.40	181.25	168.49	148.11
	团体	175.13	179.70	167.80	212.87
	散客	181.81	201.22	177.23	137.32

单位：美元/人天

商务	会议	宗教朝拜	文化/体育/科技交流	其他
168.95	162.79	184.63	172.40	173.79
162.71	162.47	184.63	170.81	183.12
170.62	163.05	—	176.09	163.61
182.92	188.27	—	191.61	141.14
211.97	265.24	—	204.25	87.84
180.08	182.35	—	160.00	175.05
181.72	168.35	162.05	153.47	148.24
176.75	167.53	161.27	189.18	175.33
182.35	168.48	175.66	141.97	139.66
159.16	160.87	145.22	175.47	181.43
190.76	170.10	160.45	169.74	176.82
138.66	148.28	130.00	182.24	213.72
213.09	226.16	225.44	207.02	227.37
167.54	164.02	224.64	139.61	207.32
215.88	245.58	225.70	243.79	233.10
208.68	—	174.35	231.36	175.64
140.00	—	171.54	150.00	150.00
249.88	—	187.78	244.91	201.27
199.28	180.12	169.70	202.78	152.68
187.12	168.95	187.73	196.81	158.42
201.94	187.23	97.59	211.31	147.45
153.73	166.05	163.15	166.92	157.45
150.72	153.42	163.91	163.79	135.03
155.12	175.06	158.58	183.59	172.40
164.15	163.32	139.58	170.78	159.29
127.59	130.83	151.28	145.00	165.19
169.02	195.81	106.84	196.57	157.61
157.66	175.92	—	149.38	141.53
200.65	196.72	—	—	—
152.79	157.19	—	149.38	141.53
164.93	200.42	—	204.05	180.17
150.00	190.07	—	150.00	175.78
169.36	203.53	—	222.06	184.56

1-10 2009年入境过夜旅游者在各省(区、市)人均天花费
(按团体及散客、性别、年龄分组)

单位：美元/人天

		人均天花费	男性	女性	14岁及以下	15~24岁	25~44岁	45~64岁	65岁及以上
北京	小计	252.46	253.90	250.76	255.53	229.42	254.23	258.93	231.36
	团体	233.85	233.96	233.77	248.66	240.14	232.59	235.29	224.67
	散客	264.11	262.60	266.51	261.42	213.44	265.76	271.88	240.85
天津	小计	198.84	197.60	201.68	178.05	201.88	197.98	199.27	203.55
	团体	203.27	201.77	205.41	171.10	203.09	204.19	203.44	207.08
	散客	197.51	196.59	199.97	185.00	201.10	196.41	197.98	202.77
河北	小计	163.39	168.20	157.45	136.01	160.24	163.92	162.64	180.61
	团体	155.91	160.57	152.44	73.77	159.62	161.48	146.60	157.43
	散客	166.55	170.46	160.52	156.75	160.68	164.81	168.56	195.68
山西	小计	176.01	176.46	175.25	277.54	195.00	171.63	170.56	175.18
	团体	180.71	180.99	180.30	175.00	182.15	182.01	180.72	178.08
	散客	168.44	169.89	165.59	1097.86	218.73	160.48	152.40	166.86
内蒙古	小计	183.68	183.01	184.00	150.77	174.17	183.92	185.46	195.81
	团体	174.04	153.19	177.52	—	134.81	178.29	157.91	146.41
	散客	192.57	191.05	194.02	150.77	189.91	190.52	197.12	220.51
辽宁	小计	202.38	203.02	201.45	205.16	202.01	201.92	201.80	208.99
	团体	205.21	204.96	205.36	211.94	214.60	203.50	202.81	208.23
	散客	200.75	202.47	196.29	195.00	182.75	201.21	201.27	210.13
吉林	小计	176.25	175.53	177.14	—	186.14	171.55	179.91	193.19
	团体	186.75	183.74	189.72	—	202.87	182.60	183.91	195.92
	散客	170.15	171.51	168.20	—	170.34	167.89	176.21	155.00
黑龙江	小计	190.44	185.92	192.74	123.90	168.52	204.42	189.46	168.07
	团体	190.19	185.16	192.45	119.21	169.02	207.36	188.32	165.50
	散客	192.29	189.15	196.01	154.43	160.24	189.96	199.65	340.34
上海	小计	248.48	249.63	246.21	327.94	232.68	251.95	248.03	239.29
	团体	200.16	202.17	197.91	—	198.41	199.25	201.63	200.69
	散客	261.37	259.13	266.65	327.94	246.47	264.26	259.80	258.37
江苏	小计	212.57	211.57	214.40	199.17	210.31	213.26	213.80	204.30
	团体	221.01	224.96	216.99	203.76	212.90	221.72	225.47	213.21
	散客	209.07	207.61	212.59	190.00	208.57	210.50	208.70	197.51

1－10(续 1)　　　　单位：美元/人天

		人均天花费	男　性	女　性	14 岁及以下	15～24 岁	25～44 岁	45～64 岁	65 岁及以上
浙　江	小计	209.34	211.98	205.04	236.41	202.50	208.40	212.80	205.43
	团体	200.52	202.51	198.76	215.10	202.64	198.55	202.48	198.20
	散客	213.52	215.02	210.16	279.04	202.39	212.26	217.21	218.44
安　徽	小计	181.66	179.93	184.26	167.24	179.26	179.58	183.57	183.63
	团体	185.88	185.95	185.79	186.36	190.72	184.57	186.14	186.94
	散客	173.42	170.65	179.83	109.86	163.98	171.36	179.07	165.06
福　建	小计	195.08	195.33	194.69	185.45	187.53	199.86	192.80	184.20
	团体	183.40	180.53	186.24	152.65	205.24	182.05	176.69	194.06
	散客	198.84	199.01	198.52	207.32	179.94	203.49	198.90	174.61
江　西	小计	153.45	156.06	149.71	118.31	148.77	155.47	152.98	149.15
	团体	151.55	154.73	147.59	122.78	149.31	152.61	152.62	140.79
	散客	154.92	156.98	151.60	113.85	148.47	157.84	153.24	156.82
山　东	小计	205.27	207.19	202.12	180.56	204.86	207.23	204.76	201.15
	团体	193.39	194.82	191.73	172.85	186.10	193.19	196.56	191.85
	散客	211.39	212.35	209.48	195.99	213.56	211.90	209.62	217.18
河　南	小计	150.89	151.43	150.04	145.00	149.42	146.43	152.55	152.28
	团体	151.99	153.34	150.01	145.00	152.52	149.48	154.95	150.26
	散客	147.34	145.83	150.16	—	138.56	140.68	147.62	224.27
湖　北	小计	193.43	194.66	191.71	175.29	200.07	190.69	196.57	190.13
	团体	188.88	188.68	189.09	208.01	191.98	185.00	191.46	187.91
	散客	196.56	197.91	194.18	142.56	209.37	193.36	200.85	192.57
湖　南	小计	188.76	189.78	187.22	168.07	172.37	189.02	191.65	194.07
	团体	191.87	194.71	187.62	180.08	189.07	187.14	192.74	201.68
	散客	184.04	182.35	186.62	135.05	147.47	190.76	189.50	152.03
广　东	小计	174.84	174.34	175.48	176.89	174.23	174.31	175.05	177.79
	团体	181.00	180.58	181.40	181.56	182.79	181.64	178.82	181.14
	散客	171.79	171.84	171.71	173.50	168.21	171.26	173.38	174.80
广　西	小计	181.73	184.66	177.90	173.49	188.37	183.91	176.84	188.50
	团体	181.25	180.14	182.25	175.18	182.36	187.83	174.43	184.21
	散客	182.13	187.38	172.75	160.00	193.55	181.38	178.91	195.78
海　南	小计	172.47	171.32	173.66	207.07	172.05	171.98	171.74	178.58
	团体	174.28	174.70	173.84	229.42	174.00	176.78	170.61	169.82
	散客	170.12	166.90	173.42	140.00	170.36	166.05	173.36	203.59

1－10(续2)　　单位：美元/人天

		人均天花费	男性	女性	14岁及以下	15～24岁	25～44岁	45～64岁	65岁及以上
重庆	小计	172.65	170.14	176.42	—	139.31	176.98	181.03	172.98
	团体	171.09	167.34	174.94	—	123.68	186.30	182.23	186.80
	散客	174.13	172.10	178.66	—	177.79	171.19	180.05	140.73
四川	小计	175.63	174.85	176.74	161.09	173.96	178.53	172.16	168.87
	团体	179.31	177.44	181.27	163.39	195.34	181.11	175.00	164.07
	散客	170.66	172.23	167.22	150.74	146.70	175.61	167.46	188.70
贵州	小计	170.62	167.10	174.79	202.00	171.82	168.23	171.65	173.65
	团体	174.44	173.12	175.94	188.46	171.78	172.86	174.19	181.73
	散客	158.43	149.25	170.76	256.17	171.94	155.80	161.89	137.59
云南	小计	180.85	184.47	175.63	157.69	155.88	187.40	180.37	173.01
	团体	172.07	171.97	172.18	157.69	156.42	176.75	171.14	170.55
	散客	190.64	195.12	181.37	—	155.28	197.20	192.24	177.93
西藏	小计	174.52	185.95	164.60	150.60	146.53	186.20	180.17	151.01
	团体	169.17	167.87	170.16	174.18	156.19	186.17	157.94	152.10
	散客	198.60	243.48	128.06	56.30	127.21	186.38	276.48	137.84
陕西	小计	186.49	185.66	187.42	179.70	183.83	189.91	184.19	186.82
	团体	185.76	186.03	185.49	210.94	191.30	180.90	187.50	186.63
	散客	188.00	185.03	192.44	169.28	165.85	202.71	177.16	187.90
甘肃	小计	155.36	153.10	158.13	150.00	145.86	153.92	155.37	164.34
	团体	158.69	158.00	159.47	—	166.11	155.34	159.30	162.23
	散客	145.71	140.19	153.71	150.00	113.70	151.04	138.05	174.93
青海	小计	153.65	156.97	149.18	—	153.17	151.92	155.35	162.77
	团体	153.41	154.57	152.15	—	153.21	151.79	154.16	166.78
	散客	154.09	160.51	141.02	—	153.11	152.13	158.38	150.75
宁夏	小计	155.56	153.93	162.66	—	173.24	152.27	160.74	134.55
	团体	177.26	181.12	169.13	—	—	180.98	176.12	140.00
	散客	150.58	148.91	159.59	—	173.24	146.98	155.98	129.11
新疆	小计	176.40	178.89	173.70	150.00	189.18	178.63	173.28	165.00
	团体	175.13	178.35	171.90	150.00	194.80	174.11	174.61	159.11
	散客	181.81	180.79	183.36	—	166.71	194.54	166.34	194.41

1－11 2009年入境过夜旅游者在各城市人均天花费
（按外国人、港澳台胞分组）

单位：美元/人天

	人均天花费	外国人	香港同胞	澳门同胞	台湾同胞
北京	252.46	249.36	263.55	282.03	273.47
天津	198.84	198.17	204.41	210.75	191.03
石家庄	199.38	201.24	190.05	217.57	188.34
唐山	165.83	166.68	159.59	85.33	182.17
秦皇岛	163.19	162.58	223.23	146.38	163.19
保定	167.59	167.17	174.03	—	—
承德	133.63	133.40	135.09	—	161.02
廊坊	144.83	143.80	155.84	125.75	142.04
太原	205.23	204.82	—	—	239.54
大同	168.64	168.60	145.55	194.70	161.42
阳泉	98.67	99.72	71.36	—	—
长治	140.37	138.76	128.51	163.19	187.47
晋城	152.13	140.15	292.62	300.08	163.69
朔州	155.29	148.01	164.87	189.03	197.09
晋中	186.83	185.64	175.00	183.45	212.81
运城	188.16	190.42	186.74	219.30	168.48
忻州	176.60	169.15	224.09	205.30	173.85
临汾	172.25	172.16	177.71	175.00	163.53
吕梁	219.45	200.00	266.62	203.10	269.34
呼和浩特	172.01	171.41	175.44	207.37	166.48
满洲里	183.51	183.51	—	—	—
二连浩特	191.17	191.26	—	180.00	—
包头	186.21	186.69	177.90	202.47	182.91
沈阳	198.31	197.64	208.11	198.17	197.06
大连	204.40	203.33	205.96	206.34	214.38
长春	172.14	174.10	165.68	165.16	174.23
吉林	170.60	165.92	170.07	229.09	193.02
延吉	190.12	191.59	155.00	155.00	155.00
哈尔滨	208.47	207.06	235.75	190.29	450.12
齐齐哈尔	156.08	121.19	146.13	—	162.51
大庆	195.85	195.09	233.34	—	—
佳木斯	134.66	134.66	—	—	—
牡丹江	214.77	214.77	—	—	—
上海	248.48	248.53	246.69	246.82	250.46
南京	207.35	206.90	205.92	206.02	211.67
无锡	227.24	223.62	233.86	223.85	233.29
苏州	214.32	213.57	225.18	185.31	213.45
南通	203.33	202.82	212.04	208.96	201.84
扬州	205.50	206.50	199.12	190.10	207.40

1－11(续1)　　单位：美元/人天

	人均天花费	外国人	香港同胞	澳门同胞	台湾同胞
杭州	209.82	212.57	195.72	190.78	204.18
宁波	203.66	206.68	191.95	194.46	197.69
温州	222.13	217.42	246.66	200.72	240.75
绍兴	210.33	214.39	197.47	215.07	175.18
金华	204.41	209.12	191.26	197.78	187.69
合肥	170.44	172.49	138.81	167.00	184.86
芜湖	178.86	178.61	187.86	185.11	170.38
铜陵	192.98	192.29	205.11	—	188.59
安庆	148.99	146.09	174.82	323.50	136.24
黄山	189.95	186.72	199.57	198.36	202.39
池州	188.26	183.51	203.88	195.15	202.22
福州	190.35	194.83	182.79	177.76	186.69
厦门	209.49	213.10	208.30	197.57	193.14
泉州	197.22	195.68	201.35	172.10	204.34
漳州	187.52	191.30	183.63	212.62	179.04
武夷山	162.78	155.88	168.47	154.58	169.72
南昌	141.26	139.87	137.75	169.91	146.84
景德镇	167.34	164.83	163.37	189.79	184.28
九江	167.26	164.30	176.98	148.91	174.91
赣州	126.87	129.91	123.10	142.96	111.13
吉安	165.86	171.18	155.87	140.41	167.04
济南	219.09	210.79	223.88	261.12	242.97
青岛	199.58	200.36	191.72	195.86	204.33
烟台	196.86	198.00	207.77	173.36	184.79
曲阜	205.13	203.52	204.96	200.39	211.32
泰安	196.83	200.54	188.58	180.00	172.89
威海	188.82	186.27	203.45	—	220.21
日照	245.57	236.26	266.91	279.80	224.97
郑州	151.18	150.81	149.55	148.33	156.43
开封	155.70	155.41	153.10	145.00	166.61
洛阳	150.15	150.84	138.97	145.00	145.00
三门峡	146.89	147.45	138.06	150.00	146.00
武汉	196.42	194.10	199.28	211.94	191.76
十堰	195.68	185.14	191.20	267.50	187.99
宜昌	185.12	184.01	180.02	198.84	190.86
襄樊	195.96	196.40	195.53	216.88	186.81
荆州	184.33	169.84	193.34	185.92	196.84
湖北游船	192.87	190.22	196.01	206.93	191.00
长沙	182.00	178.96	185.91	194.27	190.83
湘潭	199.05	200.17	197.67	181.78	203.94
衡阳	159.42	159.42	—	—	—
岳阳	198.56	198.56	—	—	—

1－11(续2)　　单位：美元/人天

	人均天花费	外国人	香港同胞	澳门同胞	台湾同胞
张家界	197.79	198.76	180.00	180.00	—
广州	182.64	181.51	186.99	181.08	187.97
深圳	175.21	172.42	187.75	189.04	170.81
珠海	167.32	174.69	157.51	168.44	170.58
汕头	165.77	175.33	157.45	158.45	142.87
江门	180.11	183.63	161.66	187.31	188.91
肇庆	175.56	192.18	159.47	172.38	172.41
惠州	164.28	165.55	174.13	148.98	151.31
东莞	168.37	171.46	151.46	161.58	177.51
中山	150.24	155.43	139.54	136.36	165.85
南宁	200.12	186.72	210.46	235.52	233.09
桂林	181.02	179.69	165.17	194.00	197.39
梧州	163.45	153.49	177.20	164.88	150.43
北海	183.79	185.84	189.54	145.04	177.95
玉林	174.81	166.42	181.20	183.19	192.73
百色	181.82	169.79	216.30	151.02	212.64
凭祥	190.68	199.47	231.92	186.45	141.74
海口	165.96	166.29	171.22	163.95	150.93
三亚	175.70	176.89	178.72	124.62	190.22
重庆	169.44	160.44	182.20	201.83	203.54
重庆游船	188.67	169.57	191.98	229.96	225.82
成都	189.01	198.86	155.64	145.63	144.45
绵阳	173.64	174.00	169.47	190.88	171.73
乐山	159.49	162.78	152.34	161.38	150.58
阿坝州	174.22	179.68	156.40	150.00	159.29
贵阳	175.02	176.77	179.35	139.25	168.03
安顺	151.86	151.95	152.00	179.93	142.57
黔东南	171.78	172.98	175.68	164.03	165.83
昆明	184.03	181.39	201.02	188.33	187.08
景洪	150.22	156.10	117.80	117.93	139.96
瑞丽	166.39	163.93	189.40	—	170.70
拉萨	174.52	176.28	142.92	—	187.08
西安	187.24	187.67	195.07	192.05	164.54
咸阳	178.75	181.41	162.00	39.03	109.79
兰州	149.85	154.76	146.92	110.71	92.50
敦煌	159.15	169.47	160.91	86.88	83.03
西宁	159.08	160.88	160.34	26.14	151.79
格尔木	145.45	150.05	152.89	65.87	135.23
银川	155.56	158.24	146.53	164.68	131.99
乌鲁木齐	182.87	185.92	178.29	138.01	150.34
吐鲁番	183.48	191.38	73.18	78.67	150.00
喀什	156.68	155.69	150.00	150.00	195.56

1－12　2009 年入境过夜旅游者在各城市

	人均天花费	政府工作人员	专业技术人员	职员	技工工人
北京	252.46	247.47	257.70	260.66	259.41
天津	198.84	188.09	196.01	201.58	203.03
石家庄	199.38	201.57	196.58	200.37	212.06
唐山	165.83	176.64	151.04	193.51	172.19
秦皇岛	163.19	146.14	190.83	150.06	162.44
保定	167.59	198.67	184.45	153.65	161.28
承德	133.63	170.48	129.03	134.24	132.85
廊坊	144.83	153.85	134.77	153.45	168.50
太原	205.23	175.00	188.77	274.14	175.00
大同	168.64	175.00	161.70	157.34	166.35
阳泉	98.67	—	70.30	117.28	—
长治	140.37	103.98	121.53	143.37	—
晋城	152.13	—	171.34	157.83	175.00
朔州	155.29	197.09	112.57	143.20	—
晋中	186.83	195.47	177.50	195.75	175.00
运城	188.16	223.60	188.47	175.25	159.10
忻州	176.60	169.00	181.39	179.04	204.07
临汾	172.25	175.00	172.74	175.00	175.00
吕梁	219.45	172.73	213.79	112.71	—
呼和浩特	172.01	167.05	203.05	173.17	—
满洲里	183.51	—	—	—	192.22
二连浩特	191.17	196.67	192.72	180.00	201.07
包头	186.21	166.50	167.46	195.38	169.92
沈阳	198.31	214.24	197.78	191.99	207.18
大连	204.40	196.00	206.74	204.68	191.93
长春	172.14	171.72	170.45	171.87	161.77
吉林	170.60	—	192.75	169.51	155.56

人均天花费（按职业分组）

单位：美元/人天

商贸人员	服务员推销员	退休人员	家庭妇女	军人	学生	其他
257.30	231.30	239.35	242.92	233.99	234.99	241.44
200.85	194.99	198.30	198.24	186.25	203.53	201.58
198.21	195.85	231.26	210.11	183.59	194.55	194.04
160.74	150.56	78.10	180.66	—	129.22	108.14
164.97	—	145.48	149.12	83.47	154.29	152.64
150.71	161.02	130.94	123.02	200.00	118.32	196.19
126.95	98.11	175.62	122.69	205.00	128.81	102.14
120.04	177.50	165.24	145.54	133.58	161.02	120.76
175.00	175.00	175.00	—	175.00	482.62	175.00
170.59	175.00	171.67	155.63	135.40	232.78	—
135.16	—	—	145.50	—	—	331.55
158.64	175.00	—	98.32	178.58	186.88	231.00
107.88	—	143.50	101.43	—	—	236.04
168.25	131.38	175.00	133.21	—	175.60	—
180.55	175.00	186.36	—	175.00	176.66	204.02
169.84	164.87	190.32	179.50	286.64	259.09	215.63
160.79	210.27	175.00	—	175.00	—	186.29
175.00	—	175.00	175.00	—	—	141.92
225.43	279.59	280.76	221.03	—	175.00	186.12
170.83	158.18	191.00	181.55	—	141.94	152.20
183.24	—	—	—	—	—	—
198.29	—	167.83	190.52	146.38	131.99	180.34
184.50	185.57	219.91	170.87	246.84	162.08	194.44
196.21	195.67	221.03	203.44	—	207.74	195.66
206.26	204.62	203.27	200.80	196.00	206.58	205.84
170.89	—	180.77	170.17	160.00	182.98	180.00
162.14	117.76	170.64	178.80	—	155.00	—

1－12(续1)

	人均天花费	政府工作人员	专业技术人员	职员	技工工人
延吉	190.12	198.60	158.00	176.57	160.00
哈尔滨	208.47	212.42	211.96	215.71	138.96
齐齐哈尔	156.08	157.09	111.90	137.85	83.96
大庆	195.85	—	214.75	205.54	135.08
佳木斯	134.66	137.11	119.24	153.79	119.52
牡丹江	214.77	159.46	198.14	224.10	212.21
上海	248.48	255.53	247.88	249.12	238.84
南京	207.35	198.09	213.46	203.54	201.43
无锡	227.24	217.79	220.44	232.26	243.45
苏州	214.32	257.17	218.72	209.89	217.62
南通	203.33	199.37	200.72	206.27	200.96
扬州	205.50	176.50	208.08	214.81	217.38
杭州	209.82	207.54	218.21	209.71	184.00
宁波	203.66	189.42	210.64	203.08	197.00
温州	222.13	262.02	212.11	196.61	274.03
绍兴	210.33	—	221.97	230.46	199.62
金华	204.41	247.73	216.91	196.27	211.03
合肥	170.44	185.14	182.12	181.11	156.12
芜湖	178.86	207.29	176.21	209.73	187.50
铜陵	192.98	177.41	200.16	189.63	154.78
安庆	148.99	203.70	129.56	201.54	85.70
黄山	189.95	190.32	188.91	187.85	198.62
池州	188.26	—	192.18	185.06	187.13
福州	190.35	199.56	173.84	199.28	184.22
厦门	209.49	188.68	195.04	214.00	142.30
泉州	197.22	225.16	200.57	185.76	189.42
漳州	187.52	176.27	152.60	179.69	170.00
武夷山	162.78	178.49	175.23	122.32	95.21
南昌	141.26	163.33	147.03	139.57	117.35
景德镇	167.34	172.63	172.88	165.77	182.70
九江	167.26	191.49	172.23	166.19	165.69
赣州	126.87	138.81	145.30	129.95	105.82
吉安	165.86	79.96	174.27	157.70	166.26

单位：美元/人天

商贸人员	服务员推销员	退休人员	家庭妇女	军人	学生	其他
159. 29	160. 00	185. 79	222. 35	—	226. 25	183. 47
216. 31	254. 03	262. 54	219. 95	—	171. 24	204. 63
232. 99	—	158. 54	140. 05	—	—	143. 39
219. 46	159. 37	178. 50	221. 81	—	137. 80	203. 63
227. 68	98. 38	155. 53	185. 23	200. 00	103. 18	116. 82
244. 59	186. 01	205. 45	215. 88	200. 00	143. 47	150. 83
263. 64	212. 79	234. 76	224. 85	208. 17	228. 06	254. 47
216. 39	197. 89	213. 42	201. 65	192. 50	212. 58	190. 66
224. 89	244. 90	235. 10	244. 26	153. 27	222. 98	201. 43
207. 17	195. 00	226. 80	194. 96	195. 00	216. 71	225. 15
208. 57	196. 15	188. 68	202. 57	—	207. 70	203. 32
197. 65	190. 00	211. 27	214. 55	—	215. 18	204. 96
212. 32	180. 51	204. 08	202. 65	175. 00	207. 81	224. 58
204. 74	218. 45	192. 58	186. 57	303. 01	191. 51	187. 53
230. 56	175. 00	188. 81	203. 79	—	237. 17	223. 82
208. 03	178. 71	250. 79	204. 70	180. 00	—	204. 17
205. 09	175. 00	181. 98	199. 10	170. 00	181. 12	180. 00
145. 71	169. 63	188. 61	188. 07	180. 00	196. 84	173. 31
151. 88	157. 52	197. 86	202. 23	—	—	198. 30
196. 26	163. 95	164. 68	213. 99	—	289. 83	229. 91
159. 88	287. 93	145. 28	238. 03	—	169. 73	152. 63
198. 94	191. 44	181. 20	188. 26	180. 00	185. 58	189. 04
187. 27	195. 52	187. 28	185. 54	—	—	—
183. 46	188. 34	187. 47	195. 21	168. 87	207. 19	199. 17
222. 92	247. 70	159. 14	222. 88	130. 27	155. 01	203. 96
213. 10	101. 47	160. 33	174. 96	—	146. 70	210. 84
203. 55	153. 70	201. 36	183. 14	—	172. 02	205. 21
171. 54	169. 59	165. 13	260. 66	180. 00	22. 96	158. 08
150. 57	119. 52	123. 85	133. 02	126. 17	116. 38	142. 00
164. 07	156. 67	158. 13	154. 09	156. 25	176. 07	168. 28
162. 48	152. 94	161. 80	195. 83	146. 38	126. 56	169. 51
111. 85	127. 80	131. 31	108. 19	73. 19	142. 87	112. 07
175. 65	175. 18	176. 37	160. 52	157. 50	155. 00	184. 93

1－12(续2)

	人均天花费	政府工作人员	专业技术人员	职员	技工工人
济南	219.09	189.56	230.91	229.99	241.52
青岛	199.58	198.98	194.80	201.90	178.31
烟台	196.86	186.39	209.44	198.19	203.87
曲阜	205.13	207.42	205.07	183.79	202.55
泰安	196.83	180.73	191.70	228.13	187.91
威海	188.82	194.84	192.03	180.01	195.28
日照	245.57	249.67	241.80	251.25	251.06
郑州	151.18	147.27	149.87	157.85	162.04
开封	155.70	147.61	152.77	160.05	162.84
洛阳	150.15	151.40	157.20	150.76	140.75
三门峡	146.89	148.08	151.42	150.71	133.61
武汉	196.42	197.77	199.80	194.59	194.48
十堰	195.68	201.53	193.83	183.13	151.24
宜昌	185.12	176.64	193.35	185.36	185.00
襄樊	195.96	188.45	200.96	187.09	191.66
荆州	184.33	192.33	182.18	155.32	136.75
湖北游船	192.87	195.48	195.16	191.85	—
长沙	182.00	169.99	175.71	174.05	182.42
湘潭	199.05	191.43	221.42	188.80	211.65
衡阳	159.42	43.30	99.44	135.43	236.82
岳阳	198.56	197.75	194.76	214.90	196.96
张家界	197.79	196.90	186.69	191.06	209.00
广州	182.64	184.55	185.59	176.63	173.93
深圳	175.21	197.86	171.24	173.91	176.52
珠海	167.32	135.00	163.23	174.65	172.60
汕头	165.77	177.71	160.79	184.62	69.54
江门	180.11	171.62	181.50	169.98	166.92
肇庆	175.56	179.80	131.25	173.52	178.48
惠州	164.28	146.63	155.07	167.88	156.23
东莞	168.37	169.34	162.99	179.84	140.63
中山	150.24	170.11	145.81	169.70	95.34
南宁	200.12	230.66	189.63	206.95	216.52
桂林	181.02	171.42	180.49	189.78	174.20
梧州	163.45	228.99	180.78	185.12	161.84
北海	183.79	182.28	180.26	187.72	202.47
玉林	174.81	105.16	189.83	187.49	148.50

单位：美元/人天

商贸人员	服务员推销员	退休人员	家庭妇女	军人	学生	其他
215.14	201.12	200.34	180.00	—	234.84	207.98
205.85	191.70	201.64	194.10	—	201.51	187.73
196.30	171.60	173.49	192.38	—	180.00	194.16
228.60	212.30	201.14	180.00	—	183.91	—
170.66	178.63	181.76	234.95	199.84	183.95	179.70
194.75	152.86	170.30	211.93	180.00	181.79	149.02
253.16	—	214.91	214.05	317.06	180.00	341.56
—	—	—	—	—	—	—
139.32	170.47	175.69	145.00	—	161.78	146.40
131.33	197.38	160.59	154.94	—	142.64	152.58
127.45	278.12	110.01	159.91	—	135.16	159.45
200.11	189.00	191.96	188.54	221.92	204.92	187.28
197.75	187.65	210.53	204.93	180.05	184.18	190.00
196.78	136.14	192.05	178.70	270.80	169.04	170.95
202.97	223.38	196.41	191.19	—	184.80	184.00
172.32	158.82	207.58	193.57	—	211.40	183.13
186.82	188.33	188.07	187.00	185.00	206.14	189.00
196.73	163.90	191.34	177.68	191.17	172.24	163.05
198.64	202.72	190.36	200.02	180.00	208.27	197.66
173.84	81.96	26.02	24.35	178.28	26.81	10.98
—	—	—	—	—	—	—
192.32	208.12	213.88	202.55	231.71	203.69	204.87
185.10	201.36	198.53	179.33	183.65	177.21	167.45
169.63	173.55	180.95	183.03	104.56	180.94	172.89
174.46	174.14	165.25	160.80	163.37	170.24	162.25
152.08	175.08	179.89	196.21	167.17	139.56	150.75
186.35	183.97	171.37	167.81	140.00	160.65	211.49
172.62	177.29	178.30	—	—	—	—
167.22	153.38	194.46	171.47	—	135.84	169.87
171.45	162.51	163.34	173.59	150.00	165.47	180.15
151.00	99.85	131.77	153.27	—	148.32	158.90
203.08	249.32	201.74	164.14	—	194.50	200.53
173.88	179.86	184.13	171.18	184.55	191.10	174.95
146.91	176.67	196.17	118.49	—	192.71	160.00
208.65	191.25	164.98	162.94	—	234.24	161.09
176.30	182.64	159.44	146.15	—	161.66	186.52

1－12(续3)

	人均天花费	政府工作人员	专业技术人员	职员	技工工人
百色	181.82	185.07	220.90	184.82	179.41
凭祥	190.68	210.79	181.06	204.48	212.25
海口	165.96	174.24	167.78	165.52	164.91
三亚	175.70	182.10	171.91	174.73	175.04
重庆	169.44	193.93	168.77	174.36	192.37
重庆游船	188.67	230.68	169.50	164.04	206.68
成都	189.01	194.58	179.15	193.08	202.83
绵阳	173.64	170.85	171.63	169.51	159.27
乐山	159.49	160.24	170.89	158.15	156.96
阿坝州	174.22	178.19	157.97	182.34	198.47
贵阳	175.02	180.07	174.48	172.99	193.51
安顺	151.86	154.87	150.92	150.44	152.00
黔东南	171.78	171.27	157.62	174.20	152.00
昆明	184.03	183.50	179.75	190.34	183.37
景洪	150.22	—	175.85	126.77	180.73
瑞丽	166.39	166.27	151.42	173.45	139.25
拉萨	174.52	197.54	166.76	199.07	160.67
西安	187.24	178.71	189.90	189.30	184.34
咸阳	178.75	172.39	169.60	171.35	162.57
兰州	149.85	170.00	142.29	164.57	161.15
敦煌	159.15	176.76	148.08	160.84	149.99
西宁	159.08	135.90	161.93	158.77	193.49
格尔木	145.45	165.44	136.50	150.12	134.61
银川	155.56	151.99	149.81	167.18	176.00
乌鲁木齐	182.87	158.13	185.72	179.57	177.70
吐鲁番	183.48	183.81	182.63	181.56	159.78
喀什	156.68	150.45	169.94	150.38	150.00

单位：美元/人天

商贸人员	服务员推销员	退休人员	家庭妇女	军人	学生	其他
184.77	144.74	216.15	164.05	—	158.47	177.74
188.18	—	141.49	300.08	—	226.98	167.31
164.21	160.98	167.33	165.95	—	158.03	163.06
168.71	170.94	189.49	174.96	171.58	171.57	188.37
178.96	224.72	160.87	152.93	—	129.69	185.48
216.45	121.30	236.06	168.52	123.89	137.16	173.07
183.29	197.71	201.19	199.33	238.63	175.93	189.62
182.26	150.00	198.23	157.27	—	92.86	146.40
163.18	156.51	156.56	155.27	214.57	141.53	156.57
166.50	197.75	166.59	175.15	150.00	181.50	179.27
163.26	168.14	186.36	182.36	215.74	176.96	173.70
152.70	—	152.00	—	152.00	—	149.80
165.49	174.18	176.35	180.79	152.00	188.21	156.41
214.64	182.70	151.26	178.05	321.85	154.01	161.48
229.84	—	138.76	156.38	—	—	164.09
168.53	195.36	186.74	166.48	—	123.50	151.45
178.88	183.83	159.77	156.68	153.31	173.22	163.90
194.72	182.13	182.87	184.78	162.00	177.79	189.85
159.74	274.38	202.77	168.72	225.58	218.49	181.74
140.02	143.10	148.53	157.64	158.36	127.98	148.91
155.64	132.32	158.26	166.76	160.00	168.64	164.86
150.33	150.00	164.34	156.78	—	146.59	166.25
151.15	125.90	129.85	158.74	—	154.03	135.14
150.22	—	156.29	184.18	—	145.00	152.11
168.44	138.64	199.64	195.77	150.00	224.74	201.90
186.93	175.45	197.36	187.48	—	212.81	150.00
160.40	150.00	162.43	151.00	150.00	150.00	150.42

1－13 2009年入境过夜旅游者在各城市

	人均天花费	观光游览	休闲度假	探亲访友
北京	252.46	240.01	247.67	243.11
天津	198.84	199.78	201.64	196.44
石家庄	199.38	209.78	208.23	187.06
唐山	165.83	147.59	191.35	197.74
秦皇岛	163.19	143.25	137.99	180.59
保定	167.59	157.72	180.60	121.57
承德	133.63	135.41	121.85	145.33
廊坊	144.83	155.66	138.74	149.62
太原	205.23	206.82	185.23	175.00
大同	168.64	169.17	163.09	175.00
阳泉	98.67	78.09	—	98.66
长治	140.37	85.25	266.44	144.19
晋城	152.13	187.73	143.95	95.59
朔州	155.29	154.53	153.83	—
晋中	186.83	182.87	181.07	187.76
运城	188.16	191.07	162.77	201.32
忻州	176.60	181.38	172.67	175.00
临汾	172.25	175.00	171.28	175.00
吕梁	219.45	200.54	221.03	266.96
呼和浩特	172.01	150.07	182.24	154.78
满洲里	183.51	186.39	170.81	—
二连浩特	191.17	173.14	209.30	308.86
包头	186.21	196.66	184.32	191.02
沈阳	198.31	197.26	197.43	198.94
大连	204.40	206.40	197.71	222.13
长春	172.14	174.28	170.24	162.58
吉林	170.60	175.71	160.00	164.27
延吉	190.12	195.20	169.22	—

人均天花费(按旅游目的分组)

单位：美元/人天

商　务	会　议	宗教朝拜	文化/体育/科技交流	其　他
264.69	263.64	201.37	246.40	255.05
197.74	195.26	196.72	205.51	191.37
198.56	196.43	219.05	188.00	184.33
157.38	192.81	—	134.80	131.32
187.00	163.53	—	202.50	189.21
169.14	192.73	—	181.51	96.02
127.74	161.02	200.00	186.91	64.91
139.48	143.73	—	146.38	139.06
175.00	175.00	175.00	497.20	175.00
181.85	175.00	175.00	—	—
82.34	141.87	—	—	—
162.68	115.84	—	82.22	92.71
152.72	57.64	—	—	300.08
153.19	—	133.21	197.09	—
239.48	181.58	—	195.48	178.15
174.60	171.01	191.43	187.37	222.67
196.70	210.27	157.77	—	—
—	—	—	175.00	—
200.52	172.73	191.92	316.91	149.31
182.54	229.15	150.00	180.00	180.00
183.27	203.06	—	—	—
192.72	256.87	310.33	67.54	165.55
182.24	180.00	197.88	145.17	165.00
193.97	187.34	—	213.32	208.17
205.77	195.92	195.00	185.37	206.79
173.71	174.78	—	174.66	168.90
164.15	—	—	189.28	153.89
155.00	—	—	—	157.50

1-13(续1)

	人均天花费	观光游览	休闲度假	探亲访友
哈尔滨	208.47	195.51	226.74	231.21
齐齐哈尔	156.08	156.55	83.96	—
大庆	195.85	201.28	197.82	154.02
佳木斯	134.66	127.65	139.52	—
牡丹江	214.77	215.09	211.26	149.67
上海	248.48	227.62	241.20	242.79
南京	207.35	208.35	207.96	203.42
无锡	227.24	240.41	239.24	221.96
苏州	214.32	218.36	216.01	210.84
南通	203.33	221.28	208.71	197.70
扬州	205.50	219.10	193.88	181.56
杭州	209.82	201.20	212.22	194.58
宁波	203.66	197.30	179.04	195.25
温州	222.13	192.85	224.61	174.38
绍兴	210.33	208.46	193.64	172.50
金华	204.41	185.08	201.31	178.07
合肥	170.44	189.43	175.52	185.11
芜湖	178.86	204.49	195.36	195.11
铜陵	192.98	199.73	175.25	192.93
安庆	148.99	174.73	203.42	204.48
黄山	189.95	188.51	189.72	198.42
池州	188.26	187.48	188.60	191.77
福州	190.35	181.32	186.87	197.82
厦门	209.49	206.39	202.19	208.62
泉州	197.22	174.79	202.37	180.77
漳州	187.52	175.75	192.03	233.62
武夷山	162.78	158.40	161.32	139.86
南昌	141.26	135.34	151.76	141.33
景德镇	167.34	165.18	163.60	170.62
九江	167.26	164.19	169.78	—
赣州	126.87	122.79	149.39	115.89
吉安	165.86	150.41	162.21	168.34

单位：美元/人天

商　务	会　议	宗教朝拜	文化/体育/科技交流	其　他
279.14	273.47	—	140.43	147.90
—	—	254.95	—	—
189.49	—	—	103.26	249.67
—	—	—	—	—
245.05	153.79	—	187.11	176.29
265.68	258.03	200.66	224.31	239.63
211.75	205.04	205.06	208.45	192.10
214.73	198.40	—	224.72	214.55
212.36	219.10	—	211.62	202.81
199.86	205.95	—	207.53	193.20
197.00	222.55	—	228.18	231.10
219.75	196.33	217.19	201.23	216.62
209.87	212.47	229.06	—	199.06
230.16	204.35	180.00	244.41	227.08
216.20	183.80	—	—	270.80
216.79	183.08	170.00	175.00	191.33
150.84	170.57	227.16	185.84	194.43
183.21	114.76	—	190.00	142.09
203.30	219.79	218.70	180.00	132.05
117.48	146.32	—	158.32	131.99
213.58	211.03	—	—	222.32
—	—	189.55	—	—
195.55	185.22	141.48	215.20	206.10
214.52	238.81	—	169.70	160.93
207.23	219.24	170.00	140.96	246.14
190.41	170.11	180.00	172.32	88.56
268.22	180.00	—	—	194.79
149.92	145.27	—	128.12	128.66
166.47	170.70	155.00	172.38	181.10
159.40	175.57	155.00	193.93	175.46
132.63	—	—	87.47	150.59
176.41	—	—	203.40	145.25

1－13(续 2)

	人均天花费	观光游览	休闲度假	探亲访友
济南	219.09	215.92	200.73	225.64
青岛	199.58	192.69	199.20	215.05
烟台	196.86	195.24	194.27	200.73
曲阜	205.13	198.74	196.20	180.00
泰安	196.83	210.80	182.85	187.58
威海	188.82	187.02	185.93	183.45
日照	245.57	237.30	221.15	196.57
郑州	151.18	149.59	158.99	212.25
开封	155.70	155.05	167.13	212.25
洛阳	150.15	153.30	160.09	134.12
三门峡	146.89	148.84	150.80	130.50
武汉	196.42	190.44	192.87	200.15
十堰	195.68	200.80	201.00	183.34
宜昌	185.12	180.38	182.54	200.36
襄樊	195.96	200.88	194.47	187.05
荆州	184.33	201.78	186.77	193.54
湖北游船	192.87	193.91	186.67	185.00
长沙	182.00	179.84	166.51	183.01
湘潭	199.05	181.78	198.70	240.79
衡阳	159.42	50.34	33.16	97.55
岳阳	198.56	204.45	194.46	180.00
张家界	197.79	199.64	192.61	190.25
广州	182.64	179.45	186.04	185.09
深圳	175.21	181.74	179.49	150.93
珠海	167.32	182.51	171.06	148.01
汕头	165.77	181.75	182.12	170.02
江门	180.11	175.98	197.28	151.62
肇庆	175.56	178.23	179.09	166.52
惠州	164.28	182.41	171.84	130.59
东莞	168.37	164.22	163.14	163.41
中山	150.24	159.82	166.14	135.85
南宁	200.12	198.11	189.68	196.47
桂林	181.02	181.80	177.74	185.43
梧州	163.45	157.69	189.03	148.33
北海	183.79	181.95	173.13	163.78
玉林	174.81	168.83	170.31	168.45

单位：美元/人天

商务	会议	宗教朝拜	文化/体育/科技交流	其他
229.95	244.49	192.47	126.60	194.28
200.60	205.31	224.72	188.48	180.00
191.64	244.17	180.00	180.00	—
242.35	213.14	292.76	201.75	—
178.13	146.88	206.85	167.50	228.51
194.41	204.26	—	155.56	188.31
249.88	289.34	341.56	237.96	271.08
155.00	—	—	145.00	—
119.13	127.14	—	139.10	84.90
99.82	174.28	125.89	133.21	134.67
102.86	221.41	125.89	—	184.44
199.58	208.49	243.97	201.10	187.01
197.90	197.61	197.21	182.42	189.56
195.53	178.29	222.41	190.00	185.00
195.65	—	191.35	188.84	199.01
171.68	221.03	222.86	125.02	193.71
183.89	190.00	—	228.55	185.00
197.11	168.12	167.82	201.03	168.49
203.22	189.03	—	221.26	180.00
208.49	212.99	229.16	103.48	160.14
220.98	—	—	—	—
183.55	198.94	230.98	199.76	180.00
182.14	187.92	171.81	176.73	176.47
170.53	180.03	150.30	187.00	154.55
162.18	148.29	163.80	155.60	161.39
148.13	158.12	175.50	127.62	155.81
187.82	163.08	193.75	176.18	218.00
166.58	171.77	—	—	—
161.48	166.83	143.33	170.06	142.55
179.50	178.77	—	177.28	201.70
143.55	159.92	—	202.01	134.94
212.28	201.10	—	190.15	202.19
186.11	171.35	—	208.88	166.27
148.63	186.64	—	196.99	160.00
204.56	193.57	—	148.47	169.89
198.76	169.85	—	199.75	87.83

1－13(续3)

	人均天花费	观光游览	休闲度假	探亲访友
百色	181.82	186.14	180.83	175.52
凭祥	190.68	200.69	—	96.14
海口	165.96	166.69	162.79	176.07
三亚	175.70	177.21	174.85	199.40
重庆	169.44	166.55	156.95	183.10
重庆游船	188.67	168.89	215.02	262.67
成都	189.01	193.01	193.83	160.42
绵阳	173.64	181.01	205.31	148.51
乐山	159.49	158.59	157.98	167.21
阿坝州	174.22	174.80	172.06	184.70
贵阳	175.02	179.19	178.57	179.57
安顺	151.86	151.95	147.88	152.00
黔东南	171.78	171.91	171.87	180.80
昆明	184.03	169.04	178.44	193.23
景洪	150.22	152.54	145.71	—
瑞丽	166.39	171.44	107.62	—
拉萨	174.52	174.36	154.93	150.00
西安	187.24	185.51	188.83	191.10
咸阳	178.75	181.21	166.25	172.26
兰州	149.85	141.77	152.85	166.55
敦煌	159.15	161.85	152.71	147.54
西宁	159.08	155.15	152.89	212.31
格尔木	145.45	142.05	163.64	—
银川	155.56	158.57	151.95	109.10
乌鲁木齐	182.87	193.69	179.49	113.45
吐鲁番	183.48	178.27	179.16	193.22
喀什	156.68	155.92	155.58	155.00

单位：美元/人天

商　务	会　议	宗教朝拜	文化/体育/科技交流	其　他
170.52	30.74	103.93	181.49	230.64
160.00	—	—	—	—
175.44	161.60	192.84	158.58	151.69
162.69	164.29	160.00	193.12	190.79
183.57	188.27	—	191.61	143.46
111.54	—	—	—	122.52
184.83	163.26	140.87	177.38	168.19
182.16	172.00	—	138.72	133.62
170.08	163.22	164.06	150.00	150.00
182.96	161.38	150.00	—	150.00
158.54	165.93	—	161.62	180.95
179.93	152.00	—	—	—
156.81	151.22	145.22	198.55	182.86
214.24	226.16	225.44	207.02	227.37
—	—	—	—	—
95.15	—	—	—	—
208.68	—	174.35	231.36	175.64
200.09	184.73	169.70	205.33	148.89
182.86	101.71	—	162.00	228.35
153.36	172.04	158.33	173.05	159.56
154.54	157.65	192.09	158.48	155.34
166.03	163.32	150.00	170.78	172.81
150.00	—	139.00	—	111.98
157.66	175.92	—	149.38	141.53
151.36	152.50	—	150.00	183.77
246.43	209.13	—	222.06	—
160.40	—	—	—	155.00

1－14　2009年入境过夜旅游者在各城市人均天花费

（按性别、年龄分组）

单位：美元/人天

	人均天花费	男性	女性	14岁及以下	15～24岁	25～44岁	45～64岁	65岁及以上
北京	252.46	253.90	250.76	255.53	229.42	254.23	258.93	231.36
天津	198.84	197.60	201.68	178.05	201.88	197.98	199.27	203.55
石家庄	199.38	200.68	197.27	168.34	202.96	193.97	201.66	226.84
唐山	165.83	145.78	183.74	136.87	185.57	177.75	133.83	177.00
秦皇岛	163.19	176.84	147.33	—	139.54	167.59	167.13	145.73
保定	167.59	170.23	158.05	—	133.07	175.63	160.21	—
承德	133.63	136.29	131.42	129.19	148.69	119.76	129.12	184.24
廊坊	144.83	145.36	144.37	—	154.95	138.56	148.85	153.70
太原	205.23	202.64	208.01	290.36	228.12	175.00	175.00	175.00
大同	168.64	170.45	164.60	—	205.97	178.17	163.68	165.39
阳泉	98.67	100.46	88.38	—	107.59	116.00	70.05	—
长治	140.37	134.61	144.62	—	150.48	136.90	137.15	—
晋城	152.13	158.27	142.93	—	175.00	161.52	145.05	80.51
朔州	155.29	153.23	158.25	—	175.60	142.11	187.47	175.00
晋中	186.83	195.40	179.42	175.00	168.29	186.26	197.83	175.00
运城	188.16	186.16	192.27	—	194.35	183.07	192.16	187.01
忻州	176.60	176.47	177.05	—	175.00	181.72	177.63	167.15
临汾	172.25	170.83	175.00	—	—	167.91	173.72	175.00
吕梁	219.45	226.30	178.31	—	175.00	222.13	172.38	362.05
呼和浩特	172.01	175.31	169.09	—	163.86	174.04	176.38	145.22
满洲里	183.51	150.00	184.11	—	150.00	184.11	172.68	—
二连浩特	191.17	179.04	199.97	—	193.50	189.83	198.53	161.82
包头	186.21	194.78	174.86	150.77	167.03	184.82	183.16	238.10
沈阳	198.31	199.91	196.66	211.61	189.67	196.18	200.19	215.93
大连	204.40	204.27	204.63	195.50	209.32	204.69	202.64	206.68
长春	172.14	172.92	171.21	—	171.67	170.95	174.95	181.28
吉林	170.60	170.54	170.71	—	144.25	167.90	177.75	160.00
延吉	190.12	188.25	191.86	—	220.73	178.51	188.90	205.53
哈尔滨	208.47	208.77	208.33	168.86	190.98	204.54	223.21	285.34
齐齐哈尔	156.08	167.03	147.48	—	—	—	156.63	155.42
大庆	195.85	186.84	204.86	155.16	134.33	202.38	202.22	137.63
佳木斯	134.66	140.51	132.49	88.20	129.84	137.39	141.44	150.83
牡丹江	214.77	196.68	220.96	144.85	182.18	226.99	209.68	194.14
上海	248.48	249.63	246.21	327.94	232.68	251.95	248.03	239.29
南京	207.35	207.72	206.97	193.33	205.46	209.05	207.27	200.31
无锡	227.24	225.74	230.53	212.52	241.18	229.21	223.06	229.73
苏州	214.32	212.42	219.07	—	205.94	212.36	219.09	209.63
南通	203.33	199.32	213.64	190.00	219.06	200.95	203.27	179.78
扬州	205.50	205.17	206.57	—	208.85	205.57	208.39	192.31

1－14（续 1）

单位：美元/人天

	人均天花费	男性	女性	14岁及以下	15～24岁	25～44岁	45～64岁	65岁及以上
杭州	209.82	211.33	207.76	215.77	205.97	210.78	211.31	200.68
宁波	203.66	209.01	195.24	180.00	205.54	199.45	209.28	226.87
温州	222.13	225.57	214.49	248.85	205.34	223.66	223.17	263.49
绍兴	210.33	212.31	204.40	265.32	192.95	207.01	220.20	170.00
金华	204.41	205.50	202.47	292.76	184.85	202.40	209.97	263.49
合肥	170.44	165.45	178.65	163.95	173.50	162.67	173.16	183.92
芜湖	178.86	188.64	171.26	157.63	139.38	177.40	180.03	192.86
铜陵	192.98	195.55	188.50	285.44	180.13	179.80	201.73	193.84
安庆	148.99	136.66	188.02	101.30	203.95	155.06	143.14	102.61
黄山	189.95	192.95	186.01	—	185.02	192.23	190.30	184.03
池州	188.26	188.38	188.10	—	180.00	187.86	189.38	187.53
福州	190.35	191.59	188.81	207.32	206.10	188.65	187.94	198.91
厦门	209.49	207.01	213.57	152.65	202.23	218.45	207.65	169.69
泉州	197.22	202.34	187.60	—	164.41	208.69	199.55	185.21
漳州	187.52	190.70	182.31	—	192.69	181.56	187.19	204.70
武夷山	162.78	158.12	172.10	—	117.79	169.89	164.07	153.99
南昌	141.26	145.26	136.30	90.55	125.56	148.21	135.29	147.30
景德镇	167.34	170.48	165.00	157.50	163.66	172.88	162.46	158.13
九江	167.26	164.89	173.96	67.70	157.33	170.76	167.16	155.00
赣州	126.87	129.59	123.56	—	132.82	130.76	120.20	122.15
吉安	165.86	168.32	160.41	—	173.71	154.68	178.42	213.72
济南	219.09	227.75	205.84	—	218.77	224.42	213.68	205.03
青岛	199.58	197.10	202.86	192.79	199.65	199.66	200.42	195.35
烟台	196.86	194.96	200.54	—	200.84	205.12	181.70	186.86
曲阜	205.13	209.32	196.52	170.47	195.99	207.59	211.47	199.62
泰安	196.83	198.75	194.43	—	209.40	190.26	198.71	204.95
威海	188.82	188.45	189.52	180.00	176.26	183.65	194.71	206.89
日照	245.57	245.57	245.58	—	244.35	247.40	242.79	252.48
郑州	151.18	150.40	152.22	145.00	166.60	162.13	151.16	148.05
开封	155.70	158.49	150.41	145.00	175.47	151.67	157.08	153.74
洛阳	150.15	148.93	151.68	145.00	147.28	141.28	152.89	167.42
三门峡	146.89	147.86	145.09	145.00	135.74	141.17	149.43	150.76
武汉	196.42	199.39	192.86	251.45	198.89	196.05	196.45	191.30
十堰	195.68	198.06	192.09	40.99	185.93	186.95	206.09	194.57
宜昌	185.12	185.45	184.67	137.84	192.37	174.94	201.55	182.10
襄樊	195.96	197.03	192.61	—	206.01	195.59	197.13	192.28
荆州	184.33	182.22	187.48	—	208.54	170.00	184.95	192.99
湖北游船	192.87	190.38	196.13	185.00	208.49	194.43	190.60	188.27
长沙	182.00	184.75	177.71	155.26	177.34	184.42	180.24	185.18
湘潭	199.05	203.07	193.72	180.00	199.76	202.39	190.48	180.00
衡阳	159.42	147.44	176.57	109.44	21.30	173.19	191.32	106.48
岳阳	198.56	208.21	189.33	—	193.01	194.53	204.09	201.30
张家界	197.79	198.86	195.85	193.37	214.18	190.95	195.59	204.86

1－14（续2） 单位：美元/人天

	人均天花费	男 性	女 性	14岁及以下	15～24岁	25～44岁	45～64岁	65岁及以上
广 州	182.64	183.67	181.22	163.07	182.57	181.93	183.06	189.14
深 圳	175.21	173.94	176.96	182.30	176.32	173.95	173.01	182.87
珠 海	167.32	165.52	168.97	186.95	168.53	171.34	159.58	164.32
汕 头	165.77	160.72	171.39	87.83	131.22	167.93	162.13	187.15
江 门	180.11	184.22	174.09	—	166.03	178.31	185.37	183.02
肇 庆	175.56	177.18	173.12	140.53	172.28	177.36	174.43	184.64
惠 州	164.28	163.29	166.03	—	160.94	165.63	165.22	129.81
东 莞	168.37	161.80	173.68	140.00	170.06	164.80	171.74	172.62
中 山	150.24	147.92	156.65	140.00	141.71	135.15	171.23	140.35
南 宁	200.12	201.67	196.77	—	212.08	197.23	200.41	206.12
桂 林	181.02	179.47	182.53	173.79	183.90	187.07	173.73	188.08
梧 州	163.45	169.91	154.65	160.00	184.99	162.91	153.17	191.55
北 海	183.79	189.03	172.57	—	176.38	187.99	180.61	143.45
玉 林	174.81	182.46	159.08	150.00	141.75	171.73	189.73	147.73
百 色	181.82	178.41	184.41	208.68	183.02	192.53	163.16	205.80
凭 祥	190.68	202.49	170.60	—	233.51	193.84	175.77	—
海 口	165.96	164.18	167.64	—	157.62	161.90	170.25	168.90
三 亚	175.70	174.64	176.83	207.07	176.80	175.11	172.94	203.74
重 庆	169.44	167.70	172.14	—	139.04	177.22	178.18	143.87
重庆游船	188.67	183.38	195.40	—	143.12	175.13	193.40	204.52
成 都	189.01	185.03	192.54	—	179.79	193.22	185.62	193.47
绵 阳	173.64	176.58	162.53	150.74	130.45	175.62	173.59	177.64
乐 山	159.49	162.37	156.21	150.00	144.19	163.15	157.76	159.05
阿坝州	174.22	171.90	178.35	190.16	188.88	171.52	174.12	170.78
贵 阳	175.02	171.62	178.83	202.00	168.32	173.12	179.00	175.04
安 顺	151.86	150.38	154.49	—	152.00	150.49	154.33	152.00
黔东南	171.78	169.37	174.14	—	181.34	175.45	161.26	172.53
昆 明	184.03	187.57	178.68	157.69	159.07	188.95	185.05	179.19
景 洪	150.22	151.14	149.14	—	—	157.96	148.35	150.02
瑞 丽	166.39	166.61	166.20	—	96.92	171.24	170.48	175.68
拉 萨	174.52	185.95	164.60	150.60	146.53	186.20	180.17	151.01
西 安	187.24	186.41	188.18	179.70	182.82	191.57	184.72	187.84
咸 阳	178.75	178.08	179.54	—	201.45	177.58	176.55	178.81
兰 州	149.85	150.30	149.20	150.00	134.87	153.30	146.44	161.83
敦 煌	159.15	155.27	163.39	—	160.32	154.47	160.53	165.16
西 宁	159.08	162.78	153.33	—	155.69	158.98	159.48	162.77
格尔木	145.45	146.72	144.06	—	144.37	144.40	147.60	—
银 川	155.56	153.93	162.66	—	173.24	152.27	160.74	134.55
乌鲁木齐	182.87	185.44	179.81	—	200.74	183.54	178.74	182.06
吐鲁番	183.48	185.89	181.36	—	201.09	188.53	177.30	151.67
喀 什	156.68	161.08	151.05	150.00	150.71	155.45	157.55	162.43

1－15　2009年入境一日游游客人均花费构成

（按外国人、港澳台胞、团体及散客分组）

		人均花费（美元/人）	花费构成（%）						
			餐饮	景区游览	娱乐	购物	交通	邮电通讯	其他
全　　国	**总计**	**54.60**	**13.4**	**11.5**	**13.7**	**33.7**	**13.9**	**5.0**	**8.9**
	团体	56.97	10.0	9.2	8.1	45.9	13.1	5.4	8.2
	散客	54.08	14.1	12.0	14.9	31.0	14.1	4.9	9.1
外国人	小计	58.00	13.8	9.3	11.8	39.3	14.2	4.0	7.7
	团体	55.81	10.2	9.5	8.3	47.0	13.2	4.2	7.6
	散客	59.23	15.8	9.1	13.9	35.0	14.7	3.8	7.7
香港同胞	小计	47.92	12.5	15.0	16.2	27.3	13.4	5.1	10.5
	团体	65.16	8.4	6.2	8.8	39.8	13.3	9.2	14.3
	散客	47.44	12.7	15.2	16.4	26.9	13.4	5.0	10.4
澳门同胞	小计	55.75	13.2	14.5	15.5	28.0	13.0	6.7	9.2
	团体	51.22	9.3	9.2	7.4	43.2	12.4	8.4	10.2
	散客	55.84	13.3	14.6	15.6	27.7	13.0	6.7	9.2
台湾同胞	小计	69.77	13.6	10.0	13.7	31.1	14.8	5.4	11.4
	团体	81.20	11.7	10.0	6.0	40.1	15.4	7.1	9.7
	散客	67.83	13.9	9.9	15.0	29.6	14.7	5.1	11.7

1－16　2009年入境过夜旅游者人均天花费构成

		人均天花费（美元/人天）	人均天花费构成（%）				
			长途交通	飞　机	火　车	汽　车	轮　船
全　　国	**总 计**	**180.77**	**33.1**	**24.2**	**3.6**	**2.7**	**2.6**
	团 体	182.94	28.0	16.1	4.7	4.0	3.2
	散 客	179.55	35.9	28.8	2.9	1.9	2.3
外 国 人	小 计	192.93	31.4	22.7	3.5	2.7	2.5
	团 体	186.24	27.7	15.7	5.0	4.0	3.0
	散 客	198.11	34.5	28.2	2.4	1.8	2.1
香港同胞	小 计	137.68	35.9	25.3	4.6	2.6	3.4
	团 体	144.42	33.4	19.8	3.3	3.6	6.7
	散 客	136.65	36.3	26.1	4.8	2.5	2.9
澳门同胞	小 计	112.39	35.5	25.4	4.4	2.2	3.5
	团 体	129.55	28.5	19.6	1.6	3.9	3.4
	散 客	109.39	36.8	26.4	4.9	2.0	3.5
台湾同胞	小 计	183.76	34.0	24.7	3.3	3.0	3.0
	团 体	184.47	29.3	17.7	3.4	4.7	3.5
	散 客	183.57	35.4	26.6	3.3	2.6	2.9

(按外国人、港澳台胞、团体及散客分组)

住宿	餐饮	景区游览	娱乐	购物	市内交通	邮电通讯	其他
12.5	**8.6**	**4.5**	**6.5**	**21.8**	**2.1**	**2.1**	**8.8**
12.6	9.4	3.3	5.5	26.7	2.4	2.5	9.6
12.4	8.1	5.2	7.1	19.0	1.9	1.9	8.5
12.5	8.7	4.3	6.7	23.5	2.2	2.1	8.6
13.0	9.4	3.3	5.7	26.8	2.4	2.4	9.3
12.1	8.1	5.1	7.5	20.9	2.0	1.8	8.0
12.9	8.6	5.3	6.8	16.7	2.0	2.5	9.3
8.8	8.7	3.6	5.2	25.2	2.8	3.7	8.6
13.5	8.6	5.6	7.1	15.4	1.8	2.4	9.3
12.5	8.3	4.9	6.8	17.3	2.3	2.7	9.7
10.9	8.3	4.2	3.5	25.8	2.5	3.5	12.8
12.8	8.3	5.0	7.3	15.8	2.3	2.6	9.1
12.4	9.1	5.3	6.3	18.4	2.1	2.3	10.0
10.8	9.6	3.9	3.2	27.3	3.0	3.2	9.7
12.8	9.0	5.7	7.1	16.0	1.9	2.1	10.0

1－17 2009年外国过夜旅游者

	人均天花费（美元/人天）	人均天花费构成（%）				
		长途交通	飞机	火车	汽车	轮船
日本	201.02	34.9	26.5	3.3	2.6	2.5
菲律宾	191.06	33.0	25.0	3.3	2.4	2.4
泰国	185.12	30.9	22.1	4.3	3.0	1.5
新加坡	178.80	29.8	21.7	3.5	2.7	2.0
印度尼西亚	160.42	37.5	29.5	3.6	2.6	1.8
马来西亚	200.83	29.5	20.3	3.9	2.9	2.4
韩国	214.85	32.2	22.6	3.7	2.8	3.1
朝鲜	188.43	32.8	21.6	4.3	2.9	4.1
蒙古	229.26	25.0	20.8	2.6	1.3	0.3
印度	203.36	39.1	33.2	3.1	2.2	0.5
英国	185.50	37.6	28.6	3.8	3.2	1.9
法国	196.54	34.2	22.3	5.1	3.9	2.9
德国	201.63	39.0	32.5	2.9	2.2	1.4
意大利	208.02	31.3	23.4	3.6	2.2	2.0
荷兰	200.46	32.4	22.3	4.3	3.6	2.2
瑞典	200.93	40.4	30.3	4.0	3.9	2.2
俄罗斯	158.04	24.4	14.2	4.3	3.4	2.5
瑞士	195.33	48.3	41.1	2.9	2.5	1.8
美国	187.45	36.7	27.4	3.9	3.3	2.1
加拿大	179.63	33.0	23.4	4.3	3.1	2.1
澳大利亚	191.28	38.9	29.3	4.2	3.1	2.4
非洲国家	194.83	26.9	19.7	2.9	3.2	1.1
南美国家	215.82	35.1	26.8	4.1	2.5	1.6
其他国家	162.29	17.0	12.7	1.7	1.9	0.8

人均天花费构成(按国别分组)

住宿	餐饮	景区游览	娱乐	购物	市内交通	邮电通讯	其他
13.4	9.2	4.4	7.5	14.3	2.2	2.9	11.1
17.4	8.9	6.1	6.5	15.2	2.0	2.4	8.4
17.4	8.7	4.2	5.3	18.7	2.4	4.3	8.1
12.5	9.3	4.7	7.9	18.1	3.2	2.4	12.1
13.2	8.6	6.5	6.5	13.0	3.2	2.3	9.1
13.6	9.6	4.5	8.0	18.0	2.4	2.1	12.4
14.0	10.3	5.5	8.3	14.0	2.6	2.2	10.9
12.6	9.6	4.3	10.1	15.3	2.4	2.2	10.8
1.7	1.7	2.1	6.9	58.8	0.8	0.7	2.2
13.9	8.8	5.3	5.6	15.4	2.3	2.2	7.5
14.1	8.8	4.9	6.4	13.5	2.4	2.6	9.7
15.3	10.5	3.8	6.3	16.7	2.6	1.8	8.8
14.8	9.2	4.1	7.0	11.3	2.0	2.0	10.6
15.0	9.9	8.6	7.4	13.3	2.3	2.2	10.0
14.8	10.6	4.0	6.6	18.1	2.5	3.0	7.9
14.1	10.4	3.8	5.8	13.2	3.5	1.7	7.3
11.1	8.1	3.0	5.6	37.0	2.0	2.0	6.9
11.1	7.6	3.6	5.1	10.5	1.7	2.3	9.8
15.5	9.5	5.0	7.4	12.6	2.5	2.0	8.8
15.0	11.6	4.3	6.0	15.6	2.4	2.5	9.7
15.1	10.0	4.2	6.1	14.3	2.3	2.2	6.8
11.4	7.4	3.5	6.8	29.9	2.1	2.0	10.0
14.6	9.2	5.2	6.1	15.7	2.4	1.9	9.8
6.3	4.9	2.4	2.8	60.9	1.3	1.0	3.4

1－18　2009 年入境过夜旅游者在各省（区、市）

		人均天花费（美元/人天）	人均天花费构成（%）				
			长途交通	飞　机	火　车	汽　车	轮　船
北　京	小计	252.46	37.4	27.1	5.5	4.8	0.0
	团体	233.85	29.8	15.2	5.2	9.4	0.0
	散客	264.11	42.2	34.6	5.7	1.9	0.0
天　津	小计	198.84	40.8	31.7	1.5	4.9	2.6
	团体	203.27	16.8	13.7	1.1	2.0	0.0
	散客	197.51	48.1	37.2	1.6	5.8	3.4
河　北	小计	163.39	30.8	19.8	4.7	3.1	3.2
	团体	155.91	3.0	0.0	3.0	0.0	0.0
	散客	166.55	42.5	28.1	5.5	4.4	4.5
山　西	小计	176.01	29.7	20.6	3.0	6.0	0.0
	团体	180.71	25.7	18.4	0.5	6.9	0.0
	散客	168.44	36.1	24.3	7.2	4.7	0.0
内蒙古	小计	183.68	22.2	17.3	2.0	3.0	0.0
	团体	174.04	7.3	0.0	2.1	5.2	0.0
	散客	192.57	36.1	33.2	1.9	0.9	0.0
辽　宁	小计	202.38	26.2	19.3	2.9	2.4	1.6
	团体	205.21	21.4	14.1	1.5	3.3	2.5
	散客	200.75	28.9	22.3	3.8	1.8	1.0
吉　林	小计	176.25	27.6	20.5	4.4	2.8	0.0
	团体	186.75	24.4	13.0	6.6	4.9	0.0
	散客	170.15	29.5	24.9	3.1	1.6	0.0
黑龙江	小计	190.44	19.2	12.1	5.1	1.6	0.5
	团体	190.19	16.6	10.6	4.8	1.3	0.0
	散客	192.29	38.5	23.0	7.7	3.8	3.9
上　海	小计	248.48	35.4	26.0	3.3	2.0	4.1
	团体	200.16	29.5	17.3	2.4	3.2	6.5
	散客	261.37	37.0	28.4	3.6	1.7	3.4
江　苏	小计	212.57	28.3	19.8	2.0	2.4	4.2
	团体	221.01	24.4	19.8	2.1	2.5	0.0
	散客	209.07	30.0	19.7	2.0	2.3	6.0

人均天花费构成（按团体及散客分组）

住宿	餐饮	景区游览	娱乐	购物	市内交通	邮电通讯	其他
14.5	7.5	3.9	4.6	20.4	2.7	2.7	6.5
12.6	9.5	2.6	0.9	31.5	2.8	2.9	7.5
15.6	6.2	4.7	6.9	13.5	2.6	2.5	5.8
14.3	7.1	4.8	6.3	17.1	2.6	2.7	4.4
13.6	9.3	2.8	6.3	38.9	3.0	4.1	5.1
14.5	6.4	5.3	6.3	10.6	2.4	2.2	4.2
13.9	8.7	4.3	7.7	19.8	3.2	3.6	8.1
13.3	10.5	3.6	6.2	39.7	4.1	5.5	14.2
14.2	8.0	4.5	8.3	11.3	2.8	2.8	5.5
16.9	8.6	9.1	6.5	15.0	1.3	2.9	10.0
19.7	7.9	10.4	5.8	16.8	0.4	2.9	10.3
12.5	9.7	6.9	7.7	12.2	2.7	2.9	9.4
8.2	6.4	3.3	6.5	40.8	3.0	3.7	5.9
11.1	8.8	2.2	5.6	45.9	4.8	5.7	8.7
5.5	4.1	4.2	7.4	36.0	1.4	2.0	3.3
17.4	11.6	5.0	5.3	22.2	2.6	2.6	7.3
14.1	9.3	3.6	2.0	35.5	2.2	3.8	8.1
19.2	12.9	5.8	7.1	14.6	2.8	1.8	6.8
17.0	10.3	4.8	6.8	20.8	1.8	2.0	9.0
12.7	9.8	5.2	3.9	31.4	1.5	2.0	9.1
19.5	10.5	4.5	8.5	14.6	2.0	2.0	8.9
11.3	8.2	3.2	3.7	44.5	1.1	3.9	4.8
11.7	8.4	3.0	2.9	47.8	1.0	4.2	4.4
8.6	6.8	4.8	9.9	19.7	1.8	1.9	8.1
15.5	8.1	4.3	6.4	19.1	3.0	2.0	6.2
13.4	9.2	2.0	1.1	31.6	3.3	3.2	6.7
16.0	7.8	5.0	7.8	15.8	2.9	1.7	6.0
14.5	11.0	4.2	7.4	23.1	2.0	2.0	7.5
10.3	8.9	3.4	4.1	34.8	1.4	3.0	9.8
16.2	11.9	4.6	8.7	18.2	2.2	1.7	6.5

1－18(续1)

		人均天花费(美元/人天)	人均天花费构成(%)				
			长途交通	飞机	火车	汽车	轮船
浙江	小计	209.34	31.6	20.5	2.3	3.7	5.0
	团体	200.52	25.7	15.0	2.1	3.7	4.9
	散客	213.52	34.4	23.1	2.5	3.7	5.0
安徽	小计	181.66	30.5	16.1	4.6	4.1	5.8
	团体	185.88	29.2	15.4	4.1	3.6	6.2
	散客	173.42	33.1	17.5	5.6	5.1	4.9
福建	小计	195.08	36.0	25.3	4.6	3.4	2.7
	团体	183.40	20.7	13.9	3.6	3.2	0.0
	散客	198.84	40.9	29.0	4.9	3.5	3.6
江西	小计	153.45	25.9	19.9	3.3	1.7	0.9
	团体	151.55	14.0	12.8	1.2	0.0	0.0
	散客	154.92	35.1	25.5	5.0	3.0	1.6
山东	小计	205.27	34.2	19.9	4.4	2.9	7.1
	团体	193.39	27.4	14.2	2.6	3.1	7.5
	散客	211.39	37.8	22.9	5.3	2.8	6.9
河南	小计	150.89	37.4	26.4	6.6	4.5	0.0
	团体	151.99	37.4	26.6	6.4	4.4	0.0
	散客	147.34	37.5	25.9	7.0	4.7	0.0
湖北	小计	193.43	41.7	17.1	8.9	5.1	10.6
	团体	188.88	38.4	8.2	14.5	7.8	7.8
	散客	196.56	44.1	23.2	5.1	3.2	12.5
湖南	小计	188.76	26.1	17.6	2.4	3.6	2.6
	团体	191.87	17.9	11.8	1.5	4.6	0.0
	散客	184.04	38.6	26.4	3.6	2.1	6.5
广东	小计	174.84	37.5	27.6	3.3	2.9	3.7
	团体	181.00	33.4	22.5	4.0	4.0	3.0
	散客	171.79	39.6	30.2	3.0	2.4	4.1
广西	小计	181.73	35.7	25.7	6.3	3.7	0.0
	团体	181.25	31.2	20.6	7.1	3.5	0.0
	散客	182.13	39.3	29.9	5.7	3.8	0.0

住宿	餐饮	景区游览	娱乐	购物	市内交通	邮电通讯	其他
16.1	10.0	4.3	5.1	19.7	2.5	3.4	7.2
12.3	10.1	2.6	1.4	34.7	2.6	4.2	6.4
17.9	10.0	5.1	6.8	12.6	2.5	3.1	7.5
11.9	9.7	5.3	5.4	24.7	1.5	3.4	7.6
11.8	9.6	5.1	3.0	28.9	1.4	4.0	6.9
12.0	9.9	5.8	9.8	16.6	1.7	2.2	8.9
10.1	8.0	3.4	8.8	16.0	2.3	2.4	13.0
10.3	9.1	1.5	10.8	33.1	3.0	4.3	7.1
10.1	7.6	4.0	8.1	10.6	2.1	1.8	14.9
11.6	8.9	4.9	6.9	26.2	2.2	2.3	11.1
13.9	10.7	5.3	7.4	35.4	2.5	3.7	7.2
9.8	7.6	4.6	6.5	19.1	2.0	1.3	14.1
13.8	8.3	4.2	9.3	18.9	1.9	2.2	7.2
11.0	6.9	2.8	12.4	26.9	1.8	2.8	8.0
15.3	9.0	4.9	7.7	14.8	2.0	1.9	6.7
13.1	9.6	6.2	5.5	14.2	4.1	2.3	7.6
12.7	9.6	5.8	5.2	15.0	4.3	2.4	7.5
14.1	9.4	7.5	6.5	11.9	3.5	1.9	7.6
10.7	8.5	4.1	5.0	18.3	2.7	2.0	7.0
8.9	10.2	4.4	1.5	24.7	3.3	1.9	6.7
11.9	7.3	3.9	7.4	13.9	2.3	2.0	7.2
11.0	9.5	9.3	3.5	28.1	1.7	2.0	8.8
12.4	9.3	7.9	1.4	37.4	1.6	2.4	9.7
8.9	9.7	11.5	6.7	14.0	1.9	1.3	7.4
11.5	8.0	3.4	6.1	20.4	2.7	1.9	8.4
9.0	8.2	2.4	5.1	26.9	3.6	2.6	8.8
12.6	8.0	3.9	6.6	17.2	2.3	1.6	8.3
10.7	9.3	6.1	5.6	21.6	2.7	2.1	6.1
11.2	9.0	5.5	1.2	31.9	3.2	2.4	4.4
10.3	9.6	6.7	9.1	13.3	2.3	1.8	7.6

1－18(续2)

		人均天花费(美元/人天)	人均天花费构成(%)				
			长途交通	飞 机	火 车	汽 车	轮 船
海 南	小计	172.47	23.8	17.6	1.2	1.5	3.5
	团体	174.28	15.6	15.6	0.0	0.0	0.0
	散客	170.12	34.4	20.2	2.7	3.6	8.0
重 庆	小计	172.65	37.7	12.8	2.1	1.3	21.3
	团体	171.09	21.8	0.0	0.0	0.0	21.8
	散客	174.13	52.8	25.1	4.2	2.6	20.9
四 川	小计	175.63	37.2	25.1	4.9	4.6	2.6
	团体	179.31	29.7	20.4	4.2	3.3	1.8
	散客	170.66	47.4	31.4	5.9	6.4	3.7
贵 州	小计	170.62	29.2	13.9	9.7	5.6	0.0
	团体	174.44	27.5	10.5	11.0	6.0	0.0
	散客	158.43	34.8	25.0	5.6	4.2	0.0
云 南	小计	180.85	36.6	26.4	5.1	3.7	1.4
	团体	172.07	30.4	21.6	4.6	4.1	0.0
	散客	190.64	43.4	31.8	5.6	3.1	2.9
西 藏	小计	174.52	39.4	18.3	11.6	9.5	0.0
	团体	169.17	40.3	17.1	12.7	10.6	0.0
	散客	198.60	35.1	23.6	6.8	4.7	0.0
陕 西	小计	186.49	32.3	24.1	6.0	2.3	0.0
	团体	185.76	31.5	23.0	5.8	2.7	0.0
	散客	188.00	34.2	26.4	6.3	1.4	0.0
甘 肃	小计	155.36	39.8	18.5	14.9	6.3	0.0
	团体	158.69	35.8	12.3	16.9	6.6	0.0
	散客	145.71	51.2	36.8	9.0	5.4	0.0
青 海	小计	153.65	26.9	9.2	8.9	8.8	0.0
	团体	153.41	22.6	0.0	10.4	12.3	0.0
	散客	154.09	35.0	26.7	6.1	2.2	0.0
宁 夏	小计	155.56	38.7	24.5	9.8	4.5	0.0
	团体	177.26	27.6	15.3	11.9	0.3	0.0
	散客	150.58	41.2	26.6	9.3	5.4	0.0
新 疆	小计	176.40	25.1	19.6	2.5	3.0	0.0
	团体	175.13	26.6	20.6	2.5	3.5	0.0
	散客	181.81	18.4	15.5	2.3	0.7	0.0

住宿	餐饮	景区游览	娱乐	购物	市内交通	邮电通讯	其他
16.2	9.6	4.0	11.4	21.0	2.6	1.9	9.5
14.8	9.7	2.3	13.8	28.1	2.8	2.0	10.9
18.1	9.6	6.2	8.2	11.7	2.3	1.9	7.6
9.0	6.3	3.0	2.7	23.3	4.0	3.4	10.5
9.0	6.7	0.9	0.0	37.1	5.4	4.9	14.2
9.0	5.9	5.1	5.3	10.2	2.7	2.0	7.0
11.3	8.8	6.5	7.5	17.6	2.7	2.3	6.0
11.0	9.7	8.2	5.5	24.0	3.1	2.5	6.2
11.7	7.7	4.2	10.3	9.1	2.0	2.0	5.6
12.1	8.6	4.0	4.1	30.6	0.7	3.2	7.6
11.7	8.5	3.3	2.2	35.4	0.3	3.4	7.8
13.3	8.9	6.3	10.1	15.1	2.0	2.7	6.9
11.8	6.8	4.4	4.4	24.3	2.0	2.9	6.8
13.2	8.2	3.6	0.9	32.7	2.3	3.9	4.8
10.2	5.3	5.3	8.3	15.0	1.7	1.8	9.1
11.3	7.0	4.8	1.2	19.9	2.7	3.7	10.0
11.5	6.5	4.3	0.0	21.8	2.5	3.5	9.5
10.2	9.3	7.4	6.7	11.0	3.6	4.6	12.2
13.6	8.8	5.7	4.6	20.6	2.5	2.9	9.0
13.7	9.2	5.2	3.2	24.2	2.5	3.5	7.0
13.4	7.8	6.6	7.4	13.3	2.6	1.6	13.1
13.0	9.2	5.1	2.0	20.7	0.8	3.6	5.8
13.1	9.9	5.0	0.0	25.5	0.3	4.0	6.5
12.7	7.1	5.4	7.9	6.8	2.5	2.6	3.8
12.1	8.9	5.3	3.6	21.7	9.4	2.5	9.5
11.3	8.5	4.8	0.0	26.1	13.7	3.3	9.6
13.7	9.6	6.2	10.5	13.2	1.4	1.0	9.2
14.8	6.7	7.7	8.4	10.1	3.9	3.5	6.1
12.0	9.4	5.0	4.8	22.4	8.5	2.9	7.3
15.4	6.1	8.3	9.3	7.3	2.9	3.7	5.8
7.6	5.7	5.3	3.0	46.2	0.8	2.0	4.3
8.4	6.1	5.4	2.9	43.6	0.7	2.1	4.1
4.1	3.9	4.8	3.4	57.6	1.3	1.4	5.1

1－19　2009年入境过夜旅游者在各省(区、市)

	人均天花费(美元/人天)	人均天花费构成(%)				
		长途交通	飞机	火车	汽车	轮船
北京	252.46	37.4	27.1	5.5	4.8	0.0
外国人	249.36	38.2	27.7	5.5	5.0	0.0
香港同胞	263.55	23.5	18.5	2.1	2.9	0.0
澳门同胞	282.03	27.4	19.0	4.9	3.5	0.0
台湾同胞	273.47	29.8	29.8	0.0	0.0	0.0
天津	198.84	40.7	31.7	1.5	4.9	2.6
外国人	198.17	41.5	33.4	1.2	4.4	2.5
香港同胞	204.41	32.0	25.9	0.7	5.4	0.0
澳门同胞	210.75	22.6	22.4	0.2	0.0	0.0
台湾同胞	191.03	36.5	34.1	2.4	0.0	0.0
河北	163.39	30.8	19.8	4.7	3.1	3.2
外国人	162.09	30.6	19.8	4.7	3.1	3.0
香港同胞	171.71	25.9	17.8	5.1	3.0	0.0
澳门同胞	173.67	20.3	11.5	5.9	2.9	0.0
台湾同胞	173.11	27.7	18.4	4.9	4.4	0.0
山西	176.01	29.6	20.6	3.0	6.0	0.0
外国人	172.75	30.3	20.8	3.3	6.2	0.0
香港同胞	178.59	17.6	9.0	2.6	6.0	0.0
澳门同胞	200.03	14.5	7.5	1.7	5.3	0.0
台湾同胞	178.88	20.0	10.0	1.9	8.1	0.0
内蒙古	183.68	22.3	17.3	2.0	3.0	0.0
外国人	184.29	22.7	17.6	2.0	3.1	0.0
香港同胞	176.08	22.0	20.7	0.1	1.2	0.0
澳门同胞	198.08	5.4	4.9	0.0	0.5	0.0
台湾同胞	173.67	22.5	22.0	0.5	0.0	0.0

人均天花费构成(按外国人、港澳台胞分组)

住宿	餐饮	景区游览	娱乐	购物	市内交通	邮电通讯	其他
14.5	7.5	3.9	4.6	20.4	2.7	2.7	6.3
14.0	7.4	3.7	4.1	20.9	2.6	2.6	6.5
22.2	5.3	4.6	7.2	20.7	2.8	5.8	7.9
16.9	9.0	6.4	9.8	23.0	3.4	1.9	2.2
16.5	11.0	4.8	6.0	18.4	4.0	2.4	7.1
14.3	7.1	4.8	6.3	17.1	2.6	2.7	4.4
13.5	6.6	4.4	6.2	17.8	2.6	2.9	4.5
19.7	9.5	5.1	8.7	16.8	2.9	2.8	2.5
14.3	10.9	13.3	6.8	28.6	1.3	0.4	1.8
20.4	10.1	3.0	7.1	15.6	3.1	2.7	1.5
13.9	8.7	4.3	7.7	19.8	3.2	3.6	8.0
13.8	8.7	4.2	7.8	19.8	3.0	3.8	8.3
16.8	8.7	5.9	7.0	20.8	7.1	4.1	3.7
19.0	12.2	4.1	10.0	19.9	2.4	2.2	9.9
15.6	10.6	4.4	5.5	21.0	2.1	2.2	10.9
16.9	8.6	9.1	6.5	15.0	1.3	2.9	10.1
17.7	8.8	9.8	5.5	14.1	1.1	3.0	9.7
14.2	8.0	7.0	14.3	21.5	1.4	3.7	12.3
23.9	8.8	11.8	2.6	21.8	1.1	2.1	13.4
19.5	11.0	8.5	2.9	18.7	1.5	2.2	15.7
8.2	6.4	3.3	6.5	40.8	3.0	3.7	5.8
8.0	6.2	3.1	6.4	41.1	3.0	3.9	5.6
12.5	8.3	4.2	7.1	32.1	0.9	1.4	11.5
4.9	1.3	4.6	0.8	74.2	0.9	2.3	5.6
13.5	7.9	4.4	6.7	27.3	2.8	6.3	8.6

1-19(续1)

	人均天花费(美元/人天)	人均天花费构成(%)				
		长途交通	飞机	火车	汽车	轮船
辽宁	202.38	26.2	19.3	2.9	2.4	1.6
外国人	201.64	26.5	20.2	2.9	2.5	0.9
香港同胞	206.60	28.0	21.8	3.1	2.5	0.6
澳门同胞	202.39	16.4	14.5	1.9	0.0	0.0
台湾同胞	204.73	21.9	14.7	3.5	1.2	2.5
吉林	176.25	27.7	20.5	4.4	2.8	0.0
外国人	177.36	26.7	19.2	4.6	2.9	0.0
香港同胞	166.06	31.2	27.4	2.1	1.7	0.0
澳门同胞	168.06	23.4	22.0	0.0	1.4	0.0
台湾同胞	183.26	26.8	22.8	3.2	0.8	0.0
黑龙江	190.44	19.3	12.1	5.1	1.6	0.5
外国人	194.26	18.1	11.2	4.8	1.6	0.5
香港同胞	165.78	37.5	28.8	4.8	3.9	0.0
澳门同胞	190.29	18.4	18.4	0.0	0.0	0.0
台湾同胞	166.24	24.4	16.6	7.8	0.0	0.0
上海	248.48	35.4	26.0	3.3	2.0	4.1
外国人	248.53	36.2	26.5	3.4	2.1	4.2
香港同胞	246.69	28.1	20.8	4.8	2.5	0.0
澳门同胞	246.82	23.0	21.9	0.8	0.0	0.3
台湾同胞	250.46	25.5	22.1	1.8	1.2	0.4
江苏	212.57	28.4	19.8	2.0	2.4	4.2
外国人	211.13	28.7	19.5	2.0	2.6	4.6
香港同胞	218.70	24.7	21.5	1.3	1.9	0.0
澳门同胞	206.80	23.1	19.7	1.8	1.6	0.0
台湾同胞	215.74	27.8	20.5	2.4	2.0	2.9

住宿	餐饮	景区游览	娱乐	购物	市内交通	邮电通讯	其他
17.4	11.6	5.0	5.3	22.2	2.6	2.6	7.1
17.8	11.8	5.0	5.4	21.1	2.5	2.8	7.1
16.8	11.8	4.2	6.3	19.5	3.7	2.0	7.7
20.6	14.1	5.7	3.9	25.9	2.5	2.0	8.9
15.0	10.6	4.9	4.6	30.1	2.5	2.6	7.8
17.0	10.3	4.8	6.8	20.8	1.8	2.0	8.8
16.6	10.2	4.7	6.4	21.4	1.8	2.1	10.1
22.6	11.9	5.2	5.9	12.5	1.6	1.6	7.5
13.6	10.0	3.5	15.4	27.3	1.6	1.4	3.8
14.0	8.1	4.1	7.2	28.9	1.3	1.8	7.8
11.3	8.2	3.2	3.7	44.5	1.1	3.9	4.8
11.0	7.4	3.6	1.3	48.4	1.1	4.0	5.1
14.0	11.4	3.6	2.6	23.9	2.6	2.5	1.9
30.8	15.2	0.0	0.0	23.0	7.8	4.7	0.1
15.3	14.2	1.2	2.6	29.6	1.0	8.3	3.4
15.5	8.1	4.3	6.4	19.1	3.0	2.0	6.2
15.4	8.0	4.4	6.1	19.1	2.9	2.0	5.9
17.1	9.8	3.5	9.2	23.0	3.5	2.6	3.2
14.0	6.0	2.5	5.0	24.5	2.9	1.9	20.2
15.4	9.0	4.3	8.8	19.5	4.2	1.5	11.8
14.5	11.0	4.2	7.4	23.1	2.0	2.0	7.4
15.2	11.2	4.3	7.6	21.6	2.1	2.0	7.3
14.2	12.2	4.3	9.0	24.0	1.8	1.8	8.0
12.9	10.0	4.7	8.7	27.2	1.5	2.6	9.3
12.1	10.5	4.1	5.7	28.8	1.8	2.2	7.0

1－19(续2)

	人均天花费(美元/人天)	人均天花费构成(%)				
		长途交通	飞 机	火 车	汽 车	轮 船
浙 江	209.34	31.5	20.5	2.3	3.7	5.0
外 国 人	211.77	32.2	19.9	2.2	3.9	6.2
香港同胞	200.46	32.4	25.2	3.3	2.9	1.0
澳门同胞	197.72	28.4	22.7	2.0	3.7	0.0
台湾同胞	202.47	26.3	19.1	2.5	3.4	1.3
安 徽	181.66	30.6	16.1	4.6	4.1	5.8
外 国 人	179.26	30.3	16.1	4.0	3.9	6.3
香港同胞	191.68	22.5	13.4	4.1	3.9	1.1
澳门同胞	191.27	10.2	7.0	1.2	1.6	0.4
台湾同胞	189.83	21.1	5.9	4.5	10.5	0.2
福 建	195.08	36.0	25.3	4.6	3.4	2.7
外 国 人	199.58	35.0	24.8	4.3	3.9	2.0
香港同胞	190.88	28.2	20.8	1.6	3.7	2.1
澳门同胞	180.05	25.3	22.2	0.0	3.1	0.0
台湾同胞	187.95	32.3	19.2	6.5	3.0	3.6
江 西	153.45	25.8	19.9	3.3	1.7	0.9
外 国 人	153.77	26.9	21.1	3.3	1.5	1.0
香港同胞	146.77	19.6	14.9	2.6	2.1	0.0
澳门同胞	157.08	18.0	15.6	1.5	0.9	0.0
台湾同胞	161.25	23.1	16.1	4.4	2.6	0.0
山 东	205.27	34.3	19.9	4.4	2.9	7.1
外 国 人	202.20	33.4	17.5	4.6	3.2	8.1
香港同胞	211.85	37.4	29.7	3.0	2.5	2.2
澳门同胞	222.95	19.5	12.2	2.9	1.7	2.7
台湾同胞	208.69	20.8	14.4	3.0	1.3	2.1

住宿	餐饮	景区游览	娱乐	购物	市内交通	邮电通讯	其他
16.1	10.0	4.3	5.1	19.7	2.5	3.4	7.4
16.5	9.9	4.2	5.0	19.8	2.5	3.4	6.5
15.0	9.9	5.1	6.6	17.1	2.8	3.1	8.0
16.3	12.6	4.6	4.8	19.6	3.3	3.8	6.6
14.0	10.9	4.0	4.4	22.6	2.3	4.3	11.2
11.9	9.7	5.3	5.4	24.7	1.5	3.4	7.5
12.4	10.2	5.0	5.3	24.4	1.5	3.2	7.7
9.8	7.2	5.7	9.6	31.1	1.3	4.7	8.1
18.3	12.3	13.2	1.9	30.0	0.5	3.8	9.8
9.6	10.4	6.8	2.7	34.0	1.6	5.0	8.8
10.1	8.0	3.4	8.8	16.0	2.3	2.4	13.0
11.2	8.2	3.2	10.0	14.8	2.5	2.4	12.7
10.6	8.3	4.1	5.9	22.0	2.3	2.7	15.9
11.3	12.3	8.5	5.8	17.5	5.3	3.0	11.0
8.6	8.4	2.5	7.2	21.5	1.7	2.7	15.1
11.6	8.9	4.9	6.9	26.2	2.2	2.3	11.2
11.7	9.1	4.9	3.7	26.7	2.7	2.6	11.7
14.8	11.6	5.6	2.9	33.1	0.8	2.8	8.8
11.3	6.1	4.9	4.8	35.7	2.3	1.8	15.1
13.5	10.8	6.3	8.3	23.5	1.4	1.9	11.2
13.8	8.3	4.2	9.3	18.9	1.9	2.2	7.1
13.7	8.5	4.0	9.6	19.2	2.0	2.1	7.5
14.5	7.3	4.3	9.9	16.4	1.7	2.6	5.9
15.4	9.2	7.1	5.6	31.4	1.8	2.1	7.9
11.2	5.7	3.0	3.9	35.8	1.5	4.7	13.4

1－19(续3)

	人均天花费(美元/人天)	人均天花费构成(%)				
		长途交通	飞机	火车	汽车	轮船
河南	150.89	37.5	26.4	6.6	4.5	0.0
外国人	151.08	38.0	26.9	6.8	4.3	0.0
香港同胞	144.10	38.4	25.9	7.1	5.4	0.0
澳门同胞	147.50	28.9	21.7	1.4	5.8	0.0
台湾同胞	155.16	32.0	22.2	4.0	5.8	0.0
湖北	193.43	41.7	17.1	8.9	5.1	10.6
外国人	189.80	46.2	16.5	9.4	6.8	13.5
香港同胞	195.48	34.2	19.0	6.3	3.7	5.2
澳门同胞	214.48	29.9	17.4	3.6	1.9	7.0
台湾同胞	191.14	33.4	17.6	3.3	2.7	9.8
湖南	188.76	26.2	17.6	2.4	3.6	2.6
外国人	188.63	25.9	17.4	2.2	3.7	2.6
香港同胞	186.75	16.0	6.8	2.4	3.8	3.0
澳门同胞	187.26	23.0	16.1	1.8	4.2	0.9
台湾同胞	195.20	39.5	29.2	3.6	3.0	3.7
广东	174.84	37.5	27.6	3.3	2.9	3.7
外国人	177.00	36.4	27.2	3.1	2.8	3.3
香港同胞	169.74	33.0	21.7	3.4	3.4	4.5
澳门同胞	171.80	34.3	22.8	3.9	3.8	3.8
台湾同胞	173.94	36.0	25.5	2.1	2.9	5.5
广西	181.73	35.7	25.7	6.3	3.7	0.0
外国人	179.44	33.7	24.0	6.6	3.1	0.0
香港同胞	186.31	38.4	28.9	5.5	4.0	0.0
澳门同胞	174.08	37.5	26.4	6.4	4.7	0.0
台湾同胞	189.72	35.9	27.9	3.0	5.0	0.0

住宿	餐饮	景区游览	娱乐	购物	市内交通	邮电通讯	其他
13.1	9.6	6.2	5.5	14.2	4.1	2.3	7.5
12.4	8.9	6.0	5.7	14.7	4.5	2.3	7.5
16.1	12.7	6.3	5.7	8.5	1.8	2.3	8.2
22.2	14.4	10.3	5.8	8.6	3.3	1.3	5.2
17.6	13.6	8.7	2.2	14.9	1.8	2.0	7.2
10.7	8.5	4.1	5.0	18.3	2.7	2.0	7.0
8.6	7.5	4.0	4.7	17.7	2.6	1.8	6.9
15.1	10.6	4.1	5.8	18.5	3.0	2.4	6.3
10.7	8.7	3.6	5.0	25.7	2.5	2.3	11.6
13.7	10.5	5.4	5.2	19.5	3.4	2.1	6.8
11.0	9.5	9.3	3.5	28.1	1.7	2.0	8.7
10.8	9.7	10.3	2.4	28.8	1.6	1.8	8.7
16.0	8.3	3.8	3.2	36.2	2.0	2.9	11.6
13.9	13.8	5.0	6.4	26.5	2.1	3.8	5.5
9.2	8.1	5.1	5.5	17.0	3.4	3.3	8.9
11.5	8.0	3.4	6.1	20.4	2.7	1.9	8.5
12.2	7.9	3.3	6.3	21.1	2.7	2.1	8.0
11.2	8.9	4.0	7.2	20.2	2.9	1.9	10.7
10.6	9.1	3.8	5.4	21.0	3.3	1.5	11.0
11.2	9.3	4.2	6.1	20.5	2.6	1.9	8.2
10.7	9.3	6.1	5.6	21.6	2.7	2.1	6.2
10.7	9.0	6.5	5.0	24.3	2.9	2.1	5.8
9.9	10.2	5.2	7.4	18.4	2.3	1.8	6.4
10.5	8.8	6.0	5.6	18.3	2.4	2.8	8.1
12.1	10.3	6.0	6.4	17.5	2.6	2.5	6.7

1－19(续4)

	人均天花费(美元/人天)	人均天花费构成(%)				
		长途交通	飞　机	火　车	汽　车	轮　船
海　南	172.47	23.8	17.6	1.2	1.5	3.5
外 国 人	173.18	23.9	17.4	1.1	1.4	4.0
香港同胞	177.06	15.6	8.7	0.0	4.0	2.9
澳门同胞	135.68	10.6	7.6	0.5	1.3	1.2
台湾同胞	176.78	19.6	16.4	1.7	0.4	1.1
重　庆	172.65	37.5	12.8	2.1	1.3	21.3
外 国 人	162.10	34.9	11.2	2.0	1.2	20.5
香港同胞	183.00	40.2	18.8	1.7	1.6	18.1
澳门同胞	212.65	37.4	6.5	7.1	2.0	21.8
台湾同胞	223.55	46.3	18.0	2.5	1.7	24.1
四　川	175.63	37.2	25.1	4.9	4.6	2.6
外 国 人	181.78	35.1	22.8	5.2	4.3	2.8
香港同胞	157.53	40.0	32.3	1.3	4.9	1.5
澳门同胞	155.81	38.7	33.4	0.0	5.3	0.0
台湾同胞	155.22	40.4	30.4	3.2	5.6	1.2
贵　州	170.62	29.2	13.9	9.7	5.6	0.0
外 国 人	171.61	28.2	12.3	10.1	5.8	0.0
香港同胞	176.29	26.3	22.2	0.0	4.1	0.0
澳门同胞	150.83	12.7	6.9	0.9	4.9	0.0
台湾同胞	164.37	27.5	21.0	1.3	5.2	0.0
云　南	180.85	36.6	26.4	5.1	3.7	1.4
外 国 人	178.74	38.7	27.8	5.4	3.6	1.9
香港同胞	196.59	26.9	21.4	0.8	3.8	0.9
澳门同胞	181.93	25.5	19.7	0.2	5.1	0.5
台湾同胞	181.84	28.2	22.6	1.3	4.3	0.0

住宿	餐饮	景区游览	娱乐	购物	市内交通	邮电通讯	其他
16.2	9.6	4.0	11.4	21.0	2.6	1.9	9.5
16.1	9.5	4.1	11.9	21.0	2.4	1.8	9.3
16.7	11.6	4.5	9.5	23.7	4.3	3.2	10.9
4.5	4.7	0.6	2.5	49.1	0.9	3.4	23.7
21.2	8.6	4.1	10.4	20.2	3.1	1.7	11.1
9.0	6.3	3.0	2.7	23.3	4.0	3.4	10.8
4.2	5.6	2.8	2.4	29.7	4.9	3.9	11.6
8.2	7.2	3.6	3.8	18.8	1.7	3.5	13.0
6.9	19.0	3.8	0.0	22.7	3.5	0.0	6.7
6.9	8.0	4.3	4.0	15.7	2.7	2.5	9.6
11.3	8.8	6.5	7.5	17.6	2.7	2.3	6.1
12.2	9.0	5.7	8.1	18.1	2.8	2.5	6.5
10.5	9.1	8.9	6.1	17.1	0.9	2.3	5.1
8.5	9.0	10.2	5.1	20.9	0.5	1.9	5.2
9.8	8.8	9.0	7.0	18.0	0.7	1.8	4.5
12.1	8.6	4.0	4.1	30.6	0.7	3.2	7.5
12.1	9.3	3.9	4.0	30.6	0.7	3.5	7.7
13.8	6.5	4.9	6.0	34.0	1.2	1.9	5.4
14.3	6.0	5.2	1.4	45.1	0.5	3.1	11.7
12.7	8.1	4.3	4.8	31.0	0.8	3.0	7.8
11.8	6.8	4.4	4.4	24.3	2.0	2.9	6.8
11.1	6.0	4.3	4.0	24.2	2.1	2.9	6.7
13.0	9.0	5.4	5.1	25.5	2.5	3.4	9.2
17.5	8.2	3.5	5.7	29.7	0.8	1.8	7.3
16.4	13.6	4.5	6.8	22.3	1.3	2.9	4.0

1－19（续5）

	人均天花费（美元/人天）	人均天花费构成（%）				
		长途交通	飞　机	火　车	汽　车	轮　船
西　藏	174.52	39.4	18.3	11.6	9.5	0.0
外 国 人	176.28	38.9	17.4	11.8	9.7	0.0
香港同胞	142.92	24.7	17.9	4.8	2.0	0.0
澳门同胞	—	—	—	—	—	—
台湾同胞	187.08	1.7	1.7	0.0	0.0	0.0
陕　西	186.49	32.4	24.1	6.0	2.3	0.0
外 国 人	187.09	32.5	23.9	6.3	2.3	0.0
香港同胞	193.77	31.6	30.0	1.6	0.0	0.0
澳门同胞	172.92	9.2	9.2	0.0	0.0	0.0
台湾同胞	163.02	11.3	10.5	0.5	0.3	0.0
甘　肃	155.36	39.7	18.5	14.9	6.3	0.0
外 国 人	163.49	40.5	18.2	15.6	6.7	0.0
香港同胞	153.81	36.6	25.4	8.2	3.0	0.0
澳门同胞	96.59	7.0	4.2	2.8	0.0	0.0
台湾同胞	85.33	6.9	6.2	0.7	0.0	0.0
青　海	153.65	26.9	9.2	8.9	8.8	0.0
外 国 人	157.16	29.2	10.4	8.8	10.0	0.0
香港同胞	156.42	27.2	5.7	13.9	7.6	0.0
澳门同胞	52.63	0.0	0.0	0.0	0.0	0.0
台湾同胞	141.85	22.5	10.0	8.6	3.9	0.0
宁　夏	155.56	38.8	24.5	9.8	4.5	0.0
外 国 人	158.24	37.8	23.8	9.6	4.4	0.0
香港同胞	146.53	32.6	27.5	0.0	5.1	0.0
澳门同胞	164.68	44.5	44.5	0.0	0.0	0.0
台湾同胞	131.99	38.8	34.6	0.0	4.2	0.0
新　疆	176.40	25.1	19.6	2.5	3.0	0.0
外 国 人	179.99	24.9	19.6	2.4	2.9	0.0
香港同胞	145.95	2.5	2.1	0.3	0.1	0.0
澳门同胞	116.67	0.0	0.0	0.0	0.0	0.0
台湾同胞	165.38	15.3	10.2	1.4	3.7	0.0

住宿	餐饮	景区游览	娱乐	购物	市内交通	邮电通讯	其他
11.3	7.0	4.8	1.2	19.9	2.7	3.7	10.0
11.5	7.1	4.9	1.2	20.0	2.7	3.7	10.0
4.0	3.2	2.3	2.4	29.5	1.4	6.6	25.9
—	—	—	—	—	—	—	—
1.1	1.1	0.6	0.6	68.8	0.6	8.9	16.6
13.6	8.8	5.7	4.6	20.6	2.5	2.9	8.9
13.9	8.6	5.7	4.4	20.4	2.6	2.9	9.0
10.4	10.7	5.3	6.5	17.7	2.3	3.3	12.2
4.0	4.9	5.3	4.7	42.4	0.0	2.7	26.8
6.7	5.8	2.0	2.0	50.0	0.9	4.3	17.0
13.0	9.2	5.1	2.0	20.7	0.8	3.6	5.9
13.6	9.4	4.8	1.9	19.4	0.8	3.6	6.0
8.2	7.5	8.1	2.6	26.3	1.0	3.6	6.1
2.3	1.0	0.0	2.2	61.9	0.3	7.3	18.0
1.7	1.3	0.9	0.9	69.3	0.3	9.4	9.3
12.1	8.9	5.3	3.6	21.7	9.4	2.5	9.6
13.1	9.0	5.4	2.9	23.5	3.5	2.8	10.6
9.1	12.9	7.9	9.9	18.8	2.9	2.9	8.4
0.0	0.0	0.0	0.0	60.2	0.0	30.6	9.2
8.2	6.6	4.5	0.0	15.5	36.5	1.7	4.5
14.8	6.7	7.7	8.4	10.1	3.9	3.5	6.1
14.9	6.6	7.8	8.9	10.4	3.9	3.5	6.2
14.6	7.8	7.4	6.1	16.4	2.6	5.0	7.5
22.3	6.6	0.0	0.0	11.1	4.4	0.0	11.1
11.6	5.0	4.2	0.0	27.1	2.9	5.3	5.1
7.6	5.7	5.3	3.0	46.2	0.8	2.0	4.3
7.5	5.6	5.3	3.0	46.7	0.8	2.0	4.2
0.7	0.2	0.3	0.0	81.0	0.1	3.4	11.8
0.0	0.0	0.0	0.0	83.5	0.0	4.3	12.2
7.6	7.1	7.1	0.0	54.4	0.9	3.3	4.3

1-20 2009年入境过夜旅游者在各城市

	人均天花费（美元/人天）	人均天花费构成（%）				
		长途交通	飞机	火车	汽车	轮船
北京	252.46	37.4	27.1	5.5	4.8	0.0
外国人	249.36	38.2	27.7	5.5	5.0	0.0
香港同胞	263.55	23.5	18.5	2.1	2.9	0.0
澳门同胞	282.03	27.4	19.0	4.9	3.5	0.0
台湾同胞	273.47	29.8	29.8	0.0	0.0	0.0
天津	198.84	40.7	31.7	1.5	4.9	2.6
外国人	198.17	41.5	33.4	1.2	4.4	2.5
香港同胞	204.41	32.0	25.9	0.7	5.4	0.0
澳门同胞	210.75	22.6	22.4	0.2	0.0	0.0
台湾同胞	191.03	36.5	34.1	2.4	0.0	0.0
石家庄	199.38	33.3	19.4	4.2	3.0	6.7
外国人	201.24	34.7	20.9	4.1	2.9	6.8
香港同胞	190.05	25.3	16.5	4.9	3.9	0.0
澳门同胞	217.57	17.7	12.5	5.2	0.0	0.0
台湾同胞	188.34	24.6	17.9	4.0	2.7	0.0
唐山	165.83	26.4	14.3	4.6	4.8	2.7
外国人	166.68	26.7	14.1	4.7	5.0	2.9
香港同胞	159.59	21.3	19.1	2.2	0.0	0.0
澳门同胞	85.33	2.3	0.0	2.3	0.0	0.0
台湾同胞	182.17	28.6	24.8	0.0	3.8	0.0
秦皇岛	163.19	27.2	16.2	6.0	1.1	3.9
外国人	162.58	26.8	15.8	6.0	1.2	3.8
香港同胞	223.23	54.1	49.2	4.9	0.0	0.0
澳门同胞	146.38	0.0	0.0	0.0	0.0	0.0
台湾同胞	163.19	4.6	0.0	0.0	4.6	0.0

人均天花费构成（按外国人、港澳台胞分组）

住宿	餐饮	景区游览	娱乐	购物	市内交通	邮电通讯	其他
14.5	7.5	3.9	4.6	20.4	2.7	2.7	6.3
14.0	7.4	3.7	4.1	20.9	2.6	2.6	6.5
22.2	5.3	4.6	7.2	20.7	2.8	5.8	7.9
16.9	9.0	6.4	9.8	23.0	3.4	1.9	2.2
16.5	11.0	4.8	6.0	18.4	4.0	2.4	7.1
14.3	7.1	4.8	6.3	17.1	2.6	2.7	4.4
13.5	6.6	4.4	6.2	17.8	2.6	2.9	4.5
19.7	9.5	5.1	8.7	16.8	2.9	2.8	2.5
14.3	10.9	13.3	6.8	28.6	1.3	0.4	1.8
20.4	10.1	3.0	7.1	15.6	3.1	2.7	1.5
16.8	8.8	4.8	6.1	17.1	3.0	2.9	7.2
16.6	8.7	4.6	6.3	16.3	2.9	2.7	7.2
19.3	9.7	7.0	6.1	18.2	3.8	5.2	5.4
20.6	12.5	4.1	7.8	24.3	2.6	2.4	8.0
18.6	10.5	5.1	3.4	21.5	2.4	2.4	11.5
14.8	7.5	5.1	7.1	19.2	3.7	4.4	11.8
14.3	7.2	5.2	7.1	19.2	3.3	5.2	11.8
26.0	9.0	2.0	8.5	14.1	13.5	2.2	3.4
35.7	30.8	5.5	18.0	6.4	0.0	1.2	0.1
23.5	16.9	3.9	0.0	0.0	2.3	2.3	22.5
15.5	10.2	3.6	8.7	21.6	3.7	3.9	5.6
15.6	10.2	3.6	8.6	21.9	3.7	4.0	5.6
24.6	0.0	0.0	0.0	16.4	0.0	4.9	0.0
10.0	15.1	0.0	0.0	20.0	0.0	0.0	54.9
17.3	16.6	2.4	22.7	20.4	0.0	2.0	14.0

1-20(续1)

	人均天花费(美元/人天)	人均天花费构成(%)				
		长途交通	飞　机	火　车	汽　车	轮　船
保　定	167.59	26.8	20.4	3.3	2.9	0.2
外 国 人	167.17	27.5	20.9	3.4	3.0	0.2
香港同胞	174.03	4.0	0.0	4.0	0.0	0.0
澳门同胞	—	—	—	—	—	—
台湾同胞	—	—	—	—	—	—
承　德	133.63	24.0	13.6	4.0	4.2	2.2
外 国 人	133.40	24.0	13.4	4.1	4.3	2.2
香港同胞	135.09	6.5	0.0	1.8	4.7	0.0
澳门同胞	—	—	—	—	—	—
台湾同胞	161.02	9.1	0.0	0.0	9.1	0.0
廊　坊	144.83	27.2	12.6	10.1	4.5	0.0
外 国 人	143.80	27.0	12.0	10.6	4.4	0.0
香港同胞	155.84	24.6	12.0	9.1	3.5	0.0
澳门同胞	125.75	20.1	0.0	15.2	4.9	0.0
台湾同胞	142.04	34.8	19.0	8.8	7.0	0.0
太　原	205.23	24.2	17.5	0.4	6.3	0.0
外 国 人	204.82	24.2	17.5	0.4	6.3	0.0
香港同胞	—	—	—	—	—	—
澳门同胞	—	—	—	—	—	—
台湾同胞	239.54	15.3	0.0	0.0	15.3	0.0
大　同	168.64	27.2	18.6	2.7	5.9	0.0
外 国 人	168.60	27.5	19.1	2.5	5.9	0.0
香港同胞	145.55	12.8	4.6	5.4	2.8	0.0
澳门同胞	194.70	7.7	0.0	2.0	5.7	0.0
台湾同胞	161.42	15.1	3.5	2.9	8.7	0.0
长　治	140.37	24.5	19.0	0.1	5.4	0.0
外 国 人	138.76	23.5	18.5	0.1	4.9	0.0
香港同胞	128.51	15.4	13.9	0.0	1.5	0.0
澳门同胞	163.19	25.1	21.1	0.0	4.0	0.0
台湾同胞	187.47	20.3	12.7	0.0	7.6	0.0

住宿	餐饮	景区游览	娱乐	购物	市内交通	邮电通讯	其他
10.9	8.0	5.4	12.5	23.0	4.1	1.6	7.7
10.8	8.2	5.8	12.8	22.2	3.4	1.6	7.7
20.3	10.7	4.9	0.8	44.8	13.3	1.2	0.0
—	—	—	—	—	—	—	—
—	—	—	—	—	—	—	—
10.1	7.1	5.8	9.9	24.9	2.0	4.4	11.8
10.2	7.2	5.5	9.9	24.8	2.0	4.5	11.9
9.5	9.5	27.9	0.0	46.7	0.0	0.0	0.0
—	—	—	—	—	—	—	—
0.0	0.0	0.0	0.0	90.9	0.0	0.0	0.0
15.0	11.3	4.2	9.8	17.2	5.2	2.9	7.2
14.8	11.0	5.2	9.1	18.1	4.5	2.4	7.9
14.0	11.7	2.8	10.0	17.6	12.5	4.1	2.7
30.2	17.8	1.4	19.1	9.8	0.0	0.8	0.8
16.3	13.7	4.9	9.4	11.4	1.0	2.4	6.1
19.7	8.1	10.9	4.1	16.0	0.3	5.7	11.0
19.7	8.1	10.9	4.1	16.0	0.3	5.7	11.0
—	—	—	—	—	—	—	—
—	—	—	—	—	—	—	—
30.8	15.3	11.6	0.0	10.7	0.0	5.5	10.8
17.5	9.3	10.8	5.6	18.2	1.9	2.2	7.3
18.2	9.4	11.6	4.0	18.8	1.7	2.0	6.8
17.7	11.5	11.1	14.8	14.6	3.1	4.8	9.6
25.1	9.5	13.4	2.2	27.5	1.5	1.9	11.2
19.6	13.0	11.0	3.4	23.1	2.5	3.1	9.2
16.5	8.6	6.1	10.0	6.8	1.7	5.7	20.1
15.0	8.1	6.1	9.8	6.8	1.4	2.1	27.2
19.9	8.6	6.1	7.0	7.0	3.7	16.4	15.9
24.7	19.5	9.3	0.0	13.7	2.6	1.3	3.8
36.6	16.1	7.5	0.0	11.2	0.0	0.6	7.7

1－20(续2)

	人均天花费(美元/人天)	人均天花费构成(%)				
		长途交通	飞 机	火 车	汽 车	轮 船
晋 城	152.13	14.0	9.9	0.3	3.8	0.0
外国人	140.15	13.5	9.6	0.2	3.7	0.0
香港同胞	292.62	10.7	0.0	0.0	10.7	0.0
澳门同胞	300.08	0.0	0.0	0.0	0.0	0.0
台湾同胞	163.69	6.8	0.0	0.0	6.8	0.0
朔 州	155.29	32.0	22.0	0.8	9.2	0.0
外国人	148.01	33.0	21.9	0.8	10.3	0.0
香港同胞	164.87	8.8	0.0	0.0	8.8	0.0
澳门同胞	189.03	9.5	0.0	0.0	9.5	0.0
台湾同胞	197.09	17.7	0.0	0.0	17.7	0.0
晋 中	186.83	30.2	19.4	4.2	6.6	0.0
外国人	185.64	32.0	19.7	5.5	6.8	0.0
香港同胞	175.00	7.2	0.0	0.0	7.2	0.0
澳门同胞	183.45	5.8	0.0	0.0	5.8	0.0
台湾同胞	212.81	13.5	5.4	0.0	8.1	0.0
运 城	188.16	28.0	19.8	4.4	3.8	0.0
外国人	190.42	27.5	19.7	4.4	3.4	0.0
香港同胞	186.74	16.7	11.4	0.0	5.3	0.0
澳门同胞	219.30	24.7	18.4	4.5	1.8	0.0
台湾同胞	168.48	24.6	14.3	4.6	5.7	0.0
忻 州	176.60	34.3	23.3	2.0	9.0	0.0
外国人	169.15	33.5	22.8	1.6	9.1	0.0
香港同胞	224.09	15.8	0.0	6.3	9.5	0.0
澳门同胞	205.30	8.6	0.0	0.0	8.6	0.0
台湾同胞	173.85	18.3	0.0	2.3	16.0	0.0
临 汾	172.25	27.1	19.5	1.1	6.5	0.0
外国人	172.16	25.9	18.0	1.1	6.8	0.0
香港同胞	177.71	15.4	7.6	0.9	6.9	0.0
澳门同胞	175.00	5.6	0.0	0.0	5.6	0.0
台湾同胞	163.53	21.8	11.2	1.3	9.3	0.0

住宿	餐饮	景区游览	娱乐	购物	市内交通	邮电通讯	其他
25.7	18.6	7.9	9.1	15.9	2.3	0.1	6.4
26.4	21.1	8.4	7.7	13.7	2.4	0.1	6.7
20.0	9.1	11.0	29.2	7.5	0.0	0.0	12.5
24.5	12.2	0.0	12.2	48.7	2.4	0.0	0.0
43.8	10.2	5.2	0.0	28.2	0.0	0.0	5.8
19.8	9.0	8.2	9.4	14.2	2.0	0.3	5.1
19.3	8.9	8.4	9.9	13.0	2.3	0.3	4.9
27.4	13.3	6.6	0.0	41.4	2.5	0.0	0.0
46.8	15.4	22.4	0.0	5.8	0.0	0.0	0.1
35.7	17.7	13.5	0.0	15.0	0.0	0.4	0.0
15.2	7.3	8.5	7.5	19.6	1.0	2.6	8.1
15.9	7.9	9.3	5.9	16.9	1.1	3.0	8.0
13.4	6.1	7.4	19.6	37.3	0.0	2.1	6.9
28.3	9.3	13.6	0.0	29.1	0.0	2.9	11.0
18.8	9.3	8.4	1.3	30.5	1.2	1.6	15.4
13.6	10.2	7.4	8.5	14.3	2.5	3.8	11.7
12.9	11.0	8.2	6.4	15.1	3.1	4.7	11.1
14.5	11.5	7.7	10.5	18.5	2.1	6.8	11.7
19.4	8.5	10.3	0.0	17.0	2.7	0.0	17.4
17.7	12.4	7.9	6.1	10.9	2.1	1.2	17.1
26.0	10.6	13.6	6.9	5.6	0.5	0.9	1.6
27.4	10.7	14.9	5.3	5.5	0.4	0.8	1.5
21.9	12.2	11.8	26.9	5.8	0.0	1.5	4.1
42.4	13.9	20.3	0.0	10.3	0.0	1.3	3.2
36.9	17.2	12.2	0.0	10.3	0.0	1.7	3.4
18.6	7.8	9.9	6.2	14.1	0.7	1.9	13.7
20.7	8.4	11.2	4.3	13.7	0.7	2.0	13.1
14.2	6.9	8.1	19.3	14.8	0.0	2.3	19.0
27.7	9.1	13.3	0.0	21.7	0.0	3.9	18.7
18.7	9.5	7.7	1.1	16.3	1.2	2.5	21.2

1-20(续3)

	人均天花费(美元/人天)	人均天花费构成(%)				
		长途交通	飞　机	火　车	汽　车	轮　船
吕　梁	219.45	36.3	29.3	4.6	2.4	0.0
外国人	200.00	44.1	36.7	4.5	2.9	0.0
香港同胞	266.62	22.0	20.5	0.0	1.5	0.0
澳门同胞	203.10	0.0	0.0	0.0	0.0	0.0
台湾同胞	269.34	23.5	23.5	0.0	0.0	0.0
呼和浩特	172.01	38.8	34.1	1.2	3.5	0.0
外国人	171.41	46.0	41.2	1.2	3.6	0.0
香港同胞	175.44	19.6	18.2	0.0	1.4	0.0
澳门同胞	207.37	0.0	0.0	0.0	0.0	0.0
台湾同胞	166.48	22.9	22.5	0.4	0.0	0.0
满洲里	183.51	8.9	0.0	2.5	6.4	0.0
外国人	183.51	8.9	0.0	2.5	6.4	0.0
香港同胞	—	—	—	—	—	—
澳门同胞	—	—	—	—	—	—
台湾同胞	—	—	—	—	—	—
二连浩特	191.17	3.2	0.0	2.1	1.1	0.0
外国人	191.26	3.2	0.0	2.1	1.1	0.0
香港同胞	—	—	—	—	—	—
澳门同胞	180.00	0.9	0.0	0.0	0.9	0.0
台湾同胞	—	—	—	—	—	—
包　头	186.21	21.8	14.7	5.8	1.3	0.0
外国人	186.69	21.9	13.6	6.9	1.4	0.0
香港同胞	177.90	27.4	26.3	0.2	0.9	0.0
澳门同胞	202.47	7.2	7.2	0.0	0.0	0.0
台湾同胞	182.91	20.8	20.8	0.0	0.0	0.0
沈　阳	198.31	25.5	18.5	3.6	2.2	1.2
外国人	197.64	27.8	20.4	3.9	2.4	1.1
香港同胞	208.11	27.3	23.7	1.3	1.5	0.8
澳门同胞	198.17	15.2	14.7	0.5	0.0	0.0
台湾同胞	197.06	18.5	12.2	2.7	1.6	2.0

住宿	餐饮	景区游览	娱乐	购物	市内交通	邮电通讯	其他
9.1	4.5	2.7	9.5	19.3	2.1	1.2	15.3
9.2	4.9	3.0	5.8	17.2	2.1	1.2	12.5
8.9	3.2	1.9	19.8	24.0	1.9	0.8	17.5
12.6	4.1	2.3	16.4	32.8	4.4	0.0	27.4
9.4	6.7	3.5	5.1	23.5	1.8	0.0	26.5
11.0	7.0	4.0	5.9	19.9	2.7	2.4	8.3
10.6	6.4	3.8	5.6	17.9	2.3	2.0	5.4
13.0	7.9	4.3	7.6	31.4	0.7	1.2	14.3
10.6	0.0	0.0	0.0	67.7	0.0	2.2	19.5
14.8	8.0	4.9	0.9	23.3	3.1	10.3	11.8
13.8	10.8	2.7	6.8	45.7	5.8	1.2	4.3
13.8	10.8	2.7	6.8	45.7	5.8	1.2	4.3
—	—	—	—	—	—	—	—
—	—	—	—	—	—	—	—
—	—	—	—	—	—	—	—
1.2	1.5	9.4	2.3	76.8	0.8	1.1	3.7
1.2	1.5	9.4	2.3	76.7	0.8	1.1	3.8
—	—	—	—	—	—	—	—
0.3	0.6	0.0	0.0	94.3	0.2	0.0	3.7
—	—	—	—	—	—	—	—
10.3	9.1	3.6	9.6	33.3	3.3	4.6	4.4
10.4	9.1	3.5	9.3	33.1	3.4	5.0	4.3
8.8	9.1	3.6	8.7	32.8	1.3	2.2	6.1
9.5	3.4	6.8	1.2	66.5	2.4	3.0	0.0
12.0	7.7	3.1	13.8	37.4	2.4	2.8	0.0
12.3	8.5	3.4	4.3	32.3	2.4	3.4	7.9
12.5	8.7	2.9	4.8	30.5	2.4	3.7	6.7
12.6	8.9	3.7	5.7	23.0	3.9	2.4	12.5
16.2	11.2	3.5	2.8	35.5	2.6	2.1	10.9
11.3	7.6	4.7	3.2	41.5	2.2	2.5	8.5

	人均天花费（美元/人天）	人均天花费构成（%）				
		长途交通	飞机	火车	汽车	轮船
大连	204.40	27.0	20.1	2.0	2.6	2.3
外国人	203.33	24.6	20.8	1.8	1.2	0.8
香港同胞	205.96	28.3	22.0	3.2	2.6	0.5
澳门同胞	206.34	18.1	15.2	2.9	0.0	0.0
台湾同胞	214.38	26.9	19.8	3.0	1.0	3.1
长春	172.14	28.5	23.4	2.4	2.7	0.0
外国人	174.10	28.7	23.4	2.4	2.9	0.0
香港同胞	165.68	24.5	19.9	2.3	2.3	0.0
澳门同胞	165.16	32.0	30.0	0.0	2.0	0.0
台湾同胞	174.23	25.9	23.5	0.0	2.4	0.0
吉林	170.60	29.3	21.9	5.0	2.4	0.0
外国人	165.92	25.5	18.3	4.9	2.3	0.0
香港同胞	170.07	67.6	66.2	0.4	1.0	0.0
澳门同胞	229.09	0.0	0.0	0.0	0.0	0.0
台湾同胞	193.02	30.7	27.0	3.1	0.6	0.0
延吉	190.12	26.2	14.2	7.0	5.0	0.0
外国人	191.59	26.2	14.3	6.9	5.0	0.0
香港同胞	155.00	13.9	13.9	0.0	0.0	0.0
澳门同胞	155.00	20.9	20.9	0.0	0.0	0.0
台湾同胞	155.00	19.5	19.5	0.0	0.0	0.0
哈尔滨	208.47	17.9	10.6	5.2	2.1	0.0
外国人	207.06	18.1	10.8	5.3	2.0	0.0
香港同胞	235.75	41.2	32.1	6.8	2.3	0.0
澳门同胞	190.29	18.4	18.4	0.0	0.0	0.0
台湾同胞	450.12	18.1	12.3	5.8	0.0	0.0
齐齐哈尔	156.08	27.4	17.6	6.9	2.9	0.0
外国人	121.19	16.1	10.0	4.8	1.3	0.0
香港同胞	146.13	40.3	31.8	3.6	4.9	0.0
澳门同胞	—	—	—	—	—	—
台湾同胞	162.51	24.9	16.9	8.0	0.0	0.0

住宿	餐饮	景区游览	娱乐	购物	市内交通	邮电通讯	其他
20.7	13.6	5.8	5.8	16.3	2.7	2.3	5.8
21.3	13.8	6.1	5.9	16.9	2.6	2.5	6.3
18.9	13.3	4.6	6.8	18.1	3.9	1.4	4.7
28.1	19.2	7.5	5.3	15.7	2.7	1.2	2.2
21.6	15.6	5.6	6.4	14.0	3.3	2.0	4.6
20.9	10.4	5.1	7.2	13.8	2.0	1.8	10.3
20.1	9.6	4.8	7.5	13.2	2.1	1.9	12.1
26.1	13.6	5.8	5.2	13.6	1.6	1.5	8.1
19.3	13.2	4.8	7.6	19.0	2.2	1.9	0.0
18.4	8.5	5.1	8.3	25.1	1.4	1.5	5.8
13.7	9.9	3.5	7.8	23.9	1.6	2.0	8.3
14.8	10.9	3.7	8.3	24.3	1.7	2.3	8.5
14.7	7.8	0.5	1.9	5.1	1.1	1.2	0.1
0.0	0.0	0.0	0.0	87.5	0.0	0.0	12.5
11.4	8.7	3.2	0.5	33.7	0.9	2.1	8.8
13.3	10.5	5.6	4.7	28.1	1.6	1.9	8.1
13.5	10.5	5.6	4.2	28.2	1.5	1.9	8.4
20.4	20.5	0.0	24.6	10.2	6.3	4.0	0.1
9.9	11.3	0.0	24.1	31.0	0.0	0.0	2.8
19.5	12.2	7.3	12.2	24.3	5.0	0.0	0.0
11.5	7.6	4.0	3.7	41.2	1.1	6.1	6.9
11.8	7.8	4.0	0.7	42.9	1.1	6.3	7.3
14.1	6.2	9.8	0.0	22.3	1.2	3.0	2.2
30.8	15.2	0.0	0.0	23.0	7.8	4.7	0.1
11.3	10.5	0.9	1.9	42.1	0.8	9.0	5.4
14.8	13.3	1.5	2.6	29.8	1.2	6.2	3.2
12.2	8.1	3.7	0.0	57.8	1.1	1.2	0.0
15.4	13.3	2.4	0.0	25.0	2.6	0.0	1.0
—	—	—	—	—	—	—	—
15.5	14.4	1.2	2.6	29.7	1.1	7.4	3.2

	人均天花费(美元/人天)	人均天花费构成(%)				
		长途交通	飞 机	火 车	汽 车	轮 船
大 庆	195.85	21.5	13.9	5.1	1.5	1.0
外 国 人	195.09	21.2	14.0	4.7	1.5	1.0
香港同胞	233.34	20.5	0.0	20.5	0.0	0.0
澳门同胞	—	—	—	—	—	—
台湾同胞	—	—	—	—	—	—
佳木斯	134.66	21.6	13.4	6.4	1.8	0.0
外 国 人	134.66	21.6	13.4	6.4	1.8	0.0
香港同胞	—	—	—	—	—	—
澳门同胞	—	—	—	—	—	—
台湾同胞	—	—	—	—	—	—
牡丹江	214.77	14.9	9.6	3.5	1.4	0.4
外 国 人	214.77	14.9	9.6	3.5	1.4	0.4
香港同胞	—	—	—	—	—	—
澳门同胞	—	—	—	—	—	—
台湾同胞	—	—	—	—	—	—
上 海	248.48	35.4	26.0	3.3	2.0	4.1
外 国 人	248.53	36.2	26.5	3.4	2.1	4.2
香港同胞	246.69	28.1	20.8	4.8	2.5	0.0
澳门同胞	246.82	23.0	21.9	0.8	0.0	0.3
台湾同胞	250.46	25.5	22.1	1.8	1.2	0.4
南 京	207.35	22.4	18.3	2.3	1.8	0.0
外 国 人	206.90	22.1	18.6	2.3	1.2	0.0
香港同胞	205.92	21.6	19.6	1.4	0.6	0.0
澳门同胞	206.02	18.2	16.0	2.0	0.2	0.0
台湾同胞	211.67	20.9	16.8	2.6	1.5	0.0
无 锡	227.24	29.3	24.1	1.8	3.4	0.0
外 国 人	223.62	27.0	21.6	1.7	3.7	0.0
香港同胞	233.86	30.2	25.0	1.2	4.0	0.0
澳门同胞	223.85	7.3	4.2	1.3	1.8	0.0
台湾同胞	233.29	33.7	28.6	2.5	2.6	0.0

住宿	餐饮	景区游览	娱乐	购物	市内交通	邮电通讯	其他
11.9	8.5	3.8	4.8	37.9	1.7	3.2	6.7
12.0	8.7	3.8	4.6	38.2	1.7	3.2	6.6
13.4	5.7	0.0	19.2	34.2	3.5	3.5	0.0
—	—	—	—	—	—	—	—
—	—	—	—	—	—	—	—
16.4	10.9	4.9	0.0	36.0	1.4	3.2	5.6
16.4	10.9	4.9	0.0	36.0	1.4	3.2	5.6
—	—	—	—	—	—	—	—
—	—	—	—	—	—	—	—
—	—	—	—	—	—	—	—
8.9	6.0	2.9	1.3	60.3	0.8	1.9	3.0
8.9	6.0	2.9	1.3	60.3	0.8	1.9	3.0
—	—	—	—	—	—	—	—
—	—	—	—	—	—	—	—
—	—	—	—	—	—	—	—
15.5	8.1	4.3	6.4	19.1	3.0	2.0	6.2
15.4	8.0	4.4	6.1	19.1	2.9	2.0	5.9
17.1	9.8	3.5	9.2	23.0	3.5	2.6	3.2
14.0	6.0	2.5	5.0	24.5	2.9	1.9	20.2
15.4	9.0	4.3	8.8	19.5	4.2	1.5	11.8
13.6	12.5	3.6	8.4	25.2	1.9	1.9	10.5
14.5	12.9	3.7	8.4	24.3	2.0	2.0	10.1
13.8	11.1	3.3	9.7	26.5	1.2	1.4	11.4
11.1	10.6	4.5	9.9	27.4	1.6	1.5	15.2
10.0	12.6	3.1	6.9	29.9	1.6	2.4	12.6
17.4	10.7	5.5	7.0	19.8	2.1	2.4	5.8
20.7	10.8	5.8	7.2	17.0	2.4	2.3	6.8
15.4	11.5	5.4	8.4	21.2	1.7	2.1	4.1
16.8	11.1	3.5	6.4	42.3	1.9	5.3	5.4
10.9	10.7	5.2	6.0	24.1	1.7	2.0	5.7

1－20(续6)

	人均天花费(美元/人天)	人均天花费构成(%)				
		长途交通	飞机	火车	汽车	轮船
苏州	214.32	27.6	18.9	1.3	2.0	5.4
外国人	213.57	27.7	18.7	1.4	2.2	5.4
香港同胞	225.18	22.4	20.2	0.7	1.5	0.0
澳门同胞	185.31	9.1	8.0	0.7	0.4	0.0
台湾同胞	213.45	24.1	21.1	1.3	1.7	0.0
南通	203.33	38.5	25.1	3.7	2.8	6.9
外国人	202.82	39.8	25.8	3.6	2.7	7.7
香港同胞	212.04	31.5	28.5	0.0	3.0	0.0
澳门同胞	208.96	4.6	0.0	0.0	4.6	0.0
台湾同胞	201.84	27.4	16.4	0.3	3.7	7.0
扬州	205.50	27.5	18.9	3.5	3.2	1.9
外国人	206.50	29.3	18.7	3.6	5.1	1.9
香港同胞	199.12	25.1	20.9	2.7	1.5	0.0
澳门同胞	190.10	28.7	26.5	0.0	2.2	0.0
台湾同胞	207.40	10.3	4.6	3.8	1.9	0.0
杭州	209.82	33.1	21.6	2.2	3.8	5.5
外国人	212.57	32.6	21.0	2.1	3.8	5.7
香港同胞	195.72	33.0	26.7	2.6	3.3	0.4
澳门同胞	190.78	30.9	25.9	1.1	3.9	0.0
台湾同胞	204.18	32.1	23.7	2.4	4.3	1.7
宁波	203.66	32.4	21.1	3.2	3.4	4.7
外国人	206.68	33.6	19.5	3.2	3.6	7.3
香港同胞	191.95	34.1	27.9	2.5	2.6	1.1
澳门同胞	194.46	29.4	23.8	1.5	4.1	0.0
台湾同胞	197.69	27.1	23.0	0.7	2.1	1.3
温州	222.13	27.9	19.6	5.1	2.4	0.8
外国人	217.42	28.2	20.3	4.6	2.5	0.8
香港同胞	246.66	24.9	19.3	5.2	0.3	0.1
澳门同胞	200.72	29.7	27.6	0.8	1.3	0.0
台湾同胞	240.75	16.7	14.1	0.6	0.9	1.1

住宿	餐饮	景区游览	娱乐	购物	市内交通	邮电通讯	其他
15.4	10.4	3.9	7.9	23.4	2.1	2.2	7.1
15.6	10.3	4.0	8.3	22.4	2.1	2.2	7.4
15.7	14.3	4.8	10.2	20.8	3.1	2.5	6.2
21.3	10.6	4.4	9.3	27.5	1.8	10.5	5.5
15.6	10.4	3.7	6.5	30.1	2.1	2.2	5.3
16.9	8.8	5.0	5.8	15.0	2.1	2.0	5.9
17.1	8.7	5.2	5.8	13.3	2.0	2.0	6.1
20.8	10.9	4.9	7.2	15.7	1.7	1.7	5.6
29.1	11.7	3.3	12.6	29.9	3.3	2.6	2.9
17.2	10.2	5.0	6.2	22.3	2.8	2.3	6.6
10.6	11.8	4.6	8.4	29.2	1.8	1.8	4.3
11.1	12.1	4.4	8.9	26.3	2.0	1.6	4.3
7.7	14.3	3.7	4.9	33.8	2.1	2.7	5.7
14.8	14.8	9.9	7.4	21.6	1.8	1.1	0.0
10.8	9.8	6.5	8.7	45.7	1.2	1.4	5.6
16.3	10.3	4.3	3.5	21.2	2.3	3.3	5.7
16.7	10.3	4.2	3.5	21.6	2.3	3.4	5.4
16.2	10.2	5.9	4.5	18.7	3.1	3.1	5.3
18.2	11.6	5.5	3.7	16.4	3.4	1.6	8.7
14.6	11.3	3.5	2.7	23.5	2.0	3.7	6.6
15.4	10.4	4.3	6.0	19.6	2.4	3.5	6.0
15.4	9.7	4.7	6.3	19.0	2.3	3.3	5.7
15.0	11.4	2.9	4.2	20.9	2.7	3.9	4.9
17.4	15.4	4.5	3.2	15.9	3.0	8.6	2.6
14.2	12.4	3.3	5.5	20.5	1.8	3.4	11.8
16.6	9.3	4.4	7.5	16.2	3.0	2.9	12.2
18.2	9.6	3.9	7.5	16.6	3.0	2.9	10.1
13.6	7.4	6.0	10.9	11.2	2.3	2.1	21.6
17.9	14.1	3.5	5.6	12.5	4.2	1.4	11.1
12.9	9.7	6.3	5.2	25.7	3.4	4.4	15.7

1－20(续7)

	人均天花费(美元/人天)	人均天花费构成(%)				
		长途交通	飞机	火车	汽车	轮船
绍兴	210.33	28.7	20.5	1.4	5.1	1.7
外国人	214.39	27.8	19.5	1.4	5.8	1.1
香港同胞	197.47	34.5	30.7	0.3	2.6	0.9
澳门同胞	215.07	14.5	12.3	0.8	1.4	0.0
台湾同胞	175.18	28.5	24.2	0.4	3.0	0.9
金华	204.41	25.1	19.1	2.3	3.0	0.7
外国人	209.12	26.8	20.0	2.7	3.3	0.8
香港同胞	191.26	24.0	21.5	0.0	2.5	0.0
澳门同胞	197.78	25.9	22.4	1.9	1.6	0.0
台湾同胞	187.69	15.5	14.1	0.3	0.5	0.6
合肥	170.44	33.7	15.7	6.4	5.0	6.6
外国人	172.49	33.0	16.1	4.8	4.9	7.2
香港同胞	138.81	20.0	15.2	0.0	2.9	1.9
澳门同胞	167.00	15.3	5.3	0.0	9.1	0.9
台湾同胞	184.86	42.5	22.8	19.7	0.0	0.0
芜湖	178.86	21.6	14.8	3.8	1.4	1.6
外国人	178.61	19.4	13.7	2.2	1.9	1.6
香港同胞	187.86	38.5	19.5	17.1	1.9	0.0
澳门同胞	185.11	49.3	47.9	0.0	1.4	0.0
台湾同胞	170.38	24.0	20.9	0.0	3.0	0.1
铜陵	192.98	26.7	11.8	2.0	4.0	8.9
外国人	192.29	26.7	11.7	2.0	3.9	9.1
香港同胞	205.11	10.8	3.1	0.0	7.7	0.0
澳门同胞	—	—	—	—	—	—
台湾同胞	188.59	25.2	17.0	0.0	8.2	0.0
安庆	148.99	44.4	23.8	5.9	8.8	5.9
外国人	146.09	45.0	24.3	6.2	8.1	6.4
香港同胞	174.82	41.1	23.0	0.0	18.1	0.0
澳门同胞	323.50	0.0	0.0	0.0	0.0	0.0
台湾同胞	136.24	38.8	33.0	0.0	5.7	0.1

住宿	餐饮	景区游览	娱乐	购物	市内交通	邮电通讯	其他
16.7	10.6	4.1	6.5	18.6	3.3	4.3	7.2
17.3	10.5	3.9	6.8	18.7	3.1	4.3	7.6
15.6	10.9	4.7	5.1	16.0	3.4	4.2	5.6
16.8	12.3	5.2	6.1	30.3	4.9	4.8	5.1
15.2	13.6	4.4	5.7	12.3	4.5	5.5	10.3
15.7	8.7	5.0	9.3	18.3	3.1	3.5	11.3
17.3	8.8	4.7	8.1	18.6	3.5	3.7	8.5
13.4	8.5	7.1	19.5	11.0	2.4	2.0	12.1
12.7	13.5	2.4	8.9	28.3	2.5	2.7	3.1
13.5	8.4	5.5	8.4	21.0	2.7	4.5	20.5
14.5	11.8	4.5	4.7	14.8	2.8	3.6	9.6
14.4	11.9	4.4	4.5	15.4	3.2	3.6	9.6
17.0	14.4	5.3	10.3	14.3	1.8	4.0	12.9
22.6	14.9	10.3	5.4	17.5	0.9	3.2	9.9
16.9	11.5	1.7	6.0	12.0	2.2	0.0	7.2
9.1	5.5	5.3	9.5	38.6	1.0	1.6	7.8
8.7	4.5	4.2	12.5	41.4	0.9	1.2	7.2
19.6	4.7	8.7	3.2	17.7	1.6	5.9	0.1
11.7	19.2	3.7	3.1	12.4	0.6	0.0	0.0
16.5	12.9	16.0	5.0	23.1	2.6	0.0	-0.1
11.4	11.5	4.4	7.4	18.0	2.0	9.8	8.8
11.8	11.9	4.7	7.0	17.4	1.6	10.4	8.5
11.5	12.4	1.4	13.7	32.9	0.4	2.9	14.0
—	—	—	—	—	—	—	—
13.0	10.4	3.3	10.2	19.1	5.9	2.9	10.0
11.6	9.4	3.8	5.9	9.4	1.6	1.1	12.8
12.4	9.4	3.4	6.3	9.3	1.7	1.2	11.3
10.5	10.3	6.2	1.9	16.0	0.3	0.0	13.7
13.2	19.1	0.0	0.0	0.0	0.0	0.0	67.7
13.8	17.7	12.6	0.4	7.1	1.7	0.7	7.2

1－20（续8）

	人均天花费（美元/人天）	人均天花费构成（%）				
		长途交通	飞 机	火 车	汽 车	轮 船
黄 山	189.95	30.6	17.0	4.4	4.0	5.2
外 国 人	186.72	30.5	17.0	4.2	3.5	5.8
香港同胞	199.57	21.3	15.6	2.0	3.7	0.0
澳门同胞	198.36	16.5	10.7	3.7	2.1	0.0
台湾同胞	202.39	15.6	2.6	0.3	12.5	0.2
池 州	188.26	30.4	16.0	4.2	3.8	6.4
外 国 人	183.51	31.0	16.5	4.1	3.4	7.0
香港同胞	203.88	16.1	12.8	0.0	3.3	0.0
澳门同胞	195.15	0.0	0.0	0.0	0.0	0.0
台湾同胞	202.22	13.6	0.0	0.0	13.4	0.2
福 州	190.35	40.6	29.4	5.2	3.9	2.1
外 国 人	194.83	40.6	28.9	5.1	5.1	1.5
香港同胞	182.79	27.2	22.9	1.4	2.0	0.9
澳门同胞	177.76	19.9	16.6	0.0	3.3	0.0
台湾同胞	186.69	35.8	24.2	5.0	2.6	4.0
厦 门	209.49	39.8	23.3	10.7	2.7	3.1
外 国 人	213.10	34.8	22.5	7.4	2.5	2.4
香港同胞	208.30	37.0	22.8	3.9	4.5	5.8
澳门同胞	197.57	25.1	25.1	0.0	0.0	0.0
台湾同胞	193.14	43.6	14.1	25.0	1.1	3.4
泉 州	197.22	32.5	25.1	2.2	2.9	2.3
外 国 人	195.68	32.4	26.9	2.7	2.1	0.7
香港同胞	201.35	28.1	19.8	3.0	4.3	1.0
澳门同胞	172.10	44.4	42.1	0.0	2.3	0.0
台湾同胞	204.34	30.3	22.6	1.6	2.1	4.0
漳 州	187.52	33.1	20.0	5.4	4.1	3.6
外 国 人	191.30	26.3	22.2	0.0	4.1	0.0
香港同胞	183.63	31.6	20.1	3.9	3.0	4.6
澳门同胞	212.62	25.0	21.9	0.0	3.1	0.0
台湾同胞	179.04	23.5	13.7	1.4	6.2	2.2

住宿	餐饮	景区游览	娱乐	购物	市内交通	邮电通讯	其他
11.7	9.1	5.9	4.0	25.2	1.4	3.0	9.1
12.6	9.6	5.8	3.6	24.3	1.5	2.7	9.4
9.4	6.7	6.7	9.0	32.8	1.4	4.0	8.7
14.8	9.6	18.0	0.0	26.4	2.1	2.7	9.9
9.0	10.6	6.0	0.9	38.3	1.3	6.0	12.3
12.4	10.0	5.6	3.2	34.1	1.5	0.0	2.8
13.1	10.7	5.2	2.9	33.1	1.6	0.0	2.4
9.5	7.4	5.9	9.8	45.9	1.5	0.0	3.9
22.4	12.8	15.1	0.0	46.0	0.0	0.0	3.7
9.5	11.5	5.9	1.0	53.1	1.4	0.0	4.0
9.7	8.4	3.5	8.5	14.3	2.6	1.8	10.6
10.5	8.1	2.8	9.6	14.6	2.8	1.8	9.2
11.9	11.3	4.0	6.1	21.1	2.8	2.4	13.2
9.4	13.7	14.1	5.5	17.8	4.5	1.4	13.7
8.3	8.8	2.9	8.2	13.5	2.3	2.2	18.0
10.8	7.0	2.9	10.0	12.8	2.0	2.0	12.7
11.9	7.7	2.9	10.1	14.5	2.2	2.4	13.5
12.3	7.4	2.7	8.6	10.8	2.4	2.0	16.8
16.1	6.6	7.1	15.0	11.1	6.9	0.7	11.4
7.7	6.6	2.6	12.0	15.4	1.1	0.9	10.1
9.6	8.1	6.2	8.4	12.7	2.5	2.5	17.5
8.8	8.7	6.8	8.9	10.6	3.0	3.1	17.7
10.2	6.9	10.6	8.3	14.0	2.0	1.2	18.7
12.7	8.6	2.5	0.0	15.5	4.4	1.8	10.1
12.1	10.5	1.9	4.8	19.7	1.6	3.1	16.0
9.0	9.0	3.0	7.5	19.4	2.0	1.9	15.1
12.3	10.9	3.9	9.9	14.6	2.6	1.9	17.6
8.7	9.7	2.8	7.3	28.2	2.7	2.1	6.9
8.8	19.4	13.1	0.0	18.6	3.3	0.0	11.8
8.4	9.3	1.6	3.0	23.5	1.1	2.5	27.1

1－20（续9）

	人均天花费（美元/人天）	人均天花费构成（%）				
		长途交通	飞机	火车	汽车	轮船
武夷山	162.78	21.4	15.6	3.9	1.9	0.0
外国人	155.88	18.0	12.8	2.5	2.7	0.0
香港同胞	168.47	14.4	11.3	2.0	1.1	0.0
澳门同胞	154.58	6.2	0.0	0.0	6.2	0.0
台湾同胞	169.72	20.0	13.8	3.8	2.4	0.0
南昌	141.26	23.4	21.6	1.2	0.2	0.4
外国人	139.87	24.0	22.3	1.2	0.1	0.4
香港同胞	137.75	23.0	23.0	0.0	0.0	0.0
澳门同胞	169.91	12.8	12.3	0.3	0.2	0.0
台湾同胞	146.84	22.0	22.0	0.0	0.0	0.0
景德镇	167.34	25.1	17.6	2.6	3.5	1.4
外国人	164.83	25.0	18.1	2.6	3.0	1.3
香港同胞	163.37	14.3	12.5	0.0	1.8	0.0
澳门同胞	189.79	24.0	22.0	0.0	2.0	0.0
台湾同胞	184.28	27.7	17.1	0.0	10.6	0.0
九江	167.26	16.3	13.6	2.3	0.4	0.0
外国人	164.30	17.3	14.5	2.4	0.4	0.0
香港同胞	176.98	2.9	2.9	0.0	0.0	0.0
澳门同胞	148.91	19.7	16.7	3.0	0.0	0.0
台湾同胞	174.91	12.4	12.4	0.0	0.0	0.0
赣州	126.87	37.7	29.3	4.9	2.9	0.6
外国人	129.91	46.2	35.6	6.8	3.0	0.8
香港同胞	123.10	25.2	21.0	1.6	2.6	0.0
澳门同胞	142.96	29.3	23.3	3.2	2.8	0.0
台湾同胞	111.13	11.3	8.8	2.5	0.0	0.0
吉安	165.86	33.8	24.5	5.3	1.8	2.2
外国人	171.18	35.2	25.8	4.6	2.1	2.7
香港同胞	155.87	22.6	16.4	3.5	2.7	0.0
澳门同胞	140.41	40.5	40.5	0.0	0.0	0.0
台湾同胞	167.04	27.1	18.8	7.7	0.6	0.0

住宿	餐饮	景区游览	娱乐	购物	市内交通	邮电通讯	其他
10.3	8.7	3.4	7.4	37.3	2.7	4.8	4.0
16.9	9.9	4.9	14.0	26.1	3.6	3.5	3.1
10.1	7.7	3.3	2.9	47.7	3.1	6.0	4.8
9.0	26.1	4.4	0.0	35.8	6.8	7.0	4.7
6.7	9.1	2.3	1.9	49.7	1.5	6.0	2.8
12.1	8.6	5.0	9.4	18.3	2.8	3.0	17.4
11.9	8.5	5.0	6.5	17.1	3.1	3.1	20.8
16.2	10.9	6.1	3.9	15.5	1.4	4.3	18.7
12.1	5.4	5.2	7.3	46.0	2.5	3.6	5.1
19.5	17.4	5.8	9.2	11.4	1.8	1.1	11.8
10.1	8.9	4.0	4.7	38.5	2.0	2.0	4.7
10.8	9.3	4.3	1.9	39.6	2.4	2.1	4.6
10.7	9.8	4.1	1.6	48.7	0.9	2.4	7.5
9.8	9.8	3.3	4.2	44.9	2.2	1.8	0.0
10.1	8.7	4.1	4.3	37.1	1.1	1.6	5.3
13.2	10.1	6.3	7.6	35.0	2.3	3.1	6.1
13.6	10.5	5.9	1.5	37.4	3.1	3.7	7.0
18.2	13.6	6.4	3.4	46.2	0.4	2.7	6.2
11.0	7.4	9.3	0.0	38.9	2.7	0.4	10.6
14.1	11.4	10.5	8.8	33.2	0.7	3.0	5.9
11.2	8.3	4.4	6.7	16.8	1.7	2.3	10.9
10.8	7.9	3.3	5.5	15.2	2.3	2.2	6.6
14.1	11.4	6.3	3.0	24.6	0.7	4.1	10.6
14.2	6.4	4.6	0.0	12.4	1.8	0.3	31.0
12.9	10.0	3.1	16.8	12.5	0.1	1.6	31.7
12.3	9.8	6.5	9.4	18.8	2.4	1.9	5.1
11.9	10.3	7.2	6.4	17.4	2.8	2.2	6.6
16.3	12.5	5.4	3.8	31.6	0.7	2.3	4.8
21.9	7.2	5.6	0.0	19.0	3.0	1.6	1.2
12.6	8.9	6.9	22.0	15.9	2.7	1.7	2.2

1－20(续10)

	人均天花费(美元/人天)	人均天花费构成(%)				
		长途交通	飞机	火车	汽车	轮船
济南	219.09	44.0	23.9	4.8	3.7	11.6
外国人	210.79	42.9	22.7	4.9	3.8	11.5
香港同胞	223.88	36.8	28.2	4.7	3.9	0.0
澳门同胞	261.12	31.2	13.8	4.6	4.0	8.8
台湾同胞	242.97	33.5	19.3	6.9	7.3	0.0
青岛	199.58	29.5	18.4	4.1	3.0	4.0
外国人	200.36	29.2	16.3	4.4	3.7	4.8
香港同胞	191.72	31.2	28.7	0.3	1.4	0.8
澳门同胞	195.86	14.4	12.1	1.4	0.4	0.5
台湾同胞	204.33	18.6	15.0	1.2	1.1	1.3
烟台	196.86	30.4	17.5	5.6	2.3	5.0
外国人	198.00	30.3	16.6	6.9	1.9	4.9
香港同胞	207.77	38.2	26.6	2.6	3.9	5.1
澳门同胞	173.36	7.7	3.2	0.0	1.7	2.8
台湾同胞	184.79	19.3	10.6	4.7	2.1	1.9
曲阜	205.13	37.0	19.6	7.0	1.9	8.5
外国人	203.52	30.1	13.4	8.7	2.5	5.5
香港同胞	204.96	45.8	38.4	6.7	0.7	0.0
澳门同胞	200.39	11.4	8.5	0.0	1.7	1.2
台湾同胞	211.32	10.0	6.7	0.0	0.0	3.3
泰安	196.83	34.5	17.9	3.1	3.5	10.0
外国人	200.54	33.6	14.3	3.1	4.0	12.2
香港同胞	188.58	37.7	34.3	2.2	1.0	0.2
澳门同胞	180.00	10.9	9.7	0.0	0.7	0.5
台湾同胞	172.89	12.3	10.8	0.8	0.7	0.0
威海	188.82	37.4	17.6	8.3	2.7	8.8
外国人	186.27	37.2	17.7	8.0	3.0	8.5
香港同胞	203.45	32.6	20.3	0.0	1.6	10.7
澳门同胞	—	—	—	—	—	—
台湾同胞	220.21	17.6	17.1	0.0	0.5	0.0

住宿	餐饮	景区游览	娱乐	购物	市内交通	邮电通讯	其他
14.1	6.8	3.7	6.4	13.0	1.6	2.0	8.4
14.0	7.1	3.5	6.3	13.5	1.7	1.8	9.2
16.9	7.1	5.4	8.2	14.5	1.8	3.8	5.5
14.6	8.7	5.0	4.4	23.6	2.6	3.9	6.0
16.8	7.5	2.4	2.7	17.2	1.3	3.4	15.2
15.3	9.3	4.0	10.1	19.9	1.9	2.4	7.6
14.4	9.9	3.8	10.7	20.6	1.8	2.4	7.2
17.7	7.5	3.9	9.7	17.4	1.7	1.2	9.7
19.0	7.9	7.9	5.4	29.8	2.4	1.4	11.8
16.5	6.8	3.3	5.4	31.5	2.4	4.0	11.5
15.2	7.9	6.2	7.3	22.7	2.6	2.0	5.7
15.0	7.5	6.1	7.5	22.8	2.8	1.8	6.2
10.7	7.1	4.9	7.5	23.8	2.0	2.6	3.2
15.6	14.0	7.0	3.5	41.4	0.7	3.1	7.0
11.3	7.7	8.0	3.1	33.9	0.8	6.4	9.5
10.1	6.6	4.2	10.0	18.8	1.9	3.7	7.7
12.0	7.1	4.8	10.6	18.7	2.4	3.9	10.4
9.3	6.8	4.6	12.0	16.2	0.7	0.0	4.6
11.6	10.6	6.8	3.4	48.1	0.2	0.0	7.9
2.1	1.5	1.7	1.3	65.1	0.0	0.0	18.3
13.4	8.8	3.5	12.1	16.0	2.0	2.0	7.7
13.9	9.2	3.8	12.3	15.9	2.3	1.9	7.1
11.2	8.2	3.6	14.7	16.3	1.3	1.6	5.4
33.3	4.1	2.4	10.6	29.8	1.4	1.3	6.2
5.2	3.4	0.7	0.7	41.6	0.3	10.3	25.5
13.1	8.7	4.4	9.7	17.1	1.9	2.3	5.4
12.9	8.3	4.3	9.6	17.6	1.8	2.4	5.9
20.9	13.4	4.3	16.1	8.0	2.7	0.0	2.0
—	—	—	—	—	—	—	—
16.4	17.8	4.3	11.9	19.0	2.9	2.4	7.7

1－20(续11)

	人均天花费(美元/人天)	人均天花费构成(%)				
		长途交通	飞　机	火　车	汽　车	轮　船
日　照	245.57	44.8	20.9	3.4	2.4	18.1
外 国 人	236.26	46.1	20.5	4.1	3.0	18.5
香港同胞	266.91	33.4	28.0	1.8	3.6	0.0
澳门同胞	279.80	27.0	19.9	5.4	1.6	0.1
台湾同胞	224.97	24.0	20.2	2.4	1.4	0.0
郑　州	151.18	37.1	26.0	6.4	4.7	0.0
外 国 人	150.81	38.0	26.8	6.8	4.4	0.0
香港同胞	149.55	37.1	24.5	7.0	5.6	0.0
澳门同胞	148.33	28.7	21.2	1.8	5.7	0.0
台湾同胞	156.43	31.8	22.1	4.0	5.7	0.0
开　封	155.70	39.0	27.4	6.9	4.7	0.0
外 国 人	155.41	39.7	28.0	7.1	4.6	0.0
香港同胞	153.10	38.5	26.0	7.2	5.3	0.0
澳门同胞	145.00	27.9	22.2	0.0	5.7	0.0
台湾同胞	166.61	33.2	22.3	5.2	5.7	0.0
洛　阳	150.15	38.2	27.7	6.8	3.7	0.0
外 国 人	150.84	39.7	29.0	7.1	3.6	0.0
香港同胞	138.97	36.5	29.0	4.0	3.5	0.0
澳门同胞	145.00	29.3	23.3	0.0	6.0	0.0
台湾同胞	145.00	43.4	30.6	4.4	8.4	0.0
三门峡	146.89	36.2	25.7	6.2	4.3	0.0
外 国 人	147.45	36.7	26.3	6.4	4.0	0.0
香港同胞	138.06	36.6	27.4	4.9	4.3	0.0
澳门同胞	150.00	29.7	21.2	2.7	5.8	0.0
台湾同胞	146.00	31.5	22.3	3.2	6.0	0.0
武　汉	196.42	36.5	17.2	8.9	4.5	5.9
外 国 人	194.10	39.3	16.9	9.5	6.1	6.8
香港同胞	199.28	34.2	19.3	6.4	3.7	4.8
澳门同胞	211.94	22.0	17.8	2.0	0.5	1.7
台湾同胞	191.76	23.9	16.6	3.4	0.8	3.1

住宿	餐饮	景区游览	娱乐	购物	市内交通	邮电通讯	其他
8.7	6.4	3.2	8.3	20.6	1.9	2.1	4.0
8.6	5.7	2.9	7.8	21.1	2.1	2.3	3.4
10.4	8.6	2.6	12.0	20.8	2.2	4.6	5.4
12.0	11.1	7.8	9.3	23.8	2.3	1.7	5.0
9.4	7.2	3.2	8.4	34.7	1.8	2.2	9.1
13.8	10.4	6.4	5.3	13.8	4.2	2.2	6.8
12.9	9.5	6.0	5.8	14.0	4.9	2.3	6.6
15.6	13.8	6.1	5.0	11.9	1.3	1.9	7.3
21.6	13.9	10.0	5.7	9.3	3.3	1.3	6.2
17.6	13.4	8.7	2.4	14.9	2.0	2.1	7.1
13.9	9.9	6.6	5.5	12.0	4.4	2.1	6.6
13.3	9.4	6.4	5.7	12.4	4.7	2.1	6.3
17.0	13.4	6.5	5.1	7.3	2.4	2.3	7.5
22.9	15.1	11.1	5.7	8.6	3.2	0.7	4.8
19.0	13.9	9.1	2.9	11.3	3.0	1.9	5.7
12.3	8.5	6.1	6.4	13.9	3.7	2.4	8.5
12.3	8.4	6.2	3.7	14.9	4.0	2.3	8.5
17.5	11.4	7.0	8.3	3.9	2.4	3.3	9.7
24.0	15.8	11.6	6.0	6.6	3.3	0.0	3.4
23.4	19.5	12.1	0.8	0.0	0.8	0.0	0.0
12.5	9.3	5.9	5.6	15.9	3.9	2.4	8.3
11.8	8.6	5.6	5.9	16.4	4.4	2.4	8.2
16.4	12.4	6.7	7.3	9.6	1.7	2.4	6.9
21.6	13.7	9.7	5.8	8.3	3.5	1.7	6.0
16.8	13.7	8.7	1.4	17.0	1.0	2.0	7.9
12.7	9.2	4.3	6.0	20.3	2.8	1.6	6.6
10.4	8.3	4.3	6.2	20.3	2.7	1.3	7.2
15.9	10.2	3.6	6.0	20.1	2.7	1.9	5.4
14.8	9.7	3.8	7.3	24.4	2.8	2.0	13.2
16.9	12.5	6.1	5.5	22.8	4.0	2.4	5.9

1－20（续12）

	人均天花费（美元/人天）	人均天花费构成（%）				
		长途交通	飞机	火车	汽车	轮船
十堰	195.68	50.3	10.9	8.4	4.8	26.2
外国人	185.14	61.6	9.9	8.1	8.5	35.1
香港同胞	191.20	28.9	17.2	7.1	2.9	1.7
澳门同胞	267.50	22.0	15.8	0.0	2.1	4.1
台湾同胞	187.99	23.4	15.7	1.1	2.4	4.2
宜昌	185.12	53.9	13.1	10.7	6.3	23.8
外国人	184.01	60.7	10.7	11.9	7.4	30.7
香港同胞	180.02	25.1	13.2	6.0	3.2	2.7
澳门同胞	198.84	49.8	21.4	12.2	3.4	12.8
台湾同胞	190.86	47.2	22.3	3.8	0.3	20.8
襄樊	195.96	47.2	26.8	6.7	3.3	10.4
外国人	196.40	52.8	33.2	5.9	0.3	13.4
香港同胞	195.53	33.0	20.1	6.7	4.0	2.2
澳门同胞	216.88	34.9	26.6	6.5	0.4	1.4
台湾同胞	186.81	41.1	25.5	5.5	0.3	9.8
荆州	184.33	40.0	20.7	9.3	3.8	6.2
外国人	169.84	31.2	20.4	7.2	3.6	0.0
香港同胞	193.34	40.7	19.3	10.7	4.6	6.1
澳门同胞	185.92	36.2	27.9	6.8	1.5	0.0
台湾同胞	196.84	41.5	28.1	9.2	4.2	0.0
湖北游船	192.87	39.7	12.0	11.2	7.8	8.7
外国人	190.22	42.9	11.2	12.7	9.3	9.7
香港同胞	196.01	30.5	18.7	3.3	2.0	6.5
澳门同胞	206.93	22.3	15.6	0.0	0.3	6.4
台湾同胞	191.00	23.2	16.7	0.0	0.4	6.1
长沙	182.00	25.6	18.8	2.5	3.3	1.0
外国人	178.96	21.2	15.6	1.9	3.1	0.6
香港同胞	185.91	20.0	8.2	3.2	4.6	4.0
澳门同胞	194.27	27.2	20.7	1.4	4.0	1.1
台湾同胞	190.83	38.1	31.4	3.0	3.7	0.0

住宿	餐饮	景区游览	娱乐	购物	市内交通	邮电通讯	其他
8.7	8.4	4.3	3.0	13.1	2.9	2.5	6.8
5.3	6.0	3.9	3.1	8.4	2.2	2.1	7.4
15.0	12.0	5.6	5.7	16.5	3.8	4.4	8.1
10.5	12.2	4.3	2.1	34.1	4.4	3.4	7.0
14.7	14.3	7.5	3.4	21.0	5.3	3.0	7.4
7.7	7.9	4.5	2.7	15.3	2.3	1.4	4.3
5.2	6.7	4.0	1.7	14.5	2.2	0.9	4.1
17.5	15.8	4.5	4.8	20.8	3.6	3.1	4.8
9.2	6.6	6.6	4.3	15.3	1.3	1.5	5.4
12.6	6.9	7.0	3.5	14.7	2.2	1.4	4.5
11.4	7.8	3.1	6.1	10.7	2.5	3.5	7.7
11.3	5.9	2.5	6.8	7.2	1.9	3.8	7.8
15.7	11.4	3.6	4.8	15.3	3.7	5.3	7.2
10.4	10.5	4.9	7.0	18.3	3.0	3.2	7.8
10.5	8.8	3.3	7.5	13.9	2.9	1.8	10.2
11.6	8.7	5.4	9.3	12.4	2.5	1.6	8.5
13.8	9.6	5.7	13.4	16.4	1.8	0.2	7.9
11.3	9.0	6.4	8.9	10.2	3.5	1.9	8.1
11.7	11.5	4.5	7.5	7.5	2.0	2.1	17.0
11.9	8.1	5.5	5.5	15.5	1.9	2.0	8.1
5.3	6.7	3.1	1.7	28.9	2.4	2.5	9.7
4.6	7.0	3.5	1.5	26.3	2.4	2.7	9.1
11.4	8.0	2.5	1.0	36.7	1.7	0.8	7.4
5.9	5.6	2.0	0.6	44.7	1.1	2.6	15.2
7.2	6.3	3.1	0.8	38.7	1.7	1.9	17.1
11.2	10.7	16.1	4.2	19.3	1.8	3.3	7.8
10.6	11.4	21.0	3.1	20.2	1.5	3.7	7.3
18.1	9.5	4.1	3.9	25.8	2.3	3.5	12.8
13.7	15.4	5.6	3.9	24.6	1.8	3.3	4.5
10.0	8.5	5.5	5.5	15.8	3.3	3.3	10.0

1－20(续13)

	人均天花费(美元/人天)	人均天花费构成(%)				
		长途交通	飞机	火车	汽车	轮船
湘潭	199.05	33.5	25.7	0.5	2.8	4.5
外国人	200.17	34.3	27.1	0.4	2.7	4.1
香港同胞	197.67	14.6	11.7	0.0	2.9	0.0
澳门同胞	181.78	20.9	14.9	1.4	4.6	0.0
台湾同胞	203.94	36.9	28.6	0.0	2.1	6.2
衡阳	159.42	37.1	18.4	5.3	2.8	10.6
外国人	159.42	37.1	18.4	5.3	2.8	10.6
香港同胞	—	—	—	—	—	—
澳门同胞	—	—	—	—	—	—
台湾同胞	—	—	—	—	—	—
岳阳	198.56	27.2	8.6	6.5	7.9	4.2
外国人	198.56	27.2	8.6	6.5	7.9	4.2
香港同胞	—	—	—	—	—	—
澳门同胞	—	—	—	—	—	—
台湾同胞	—	—	—	—	—	—
张家界	197.79	15.8	9.9	1.5	4.4	0.0
外国人	198.76	16.0	10.1	1.5	4.4	0.0
香港同胞	180.00	3.5	0.0	0.0	3.5	0.0
澳门同胞	180.00	11.9	0.0	3.2	8.7	0.0
台湾同胞	—	—	—	—	—	—
广州	182.64	33.5	24.4	3.1	2.5	3.5
外国人	181.51	34.2	25.5	2.9	2.4	3.4
香港同胞	186.99	26.5	17.6	3.0	2.5	3.4
澳门同胞	181.08	33.6	24.6	3.7	2.3	3.0
台湾同胞	187.97	30.0	20.3	2.1	2.7	4.9
深圳	175.21	33.0	23.4	2.8	3.1	3.7
外国人	172.42	33.0	22.8	2.9	3.2	4.1
香港同胞	187.75	23.6	15.7	2.3	3.5	2.1
澳门同胞	189.04	21.2	14.4	1.0	2.9	2.9
台湾同胞	170.81	38.7	20.5	1.0	2.4	14.8

住宿	餐饮	景区游览	娱乐	购物	市内交通	邮电通讯	其他
9.8	8.5	5.5	5.8	24.4	1.9	3.6	7.0
9.3	8.4	5.9	5.2	24.8	1.7	3.3	7.1
14.6	8.3	4.7	4.6	34.7	1.8	5.6	11.1
13.8	12.6	4.9	7.7	26.8	2.8	4.7	5.8
8.7	8.5	5.4	7.4	21.1	2.6	4.0	5.4
11.1	8.1	10.9	7.8	9.5	1.7	0.2	13.6
11.1	8.1	10.9	7.8	9.5	1.7	0.2	13.6
—	—	—	—	—	—	—	—
—	—	—	—	—	—	—	—
—	—	—	—	—	—	—	—
11.4	9.9	8.6	2.7	27.8	1.7	4.0	6.7
11.4	9.9	8.6	2.7	27.8	1.7	4.0	6.7
—	—	—	—	—	—	—	—
—	—	—	—	—	—	—	—
—	—	—	—	—	—	—	—
12.0	9.3	8.2	0.0	42.5	1.5	0.9	9.8
11.8	9.5	8.7	0.0	41.6	1.5	0.9	10.0
15.5	6.7	2.6	0.0	59.1	1.5	1.1	10.0
17.8	13.0	3.3	0.0	42.0	2.3	0.9	8.8
—	—	—	—	—	—	—	—
11.5	7.9	3.8	6.0	22.9	2.5	1.8	10.1
12.1	8.0	3.7	6.1	22.4	2.6	1.9	9.0
10.9	8.8	4.5	7.2	24.1	2.4	1.5	14.1
9.8	6.3	4.1	4.7	25.3	2.4	1.4	12.4
10.5	8.1	4.6	5.3	29.0	2.3	1.7	8.5
12.8	8.0	3.1	7.5	22.7	2.9	1.6	8.4
12.5	7.6	2.8	7.0	24.7	2.9	1.6	7.9
15.7	10.6	4.9	10.7	16.9	3.2	2.5	11.9
14.3	11.1	4.7	10.6	23.3	3.4	1.1	10.3
12.9	8.1	3.2	7.3	16.6	2.4	1.4	9.4

1－20(续 14)

	人均天花费(美元/人天)	人均天花费构成(%)				
		长途交通	飞 机	火 车	汽 车	轮 船
珠 海	167.32	30.5	22.2	1.6	2.9	3.8
外 国 人	174.69	27.4	22.8	1.6	1.9	1.1
香港同胞	157.51	29.5	23.2	1.4	2.4	2.5
澳门同胞	168.44	31.4	22.7	0.0	4.1	4.6
台湾同胞	170.58	33.8	23.8	0.0	3.4	6.6
汕 头	165.77	39.9	32.2	1.0	5.1	1.6
外 国 人	175.33	36.4	30.4	0.9	4.0	1.1
香港同胞	157.45	50.1	41.6	0.9	6.1	1.5
澳门同胞	158.45	37.4	26.6	0.0	7.6	3.2
台湾同胞	142.87	31.6	24.3	0.0	4.1	3.2
江 门	180.11	45.0	32.2	6.2	3.2	3.4
外 国 人	183.63	45.7	31.0	8.7	3.0	3.0
香港同胞	161.66	52.1	42.9	2.8	3.0	3.4
澳门同胞	187.31	44.9	38.9	0.0	3.5	2.5
台湾同胞	188.91	41.1	33.9	0.0	3.1	4.1
肇 庆	175.56	18.2	7.4	7.9	2.0	0.9
外 国 人	192.18	14.3	5.6	6.2	1.7	0.8
香港同胞	159.47	19.2	5.7	11.2	2.0	0.3
澳门同胞	172.38	24.3	15.7	2.4	3.4	2.8
台湾同胞	172.41	17.0	12.9	0.0	2.4	1.7
惠 州	164.28	56.2	47.7	2.9	3.6	2.0
外 国 人	165.55	59.0	51.6	2.7	3.1	1.6
香港同胞	174.13	27.5	17.6	1.5	6.2	2.2
澳门同胞	148.98	31.4	20.2	0.0	8.4	2.8
台湾同胞	151.31	43.6	38.7	0.0	4.2	0.7
东 莞	168.37	31.3	22.3	3.4	3.4	2.2
外 国 人	171.46	29.4	19.8	3.6	3.7	2.3
香港同胞	151.46	37.5	31.2	1.9	3.9	0.5
澳门同胞	161.58	22.1	14.7	0.0	4.8	2.6
台湾同胞	177.51	27.5	23.3	0.0	2.4	1.8

住宿	餐饮	景区游览	娱乐	购物	市内交通	邮电通讯	其他
9.7	9.8	4.5	7.2	23.1	3.5	1.6	10.1
11.6	10.8	4.5	10.4	21.5	3.6	2.4	7.8
8.4	8.0	4.8	6.8	28.3	3.6	1.6	9.0
7.6	11.4	3.4	4.7	22.9	4.2	1.5	12.9
10.6	10.2	4.9	6.8	19.2	3.2	1.6	9.7
9.8	7.3	3.6	8.1	19.3	2.5	1.2	8.3
10.4	6.9	2.9	7.8	20.3	2.3	1.2	11.8
8.6	7.6	3.1	7.0	13.6	2.7	1.4	5.9
9.5	8.2	5.9	12.2	17.1	3.4	1.1	5.2
8.1	7.5	5.1	17.6	23.8	2.2	0.7	3.4
9.6	9.4	3.7	7.4	10.8	2.5	2.2	9.4
10.7	9.5	3.8	7.4	10.3	2.6	2.3	7.7
6.7	8.0	2.4	5.2	11.4	2.1	1.9	10.2
7.4	8.0	4.3	9.8	10.4	2.2	1.2	11.8
10.0	11.0	4.2	4.9	11.3	2.3	2.9	12.3
16.7	12.6	5.8	8.1	23.1	4.8	4.0	6.7
19.1	12.2	6.8	8.9	23.5	5.4	4.4	5.4
15.0	12.6	5.4	8.3	23.4	4.3	4.0	7.8
15.3	12.5	3.8	5.8	24.3	4.9	3.4	5.7
15.7	15.3	5.1	7.9	22.8	4.3	3.4	8.5
8.9	8.6	2.4	6.3	7.9	2.0	1.3	6.4
9.5	8.1	2.1	6.3	7.2	1.5	1.2	5.1
13.0	14.2	4.4	11.4	15.1	3.4	1.8	9.2
14.6	13.8	4.3	10.0	10.3	4.5	2.3	8.8
11.3	12.8	3.8	10.6	6.0	2.1	2.6	7.2
10.6	8.2	3.4	6.1	18.4	3.1	6.2	12.7
10.1	7.9	2.6	6.8	19.1	3.3	6.8	14.0
10.8	7.5	1.4	6.7	20.8	2.6	4.6	8.1
18.2	12.6	2.2	7.8	17.3	5.8	5.6	8.4
13.3	11.8	7.1	3.3	17.7	2.4	7.5	9.4

1-20(续15)

	人均天花费(美元/人天)	人均天花费构成(%)				
		长途交通	飞机	火车	汽车	轮船
中　山	150.24	49.0	36.9	2.7	2.5	6.9
外国人	155.43	53.2	44.9	0.1	3.1	5.1
香港同胞	139.54	36.6	18.2	4.7	3.3	10.4
澳门同胞	136.36	14.6	9.0	0.0	1.7	3.9
台湾同胞	165.85	35.6	26.5	1.4	1.9	5.8
南　宁	200.12	43.6	35.2	6.2	2.2	0.0
外国人	186.72	44.7	37.4	5.0	2.3	0.0
香港同胞	210.46	43.0	33.2	7.6	2.2	0.0
澳门同胞	235.52	35.2	32.1	1.4	1.7	0.0
台湾同胞	233.09	44.5	26.7	16.0	1.8	0.0
桂　林	181.02	29.0	19.6	6.4	3.0	0.0
外国人	179.69	28.0	18.5	6.9	2.6	0.0
香港同胞	165.17	28.5	22.1	3.8	2.6	0.0
澳门同胞	194.00	30.7	20.5	6.8	3.4	0.0
台湾同胞	197.39	31.4	25.1	0.5	5.8	0.0
梧　州	163.45	43.5	32.8	6.3	4.4	0.0
外国人	153.49	31.5	25.2	2.1	4.2	0.0
香港同胞	177.20	49.1	37.8	6.8	4.5	0.0
澳门同胞	164.88	41.7	31.1	6.0	4.6	0.0
台湾同胞	150.43	42.4	38.0	0.0	4.4	0.0
北　海	183.79	36.7	25.4	7.5	3.8	0.0
外国人	185.84	37.1	24.6	8.7	3.8	0.0
香港同胞	189.54	38.4	29.2	6.1	3.1	0.0
澳门同胞	145.04	35.2	24.6	8.1	2.5	0.0
台湾同胞	177.95	31.0	22.5	2.2	6.3	0.0
玉　林	174.81	37.2	29.0	4.4	3.8	0.0
外国人	166.42	31.7	24.8	2.8	4.1	0.0
香港同胞	181.20	41.8	32.4	6.0	3.4	0.0
澳门同胞	183.19	25.8	16.5	4.0	5.3	0.0
台湾同胞	192.73	44.0	34.0	5.3	4.7	0.0

住宿	餐饮	景区游览	娱乐	购物	市内交通	邮电通讯	其他
9.1	7.5	5.7	8.2	7.6	2.1	1.2	9.6
10.2	7.8	7.0	4.1	6.4	1.9	0.8	8.6
9.1	8.2	5.7	13.2	8.3	2.8	1.8	14.3
19.0	14.0	4.6	12.5	9.2	2.4	0.0	23.7
10.1	10.1	6.8	15.5	14.2	2.5	1.9	3.3
11.1	9.1	4.4	7.7	14.5	2.2	2.2	5.2
11.4	8.8	4.8	7.0	13.7	2.2	2.2	5.2
10.7	8.6	4.0	8.6	15.3	2.3	1.7	5.8
16.4	9.1	5.3	6.7	18.1	3.0	1.0	5.2
8.6	10.7	3.2	9.1	15.5	2.3	3.0	3.1
11.5	9.3	6.6	4.7	29.0	2.9	1.6	5.4
10.9	8.8	6.8	3.9	31.2	3.0	1.6	5.8
11.9	11.1	6.1	6.5	27.6	2.4	0.9	5.0
13.3	9.8	8.2	17.0	16.4	1.8	1.2	1.6
15.9	11.5	6.3	5.7	20.2	2.9	2.5	3.6
7.3	7.4	5.3	4.8	14.1	2.7	3.1	11.8
8.2	8.3	9.5	4.8	15.8	8.1	5.2	8.6
7.0	8.1	4.2	4.3	14.8	1.8	3.2	7.5
7.9	6.9	3.4	3.6	12.7	2.4	4.1	17.3
6.6	6.6	6.1	6.6	13.1	2.3	1.6	14.7
10.6	9.6	4.7	8.9	19.5	2.6	2.7	4.7
9.9	9.5	4.4	9.4	18.5	2.8	2.8	5.6
12.3	10.1	4.6	10.2	15.6	2.5	2.2	4.1
8.0	8.0	6.2	1.8	36.2	1.8	0.5	2.3
11.8	9.1	6.0	7.9	25.0	2.2	3.2	3.8
9.5	10.4	3.7	11.2	16.6	2.3	1.7	7.4
12.3	11.2	4.1	10.8	19.0	2.7	2.0	6.2
7.5	10.3	2.9	10.0	14.8	2.0	1.0	9.7
9.7	9.5	6.3	3.2	27.0	2.3	2.7	13.5
8.8	10.4	4.4	8.3	12.4	2.4	2.3	7.0

1－20（续16）

	人均天花费（美元/人天）	人均天花费构成（%）				
		长途交通	飞　机	火　车	汽　车	轮　船
百　色	181.82	38.4	28.1	6.3	4.0	0.0
外 国 人	169.79	36.9	26.6	7.2	3.1	0.0
香港同胞	216.30	42.6	31.7	5.3	5.6	0.0
澳门同胞	151.02	30.0	21.1	4.8	4.1	0.0
台湾同胞	212.64	41.0	34.2	2.0	4.8	0.0
凭　祥	190.68	43.7	27.9	8.9	6.9	0.0
外 国 人	199.47	41.6	24.5	10.3	6.8	0.0
香港同胞	231.92	42.0	23.6	10.0	8.4	0.0
澳门同胞	186.45	50.9	33.7	10.3	6.9	0.0
台湾同胞	141.74	37.3	32.3	0.3	4.7	0.0
海　口	165.96	23.3	17.8	1.0	1.5	3.0
外 国 人	166.29	23.8	17.8	1.0	1.7	3.3
香港同胞	171.22	14.7	9.5	0.0	0.0	5.2
澳门同胞	163.95	11.2	10.4	0.0	0.0	0.8
台湾同胞	150.93	17.8	15.3	1.3	0.3	0.9
三　亚	175.70	24.6	18.3	1.2	1.5	3.6
外 国 人	176.89	24.9	18.0	1.2	1.0	4.7
香港同胞	178.72	15.4	9.0	0.0	4.2	2.2
澳门同胞	124.62	10.3	6.7	0.6	1.4	1.6
台湾同胞	190.22	18.4	18.1	0.0	0.3	0.0
重　庆	169.44	39.9	15.3	2.5	1.6	20.5
外 国 人	160.44	38.1	13.6	2.4	1.5	20.6
香港同胞	182.20	41.0	20.2	1.8	1.7	17.3
澳门同胞	201.83	40.7	10.5	11.6	3.3	15.3
台湾同胞	203.54	44.1	21.5	3.0	2.0	17.6

住宿	餐饮	景区游览	娱乐	购物	市内交通	邮电通讯	其他
11.3	10.1	5.5	6.9	17.0	3.0	2.3	5.5
10.6	9.1	5.5	7.2	18.9	3.3	2.5	6.0
10.1	10.7	4.9	6.3	12.4	3.2	2.0	7.8
12.8	13.1	6.6	10.1	18.5	1.9	2.0	5.0
14.6	11.8	5.7	5.5	13.3	2.9	2.3	2.9
9.1	7.9	6.2	3.8	17.5	3.4	2.4	6.0
8.8	7.7	6.5	3.4	20.3	3.5	2.3	5.9
9.5	9.2	6.3	4.4	16.5	4.2	2.5	5.4
7.0	6.3	6.3	4.1	12.3	3.7	3.3	6.1
12.8	10.9	5.3	4.6	15.6	3.2	1.7	8.6
10.8	8.3	3.4	10.4	26.9	2.4	2.5	12.0
10.8	8.2	3.6	10.3	26.8	2.4	2.4	11.7
9.6	9.7	2.8	11.6	29.6	3.7	4.3	14.0
3.0	7.0	1.6	3.9	39.0	0.4	1.9	32.0
14.5	6.7	4.1	11.4	26.0	2.7	2.0	14.8
19.8	10.7	4.4	12.5	16.0	2.8	1.4	7.8
19.9	10.7	4.5	13.4	15.2	2.6	1.2	7.6
19.0	12.5	5.0	9.7	21.4	4.6	2.6	9.8
5.8	2.9	0.4	1.5	53.5	1.1	3.9	20.6
27.1	10.5	4.7	10.2	16.6	3.5	0.9	8.1
9.0	5.9	3.4	3.2	21.7	3.6	3.2	10.1
5.2	5.4	3.1	2.9	26.9	4.2	3.7	10.5
8.0	7.2	3.9	4.1	17.3	1.8	3.3	13.4
8.2	16.6	4.5	0.0	22.6	2.9	0.0	4.5
8.2	6.8	5.1	4.7	16.0	3.2	2.3	9.6

1－20（续17）

	人均天花费（美元/人天）	人均天花费构成（%）				
		长途交通	飞机	火车	汽车	轮船
重庆游船	188.67	27.5	0.3	0.0	0.0	27.2
外国人	169.57	21.6	0.0	0.0	0.0	21.6
香港同胞	191.98	33.8	3.0	0.0	0.0	30.8
澳门同胞	229.96	32.4	0.0	0.0	0.0	32.4
台湾同胞	225.82	57.0	0.0	0.0	0.0	57.0
成都	189.01	40.8	28.3	5.7	3.9	2.9
外国人	198.86	39.3	26.9	5.9	3.5	3.0
香港同胞	155.64	38.9	33.2	0.0	5.7	0.0
澳门同胞	145.63	44.9	40.0	0.0	4.9	0.0
台湾同胞	144.45	38.6	35.5	0.0	3.1	0.0
绵阳	173.64	44.7	30.0	5.2	6.5	3.0
外国人	174.00	43.9	29.0	5.2	6.5	3.2
香港同胞	169.47	47.2	39.9	2.1	5.2	0.0
澳门同胞	190.88	34.0	30.5	0.0	3.5	0.0
台湾同胞	171.73	47.1	29.8	7.6	7.0	2.7
乐山	159.49	30.4	21.7	3.8	3.0	1.9
外国人	162.78	24.6	16.7	3.8	2.1	2.0
香港同胞	152.34	37.6	32.2	0.5	4.4	0.5
澳门同胞	161.38	37.3	32.2	0.0	5.1	0.0
台湾同胞	150.58	36.4	31.9	0.0	4.5	0.0
阿坝州	174.22	31.7	22.9	3.9	3.2	1.7
外国人	179.68	27.8	19.2	4.2	2.6	1.8
香港同胞	156.40	37.1	32.3	0.0	4.8	0.0
澳门同胞	150.00	38.8	33.1	0.0	5.7	0.0
台湾同胞	159.29	38.9	34.0	0.0	4.9	0.0

住宿	餐饮	景区游览	娱乐	购物	市内交通	邮电通讯	其他
9.2	8.6	1.0	0.0	30.8	5.9	3.4	13.6
0.1	6.6	1.2	0.0	41.2	8.1	3.3	17.9
10.8	9.0	1.1	0.0	30.0	0.0	4.9	10.4
4.9	22.8	2.7	0.0	22.8	4.5	0.0	9.9
0.0	14.2	0.2	0.0	14.6	0.0	3.4	10.6
11.7	9.2	6.1	6.8	13.7	2.9	2.9	5.9
12.5	9.4	5.5	7.2	13.9	2.9	3.1	6.2
10.9	9.5	8.8	6.3	12.8	1.8	2.3	8.7
9.8	9.9	11.0	5.6	17.1	0.0	0.0	1.7
13.0	9.9	9.3	7.7	15.6	1.4	1.8	2.7
11.9	7.9	5.6	10.7	10.3	2.0	1.6	5.3
12.1	7.8	5.2	11.2	10.2	2.0	1.6	6.0
12.3	8.5	5.5	8.8	10.4	1.8	2.0	3.5
11.4	8.6	9.2	5.7	23.8	1.8	1.4	4.1
11.7	9.0	7.3	9.6	9.6	1.7	1.4	2.6
10.2	8.6	7.5	5.1	26.7	2.7	2.1	6.7
11.6	9.1	6.6	5.4	29.8	3.0	2.2	7.7
8.8	8.7	9.6	4.7	22.4	0.2	2.3	5.7
7.8	8.5	10.0	4.8	23.7	0.1	1.6	6.2
8.6	8.4	9.5	5.7	23.7	0.0	1.8	5.9
11.4	9.7	8.1	6.7	21.3	3.3	3.3	4.5
12.6	10.3	7.6	7.4	22.1	3.7	3.8	4.7
9.8	9.4	9.8	5.2	21.7	0.2	2.4	4.4
7.7	9.1	10.2	5.2	21.3	0.0	2.6	5.1
9.4	9.2	11.1	5.9	20.2	0.0	2.0	3.3

1－20(续18)

	人均天花费(美元/人天)	人均天花费构成(%)				
		长途交通	飞　机	火　车	汽　车	轮　船
贵　阳	175.02	31.5	15.0	10.5	6.0	0.0
外 国 人	176.77	29.9	13.3	11.0	5.6	0.0
香港同胞	179.35	29.7	25.4	0.0	4.3	0.0
澳门同胞	139.25	13.6	7.0	0.0	6.6	0.0
台湾同胞	168.03	26.5	23.2	0.3	3.0	0.0
安　顺	151.86	24.3	11.4	7.6	5.3	0.0
外 国 人	151.95	25.1	11.8	7.8	5.5	0.0
香港同胞	152.00	22.6	17.8	0.0	4.8	0.0
澳门同胞	179.93	12.7	0.0	0.0	12.7	0.0
台湾同胞	142.57	29.1	23.6	0.0	5.5	0.0
黔东南	171.78	23.8	10.4	9.1	4.3	0.0
外 国 人	172.98	23.9	9.0	9.8	5.1	0.0
香港同胞	175.68	17.8	14.2	0.0	3.6	0.0
澳门同胞	164.03	3.8	0.0	1.2	2.6	0.0
台湾同胞	165.83	22.0	16.8	1.9	3.3	0.0
昆　明	184.03	36.6	26.5	5.0	3.5	1.6
外 国 人	181.39	38.7	27.8	5.3	3.5	2.1
香港同胞	201.02	26.6	21.2	0.8	3.6	1.0
澳门同胞	188.33	25.2	19.7	0.2	4.7	0.6
台湾同胞	187.08	28.9	23.0	1.7	4.2	0.0
瑞　丽	166.39	36.1	25.5	5.5	5.1	0.0
外 国 人	163.93	38.0	26.9	5.9	5.2	0.0
香港同胞	189.40	26.8	20.2	1.1	5.5	0.0
澳门同胞	—	—	—	—	—	—
台湾同胞	170.70	27.4	22.3	0.0	5.1	0.0
拉　萨	174.52	39.4	18.3	11.6	9.5	0.0
外 国 人	176.28	38.9	17.4	11.8	9.7	0.0
香港同胞	142.92	24.7	17.9	4.8	2.0	0.0
澳门同胞	—	—	—	—	—	—
台湾同胞	187.08	1.7	1.7	0.0	0.0	0.0

住宿	餐饮	景区游览	娱乐	购物	市内交通	邮电通讯	其他
13. 5	9. 6	4. 6	4. 7	26. 5	0. 8	2. 9	5. 9
13. 6	10. 4	4. 6	4. 6	27. 4	0. 8	3. 0	5. 7
15. 5	7. 4	5. 6	7. 1	27. 3	1. 5	1. 7	4. 2
19. 2	8. 0	7. 0	1. 0	33. 2	0. 0	3. 3	14. 7
15. 8	9. 5	5. 2	6. 6	27. 7	1. 1	1. 7	5. 9
9. 6	6. 9	3. 1	4. 0	37. 1	0. 2	4. 6	10. 2
10. 1	7. 4	3. 3	1. 4	38. 5	0. 2	4. 8	9. 2
11. 2	4. 3	3. 6	4. 3	47. 3	0. 6	0. 0	6. 1
23. 4	6. 5	1. 5	0. 0	38. 3	0. 0	0. 0	17. 6
10. 6	7. 5	4. 7	7. 0	34. 9	0. 2	0. 0	6. 0
10. 9	7. 6	3. 1	3. 7	38. 6	0. 7	1. 0	10. 6
11. 3	8. 7	3. 2	4. 0	35. 7	0. 8	0. 9	11. 5
11. 1	4. 6	3. 4	3. 8	49. 3	0. 6	0. 7	8. 7
12. 8	6. 3	3. 2	2. 5	58. 1	0. 7	1. 3	11. 3
10. 3	7. 3	3. 0	2. 3	43. 9	0. 6	1. 6	9. 0
11. 2	6. 4	4. 4	4. 9	24. 5	1. 9	2. 7	7. 4
10. 6	5. 7	4. 4	4. 5	24. 3	1. 9	2. 7	7. 2
13. 0	8. 7	5. 4	5. 5	25. 4	2. 4	3. 3	9. 7
16. 7	7. 7	3. 3	6. 2	30. 9	0. 8	1. 6	7. 6
15. 9	12. 4	4. 4	8. 5	21. 3	1. 5	2. 9	4. 2
17. 0	11. 0	5. 4	1. 6	24. 2	2. 6	0. 0	2. 1
17. 1	9. 4	5. 5	1. 8	23. 2	3. 0	0. 0	2. 0
11. 2	10. 3	4. 4	1. 0	40. 6	3. 0	0. 0	2. 7
—	—	—		—	—	—	—
19. 7	20. 0	5. 5	0. 0	24. 9	0. 5	0. 0	2. 0
11. 3	7. 0	4. 8	1. 2	19. 9	2. 7	3. 7	10. 0
11. 5	7. 1	4. 9	1. 2	20. 0	2. 7	3. 7	10. 0
4. 0	3. 2	2. 3	2. 4	29. 5	1. 4	6. 6	25. 9
—	—	—	—	—	—	—	—
1. 1	1. 1	0. 6	0. 6	68. 8	0. 6	8. 9	16. 6

1－20(续19)

	人均天花费(美元/人天)	人均天花费构成(%)				
		长途交通	飞　机	火　车	汽　车	轮　船
西　安	187.24	32.3	24.2	5.8	2.3	0.0
外国人	187.67	32.5	24.1	6.1	2.3	0.0
香港同胞	195.07	31.3	29.7	1.6	0.0	0.0
澳门同胞	192.05	10.5	10.5	0.0	0.0	0.0
台湾同胞	164.54	11.7	10.8	0.6	0.3	0.0
咸　阳	178.75	35.1	23.7	9.3	2.1	0.0
外国人	181.41	34.9	23.4	9.4	2.1	0.0
香港同胞	162.00	39.7	39.7	0.0	0.0	0.0
澳门同胞	39.03	0.0	0.0	0.0	0.0	0.0
台湾同胞	109.79	0.0	0.0	0.0	0.0	0.0
兰　州	149.85	41.4	21.4	13.6	6.4	0.0
外国人	154.76	42.9	22.2	13.8	6.9	0.0
香港同胞	146.92	37.0	23.0	10.7	3.3	0.0
澳门同胞	110.71	11.7	7.0	4.7	0.0	0.0
台湾同胞	92.50	7.1	7.1	0.0	0.0	0.0
敦　煌	159.15	38.9	16.9	15.9	6.1	0.0
外国人	169.47	39.2	15.9	16.9	6.4	0.0
香港同胞	160.91	37.7	28.9	6.7	2.1	0.0
澳门同胞	86.88	4.1	4.1	0.0	0.0	0.0
台湾同胞	83.03	7.8	7.3	0.5	0.0	0.0
西　宁	159.08	23.9	8.7	7.6	7.6	0.0
外国人	160.88	25.2	9.0	7.8	8.4	0.0
香港同胞	160.34	21.6	9.2	8.1	4.3	0.0
澳门同胞	26.14	0.0	0.0	0.0	0.0	0.0
台湾同胞	151.79	23.6	13.1	7.0	3.5	0.0

住宿	餐饮	景区游览	娱乐	购物	市内交通	邮电通讯	其他
13.7	8.9	5.8	4.7	19.9	2.5	2.9	9.3
14.0	8.7	5.8	4.4	19.6	2.6	2.9	9.5
10.4	10.8	5.4	6.8	17.3	2.3	3.3	12.4
4.6	5.6	6.0	5.4	43.8	0.0	2.6	21.5
6.9	5.9	2.1	2.1	49.3	1.0	4.2	16.8
12.5	8.0	5.1	3.4	28.7	2.4	1.6	3.2
12.5	7.9	5.1	3.4	29.0	2.4	1.6	3.2
9.9	9.4	4.3	0.0	31.0	2.1	0.0	3.6
0.0	0.0	0.0	0.0	100.0	0.0	0.0	0.0
0.0	0.0	0.0	0.0	81.6	0.0	0.0	18.4
12.9	8.9	4.7	3.6	17.7	1.0	3.6	6.2
13.4	8.9	4.3	3.4	16.5	1.1	3.6	5.9
8.6	7.9	8.3	3.6	25.1	1.0	3.0	5.5
4.7	2.3	0.0	3.7	50.2	0.5	7.6	19.3
6.6	4.7	0.0	1.7	55.7	0.4	11.1	12.7
13.2	9.5	5.0	0.9	22.9	0.6	3.4	5.6
13.9	9.8	4.9	1.0	21.5	0.6	3.5	5.6
8.3	7.5	8.0	1.0	27.0	1.0	2.9	6.6
1.3	0.1	0.0	0.0	70.7	0.0	7.6	16.2
0.7	0.4	0.6	0.0	73.1	0.2	8.9	8.3
11.8	8.3	4.7	4.5	25.7	5.8	2.3	13.0
12.6	8.3	4.8	3.1	27.0	2.9	2.7	13.4
9.5	12.1	7.1	15.6	15.8	1.7	1.1	15.5
0.0	0.0	0.0	0.0	90.2	0.0	4.9	4.9
7.7	7.0	4.5	0.0	22.7	26.6	0.8	7.1

1-20(续20)

	人均天花费(美元/人天)	人均天花费构成(%)				
		长途交通	飞机	火车	汽车	轮船
格尔木	145.45	34.3	11.2	12.1	11.0	0.0
外国人	150.05	41.0	14.3	12.2	14.5	0.0
香港同胞	152.89	35.8	5.3	19.5	11.0	0.0
澳门同胞	65.87	0.0	0.0	0.0	0.0	0.0
台湾同胞	135.23	17.0	0.0	12.6	4.4	0.0
银川	155.56	38.8	24.5	9.8	4.5	0.0
外国人	158.24	37.8	23.8	9.6	4.4	0.0
香港同胞	146.53	32.6	27.5	0.0	5.1	0.0
澳门同胞	164.68	44.5	44.5	0.0	0.0	0.0
台湾同胞	131.99	38.8	34.6	0.0	4.2	0.0
乌鲁木齐	182.87	23.8	18.7	2.4	2.7	0.0
外国人	185.92	23.3	18.4	2.3	2.6	0.0
香港同胞	178.29	4.1	3.5	0.5	0.1	0.0
澳门同胞	138.01	0.0	0.0	0.0	0.0	0.0
台湾同胞	150.34	20.7	17.3	0.9	2.5	0.0
吐鲁番	183.48	32.7	25.7	3.1	3.9	0.0
外国人	191.38	33.0	26.0	3.1	3.9	0.0
香港同胞	73.18	0.0	0.0	0.0	0.0	0.0
澳门同胞	78.67	0.0	0.0	0.0	0.0	0.0
台湾同胞	150.00	9.9	1.5	2.3	6.1	0.0
喀什	156.68	20.2	16.1	1.6	2.5	0.0
外国人	155.69	20.3	16.3	1.6	2.4	0.0
香港同胞	150.00	0.0	0.0	0.0	0.0	0.0
澳门同胞	150.00	0.0	0.0	0.0	0.0	0.0
台湾同胞	195.56	8.5	1.3	2.0	5.2	0.0

住宿	餐饮	景区游览	娱乐	购物	市内交通	邮电通讯	其他
11. 8	9. 4	6. 3	2. 3	10. 9	17. 1	3. 4	4. 5
13. 7	10. 4	7. 0	2. 9	10. 7	5. 2	3. 8	5. 3
9. 0	13. 0	7. 3	0. 0	21. 5	4. 2	4. 7	4. 5
0. 0	0. 0	0. 0	0. 0	54. 3	0. 0	35. 6	10. 1
10. 2	7. 1	5. 9	0. 0	10. 0	45. 2	2. 6	2. 0
14. 8	6. 7	7. 7	8. 4	10. 1	3. 9	3. 5	6. 1
14. 9	6. 6	7. 8	8. 9	10. 4	3. 9	3. 5	6. 2
14. 6	7. 8	7. 4	6. 1	16. 4	2. 6	5. 0	7. 5
22. 3	6. 6	0. 0	0. 0	11. 1	4. 4	0. 0	11. 1
11. 6	5. 0	4. 2	0. 0	27. 1	2. 9	5. 3	5. 1
7. 1	5. 4	5. 3	2. 7	50. 5	0. 7	1. 0	3. 5
6. 8	5. 2	5. 1	2. 5	51. 8	0. 7	0. 9	3. 7
1. 2	0. 4	0. 5	0. 0	80. 9	0. 1	2. 9	9. 9
0. 0	0. 0	0. 0	0. 0	82. 6	0. 0	2. 6	14. 8
7. 2	8. 8	8. 9	0. 0	50. 5	0. 6	2. 7	0. 6
10. 0	7. 3	7. 0	4. 0	32. 0	1. 1	2. 0	3. 9
10. 0	7. 4	7. 0	4. 0	31. 6	1. 1	2. 0	3. 9
0. 0	0. 0	0. 0	0. 0	83. 7	0. 0	3. 1	13. 2
0. 0	0. 0	0. 0	0. 0	81. 6	0. 0	10. 7	7. 7
9. 6	5. 8	5. 5	0. 0	59. 9	1. 4	5. 2	2. 7
6. 2	4. 7	4. 2	2. 7	52. 7	0. 8	3. 0	5. 5
6. 2	4. 7	4. 2	2. 6	52. 9	0. 8	3. 0	5. 3
0. 0	0. 0	0. 0	0. 0	76. 8	0. 0	8. 9	14. 3
0. 0	0. 0	0. 0	0. 0	86. 9	0. 0	2. 9	10. 2
8. 2	4. 9	4. 7	0. 0	57. 5	1. 2	4. 2	10. 8

二、入境游客停留时间

2－1　2009年入境过夜旅游者停留时间

（按外国人、港澳台胞、团体及散客分组）

		调查人数（人）	1～3天（%）	4～7天（%）	8～14天（%）	15天及以上（%）
全　国	**总计**	**12 480**	**46.1**	**37.7**	**10.3**	**5.9**
	团体	4 502	36.8	49.7	10.4	3.0
	散客	7 978	51.4	30.8	10.3	7.5
外国人	小计	9 079	41.3	39.8	12.1	6.8
	团体	3 964	38.8	46.9	11.0	3.3
	散客	5 115	43.2	34.2	13.0	9.6
香港同胞	小计	2 023	68.4	25.5	4.1	2.0
	团体	269	26.4	69.5	3.3	0.7
	散客	1 754	74.9	18.8	4.2	2.2
澳门同胞	小计	383	61.9	32.6	4.4	1.0
	团体	57	33.3	63.2	3.5	0.0
	散客	326	66.9	27.3	4.6	1.2
台湾同胞	小计	995	39.2	45.0	9.0	6.7
	团体	212	14.2	73.6	10.4	1.9
	散客	783	46.0	37.3	8.7	8.0

2-2 2009年入境过夜旅游者停留时间

(按性别、职业、团体及散客分组)

		调查人数(人)	1~3天(%)	4~7天(%)	8~14天(%)	15天及以上(%)
全国	**总计**	**12 480**	**46.1**	**37.7**	**10.3**	**5.9**
	团体	4 502	36.8	49.7	10.4	3.0
	散客	7 978	51.4	30.8	10.3	7.5
男性	小计	7 452	45.2	37.9	10.7	6.2
	团体	2 231	34.0	52.8	10.4	2.8
	散客	5 221	49.9	31.6	10.8	7.6
女性	小计	5 028	47.6	37.2	9.8	5.4
	团体	2 271	39.6	46.7	10.4	3.2
	散客	2 757	54.2	29.4	9.2	7.2
政府工作人员	小计	458	44.8	41.7	10.0	3.5
	团体	262	34.0	50.0	11.1	5.0
	散客	196	59.2	30.6	8.7	1.5
专业技术人员	小计	1 936	46.3	35.5	10.5	7.6
	团体	478	30.5	51.7	11.3	6.5
	散客	1 458	51.4	30.2	10.3	8.0
职员	小计	2 052	50.0	39.0	7.5	3.5
	团体	870	35.2	55.9	7.0	2.0
	散客	1 182	60.9	26.6	7.9	4.7
技工/工人	小计	539	50.6	32.1	12.6	4.6
	团体	164	36.0	42.1	19.5	2.4
	散客	375	57.1	27.7	9.6	5.6
商贸人员	小计	3 219	52.1	34.2	9.5	4.2
	团体	795	55.5	34.8	8.4	1.3
	散客	2 424	51.0	34.0	9.8	5.2
服务员/推销员	小计	430	48.6	40.9	7.7	2.8
	团体	174	25.9	63.8	8.0	2.3
	散客	256	64.1	25.4	7.4	3.1
退休人员	小计	1 010	35.5	44.9	14.3	5.3
	团体	568	26.6	54.9	14.1	4.4
	散客	442	47.1	31.9	14.5	6.6
家庭妇女	小计	1 088	46.1	40.4	9.5	4.0
	团体	522	43.1	48.7	7.3	1.0
	散客	566	48.9	32.9	11.5	6.7
军人	小计	40	35.0	55.0	7.5	2.5
	团体	17	23.5	64.7	11.8	0.0
	散客	23	43.5	47.8	4.3	4.3
学生	小计	910	31.6	37.1	13.5	17.7
	团体	341	28.7	52.8	13.8	4.7
	散客	569	33.4	27.8	13.4	25.5
其他	小计	798	38.6	39.8	13.4	8.1
	团体	311	30.2	51.8	14.5	3.5
	散客	487	43.9	32.2	12.7	11.1

2-3 2009年入境过夜旅游者停留时间

(按年龄、旅游目的、团体及散客分组)

		调查人数(人)	1~3天(%)	4~7天(%)	8~14天(%)	15天及以上(%)
全国	**总计**	**12 480**	**46.1**	**37.7**	**10.3**	**5.9**
	团体	4 502	36.8	49.7	10.4	3.0
	散客	7 978	51.4	30.8	10.3	7.5
65岁及以上	小计	979	33.9	47.4	12.4	6.3
	团体	593	27.3	57.3	9.8	5.6
	散客	386	44.0	32.1	16.3	7.5
45~64岁	小计	4 259	44.5	40.0	10.5	5.0
	团体	1 672	35.8	50.8	10.6	2.8
	散客	2 587	50.1	33.0	10.5	6.4
25~44岁	小计	6 065	50.4	34.8	9.5	5.3
	团体	1 818	42.3	45.8	9.7	2.3
	散客	4 247	53.8	30.1	9.5	6.6
15~24岁	小计	1 114	41.2	35.3	11.7	11.8
	团体	395	31.4	51.6	13.4	3.5
	散客	719	46.6	26.3	10.7	16.4
14岁及以下	小计	63	28.6	39.7	20.6	11.1
	团体	24	20.8	54.2	20.8	4.2
	散客	39	33.3	30.8	20.5	15.4
观光游览	小计	3 811	36.7	45.8	13.5	4.0
	团体	2 813	34.1	49.6	13.1	3.2
	散客	998	44.0	35.3	14.6	6.1
休闲度假	小计	2 029	42.8	45.2	8.2	3.7
	团体	941	28.6	61.7	6.7	3.0
	散客	1 088	55.1	30.9	9.6	4.4
探亲访友	小计	1 505	49.6	31.7	11.8	6.8
	团体	58	41.4	48.3	6.9	3.4
	散客	1 447	50.0	31.0	12.0	7.0
商务	小计	3 790	54.5	30.4	8.7	6.4
	团体	524	66.4	28.2	3.8	1.5
	散客	3 266	52.6	30.8	9.5	7.2
会议	小计	484	60.7	31.0	6.0	2.3
	团体	52	38.5	51.9	9.6	0.0
	散客	432	63.4	28.5	5.6	2.5
宗教朝拜	小计	37	43.2	45.9	8.1	2.7
	团体	14	21.4	71.4	7.1	0.0
	散客	23	56.5	30.4	8.7	4.3
文体交流	小计	263	43.3	38.0	6.1	12.5
	团体	44	31.8	56.8	11.4	0.0
	散客	219	45.7	34.2	5.0	15.1
其他	小计	561	45.6	24.4	9.4	20.5
	团体	56	39.3	44.6	3.6	12.5
	散客	505	46.3	22.2	10.1	21.4

2－4　2009年外国过夜旅游者停留时间

（按国别分组）

	调查人数（人）	1～3天		4～7天		8～14天		15天及以上	
		（人）	（%）	（人）	（%）	（人）	（%）	（人）	（%）
日　　本	1 783	866	48.6	727	40.8	119	6.7	71	4.0
菲律宾	107	43	40.2	50	46.7	7	6.5	7	6.5
泰　　国	188	59	31.4	101	53.7	20	10.6	8	4.3
新加坡	410	130	31.7	187	45.6	73	17.8	20	4.9
印度尼西亚	126	46	36.5	57	45.2	15	11.9	8	6.3
马来西亚	348	97	27.9	192	55.2	49	14.1	10	2.9
韩　　国	1 638	925	56.5	496	30.3	107	6.5	110	6.7
朝　　鲜	87	30	34.5	53	60.9	3	3.4	1	1.1
蒙　　古	228	203	89.0	21	9.2	4	1.8	0	0.0
印　　度	131	38	29.0	60	45.8	24	18.3	9	6.9
英　　国	254	81	31.9	110	43.3	44	17.3	19	7.5
法　　国	465	127	27.3	185	39.8	134	28.8	19	4.1
德　　国	147	50	34.0	51	34.7	24	16.3	22	15.0
意大利	94	31	33.0	52	55.3	10	10.6	1	1.1
荷　　兰	95	21	22.1	57	60.0	10	10.5	7	7.4
瑞　　典	64	12	18.8	42	65.6	8	12.5	2	3.1
俄罗斯	896	496	55.4	305	34.0	59	6.6	36	4.0
瑞　　士	74	24	32.4	39	52.7	9	12.2	2	2.7
美　　国	686	130	19.0	251	36.6	172	25.1	133	19.4
加拿大	343	84	24.5	187	54.5	41	12.0	31	9.0
澳大利亚	290	65	22.4	167	57.6	33	11.4	25	8.6
非洲国家	67	12	17.9	29	43.3	17	25.4	9	13.4
南美国家	44	3	6.8	17	38.6	18	40.9	6	13.6
其他国家	514	174	33.9	174	33.9	101	19.6	65	12.6

2-5 2009年入境过夜旅游者平均停留时间

单位：天/人

	平均停留	团 体	散 客
总 平 均	**6.8**	**5.2**	**7.8**
外 国 人	7.6	5.2	9.5
香港同胞	3.6	4.5	3.5
澳门同胞	3.7	4.2	3.6
台湾同胞	7.3	5.3	7.8
男 性	7.0	5.2	7.8
女 性	6.5	5.2	7.7
65岁及以上	5.9	5.7	6.3
45~64岁	5.9	5.1	6.4
25~44岁	6.4	4.9	7.0
15~24岁	13.6	5.9	17.8
14岁及以下	9.9	5.9	12.4
观光游览	5.6	5.3	6.4
休闲度假	4.9	5.0	4.8
探亲访友	6.1	4.9	6.1
商 务	6.8	4.3	7.2
会 议	4.1	4.8	4.0
宗教朝拜	4.4	4.6	4.2
文体交流	16.2	5.0	18.5
其 他	22.7	9.3	24.2
政府工作人员	5.1	5.4	4.7
专业技术人员	7.0	5.9	7.4
职 员	4.9	4.8	4.9
技工/工人	5.9	5.4	6.1
商贸人员	5.7	4.5	6.1
服务员/推销员	4.5	5.1	4.0
退休人员	5.9	5.7	6.0
家庭妇女	5.6	4.4	6.8
军 人	5.2	5.5	4.9
学 生	19.0	6.2	26.7
其 他	8.0	5.7	9.4

2-6 2009年入境过夜旅游者平均停留时间
(按外国人、港澳台胞、团体及散客、性别、年龄分组)

单位:天/人

		平均停留	性别		年龄				
			男	女	14岁及以下	15~24岁	25~44岁	45~64岁	65岁及以上
全国	平均	**6.8**	**7.0**	**6.5**	**9.9**	**13.6**	**6.4**	**5.9**	**5.9**
	团体	5.2	5.2	5.2	5.9	5.9	4.9	5.1	5.7
	散客	7.8	7.8	7.7	12.4	17.8	7.0	6.4	6.3
外国人	小计	7.6	7.8	7.3	6.4	17.2	7.1	6.3	6.2
	团体	5.2	5.2	5.2	5.9	6.2	4.9	5.1	5.8
	散客	9.5	9.3	10.0	6.8	25.0	8.4	7.3	7.3
香港同胞	小计	3.6	3.6	3.7	4.8	4.0	3.4	3.6	4.9
	团体	4.5	4.6	4.4	—	4.0	4.2	4.7	4.8
	散客	3.5	3.5	3.5	4.8	4.0	3.3	3.3	4.9
澳门同胞	小计	3.7	3.7	3.7	2.0	3.0	3.5	4.2	4.6
	团体	4.2	4.3	4.1	—	4.0	3.7	4.1	5.4
	散客	3.6	3.6	3.6	2.0	2.7	3.4	4.3	4.1
台湾同胞	小计	7.3	7.6	6.9	35.4	5.4	7.5	7.0	5.8
	团体	5.3	5.5	5.2	5.5	4.7	5.3	5.4	5.4
	散客	7.8	7.9	7.6	45.3	5.5	7.8	7.6	6.2

2-7 2009年入境过夜旅游者平均停留时间

		平均停留	职业				
			政府工作人员	专业技术人员	职员	技工工人	商贸人员
全国	**平均**	**6.8**	**5.1**	**7.0**	**4.9**	**5.9**	**5.7**
	团体	5.2	5.4	5.9	4.8	5.4	4.5
	散客	7.8	4.7	7.4	4.9	6.1	6.1
外国人	小计	7.6	5.4	8.0	5.3	6.0	5.9
	团体	5.2	5.5	6.0	4.8	5.4	4.5
	散客	9.5	5.2	8.8	5.9	6.5	6.5
香港同胞	小计	3.6	3.6	3.4	3.0	2.5	3.6
	团体	4.5	4.3	4.9	4.1	4.4	4.2
	散客	3.5	3.3	3.2	2.9	2.4	3.6
澳门同胞	小计	3.7	4.0	3.2	3.7	3.1	3.4
	团体	4.2	—	3.9	3.5	4.5	4.2
	散客	3.6	4.0	3.1	3.7	2.9	3.3
台湾同胞	小计	7.3	4.3	7.7	6.5	15.6	7.2
	团体	5.3	5.1	6.8	5.1	6.2	5.1
	散客	7.8	3.4	7.9	6.7	16.9	7.3

（按外国人、港澳台胞、团体及散客、职业分组）

单位：天/人

服务员推销员	退休人员	家庭妇女	军人	学生	其他
4.5	**5.9**	**5.6**	**5.2**	**19.0**	**8.0**
5.1	5.7	4.4	5.5	6.2	5.7
4.0	6.0	6.8	4.9	26.7	9.4
5.2	6.4	5.8	5.4	22.3	9.1
5.3	5.8	4.3	5.7	6.5	6.0
5.2	7.9	8.0	5.2	33.1	11.3
2.8	4.5	4.0	3.7	5.2	4.9
3.9	5.0	4.7	3.5	4.3	3.6
2.6	4.4	3.9	3.8	5.6	5.3
3.7	4.1	6.4	—	3.2	3.1
4.5	5.8	4.0	—	4.0	3.5
3.6	3.6	6.7	—	3.0	3.0
4.0	5.9	8.0	—	11.6	5.0
4.3	5.7	5.4	—	4.8	4.3
3.9	6.1	9.5	—	14.1	5.4

2-8 2009年入境过夜旅游者平均停留时间

		平均停留	旅游目的		
			观光游览	休闲度假	探亲访友
全　国	**平均**	**6.8**	**5.6**	**4.9**	**6.1**
	团体	5.2	5.3	5.0	4.9
	散客	7.8	6.4	4.8	6.1
外国人	小计	7.6	5.9	5.6	8.4
	团体	5.2	5.4	5.0	4.6
	散客	9.5	7.8	6.3	8.7
香港同胞	小计	3.6	3.7	2.9	3.6
	团体	4.5	4.6	4.2	4.0
	散客	3.5	2.8	2.7	3.6
澳门同胞	小计	3.7	3.7	3.4	4.8
	团体	4.2	4.1	4.1	0.0
	散客	3.6	3.4	3.3	4.8
台湾同胞	小计	7.3	5.3	4.6	6.2
	团体	5.3	5.2	4.9	8.6
	散客	7.8	5.7	4.5	6.1

（按外国人、港澳台胞、团体及散客、旅游目的分组）

单位：天/人

商务	会议	宗教朝拜	文化/体育/科技交流	其他
6.8	**4.1**	**4.4**	**16.2**	**22.7**
4.3	4.8	4.6	5.0	9.3
7.2	4.0	4.2	18.5	24.2
7.0	4.5	4.4	19.7	26.7
4.3	5.0	4.6	5.0	9.4
7.6	4.5	4.1	23.2	28.9
4.0	3.1	7.5	2.7	7.4
3.8	3.0	—	4.0	3.5
4.0	3.1	7.5	2.6	7.6
3.2	2.0	4.0	3.3	3.9
4.0	3.0	—	5.0	5.8
3.2	1.9	4.0	2.9	3.7
9.9	3.0	1.5	7.1	15.5
6.0	—	—	—	30.0
9.9	3.0	1.5	7.1	15.2

2-9 2009年外国过夜旅游者

	平均停留	职业				
		政府工作人员	专业技术人员	职员	技工工人	商贸人员
日本	7.1	4.0	6.1	4.6	5.6	6.2
菲律宾	7.4	3.3	3.6	5.1	6.5	5.6
泰国	8.9	4.8	6.4	5.0	3.8	8.9
新加坡	7.0	5.5	6.2	5.4	5.9	7.2
印度尼西亚	10.1	6.3	11.5	4.9	4.7	4.2
马来西亚	5.8	6.9	4.7	4.8	5.4	5.0
韩国	8.8	4.4	8.7	5.0	3.4	6.7
朝鲜	4.3	3.7	4.8	4.4	3.0	3.7
蒙古	1.8	1.7	2.8	2.7	1.8	1.9
印度	6.9	6.5	8.6	5.8	6.5	5.5
英国	7.5	5.2	10.9	5.5	9.6	6.1
法国	7.6	8.5	9.1	6.1	5.5	6.0
德国	7.7	10.2	7.1	2.8	13.3	6.8
意大利	5.2	6.4	3.8	6.0	4.3	4.8
荷兰	6.4	4.3	4.8	4.5	9.7	5.9
瑞典	5.9	5.0	10.2	4.5	5.3	5.3
俄罗斯	5.2	5.6	7.5	5.6	4.1	3.9
瑞士	5.3	4.0	4.4	5.2	5.0	5.5
美国	11.2	7.5	10.0	6.5	9.8	8.7
加拿大	8.9	6.1	9.1	5.4	8.0	8.3
澳大利亚	7.0	4.7	8.1	5.4	9.1	5.2
非洲国家	8.1	5.0	8.5	9.8	—	9.0
南美国家	9.5	—	11.8	5.0	3.0	8.1
其他国家	9.8	9.9	12.9	7.3	12.4	5.9

平均停留时间（按国别、职业分组）

单位：天/人

服务员推销员	退休人员	家庭妇女	军人	学生	其他
4.3	4.4	5.1	4.7	40.7	5.9
28.0	18.5	6.0	3.5	44.2	3.8
4.2	4.9	4.5	7.0	51.4	5.1
5.2	9.3	6.5	5.5	6.7	11.8
9.5	9.3	5.2	7.0	42.3	3.9
4.4	7.4	8.6	—	10.9	5.8
4.8	4.8	4.6	3.2	26.1	5.7
3.3	4.2	5.1	5.0	5.6	4.2
1.9	1.5	1.5	1.5	1.7	1.8
3.3	9.8	11.9	—	8.6	6.0
5.0	8.7	5.4	—	9.4	7.4
4.5	7.7	8.3	7.5	14.9	13.9
7.0	5.0	9.6	6.5	5.6	15.0
5.1	7.0	4.8	7.0	6.3	5.5
5.0	7.4	5.2	—	9.8	11.1
3.0	5.3	4.4	4.5	9.9	7.0
4.9	4.8	3.0	3.5	14.7	7.6
8.8	5.2	2.5	—	5.7	6.3
7.2	11.4	8.3	7.0	21.1	18.0
9.9	10.3	5.3	—	7.1	31.3
7.4	6.0	5.9	9.0	7.6	15.1
—	6.5	4.7	—	5.0	4.3
—	—	12.5	—	12.7	10.1
7.0	8.4	27.1	7.6	23.9	16.3

2-10 2009年外国过夜旅游者平均停留时间

（按国别、旅游目的分组）

单位：天/人

	平均停留	旅游目的							
		观光游览	休闲度假	探亲访友	商务	会议	宗教朝拜	文体交流	其他
日本	7.1	4.5	4.3	5.4	6.4	3.6	3.0	25.7	49.9
菲律宾	7.4	4.5	3.6	15.7	5.3	5.0	4.0	6.3	15.2
泰国	8.9	8.2	4.5	13.5	8.5	4.4	4.0	35.0	17.5
新加坡	7.0	6.6	5.3	7.6	9.0	2.8	5.7	4.4	5.7
印度尼西亚	10.1	4.3	6.6	6.4	7.3	1.3	—	4.3	36.8
马来西亚	5.8	6.3	6.1	6.0	4.8	3.8	—	3.5	13.4
韩国	8.8	4.6	4.3	5.3	7.8	6.1	4.2	31.6	37.7
朝鲜	4.3	4.1	3.3	5.3	5.6	3.0	—	3.3	4.3
蒙古	1.8	2.9	2.2	3.0	1.7	—	—	—	1.6
印度	6.9	5.9	6.9	8.8	6.6	9.6	—	10.0	5.8
英国	7.5	7.4	6.2	8.3	7.4	3.0	5.0	14.7	27.8
法国	7.6	6.2	7.3	11.9	16.8	3.5	—	17.6	22.7
德国	7.7	9.2	7.5	7.6	8.1	4.0	2.0	4.4	7.5
意大利	5.2	6.2	6.1	5.0	4.3	4.3	5.0	3.9	5.8
荷兰	6.4	6.4	6.1	3.2	5.3	2.5	—	6.0	24.3
瑞典	5.9	5.5	4.8	7.3	7.4	—	—	7.8	2.5
俄罗斯	5.2	5.4	4.9	3.8	4.1	4.7	5.0	6.0	28.5
瑞士	5.3	6.1	4.7	4.6	5.1	4.8	—	6.0	5.5
美国	11.2	10.3	7.2	15.1	10.9	5.2	—	28.5	20.6
加拿大	8.9	7.0	6.0	14.0	10.1	8.3	7.0	7.5	49.1
澳大利亚	7.0	6.8	6.1	7.1	7.1	4.9	—	5.6	38.0
非洲国家	8.1	6.1	4.3	4.7	9.9	3.3	—	3.0	14.0
南美国家	9.5	10.2	8.3	11.5	9.2	—	—	—	8.0
其他国家	9.8	8.8	10.4	22.5	8.1	5.6	—	5.9	16.9

2－11　2009年外国过夜旅游者平均停留时间
（按国别、性别、年龄分组）

单位：天/人

	平均停留	性别		年龄				
		男	女	14岁及以下	15～24岁	25～44岁	45～64岁	65岁及以上
日　本	7.1	6.5	8.4	4.4	28.9	6.1	6.0	4.7
菲律宾	7.4	8.3	5.9	—	29.4	5.3	4.9	12.2
泰　国	8.9	9.0	8.7	3.0	39.9	8.4	5.9	4.6
新加坡	7.0	7.4	6.3	4.5	6.1	6.9	7.2	8.2
印度尼西亚	10.1	7.6	14.9	3.0	39.8	6.3	5.2	8.6
马来西亚	5.8	5.5	6.3	5.0	8.2	5.4	5.8	6.8
韩　国	8.8	8.8	8.6	5.2	18.3	10.4	4.2	4.0
朝　鲜	4.3	4.6	3.9	4.0	5.2	3.8	4.6	3.7
蒙　古	1.8	2.1	1.6	—	1.5	1.7	2.1	5.0
印　度	6.9	7.0	6.6	—	5.8	7.5	5.5	11.0
英　国	7.5	7.2	8.0	3.0	13.1	7.9	5.9	6.1
法　国	7.6	8.1	7.0	—	14.5	6.9	7.0	7.7
德　国	7.7	8.1	7.0	—	4.9	7.9	8.1	5.6
意大利	5.2	5.4	4.9	—	6.0	4.5	5.4	9.6
荷　兰	6.4	7.3	5.3	—	10.6	4.5	5.8	8.9
瑞　典	5.9	6.3	5.3	—	7.3	6.3	5.2	5.0
俄罗斯	5.2	6.5	4.5	4.1	12.1	4.3	5.1	5.9
瑞　士	5.3	5.1	5.6	—	4.9	5.4	5.0	6.0
美　国	11.2	12.0	9.8	9.6	22.1	9.0	9.8	11.3
加拿大	8.9	8.8	9.0	5.0	6.5	8.6	10.5	5.4
澳大利亚	7.0	7.7	6.1	14.0	6.8	7.1	6.8	7.3
非洲国家	8.1	8.7	6.2	—	5.0	8.6	7.7	5.0
南美国家	9.5	8.3	13.2	5.0	12.7	10.0	8.9	8.3
其他国家	9.8	9.4	10.6	14.5	19.7	8.6	9.6	11.3

2-12 2009年入境过夜旅游者在各城市平均停留时间
(按外国人、港澳台胞分组)

单位：天/人

	平均停留	外国人	香港同胞	澳门同胞	台湾同胞
北　京	3.6	3.8	2.8	2.6	2.6
天　津	4.3	4.7	3.4	3.5	3.0
石家庄	2.3	2.3	2.1	2.4	2.1
唐　山	3.7	3.8	2.9	3.0	3.3
秦皇岛	3.6	3.7	2.0	1.0	1.0
保　定	2.1	2.1	1.3	—	—
承　德	2.5	2.5	1.3	—	1.0
廊　坊	1.6	1.8	1.4	1.5	1.3
太　原	2.4	2.4	—	—	3.0
大　同	1.6	1.5	1.8	1.6	1.6
阳　泉	1.7	1.7	4.0	—	—
长　治	3.3	3.2	3.3	4.0	3.0
晋　城	2.0	2.0	2.0	2.0	2.0
朔　州	2.0	2.0	2.0	2.0	2.0
晋　中	1.3	1.2	1.0	2.0	1.8
运　城	1.9	2.3	1.7	1.6	1.7
忻　州	2.4	2.4	2.0	2.3	2.5
临　汾	1.3	1.3	1.1	1.0	1.2
吕　梁	1.6	1.5	1.8	1.5	1.5
呼和浩特	3.8	3.7	3.9	4.0	4.4
满洲里	3.0	3.0	—	—	—
二连浩特	1.7	1.7	—	2.0	—
包　头	2.3	2.3	2.3	2.0	3.0
沈　阳	2.4	2.6	2.4	1.8	1.7
大　连	3.7	3.8	3.2	3.3	3.4
长　春	4.9	4.6	6.7	4.4	4.2
吉　林	1.8	1.9	1.3	1.0	1.6
延　吉	1.9	1.9	3.0	1.0	2.0

2－12(续1)　　单位：天/人

	平均停留	外国人	香港同胞	澳门同胞	台湾同胞
哈尔滨	2.8	2.8	3.0	5.0	15.0
齐齐哈尔	1.2	1.1	1.7	—	1.1
大庆	2.8	2.7	4.5	—	—
佳木斯	1.1	1.1	—	—	—
牡丹江	2.3	2.3	—	—	—
上海	2.7	2.7	2.5	2.1	2.4
南京	2.2	2.4	2.1	2.0	1.6
无锡	1.9	2.2	1.6	1.7	1.2
苏州	2.7	2.8	2.4	2.7	2.4
南通	2.8	2.9	2.3	1.5	2.8
扬州	1.9	2.1	1.5	1.7	1.3
杭州	2.3	2.3	2.2	2.4	1.8
宁波	2.3	2.4	2.3	2.7	2.1
温州	2.5	2.7	2.1	1.4	1.6
绍兴	2.3	2.3	2.3	2.0	2.0
金华	2.5	2.7	2.1	1.4	1.9
合肥	5.6	5.9	4.6	3.1	1.5
芜湖	3.2	3.3	2.6	2.0	3.2
铜陵	2.5	2.5	1.6	—	3.6
安庆	3.8	4.1	2.3	1.0	1.8
黄山	2.1	2.0	2.1	2.2	2.4
池州	1.2	1.2	1.2	1.1	1.1
福州	3.1	3.3	2.9	3.0	2.9
厦门	2.7	2.8	2.3	2.3	2.7
泉州	2.7	3.0	2.4	2.8	2.3
漳州	2.5	2.7	3.1	1.3	1.7
武夷山	2.0	2.2	1.8	1.8	1.9
南昌	3.8	4.1	3.0	2.0	2.5
景德镇	1.8	1.9	1.9	2.0	1.5
九江	2.6	2.7	2.5	2.3	2.1
赣州	2.4	2.5	2.2	2.0	3.3
吉安	1.6	1.6	1.6	1.3	1.4

2-12(续2)　　单位：天/人

	平均停留	外国人	香港同胞	澳门同胞	台湾同胞
济　南	2.6	3.0	1.9	1.5	1.7
青　岛	2.7	2.8	2.5	2.5	2.6
烟　台	3.4	3.7	2.5	2.5	1.9
曲　阜	1.2	1.2	1.2	1.1	1.1
泰　安	2.2	2.3	2.2	1.5	1.7
威　海	2.8	2.7	4.0	—	3.9
日　照	2.0	2.1	1.6	2.4	2.0
郑　州	2.5	2.5	2.3	2.3	2.1
开　封	2.1	2.1	1.7	1.5	2.5
洛　阳	1.7	1.7	1.5	1.0	2.0
三门峡	2.1	2.1	2.1	2.5	1.8
武　汉	2.3	2.4	2.2	2.3	2.1
十　堰	1.9	2.0	2.2	1.0	1.3
宜　昌	1.5	1.4	1.8	1.7	1.3
襄　樊	1.9	2.1	1.5	1.7	2.0
荆　州	2.1	3.4	1.3	1.4	1.2
湖北游船	2.0	2.0	2.0	1.9	2.2
长　沙	4.0	4.1	4.2	3.2	3.6
湘　潭	2.2	2.3	2.0	2.1	2.3
衡　阳	1.6	1.6	—	—	—
岳　阳	2.8	2.8	—	—	—
张家界	2.6	2.6	2.4	2.0	—
广　州	3.4	3.8	2.1	2.1	3.3
深　圳	2.9	3.0	2.4	2.8	3.5
珠　海	3.2	3.2	3.1	3.8	3.0
汕　头	2.3	2.6	1.8	1.5	2.9
江　门	3.2	3.6	2.4	3.4	2.8
肇　庆	2.7	3.2	2.4	2.5	2.3
惠　州	2.7	3.5	1.7	1.7	2.5
东　莞	3.1	3.4	2.1	2.7	3.1
中　山	2.8	3.4	2.1	1.9	3.3
南　宁	3.7	4.2	2.4	3.4	3.0
桂　林	2.8	2.7	2.7	2.4	3.2
梧　州	1.4	1.3	1.2	1.5	1.4
北　海	2.2	2.3	1.9	2.2	2.2
玉　林	2.0	2.2	1.8	1.6	1.8

2－12（续3）　　单位：天/人

	平均停留	外国人	香港同胞	澳门同胞	台湾同胞
百　色	1.6	1.7	1.3	2.0	1.2
凭　祥	1.4	1.5	1.6	1.0	1.6
海　口	2.1	2.2	2.1	1.9	2.1
三　亚	5.7	6.4	3.5	3.9	4.2
重　庆	2.5	2.7	2.1	2.5	1.9
重庆游船	3.6	3.7	3.3	3.8	3.3
成　都	2.9	3.0	2.5	2.4	2.6
绵　阳	2.3	2.3	2.7	2.0	1.7
乐　山	1.1	1.1	1.2	1.1	1.2
阿坝州	1.8	1.7	1.9	1.8	2.0
贵　阳	2.4	2.4	2.2	2.6	3.3
安　顺	1.0	1.0	1.0	1.0	1.0
黔东南	1.7	1.7	1.9	2.1	1.8
昆　明	2.7	2.6	2.9	2.3	2.8
景　洪	2.9	2.9	4.3	1.5	2.0
瑞　丽	1.2	1.2	1.0	—	1.0
拉　萨	5.9	5.7	7.5	—	6.7
西　安	2.9	2.9	2.8	2.3	2.6
咸　阳	2.6	2.6	2.0	3.0	2.0
兰　州	1.6	1.6	1.7	1.1	1.6
敦　煌	1.6	1.6	1.5	1.3	1.5
西　宁	3.8	4.0	3.3	7.0	2.6
格尔木	2.0	1.9	2.0	1.5	2.6
银　川	2.1	2.2	1.9	2.0	1.6
乌鲁木齐	3.2	3.1	3.6	2.8	3.8
吐鲁番	2.4	2.4	1.8	1.8	1.0
喀　什	2.8	2.9	1.5	1.5	1.0

2－13　2009年入境过夜旅游者在各城市平均停留时间
（按性别、年龄分组）

单位：天/人

	平均停留	性别		年龄				
		男	女	14岁及以下	15～24岁	25～44岁	45～64岁	65岁及以上
北　京	3.6	3.6	3.6	6.8	4.3	3.3	3.9	4.1
天　津	4.3	4.7	3.6	2.5	4.3	5.4	3.0	2.7
石家庄	2.3	2.2	2.4	2.0	2.3	2.3	2.1	2.5
唐　山	3.7	4.8	2.6	5.5	2.4	3.7	4.7	1.0
秦皇岛	3.6	3.3	4.0	—	4.0	3.5	3.7	3.5
保　定	2.1	2.2	1.8	—	3.0	2.1	1.9	—
承　德	2.5	2.1	2.8	4.4	2.6	2.4	2.2	1.4
廊　坊	1.6	1.7	1.6	—	1.1	1.9	1.6	2.0
太　原	2.4	2.4	2.3	2.0	2.5	2.4	2.3	2.1
大　同	1.6	1.5	1.6	—	1.6	1.6	1.6	1.5
阳　泉	1.7	1.9	1.0	—	1.0	1.3	2.6	—
长　治	3.3	3.2	3.3	—	3.5	3.4	2.8	—
晋　城	2.0	1.9	2.1	—	1.0	1.9	2.2	2.0
朔　州	2.0	2.0	2.0	—	2.0	2.2	1.5	1.0
晋　中	1.3	1.2	1.3	1.0	1.1	1.3	1.3	1.5
运　城	1.9	1.8	1.9	—	1.6	1.7	1.9	2.7
忻　州	2.4	2.4	2.2	—	2.0	2.4	2.4	2.2
临　汾	1.3	1.4	1.1	—	—	1.7	1.1	1.0
吕　梁	1.6	1.5	1.8	—	1.0	1.7	1.7	1.0
呼和浩特	3.8	3.8	3.8	—	4.1	4.4	2.2	2.0
满洲里	3.0	2.7	3.0	—	3.0	3.0	3.3	0.0
二连浩特	1.7	2.0	1.5	—	2.0	1.6	2.0	3.0
包　头	2.3	2.2	2.5	5.0	2.0	2.5	2.0	1.2
沈　阳	2.4	2.8	2.0	2.0	2.5	2.4	2.4	2.0
大　连	3.7	3.8	3.6	4.0	3.3	3.6	4.0	3.5
长　春	4.9	5.2	4.5	—	4.7	4.6	5.7	3.5
吉　林	1.8	1.8	1.7	—	2.7	2.0	1.5	1.0
延　吉	1.9	2.0	1.9	—	2.0	1.9	1.9	2.0

2－13(续1)　　单位：天/人

	平均停留	性别		年龄				
		男	女	14岁及以下	15～24岁	25～44岁	45～64岁	65岁及以上
哈尔滨	2.8	3.2	2.6	2.3	3.0	2.6	3.3	2.2
齐齐哈尔	1.2	1.1	1.2	—	0.0	0.0	1.2	1.1
大庆	2.8	2.8	2.7	3.0	2.2	2.7	2.7	4.3
佳木斯	1.1	1.1	1.1	1.0	1.1	1.0	1.2	1.2
牡丹江	2.3	2.2	2.3	2.0	2.2	2.2	2.4	2.6
上海	2.7	2.7	2.7	2.8	2.8	2.7	2.7	2.9
南京	2.2	2.2	2.3	2.3	1.9	2.0	2.5	3.5
无锡	1.9	2.0	1.7	1.0	1.0	1.9	1.9	1.8
苏州	2.7	2.7	2.8	—	2.1	3.0	2.5	2.0
南通	2.8	2.9	2.6	2.0	2.9	2.9	2.4	4.8
扬州	1.9	2.0	1.7	—	2.5	1.6	2.0	2.4
杭州	2.3	2.4	2.1	3.0	2.0	2.3	2.2	2.1
宁波	2.3	2.4	2.2	1.0	2.5	2.2	2.5	2.5
温州	2.5	2.4	2.6	1.0	3.1	2.5	2.3	3.0
绍兴	2.3	2.3	2.0	4.0	2.0	2.3	2.1	3.0
金华	2.5	2.5	2.4	4.0	2.8	2.6	2.2	3.0
合肥	5.6	6.5	4.1	4.5	4.3	7.5	5.2	3.6
芜湖	3.2	3.0	3.4	2.0	2.0	2.5	3.3	7.3
铜陵	2.5	2.3	2.9	1.0	4.4	2.9	2.0	1.5
安庆	3.8	3.9	3.5	20.0	1.0	3.8	3.2	6.0
黄山	2.1	2.1	2.1	—	2.3	2.1	2.0	2.1
池州	1.2	1.2	1.1	—	1.0	1.2	1.1	1.1
福州	3.1	3.0	3.3	2.3	3.4	3.0	3.3	2.8
厦门	2.7	2.8	2.6	1.5	3.0	2.7	2.6	3.2
泉州	2.7	2.8	2.5	—	2.6	2.7	2.9	2.2
漳州	2.5	2.8	2.0	—	2.1	2.4	2.4	3.3
武夷山	2.0	2.0	2.0	—	2.3	2.2	1.9	1.7
南昌	3.8	3.5	4.1	10.0	7.0	2.7	4.3	4.4
景德镇	1.8	1.8	1.8	1.5	1.8	1.8	1.9	1.9
九江	2.6	2.7	2.1	4.0	2.3	2.9	2.1	1.5
赣州	2.4	2.3	2.6	—	3.3	2.3	2.3	3.2
吉安	1.6	1.6	1.5	—	1.5	1.6	1.6	2.0

2－13(续2)　　单位：天/人

	平均停留	性别		年龄				
		男	女	14岁及以下	15～24岁	25～44岁	45～64岁	65岁及以上
济南	2.6	2.4	2.7	—	3.1	2.7	2.2	2.2
青岛	2.7	2.8	2.7	3.4	3.1	2.5	2.7	3.6
烟台	3.4	4.0	2.3	—	2.6	3.4	4.0	2.2
曲阜	1.2	1.2	1.1	1.0	1.0	1.2	1.2	1.1
泰安	2.2	2.4	2.0	—	1.9	2.0	2.4	2.4
威海	2.8	2.8	2.6	2.0	2.8	2.9	2.8	1.6
日照	2.0	2.1	1.9	—	2.3	1.9	2.1	4.0
郑州	2.5	2.5	2.5	2.0	2.7	2.4	2.1	2.8
开封	2.1	2.2	2.1	2.0	3.2	1.8	2.2	2.2
洛阳	1.7	1.9	1.6	2.0	1.6	1.6	2.0	1.3
三门峡	2.1	2.1	2.0	1.5	1.0	1.8	1.9	2.9
武汉	2.3	2.4	2.2	2.5	2.3	2.3	2.3	2.3
十堰	1.9	2.1	1.5	1.0	2.0	2.2	1.7	1.1
宜昌	1.5	1.4	1.6	3.0	1.5	1.6	1.5	1.2
襄樊	1.9	2.0	1.6	—	1.4	2.0	2.1	1.6
荆州	2.1	2.5	1.5	—	1.2	2.0	2.0	3.3
湖北游船	2.0	2.0	2.0	2.0	2.1	2.0	2.0	2.0
长沙	4.0	4.4	3.4	7.0	3.3	3.8	4.1	6.3
湘潭	2.2	2.2	2.2	2.0	2.2	2.3	2.1	2.1
衡阳	1.6	1.7	1.6	2.7	2.6	1.6	1.3	2.1
岳阳	2.8	2.7	2.9	—	2.8	3.0	2.7	1.8
张家界	2.6	2.6	2.7	3.1	2.8	2.6	2.6	2.6
广州	3.4	3.6	3.2	2.6	3.2	3.4	3.5	3.6
深圳	2.9	3.0	2.8	3.2	2.8	2.8	3.3	2.9
珠海	3.2	3.2	3.2	3.5	3.3	2.9	3.6	3.4
汕头	2.3	2.4	2.1	1.0	3.0	2.3	2.3	1.8
江门	3.2	3.4	3.0	—	2.7	2.8	3.9	3.7
肇庆	2.7	2.8	2.6	2.0	2.8	2.7	2.7	2.6
惠州	2.7	3.0	2.0	—	2.0	2.7	2.8	2.0
东莞	3.1	3.2	3.0	1.0	3.0	3.0	3.2	3.7
中山	2.8	2.7	3.1	1.0	2.4	2.8	3.1	1.5
南宁	3.7	3.4	4.3	—	1.5	4.2	3.2	6.1
桂林	2.8	2.9	2.6	1.8	3.2	3.0	2.4	2.8
梧州	1.4	1.4	1.3	1.0	1.0	1.4	1.4	1.0
北海	2.2	2.1	2.3	—	2.0	2.2	2.1	5.0
玉林	2.0	2.1	1.8	2.0	2.0	1.9	2.1	2.5

2－13(续3) 单位：天/人

	平均停留	性别		年龄				
		男	女	14岁及以下	15～24岁	25～44岁	45～64岁	65岁及以上
百　色	1.6	1.5	1.6	2.0	1.6	1.7	1.6	1.0
凭　祥	1.4	1.2	1.7	—	1.0	1.5	1.5	—
海　口	2.1	2.3	2.0	—	2.9	2.0	2.1	2.2
三　亚	5.7	5.6	5.9	4.8	6.0	5.5	6.0	7.1
重　庆	2.5	2.7	2.2	—	2.9	2.6	2.1	4.1
重庆游船	3.6	3.7	3.6	—	3.7	3.5	3.7	3.7
成　都	2.9	3.2	2.6	—	2.9	2.6	3.4	2.4
绵　阳	2.3	2.4	1.9	4.5	2.7	2.4	2.2	1.3
乐　山	1.1	1.1	1.1	1.2	1.3	1.1	1.1	1.1
阿坝州	1.8	1.8	1.8	1.0	1.7	1.7	2.0	1.8
贵　阳	2.4	2.4	2.5	2.2	2.6	2.5	2.3	2.4
安　顺	1.0	1.0	1.0	—	1.0	1.0	1.0	1.0
黔东南	1.7	1.8	1.7	—	1.5	1.9	1.7	1.9
昆　明	2.7	2.7	2.6	1.0	2.5	2.5	2.9	3.3
景　洪	2.9	2.8	2.9	—	0.0	3.0	2.7	3.4
瑞　丽	1.2	1.1	1.2	—	2.0	1.2	1.1	1.0
拉　萨	5.9	6.2	5.7	4.6	8.0	5.5	5.4	7.2
西　安	2.9	3.2	2.5	7.5	4.4	2.6	2.7	2.8
咸　阳	2.6	2.6	2.6	—	2.0	2.5	2.4	3.3
兰　州	1.6	1.5	1.7	1.0	1.6	1.6	1.5	1.5
敦　煌	1.6	1.6	1.5	—	1.5	1.5	1.5	1.6
西　宁	3.8	4.2	3.3	—	2.6	4.3	3.6	4.3
格尔木	2.0	2.1	2.0	—	3.0	2.0	2.0	—
银　川	2.1	2.2	1.7	—	2.3	2.1	2.1	3.0
乌鲁木齐	3.2	3.2	3.1	—	3.7	3.3	2.9	4.0
吐鲁番	2.4	2.3	2.4	—	2.8	2.5	2.2	1.7
喀　什	2.8	3.0	2.6	1.0	1.6	3.3	3.0	1.5

2－14　2009年入境过夜旅游者在各城市

	平均停留	职业				
		政府工作人员	专业技术人员	职员	技工工人	商贸人员
北京	3.6	3.3	3.4	3.0	3.4	4.1
天津	4.3	3.0	6.5	3.3	4.8	4.1
石家庄	2.3	2.6	2.6	2.0	2.3	2.1
唐山	3.7	1.0	7.2	2.1	2.8	3.0
秦皇岛	3.6	5.4	2.5	4.6	4.3	3.0
保定	2.1	1.4	1.6	2.7	1.8	3.8
承德	2.5	1.8	1.6	3.1	4.3	1.7
廊坊	1.6	1.5	1.4	1.7	1.3	2.4
太原	2.4	2.3	2.6	1.8	3.0	2.3
大同	1.6	1.0	1.5	1.6	1.6	1.6
阳泉	1.7	—	1.9	1.0	—	2.3
长治	3.3	3.3	3.5	3.5	—	3.3
晋城	2.0	—	1.8	1.9	3.0	2.3
朔州	2.0	2.0	2.0	2.3	—	1.7
晋中	1.3	1.3	1.7	1.1	1.0	1.1
运城	1.9	3.0	1.8	1.6	1.4	1.9
忻州	2.4	2.4	2.5	2.5	1.8	2.1
临汾	1.3	1.0	1.1	1.2	1.0	1.0
吕梁	1.6	1.0	2.0	2.0	—	1.7
呼和浩特	3.8	4.7	4.8	3.7	—	4.2
满洲里	3.0	—	—	—	3.0	3.0
二连浩特	1.7	1.4	2.3	2.0	1.4	1.6
包头	2.3	2.0	3.3	1.6	1.9	2.7
沈阳	2.4	2.2	1.8	2.7	2.3	2.8
大连	3.7	4.7	3.5	3.5	2.9	3.9
长春	4.9	5.1	5.5	4.2	5.5	4.7
吉林	1.8	—	3.0	1.9	1.7	1.6
延吉	1.9	2.0	1.6	1.9	2.0	2.1

平均停留时间(按职业分组)

单位：天/人

服务员推销员	退休人员	家庭妇女	军人	学生	其他
3.7	3.6	4.5	2.7	4.1	4.0
4.3	3.1	3.1	1.5	3.0	2.8
2.0	1.7	1.5	2.8	2.3	1.9
2.5	2.5	3.7	—	2.0	3.7
—	4.1	4.4	1.0	4.4	3.5
3.0	3.0	1.3	1.0	1.8	1.0
1.0	2.0	1.3	4.0	2.4	3.9
1.3	1.0	1.7	2.3	1.1	1.5
3.0	2.5	—	2.6	1.7	2.0
2.0	1.7	1.6	2.0	1.6	—
—	—	1.0	—	—	1.0
3.0	—	2.5	2.0	2.0	3.0
—	2.3	1.7	—	—	2.0
2.0	1.0	2.0	—	2.0	—
1.5	1.4	—	1.0	1.3	1.2
1.4	2.1	2.7	1.0	1.0	1.7
1.0	2.0	—	3.0	—	2.5
—	1.1	1.0	—	—	4.0
1.0	1.2	1.0	—	1.0	1.6
3.3	2.0	4.1	—	3.8	2.7
—	—	—	—	—	—
	2.5	1.8	1.0	4.0	1.5
3.4	1.7	1.9	4.5	2.5	3.3
1.7	2.0	2.4	—	3.3	2.7
3.7	3.7	3.3	2.0	3.5	4.6
—	11.0	3.8	2.0	3.7	4.8
2.0	1.1	1.3	—	5.0	0.0
2.0	1.8	1.9	—	2.0	2.0

2－14(续1)

	平均停留	职业				
		政府工作人员	专业技术人员	职员	技工工人	商贸人员
哈尔滨	2.8	3.0	3.3	2.7	3.6	2.9
齐齐哈尔	1.2	1.0	1.0	1.0	1.0	1.0
大庆	2.8	—	2.6	2.0	3.3	3.3
佳木斯	1.1	1.0	1.3	1.1	1.3	1.5
牡丹江	2.3	2.5	2.3	2.3	2.0	2.4
上海	2.7	2.8	2.9	2.6	2.6	2.6
南京	2.2	2.6	2.6	2.0	2.4	2.2
无锡	1.9	1.7	2.0	2.2	3.7	1.7
苏州	2.7	2.3	2.4	2.8	4.5	3.1
南通	2.8	3.0	3.3	2.8	1.5	2.6
扬州	1.9	3.3	2.5	2.0	2.0	1.8
杭州	2.3	1.9	2.4	2.3	2.3	2.4
宁波	2.3	2.0	2.8	2.3	2.3	2.4
温州	2.5	4.5	1.9	2.0	1.5	2.7
绍兴	2.3	—	2.3	2.0	2.8	2.4
金华	2.5	3.3	2.6	1.9	2.0	2.6
合肥	5.6	3.5	7.2	3.6	9.4	6.0
芜湖	3.2	1.8	3.7	2.3	2.5	4.0
铜陵	2.5	2.7	1.6	2.0	6.4	1.7
安庆	3.8	14.2	2.7	7.6	1.4	3.5
黄山	2.1	2.2	2.1	2.2	2.4	2.2
池州	1.2	—	1.4	1.0	1.0	1.2
福州	3.1	3.7	4.2	2.8	3.4	2.9
厦门	2.7	3.8	2.7	2.5	9.7	2.6
泉州	2.7	1.5	3.0	2.4	3.2	2.9
漳州	2.5	2.5	2.1	2.2	1.0	3.1
武夷山	2.0	1.9	1.7	2.3	3.3	1.9
南昌	3.8	2.3	4.7	2.7	7.3	2.1
景德镇	1.8	1.8	1.9	1.8	2.0	1.8
九江	2.6	1.5	2.6	2.1	2.5	4.6
赣州	2.4	2.4	2.8	1.6	2.8	2.2
吉安	1.6	2.0	1.6	1.6	1.2	1.7

单位：天/人

服务员 推销员	退休 人员	家庭 妇女	军人	学生	其他
2.3	2.4	2.7	—	3.3	2.5
—	1.2	1.2	—	0.0	1.3
4.5	3.3	2.8	—	2.3	2.3
1.0	1.0	1.2	1.0	1.1	1.1
2.1	2.6	2.1	2.0	2.2	3.0
2.4	3.1	2.8	1.3	2.9	2.8
2.0	2.8	1.8	1.8	1.9	1.5
1.5	1.4	1.9	2.5	1.0	1.0
1.0	1.9	2.6	2.0	1.4	2.1
2.0	4.3	2.7	—	2.7	2.1
1.0	1.1	1.2	—	1.3	1.0
2.1	1.9	2.1	2.0	1.9	2.0
2.6	2.0	1.6	1.0	2.0	2.0
5.0	1.5	2.2	—	4.5	1.5
2.0	1.0	1.6	1.0	—	1.3
5.0	3.7	2.7	1.0	1.0	1.0
3.7	4.3	4.0	4.0	4.3	7.0
2.0	2.7	3.5	—	—	1.7
6.2	2.0	3.8	—	1.0	1.5
7.5	2.3	2.0	—	7.3	1.2
2.0	2.1	1.8	1.5	2.2	1.9
1.0	1.1	1.1	—	—	—
2.2	2.7	3.7	3.8	2.6	3.2
2.4	3.2	2.7	2.0	2.6	2.2
1.5	1.6	2.1		3.2	2.6
4.0	3.6	1.3	—	1.4	1.8
1.4	2.0	2.0	2.0	4.0	2.0
11.3	4.4	3.2	7.0	6.2	2.4
1.7	1.8	2.0	2.0	1.8	1.8
1.5	1.8	2.6	5.0	3.5	1.7
3.3	2.2	4.8	2.0	1.0	2.3
1.7	1.7	1.5	1.5	1.0	1.3

2－14(续2)

	平均停留	职业				
		政府工作人员	专业技术人员	职员	技工工人	商贸人员
济南	2.6	2.7	2.1	2.0	2.5	3.2
青岛	2.7	2.3	2.6	2.3	2.7	2.8
烟台	3.4	1.8	4.7	2.8	6.3	3.6
曲阜	1.2	1.3	1.2	1.1	1.0	1.5
泰安	2.2	1.6	3.0	2.2	1.8	2.3
威海	2.8	2.7	2.7	2.4	3.7	2.6
日照	2.0	2.6	2.1	1.8	2.9	1.5
郑州	2.5	2.8	2.2	2.4	1.8	—
开封	2.1	2.5	2.3	1.9	2.1	1.6
洛阳	1.7	2.1	2.2	1.3	1.9	1.8
三门峡	2.1	2.8	2.0	1.7	1.5	1.9
武汉	2.3	2.5	2.4	2.4	2.2	2.3
十堰	1.9	1.6	2.5	1.6	1.4	2.8
宜昌	1.5	2.1	1.4	1.5	1.0	1.2
襄樊	1.9	1.7	2.1	1.5	3.4	1.9
荆州	2.1	1.3	3.1	1.4	3.0	3.4
湖北游船	2.0	1.9	2.0	1.9	—	1.9
长沙	4.0	4.2	4.4	3.6	5.0	3.9
湘潭	2.2	2.2	2.6	2.1	2.1	2.5
衡阳	1.6	2.6	1.9	1.8	1.1	1.6
岳阳	2.8	3.3	2.8	2.6	2.6	—
张家界	2.6	2.8	2.5	2.7	2.4	2.5
广州	3.4	3.4	3.3	2.9	3.5	4.0
深圳	2.9	3.3	3.4	2.6	2.3	3.1
珠海	3.2	3.6	3.0	2.9	3.2	2.7
汕头	2.3	1.8	2.5	2.8	3.7	2.1
江门	3.2	2.4	3.2	3.3	3.0	2.7
肇庆	2.7	2.9	3.0	2.7	2.6	2.7
惠州	2.7	1.6	3.1	2.4	2.5	3.1
东莞	3.1	4.3	3.1	2.8	2.5	3.1
中山	2.8	2.8	2.9	2.1	2.7	3.0
南宁	3.7	1.8	3.8	8.1	12.0	2.9
桂林	2.8	2.5	2.7	3.0	3.2	3.0
梧州	1.4	1.0	1.2	1.2	1.3	1.8
北海	2.2	2.0	2.5	1.8	1.5	1.7

单位：天/人

服务员推销员	退休人员	家庭妇女	军人	学生	其他
4.9	2.3	3.8	—	3.7	1.8
3.0	3.2	2.6	—	3.0	4.0
2.5	1.3	1.9	—	3.0	3.3
1.1	1.1	1.0	—	1.0	—
2.5	2.0	2.2	2.0	1.7	3.6
3.8	2.7	2.0	2.0	3.0	10.0
—	2.7	2.5	5.0	1.5	3.0
—	—	—	—	—	—
1.7	1.5	1.5	—	3.3	2.3
1.8	1.5	1.2	—	1.7	2.3
2.0	1.5	1.0	—	1.1	2.3
2.4	2.2	1.9	1.5	2.2	2.1
1.5	1.1	2.5	1.0	2.0	1.5
2.0	1.8	1.1	1.0	1.3	1.9
1.0	1.1	1.8	—	1.3	1.5
2.0	1.1	1.5	—	1.2	1.5
2.3	2.0	2.2	2.0	2.0	2.0
2.8	4.3	4.2	3.6	3.9	4.3
2.3	2.1	2.1	2.0	2.4	2.0
2.3	3.0	2.0	2.0	2.6	2.0
—	—	—	—	—	—
2.6	2.6	2.6	3.5	2.9	3.5
3.1	3.6	3.0	3.4	3.1	2.7
2.8	2.8	2.5	14.0	2.4	2.9
3.1	3.5	3.2	4.1	3.8	3.3
1.7	2.2	1.8	1.5	3.4	2.6
2.5	3.7	4.7	2.0	3.0	4.1
2.9	2.5	—	—	—	—
3.3	2.0	1.7	—	1.7	3.2
2.8	2.8	3.3	3.5	3.2	2.2
2.3	5.8	5.5	—	1.5	2.0
1.0	2.2	3.0	—	2.3	3.7
1.5	2.5	2.9	2.2	3.0	2.5
1.1	1.0	1.5	—	1.0	1.0
3.5	1.5	2.3	—	2.3	3.1

2－14(续3)

	平均停留	职业				
		政府工作人员	专业技术人员	职员	技工工人	商贸人员
玉林	2.0	2.5	2.7	1.9	2.5	2.0
百色	1.6	1.3	1.9	1.8	1.2	1.8
凭祥	1.4	1.0	1.8	1.0	1.0	1.2
海口	2.1	2.1	1.8	2.3	2.1	1.9
三亚	5.7	5.2	4.8	5.7	6.4	5.7
重庆	2.5	1.6	3.2	2.3	2.1	2.4
重庆游船	3.6	3.5	3.7	3.5	3.9	3.9
成都	2.9	3.0	2.8	3.0	2.3	3.2
绵阳	2.3	2.2	2.8	1.9	3.5	2.0
乐山	1.1	1.2	1.1	1.1	1.0	1.2
阿坝州	1.8	1.7	1.9	1.8	1.7	1.8
贵阳	2.4	3.0	2.7	2.4	3.6	2.4
安顺	1.0	1.0	1.0	1.0	1.0	1.0
黔东南	1.7	1.6	1.8	1.8	2.0	2.0
昆明	2.7	3.1	2.6	2.5	2.3	2.8
景洪	2.9	－	3.0	2.4	3.0	2.5
瑞丽	1.2	1.0	1.5	1.1	2.0	1.0
拉萨	5.9	4.5	5.9	4.8	7.3	3.8
西安	2.9	3.0	2.6	2.4	3.3	2.7
咸阳	2.6	2.3	3.4	1.8	2.2	3.0
兰州	1.6	1.8	1.4	1.6	1.3	1.5
敦煌	1.6	1.5	1.5	1.4	1.6	1.6
西宁	3.8	4.0	8.2	2.3	8.3	4.0
格尔木	2.0	2.5	2.2	2.0	2.0	1.6
银川	2.1	1.5	2.5	1.9	1.0	2.1
乌鲁木齐	3.2	3.4	3.1	3.2	2.4	3.6
吐鲁番	2.4	2.0	2.3	2.2	2.4	2.5
喀什	2.8	1.5	1.6	1.7	2.0	7.4

单位：天/人

服务员推销员	退休人员	家庭妇女	军人	学生	其他
1.5	2.1	2.0	—	1.8	1.6
1.7	1.0	1.3	—	2.1	1.4
—	2.1	1.0	—	1.0	2.2
1.9	2.3	2.8	—	1.6	3.3
3.8	5.9	5.4	8.6	5.0	8.6
3.3	2.9	2.5	—	2.6	2.1
4.0	3.5	3.6	3.5	3.0	3.7
2.4	2.5	2.9	2.0	3.1	2.7
1.0	1.2	1.8	—	4.0	2.4
1.1	1.1	1.1	1.7	1.2	1.1
1.8	1.6	1.8	1.8	1.7	1.7
2.1	2.4	2.2	5.0	2.3	2.1
—	1.0	—	1.0	—	1.0
2.0	1.8	1.5	1.0	1.6	1.7
2.0	4.0	2.3	2.0	1.9	3.0
—	3.1	3.0	—	—	2.8
1.0	1.0	1.0	—	1.8	1.0
4.2	6.1	7.0	5.2	6.9	11.6
2.8	2.9	2.5	4.0	5.1	2.6
3.0	3.8	1.8	3.0	2.0	2.3
2.3	1.8	1.4	2.0	1.7	1.6
1.6	1.6	1.7	1.0	1.5	1.7
2.0	2.2	5.9	—	2.4	2.9
1.8	2.2	2.7	—	2.6	2.0
—	2.8	1.5	—	1.0	2.0
3.2	3.3	2.7	2.0	3.6	3.3
2.8	2.2	2.4	—	3.6	1.0
1.0	1.5	2.8	1.0	1.0	1.5

2－15 2009年入境过夜旅游者在各城市平均停留时间

（按旅游目的分组）

单位：天/人

	平均停留	旅游目的							
		观光游览	休闲度假	探亲访友	商务	会议	宗教朝拜	文体交流	其他
北京	3.6	3.6	3.8	4.4	3.8	2.7	5.9	3.8	3.4
天津	4.3	2.9	3.3	3.4	7.1	2.7	5.0	4.5	2.7
石家庄	2.3	2.3	2.5	2.0	2.3	2.5	1.8	2.3	1.9
唐山	3.7	2.8	2.4	2.0	5.2	2.5	—	2.0	5.3
秦皇岛	3.6	4.2	5.4	3.1	2.7	1.3	—	1.5	4.3
保定	2.1	1.8	2.0	2.0	2.5	2.0	—	1.8	1.5
承德	2.5	2.0	3.2	2.0	6.7	1.0	3.0	2.3	4.0
廊坊	1.6	1.4	1.8	1.8	1.8	1.3	—	2.0	3.0
太原	2.4	2.3	2.4	2.3	3.0	3.0	1.8	2.5	2.3
大同	1.6	1.6	1.8	1.2	1.2	1.0	1.0	—	—
阳泉	1.7	1.0	—	1.0	2.3	1.0	—	—	—
长治	3.3	3.1	4.0	3.0	3.3	2.7	—	4.0	3.0
晋城	2.0	2.3	1.4	2.8	1.4	3.0	—	—	2.0
朔州	2.0	2.4	1.9	—	1.5	—	2.0	2.0	—
晋中	1.3	1.1	1.3	1.6	1.0	2.5	—	2.0	1.0
运城	1.9	1.4	1.8	3.0	1.9	2.7	2.0	3.0	1.5
忻州	2.4	2.4	2.3	2.0	2.7	1.0	2.5	—	—
临汾	1.3	1.0	1.4	1.0	—	—	—	1.0	0.0
吕梁	1.6	2.0	1.0	1.5	1.9	1.0	1.2	1.5	1.0
呼和浩特	3.8	3.6	3.6	4.6	4.4	2.3	4.0	2.0	1.0
满洲里	3.0	3.0	3.5	—	3.0	3.0	—	—	—
二连浩特	1.7	2.9	1.6	1.0	1.5	2.0	1.0	7.0	1.9
包头	2.3	1.7	2.1	2.5	2.9	2.5	2.4	3.7	3.5
沈阳	2.4	1.8	2.1	1.9	2.9	1.6	—	3.4	5.9
大连	3.7	3.9	4.1	4.0	3.7	3.1	5.0	3.4	3.5
长春	4.9	3.7	4.3	3.8	5.7	4.2	—	4.4	10.0
吉林	1.8	1.1	1.0	4.1	1.7	—	—	2.8	1.7
延吉	1.9	2.0	1.8	—	1.7	—	—	—	1.0

2－15(续 1)　　单位：天/人

	平均停留	旅游目的							
		观光游览	休闲度假	探亲访友	商务	会议	宗教朝拜	文体交流	其他
哈尔滨	2.8	2.7	2.5	3.2	3.0	7.7	—	7.5	4.0
齐齐哈尔	1.2	1.2	1.0	—	—	—	1.0	—	—
大庆	2.8	2.1	2.9	3.1	4.3	—	—	10.0	2.8
佳木斯	1.1	1.1	1.1	—	—	—	—	—	—
牡丹江	2.3	2.3	2.2	3.7	2.4	2.5	—	2.8	2.7
上海	2.7	2.6	2.9	3.0	2.8	2.3	1.4	2.7	2.3
南京	2.2	2.0	2.2	2.9	2.2	2.2	2.4	3.1	2.6
无锡	1.9	1.2	1.3	3.1	2.5	1.7	—	2.7	2.0
苏州	2.7	1.8	2.4	2.5	3.2	2.9	—	2.5	1.6
南通	2.8	2.9	3.8	4.0	2.5	2.9	—	2.3	2.4
扬州	1.9	1.2	1.6	1.7	2.6	1.8	—	1.4	1.0
杭州	2.3	1.9	2.1	2.9	2.5	2.9	1.4	3.3	2.4
宁波	2.3	1.9	2.3	2.2	2.5	1.5	2.0	—	3.0
温州	2.5	2.0	2.6	3.7	2.7	1.8	1.0	1.5	1.8
绍兴	2.3	1.9	1.3	1.3	2.6	2.0	—	—	2.5
金华	2.5	2.1	3.2	2.6	2.7	2.7	2.0	1.0	1.2
合肥	5.6	3.6	4.0	3.6	8.4	4.1	4.0	3.0	4.7
芜湖	3.2	2.3	2.8	2.2	3.0	6.0	—	1.3	4.3
铜陵	2.5	1.4	2.9	3.6	2.4	2.5	1.7	2.0	8.8
安庆	3.8	4.3	12.4	2.7	2.1	3.0	—	2.8	4.3
黄山	2.1	2.0	2.3	2.6	1.9	2.0	—	—	3.0
池州	1.2	1.0	1.4	1.1	—	—	1.1	—	—
福州	3.1	2.9	3.4	3.2	2.8	3.8	2.6	3.8	4.7
厦门	2.7	2.6	3.1	2.5	2.7	2.5	—	2.7	2.6
泉州	2.7	1.8	2.5	2.5	3.0	2.8	4.0	3.5	2.0
漳州	2.5	3.5	1.7	2.5	2.2	1.3	1.0	2.0	2.8
武夷山	2.0	2.1	2.0	1.0	1.5	2.0	—	—	2.0
南昌	3.8	4.2	2.3	2.8	2.7	2.9	—	2.7	7.5
景德镇	1.8	1.8	1.9	1.9	1.8	1.7	2.0	2.0	2.0
九江	2.6	2.3	2.5	—	2.7	2.0	2.0	10.7	1.5
赣州	2.4	2.0	2.3	3.1	2.5	—	—	1.7	4.0
吉安	1.6	1.6	1.9	1.0	1.4	—	—	1.2	1.7

2－15(续2) 单位：天/人

	平均停留	旅游目的							
		观光游览	休闲度假	探亲访友	商务	会议	宗教朝拜	文体交流	其他
济南	2.6	2.4	2.5	3.3	2.4	3.1	6.0	2.5	1.8
青岛	2.7	2.6	3.1	3.8	2.7	2.2	2.3	3.0	1.3
烟台	3.4	1.9	3.2	2.4	4.5	2.8	3.0	3.2	—
曲阜	1.2	1.1	1.1	1.0	1.6	1.3	1.0	1.4	—
泰安	2.2	1.6	3.5	2.5	2.9	3.5	2.2	2.6	2.5
威海	2.8	2.9	3.3	3.0	2.7	2.7	—	2.4	2.0
日照	2.0	2.5	1.8	2.3	1.8	1.9	3.0	2.0	4.3
郑州	2.5	2.4	2.9	3.0	2.7	—	—	3.0	—
开封	2.1	1.8	2.5	3.0	3.9	7.0	—	6.5	5.0
洛阳	1.7	1.4	1.7	1.3	3.7	4.0	2.0	10.0	5.0
三门峡	2.1	2.1	1.5	1.3	3.2	1.0	2.0	—	5.0
武汉	2.3	2.1	2.2	2.3	2.5	2.4	3.0	2.6	2.1
十堰	1.9	1.3	1.7	1.8	3.2	1.7	2.0	3.0	1.3
宜昌	1.5	1.4	1.8	1.7	1.3	1.2	1.5	1.5	1.0
襄樊	1.9	1.5	1.3	2.0	2.1	—	1.0	4.0	1.9
荆州	2.1	1.5	1.3	1.3	3.1	1.0	1.0	4.3	1.0
湖北游船	2.0	2.0	2.0	2.0	2.0	2.0	—	2.0	3.0
长沙	4.0	3.6	4.0	4.7	4.4	3.4	9.4	3.9	3.5
湘潭	2.2	1.9	2.1	2.6	2.4	2.2	—	2.6	1.9
衡阳	1.6	2.4	2.7	2.0	1.2	1.2	1.1	2.3	1.8
岳阳	2.8	2.9	2.8	3.0	2.5	—	—	—	—
张家界	2.6	2.7	2.5	2.3	2.3	2.2	2.3	2.6	2.0
广州	3.4	3.0	3.3	3.1	3.8	3.4	3.3	3.6	3.0
深圳	2.9	2.9	2.3	4.4	3.4	5.0	3.4	2.2	3.6
珠海	3.2	3.3	2.9	3.7	2.9	2.5	2.7	2.9	3.9
汕头	2.3	1.8	2.3	2.3	2.3	1.4	1.0	2.8	8.3
江门	3.2	2.8	2.7	4.9	3.3	2.1	2.5	3.3	3.1
肇庆	2.7	2.7	2.8	2.5	2.4	2.9	—	—	—
惠州	2.7	1.8	1.8	2.1	3.1	4.3	1.3	2.9	4.6
东莞	3.1	3.0	3.2	3.5	2.6	2.1	—	4.6	5.7
中山	2.8	2.0	2.5	5.3	2.7	1.4	—	1.0	5.3
南宁	3.7	2.8	3.4	5.0	2.4	2.1	—	1.2	14.0
桂林	2.8	2.6	3.1	3.0	1.9	2.3	—	4.0	2.8
梧州	1.4	1.3	1.2	1.4	1.7	1.0	—	1.3	1.0
北海	2.2	1.9	2.4	2.9	1.8	2.2	—	3.8	3.0
玉林	2.0	1.7	2.1	2.6	2.1	1.3	—	2.3	1.4

	平均停留	旅游目的							
		观光游览	休闲度假	探亲访友	商务	会议	宗教朝拜	文体交流	其他
百　色	1.6	1.4	2.0	2.3	2.0	2.0	1.0	2.0	1.0
凭　祥	1.4	1.1	—	4.5	1.3	—	—	—	—
海　口	2.1	2.0	2.3	2.2	2.1	1.8	2.0	1.4	4.2
三　亚	5.7	5.2	6.3	6.2	4.0	3.9	3.0	6.6	7.1
重　庆	2.5	2.1	2.5	3.5	2.4	2.8	—	1.9	6.6
重庆游船	3.6	3.6	3.7	3.8	4.0	—	—	—	4.0
成　都	2.9	2.7	2.5	5.3	3.5	3.2	2.0	3.4	3.3
绵　阳	2.3	1.7	1.7	2.3	2.2	1.7	—	3.8	4.1
乐　山	1.1	1.1	1.2	1.0	1.1	1.4	1.2	1.0	1.0
阿坝州	1.8	1.7	2.2	2.5	1.5	2.0	3.0	—	1.5
贵　阳	2.4	2.4	2.6	2.7	2.1	2.4	—	3.1	2.2
安　顺	1.0	1.0	1.0	1.0	1.0	1.0	—	—	—
黔东南	1.7	1.7	1.7	2.6	2.7	1.6	1.8	1.6	2.5
昆　明	2.7	2.4	2.6	6.4	2.8	2.2	3.8	3.1	2.0
景　洪	2.9	2.6	3.4	—	—	—	—	—	—
瑞　丽	1.2	1.1	2.0	—	2.0	—	—	—	—
拉　萨	5.9	4.7	6.2	7.0	7.8	—	6.8	9.1	10.5
西　安	2.9	2.5	2.6	3.8	3.9	2.2	3.0	2.4	12.2
咸　阳	2.6	2.2	5.4	7.3	3.0	4.0	—	3.0	1.0
兰　州	1.6	1.4	1.5	2.2	1.8	2.6	2.5	1.6	1.8
敦　煌	1.6	1.5	1.4	2.0	1.6	1.6	3.0	2.5	3.4
西　宁	3.8	2.1	2.5	3.0	11.4	4.1	1.0	9.0	10.4
格尔木	2.0	2.0	1.6	—	1.5	—	2.7	—	1.0
银　川	2.1	2.4	1.8	1.5	2.2	2.4	—	1.3	1.9
乌鲁木齐	3.2	3.1	2.8	7.3	3.8	4.5	—	2.0	3.6
吐鲁番	2.4	2.3	1.3	7.0	3.3	2.6	—	2.7	—
喀　什	2.8	1.3	1.5	4.0	7.4	—	—	—	7.0

三、入境游客来华（内地）旅游次数

3－1　2009年入境游客来华(内地)旅游次数

(按团体及散客、外国人、港澳台胞分组)

		调查人数		次数构成(%)		
		(人)	(%)	第1次	第2~3次	≥4次
全　国	**总计**	**15 950**	**100**	**26.2**	**27.2**	**46.6**
	团体	5 126	100	51.6	26.2	22.2
	散客	10 824	100	14.3	27.7	58.1
外国人	小计	10 640	100	35.3	30.5	34.2
	团体	4 525	100	53.9	25.6	20.5
	散客	6 115	100	21.5	34.0	44.4
香港同胞	小计	3 216	100	6.4	14.7	78.9
	团体	301	100	28.6	29.6	41.9
	散客	2 915	100	4.1	13.1	82.8
澳门同胞	小计	968	100	5.7	25.4	68.9
	团体	69	100	36.2	31.9	31.9
	散客	899	100	3.3	24.9	71.7
台湾同胞	小计	1 126	100	15.1	33.7	51.2
	团体	231	100	39.8	32.0	28.1
	散客	895	100	8.7	34.1	57.2

3-2 2009年入境游客来华(内地)旅游次数

		过夜游客		次数构成(%)		
		(人)	(%)	第1次	第2~3次	≥4次
全　国	**总计**	**12 480**	**78.2**	**28.7**	**28.8**	**42.5**
	团体	4 502	87.8	51.6	27.9	20.5
	散客	7 978	73.7	15.7	29.3	55.0
外国人	小计	9 079	85.3	35.6	30.9	33.5
	团体	3 964	87.6	54.4	27.6	18.0
	散客	5 115	83.6	21.0	33.5	45.5
香港同胞	小计	2 023	62.9	7.4	16.0	76.6
	团体	269	89.4	24.5	29.0	46.5
	散客	1 754	60.2	4.8	14.0	81.2
澳门同胞	小计	383	39.6	12.0	32.4	55.6
	团体	57	82.6	35.1	35.1	29.8
	散客	326	36.3	8.0	31.9	60.1
台湾同胞	小计	995	88.4	15.5	34.0	50.6
	团体	212	91.8	38.2	31.6	30.2
	散客	783	87.5	9.3	34.6	56.1

（按过夜与一日游、团体及散客、外国人、港澳台胞分组）

一日游游客		次数构成（%）		
（人）	（%）	第1次	第2~3次	≥4次
3 470	**21.8**	**17.5**	**21.5**	**61.0**
624	12.2	51.3	13.8	34.9
2846	26.3	10.1	23.2	66.8
1 561	14.7	33.8	27.8	38.4
561	12.4	50.6	11.8	37.6
1 000	16.4	24.3	36.8	38.9
1 193	37.1	4.6	12.4	83.0
32	10.6	62.5	34.4	3.1
1 161	39.8	3.0	11.8	85.2
585	60.4	1.5	20.9	77.6
12	17.4	41.7	16.7	41.7
573	63.7	0.7	20.9	78.4
131	21.6	12.2	31.3	56.5
19	8.2	57.9	36.8	5.3
112	12.5	4.5	30.4	65.2

3-3 2009年入境游客来华(内地)旅游次数

(按团体及散客、性别、年龄分组)

		调查人数		次数构成(%)		
		(人)	(%)	第1次	第2~3次	≥4次
全　国	**总计**	**15 950**	**100**	**26.2**	**27.2**	**46.6**
	团体	5 126	100	51.6	26.2	22.2
	散客	10 824	100	14.3	27.7	58.1
男　性	小计	9 174	100	24.6	28.1	47.3
	团体	2 480	100	52.7	29.9	17.4
	散客	6 694	100	14.2	27.4	58.4
女　性	小计	6 776	100	28.5	25.9	45.6
	团体	2 646	100	50.5	22.8	26.8
	散客	4 130	100	14.4	28.0	57.6
65岁及以上	小计	1 153	100	36.3	27.7	36.1
	团体	653	100	51.9	29.6	18.5
	散客	500	100	15.8	25.2	59.0
45~64岁	小计	5 142	100	26.6	29.2	44.2
	团体	1 863	100	50.2	30.7	19.1
	散客	3 279	100	13.2	28.4	58.4
25~44岁	小计	7 890	100	23.2	26.4	50.4
	团体	2 133	100	49.0	22.4	28.6
	散客	5 757	100	13.6	27.9	58.5
15~24岁	小计	1 677	100	31.9	24.7	43.4
	团体	451	100	67.0	22.0	11.1
	散客	1 226	100	19.0	25.7	55.3
14岁及以下	小计	88	100	40.9	18.2	40.9
	团体	26	100	80.8	11.5	7.7
	散客	62	100	24.2	21.0	54.8

3－4 2009年入境游客来华(内地)旅游次数

(按团体及散客、职业分组)

		调查人数		次数构成(%)		
		(人)	(%)	第1次	第2～3次	≥4次
全　　国	**总 计**	**15 950**	**100**	**26.2**	**27.2**	**46.6**
	团 体	5 126	100	51.6	26.2	22.2
	散 客	10 824	100	14.3	27.7	58.1
政府工作人员	小 计	555	100	41.1	30.6	28.3
	团 体	294	100	56.8	32.3	10.9
	散 客	261	100	23.4	28.7	47.9
专业技术人员	小 计	2 278	100	24.4	28.4	47.2
	团 体	516	100	55.6	29.3	15.1
	散 客	1 762	100	15.2	28.2	56.6
职　　员	小 计	2 679	100	31.9	27.7	40.4
	团 体	948	100	63.0	28.4	8.6
	散 客	1 731	100	14.9	27.4	57.7
技工/工人	小 计	754	100	27.6	23.1	49.3
	团 体	178	100	61.2	20.2	18.5
	散 客	576	100	17.2	24.0	58.9
商贸人员	小 计	3 869	100	15.6	25.4	59.0
	团 体	1 056	100	27.0	22.2	50.9
	散 客	2 813	100	11.3	26.6	62.1
服务员/推销员	小 计	643	100	22.4	27.2	50.4
	团 体	192	100	55.2	29.7	15.1
	散 客	451	100	8.4	26.2	65.4
退休人员	小 计	1 261	100	32.1	25.1	42.8
	团 体	618	100	52.9	25.6	21.5
	散 客	643	100	12.1	24.6	63.3
家庭妇女	小 计	1 393	100	27.2	26.5	46.3
	团 体	553	100	52.1	28.4	19.5
	散 客	840	100	10.8	25.2	63.9
军　　人	小 计	51	100	45.1	31.4	23.5
	团 体	21	100	57.1	33.3	9.5
	散 客	30	100	36.7	30.0	33.3
学　　生	小 计	1 228	100	38.5	24.2	37.3
	团 体	382	100	73.0	19.6	7.3
	散 客	846	100	22.9	26.2	50.8
其　　他	小 计	1 239	100	25.2	36.1	38.7
	团 体	368	100	50.5	28.5	20.9
	散 客	871	100	14.5	39.3	46.3

3-5　2009年入境游客来华(内地)旅游次数

(按团体及散客、旅游目的分组)

		调查人数		次数构成(%)		
		(人)	(%)	第1次	第2~3次	≥4次
全　　国	**总计**	**15 950**	**100**	**26.2**	**27.2**	**46.6**
	团体	5 126	100	51.6	26.2	22.2
	散客	10 824	100	14.3	27.7	58.1
观光游览	小计	4 460	100	47.0	28.7	24.3
	团体	3 015	100	56.3	28.3	15.5
	散客	1 445	100	27.7	29.6	42.7
休闲度假	小计	2 905	100	35.6	26.3	38.0
	团体	1 114	100	65.6	22.9	11.5
	散客	1 791	100	17.0	28.5	54.6
探亲访友	小计	2 051	100	8.2	24.8	67.0
	团体	62	100	46.8	32.3	21.0
	散客	1 989	100	7.0	24.5	68.4
商　　务	小计	4 472	100	11.2	24.4	64.3
	团体	733	100	13.6	20.3	66.0
	散客	3 739	100	10.8	25.2	64.0
会　　议	小计	570	100	21.1	31.2	47.7
	团体	57	100	35.1	47.4	17.5
	散客	513	100	19.5	29.4	51.1
宗教朝拜	小计	47	100	14.9	25.5	59.6
	团体	14	100	14.3	7.1	78.6
	散客	33	100	15.2	33.3	51.5
文体交流	小计	311	100	31.5	35.0	33.4
	团体	47	100	63.8	29.8	6.4
	散客	264	100	25.8	36.0	38.3
其　　他	小计	1 134	100	14.0	34.5	51.5
	团体	84	100	41.7	29.8	28.6
	散客	1 050	100	11.8	34.9	53.3

3-6 2009年入境游客到各省(区、市)旅游次数

	调查人数		次数构成(%)		
	(人)	(%)	第1次	第2~3次	≥4次
北　　京	1 845	100	44.7	35.6	19.7
天　　津	500	100	46.0	39.4	14.6
河　　北	820	100	67.1	26.0	7.0
山　　西	673	100	88.1	10.3	1.6
内 蒙 古	500	100	30.0	11.2	58.8
辽　　宁	606	100	51.5	28.9	19.6
吉　　林	400	100	52.8	36.5	10.8
黑 龙 江	700	100	51.4	27.4	21.1
上　　海	1 686	100	34.7	41.7	23.6
江　　苏	1 090	100	52.9	32.7	14.4
浙　　江	1 000	100	43.0	35.4	21.6
安　　徽	1 016	100	75.3	17.7	7.0
福　　建	988	100	41.3	33.5	25.2
江　　西	625	100	69.6	24.5	5.9
山　　东	1 225	100	58.0	30.4	11.7
河　　南	806	100	92.1	7.1	0.9
湖　　北	1 042	100	65.9	28.0	6.0
湖　　南	1 510	100	74.1	18.1	7.7
广　　东	5 502	100	38.3	36.6	25.1
广　　西	1 100	100	69.0	25.0	6.0
海　　南	898	100	55.7	37.3	7.0
重　　庆	600	100	84.0	12.0	4.0
四　　川	2 821	100	68.3	21.3	10.4
贵　　州	600	100	81.3	14.8	3.8
云　　南	825	100	64.4	26.2	9.5
西　　藏	200	100	54.0	44.5	1.5
陕　　西	1 107	100	72.6	21.5	5.9
甘　　肃	699	100	82.0	15.5	2.6
青　　海	250	100	74.8	21.6	3.6
宁　　夏	150	100	48.7	34.7	16.7
新　　疆	400	100	85.8	8.8	5.5

3-7 2009年外国游客到各省(区、市)旅游次数

	外国游客		次数构成(%)		
	(人)	(%)	第1次	第2~3次	≥4次
北京	1 558	84.4	46.5	34.0	19.4
天津	384	76.8	47.1	37.5	15.4
河北	711	86.7	68.2	25.0	6.8
山西	474	70.4	88.4	9.7	1.9
内蒙古	457	91.4	26.5	10.1	63.5
辽宁	469	77.4	50.5	28.6	20.9
吉林	317	79.3	53.0	36.3	10.7
黑龙江	604	86.3	46.9	29.3	23.8
上海	1 446	85.8	36.3	41.2	22.5
江苏	757	69.4	53.9	31.6	14.5
浙江	780	78.0	46.7	35.1	18.2
安徽	807	79.4	72.7	19.3	7.9
福建	586	59.3	44.7	29.5	25.8
江西	417	66.7	69.5	23.5	7.0
山东	863	70.4	57.8	29.1	13.1
河南	724	89.8	93.0	6.1	1.0
湖北	555	53.3	66.7	27.4	5.9
湖南	1 300	86.1	76.1	16.1	7.8
广东	3 239	58.9	45.3	35.9	18.9
广西	666	60.5	76.4	19.1	4.5
海南	715	79.6	58.5	34.8	6.7
重庆	423	70.5	84.4	10.9	4.7
四川	2 136	75.7	67.6	21.0	11.5
贵州	464	77.3	85.6	11.9	2.6
云南	659	79.9	64.9	24.9	10.2
西藏	175	87.5	53.1	45.7	1.1
陕西	999	90.2	74.3	20.6	5.1
甘肃	563	80.5	83.8	13.5	2.7
青海	191	76.4	79.1	16.8	4.2
宁夏	124	82.7	49.2	33.1	17.7
新疆	362	90.5	84.8	9.1	6.1

3-8 2009年香港游客到各省(区、市)旅游次数

	香港游客		次数构成(%)		
	(人)	(%)	第1次	第2~3次	≥4次
北京	152	8.2	28.9	46.1	25.0
天津	67	13.4	40.3	50.7	9.0
河北	62	7.6	62.9	29.0	8.1
山西	78	11.6	84.6	12.8	2.6
内蒙古	23	4.6	69.6	26.1	4.3
辽宁	47	7.8	34.0	44.7	21.3
吉林	41	10.3	53.7	31.7	14.6
黑龙江	18	2.6	72.2	27.8	0.0
上海	120	7.1	20.0	45.0	35.0
江苏	113	10.4	51.3	30.1	18.6
浙江	95	9.5	31.6	31.6	36.8
安徽	93	9.2	79.6	16.1	4.3
福建	182	18.4	35.7	38.5	25.8
江西	117	18.7	71.8	25.6	2.6
山东	165	13.5	58.8	33.3	7.9
河南	38	4.7	81.6	18.4	0.0
湖北	234	22.5	59.4	32.1	8.5
湖南	111	7.4	58.6	33.3	8.1
广东	1186	21.6	22.3	34.6	43.1
广西	185	16.8	56.2	34.1	9.7
海南	113	12.6	49.6	39.8	10.6
重庆	109	18.2	79.8	17.4	2.8
四川	323	11.4	69.7	22.9	7.4
贵州	58	9.7	63.8	24.1	12.1
云南	83	10.1	51.8	39.8	8.4
西藏	14	7.0	71.4	21.4	7.1
陕西	60	5.4	55.0	30.0	15.0
甘肃	70	10.0	78.6	18.6	2.9
青海	20	8.0	75.0	25.0	0.0
宁夏	17	11.3	41.2	52.9	5.9
新疆	18	4.5	100.0	0.0	0.0

3-9 2009年澳门游客到各省(区、市)旅游次数

	澳门游客		次数构成(%)		
	(人)	(%)	第1次	第2~3次	≥4次
北京	44	2.4	45.5	45.5	9.1
天津	14	2.8	57.1	21.4	21.4
河北	16	2.0	50.0	50.0	0.0
山西	45	6.7	86.7	13.3	0.0
内蒙古	4	0.8	75.0	0.0	25.0
辽宁	29	4.8	72.4	17.2	10.3
吉林	15	3.8	60.0	33.3	6.7
黑龙江	1	0.1	0.0	100.0	0.0
上海	23	1.4	30.4	52.2	17.4
江苏	34	3.1	50.0	38.2	11.8
浙江	38	3.8	28.9	28.9	42.1
安徽	40	3.9	90.0	7.5	2.5
福建	45	4.6	35.6	53.3	11.1
江西	30	4.8	60.0	40.0	0.0
山东	59	4.8	54.2	35.6	10.2
河南	8	1.0	75.0	25.0	0.0
湖北	91	8.7	71.4	25.3	3.3
湖南	31	2.1	64.5	32.3	3.2
广东	442	8.0	25.8	44.3	29.9
广西	84	7.6	54.8	40.5	4.8
海南	32	3.6	37.5	56.3	6.3
重庆	13	2.2	69.2	23.1	7.7
四川	114	4.0	67.5	32.5	0.0
贵州	22	3.7	68.2	22.7	9.1
云南	22	2.7	68.2	27.3	4.5
西藏	0	0.0	0.0	0.0	0.0
陕西	9	0.8	66.7	33.3	0.0
甘肃	29	4.1	75.9	20.7	3.4
青海	3	1.2	100.0	0.0	0.0
宁夏	1	0.7	0.0	0.0	100.0
新疆	10	2.5	100.0	0.0	0.0

3-10 2009年台湾游客到各省(区、市)旅游次数

	台湾游客		次数构成(%)		
	(人)	(%)	第1次	第2~3次	≥4次
北　京	91	4.9	39.6	40.7	19.8
天　津	35	7.0	40.0	45.7	14.3
河　北	31	3.8	58.1	29.0	12.9
山　西	76	11.3	90.8	9.2	0.0
内蒙古	16	3.2	62.5	25.0	12.5
辽　宁	61	10.1	62.3	24.6	13.1
吉　林	27	6.8	44.4	48.1	7.4
黑龙江	77	11.0	83.1	11.7	5.2
上　海	97	5.8	29.9	42.3	27.8
江　苏	186	17.1	50.5	37.6	11.8
浙　江	87	8.7	28.7	44.8	26.4
安　徽	76	7.5	89.5	7.9	2.6
福　建	175	17.7	37.1	36.6	26.3
江　西	61	9.8	70.5	21.3	8.2
山　东	138	11.3	59.4	32.6	8.0
河　南	36	4.5	88.9	11.1	0.0
湖　北	162	15.5	69.8	25.9	4.3
湖　南	68	4.5	66.2	26.5	7.4
广　东	635	11.5	41.4	38.3	20.3
广　西	165	15.0	60.6	30.9	8.5
海　南	38	4.2	36.8	60.5	2.6
重　庆	55	9.2	92.7	7.3	0.0
四　川	248	8.8	73.0	17.3	9.7
贵　州	56	9.3	69.6	26.8	3.6
云　南	61	7.4	73.8	21.3	4.9
西　藏	11	5.5	45.5	54.5	0.0
陕　西	39	3.5	59.0	28.2	12.8
甘　肃	37	5.3	64.9	35.1	0.0
青　海	36	14.4	50.0	47.2	2.8
宁　夏	8	5.3	62.5	25.0	12.5
新　疆	10	2.5	80.0	20.0	0.0

四、入境游客的行程

4-1 2009年入境游客游览城市座数所占比重

		口岸调查人数		1座	2座	3座
		(人)	(%)	(%)	(%)	(%)
全 国	**总 计**	**15 950**	**100**	**51.5**	**22.4**	**12.0**
	团 体	5 126	100	39.7	22.8	16.5
	散 客	10 824	100	57.1	22.2	9.9
外 国 人	小 计	10 640	100	45.6	24.1	13.7
	团 体	4 525	100	41.8	22.3	15.5
	散 客	6 115	100	48.4	25.4	12.3
香港同胞	小 计	3 216	100	70.9	16.1	6.3
	团 体	301	100	25.9	29.2	21.3
	散 客	2 915	100	75.5	14.7	4.8
澳门同胞	小 计	968	100	64.4	16.2	8.1
	团 体	69	100	26.1	26.1	20.3
	散 客	899	100	67.3	15.5	7.1
台湾同胞	小 计	1 126	100	41.0	29.9	15.7
	团 体	231	100	21.2	22.5	28.6
	散 客	895	100	46.1	31.8	12.4

（按外国人、港澳台胞、团体及散客分组）

4 座 (%)	5 座 (%)	6 座 (%)	7 座 (%)	8 座 (%)	9 座 (%)	10 座及以上 (%)
6.5	**3.6**	**1.5**	**1.0**	**0.4**	**0.2**	**1.0**
10.7	4.8	2.5	1.8	0.5	0.1	0.5
4.5	3.0	1.1	0.5	0.4	0.2	1.2
7.7	4.0	2.0	1.1	0.4	0.2	1.3
10.6	4.2	2.5	1.9	0.4	0.1	0.6
5.6	3.8	1.5	0.5	0.4	0.2	1.8
3.1	2.1	0.3	0.4	0.3	0.1	0.3
13.0	8.6	0.7	0.0	1.0	0.0	0.3
2.1	1.4	0.3	0.5	0.3	0.1	0.3
4.2	3.0	0.9	1.8	0.5	0.2	0.7
15.9	5.8	0.0	5.8	0.0	0.0	0.0
3.3	2.8	1.0	1.4	0.6	0.2	0.8
6.2	4.3	1.5	0.3	0.5	0.1	0.4
9.1	11.3	4.8	0.9	1.3	0.0	0.4
5.5	2.5	0.7	0.1	0.3	0.1	0.4

4-2 2009年入境游客游览城市座数所占比重

		口岸调查人数		1座	2座	3座
		(人)	(%)	(%)	(%)	(%)
全　国	**总计**	**15 950**	**100**	**51.5**	**22.4**	**12.0**
	团体	5 126	100	39.7	22.8	16.5
	散客	10 824	100	57.1	22.2	9.9
男　性	小计	9 174	100	47.9	24.4	13.0
	团体	2 480	100	32.2	26.6	18.4
	散客	6 694	100	53.7	23.6	11.0
女　性	小计	6 776	100	56.3	19.7	10.6
	团体	2 646	100	46.7	19.2	14.7
	散客	4 130	100	62.5	20.0	8.0
65岁及以上	小计	1 153	100	39.3	24.6	12.9
	团体	653	100	29.7	25.3	15.2
	散客	500	100	51.8	23.8	10.0
45~64岁	小计	5 142	100	45.8	23.6	13.7
	团体	1 863	100	35.2	23.0	17.2
	散客	3 279	100	51.9	24.0	11.7
25~44岁	小计	7 890	100	56.9	21.7	10.7
	团体	2 133	100	49.0	21.6	14.8
	散客	5 757	100	59.8	21.8	9.2
15~24岁	小计	1 677	100	51.9	20.6	12.3
	团体	451	100	29.0	25.1	23.7
	散客	1 226	100	60.3	18.9	8.2
14岁及以下	小计	88	100	48.9	19.3	11.4
	团体	26	100	42.3	11.5	11.5
	散客	62	100	51.6	22.6	11.3

（按性别、年龄、团体及散客分组）

4 座 (%)	5 座 (%)	6 座 (%)	7 座 (%)	8 座 (%)	9 座 (%)	10 座及以上 (%)
6.5	**3.6**	**1.5**	**1.0**	**0.4**	**0.2**	**1.0**
10.7	4.8	2.5	1.8	0.5	0.1	0.5
4.5	3.0	1.1	0.5	0.4	0.2	1.2
6.8	3.7	1.5	0.9	0.4	0.2	1.1
12.3	5.1	2.5	2.0	0.4	0.1	0.4
4.8	3.1	1.1	0.6	0.4	0.2	1.4
6.0	3.4	1.6	1.0	0.4	0.1	0.8
9.3	4.6	2.4	1.7	0.6	0.0	0.7
3.9	2.7	1.0	0.5	0.2	0.2	0.9
10.3	4.6	3.0	2.3	0.7	0.4	1.7
14.9	4.9	4.3	3.2	0.9	0.5	1.2
4.4	4.2	1.4	1.2	0.4	0.4	2.4
7.7	3.9	2.0	1.5	0.5	0.3	1.0
11.5	5.5	3.4	2.9	0.6	0.0	0.8
5.5	3.0	1.2	0.7	0.5	0.4	1.2
5.1	3.0	1.0	0.5	0.3	0.0	0.8
8.3	3.9	1.2	0.8	0.2	0.0	0.2
3.9	2.7	0.9	0.4	0.3	0.0	1.0
7.0	4.3	1.4	0.4	0.4	0.3	1.6
13.1	5.8	1.8	0.4	0.4	0.2	0.4
4.7	3.8	1.2	0.3	0.3	0.3	2.0
5.7	8.0	4.5	1.1	1.1	0.0	0.0
11.5	15.4	3.8	3.8	0.0	0.0	0.0
3.2	4.8	4.8	0.0	1.6	0.0	0.0

4－3 2009年入境游客游览城市座数所占比重

		口岸调查人数		1座	2座	3座
		(人)	(%)	(%)	(%)	(%)
全　　国	**总计**	**15 950**	**100**	**51.5**	**22.4**	**12.0**
	团体	5 126	100	39.7	22.8	16.5
	散客	10 824	100	57.1	22.2	9.9
政府工作人员	小计	555	100	39.1	18.9	17.3
	团体	294	100	26.2	17.3	20.4
	散客	261	100	53.6	20.7	13.8
专业技术人员	小计	2 278	100	49.2	22.7	12.6
	团体	516	100	32.8	22.9	19.2
	散客	1 762	100	54.0	22.6	10.6
职　　员	小计	2 679	100	52.4	26.1	10.7
	团体	948	100	35.8	31.1	17.5
	散客	1 731	100	61.5	23.3	6.9
技工/工人	小计	754	100	61.4	19.1	9.7
	团体	178	100	46.6	17.4	16.3
	散客	576	100	66.0	19.6	7.6
商贸人员	小计	3 869	100	55.5	21.6	12.1
	团体	1 056	100	65.3	12.2	11.2
	散客	2 813	100	51.8	25.1	12.5
服务员/推销员	小计	643	100	55.7	23.5	10.4
	团体	192	100	35.4	27.6	18.8
	散客	451	100	64.3	21.7	6.9
退休人员	小计	1 261	100	45.2	21.6	11.0
	团体	618	100	28.5	23.1	14.4
	散客	643	100	61.3	20.2	7.8
家庭妇女	小计	1 393	100	54.9	22.3	10.3
	团体	553	100	40.3	25.5	15.0
	散客	840	100	64.5	20.2	7.3
军　　人	小计	51	100	37.3	17.6	23.5
	团体	21	100	14.3	19.0	33.3
	散客	30	100	53.3	16.7	16.7
学　　生	小计	1 228	100	45.5	20.4	13.9
	团体	382	100	27.0	24.9	23.3
	散客	846	100	53.9	18.4	9.7
其　　他	小计	1 239	100	47.6	22.8	13.7
	团体	368	100	28.5	29.6	18.8
	散客	871	100	55.7	19.9	11.6

（按职业、团体及散客分组）

4座（%）	5座（%）	6座（%）	7座（%）	8座（%）	9座（%）	10座及以上（%）
6.5	**3.6**	**1.5**	**1.0**	**0.4**	**0.2**	**1.0**
10.7	4.8	2.5	1.8	0.5	0.1	0.5
4.5	3.0	1.1	0.5	0.4	0.2	1.2
14.1	5.6	1.8	1.4	0.5	0.2	1.1
22.4	6.8	2.7	2.0	1.0	0.0	1.0
4.6	4.2	0.8	0.8	0.0	0.4	1.1
7.1	3.6	2.0	1.1	0.5	0.2	1.0
10.9	5.4	4.5	3.1	0.4	0.2	0.8
6.0	3.1	1.3	0.6	0.6	0.2	1.1
5.9	2.8	1.0	0.5	0.0	0.1	0.6
9.5	3.8	1.3	0.9	0.1	0.0	0.0
3.9	2.2	0.8	0.3	0.0	0.1	0.9
5.2	1.5	1.1	0.5	0.3	0.4	0.9
11.8	3.4	1.7	1.7	0.6	0.0	0.6
3.1	0.9	0.9	0.2	0.2	0.5	1.0
4.6	3.2	1.0	0.7	0.4	0.0	0.9
5.6	2.7	1.5	0.9	0.2	0.0	0.3
4.2	3.3	0.8	0.6	0.5	0.0	1.2
5.1	3.1	0.6	0.9	0.5	0.0	0.2
7.3	7.3	0.5	1.6	1.6	0.0	0.0
4.2	1.3	0.7	0.7	0.0	0.0	0.2
9.8	4.3	3.2	2.7	0.6	0.3	1.3
15.5	6.0	5.5	4.5	0.6	0.3	1.5
4.4	2.6	0.9	0.9	0.5	0.3	1.1
5.6	2.9	1.9	1.1	0.5	0.1	0.4
9.4	4.2	2.7	1.6	0.9	0.0	0.4
3.1	2.0	1.3	0.7	0.2	0.2	0.4
13.7	3.9	2.0	0.0	0.0	0.0	2.0
19.0	9.5	4.8	0.0	0.0	0.0	0.0
10.0	0.0	0.0	0.0	0.0	0.0	3.3
8.5	5.6	2.4	0.3	0.7	0.4	2.2
14.1	6.5	2.1	0.5	0.8	0.3	0.5
5.9	5.2	2.6	0.2	0.6	0.5	3.0
6.1	5.0	1.3	1.1	0.4	0.3	1.7
10.6	7.3	1.6	2.2	0.3	0.0	1.1
4.1	4.0	1.1	0.7	0.5	0.5	2.0

4－4　2009 年入境游客游览城市座数所占比重

		口岸调查人数		1 座	2 座	3 座
		（人）	（%）	（%）	（%）	（%）
全　　国	**总 计**	**15 950**	**100**	**51.5**	**22.4**	**12.0**
	团 体	5 126	100	39.7	22.8	16.5
	散 客	10 824	100	57.1	22.2	9.9
观光游览	小 计	4 460	100	36.1	23.4	16.6
	团 体	3 015	100	29.1	24.7	19.4
	散 客	1 445	100	50.9	20.6	10.9
休闲度假	小 计	2 905	100	54.0	21.3	11.9
	团 体	1 114	100	40.7	25.9	15.9
	散 客	1 791	100	62.3	18.5	9.4
探亲访友	小 计	2 051	100	65.1	21.4	7.0
	团 体	62	100	54.8	19.4	11.3
	散 客	1 989	100	65.5	21.4	6.9
商　　务	小 计	4 472	100	58.8	22.4	9.9
	团 体	733	100	82.1	8.9	5.2
	散 客	3 739	100	54.2	25.0	10.8
会　　议	小 计	570	100	53.0	23.9	11.9
	团 体	57	100	45.6	15.8	21.1
	散 客	513	100	53.8	24.8	10.9
宗教朝拜	小 计	47	100	40.4	14.9	31.9
	团 体	14	100	21.4	21.4	57.1
	散 客	33	100	48.5	12.1	21.2
文体交流	小 计	311	100	47.9	22.2	16.1
	团 体	47	100	29.8	31.9	23.4
	散 客	264	100	51.1	20.5	14.8
其　　他	小 计	1 134	100	52.5	23.4	9.4
	团 体	84	100	32.1	39.3	9.5
	散 客	1 050	100	54.1	22.1	9.4

（按旅游目的、团体及散客分组）

4座（%）	5座（%）	6座（%）	7座（%）	8座（%）	9座（%）	10座及以上（%）
6.5	**3.6**	**1.5**	**1.0**	**0.4**	**0.2**	**1.0**
10.7	4.8	2.5	1.8	0.5	0.1	0.5
4.5	3.0	1.1	0.5	0.4	0.2	1.2
12.0	5.7	2.7	1.6	0.6	0.2	1.1
14.5	5.8	3.0	2.0	0.7	0.1	0.7
7.0	5.4	2.1	0.6	0.3	0.3	2.0
5.6	3.3	1.5	1.3	0.2	0.1	0.6
7.5	4.4	2.4	2.7	0.2	0.1	0.4
4.5	2.7	0.9	0.4	0.3	0.2	0.7
3.0	2.0	0.4	0.5	0.2	0.1	0.1
4.8	4.8	3.2	0.0	1.6	0.0	0.0
3.0	1.9	0.4	0.5	0.2	0.2	0.2
3.7	2.4	0.8	0.6	0.3	0.1	1.0
1.6	1.4	0.7	0.1	0.0	0.0	0.0
4.1	2.6	0.9	0.6	0.4	0.2	1.2
6.0	2.3	1.1	0.2	0.5	0.2	1.1
12.3	3.5	1.8	0.0	0.0	0.0	0.0
5.3	2.1	1.0	0.2	0.6	0.2	1.2
8.5	0.0	2.1	0.0	2.1	0.0	0.0
0.0	0.0	0.0	0.0	0.0	0.0	0.0
12.1	0.0	3.0	0.0	3.0	0.0	0.0
3.9	4.5	1.6	0.6	0.3	0.3	2.6
2.1	8.5	0.0	2.1	0.0	0.0	2.1
4.2	3.8	1.9	0.4	0.4	0.4	2.7
5.1	3.8	1.9	0.5	0.5	0.4	2.5
10.7	4.8	1.2	1.2	0.0	0.0	1.2
4.7	3.7	2.0	0.5	0.6	0.4	2.6

五、入境游客的流向

5－1　2009年入境游客的流向

国别(或地区)	调查人数	出境后将前往的		
		香　港	澳　门	台　湾
总　计	**34 638**	**8 653**	**2 097**	**2 032**
香　港	8 474	6 956	441	241
澳　门	1 726	202	1 373	20
台　湾	2 109	256	82	1 618
日　本	4 033	128	14	24
菲律宾	274	30	10	14
泰　国	553	54	11	5
新加坡	1 144	127	21	13
印度尼西亚	306	41	17	5
马来西亚	680	66	28	6
韩　国	3 360	85	5	13
朝　鲜	187	10	3	0
蒙　古	414	3	1	1
印　度	251	19	2	3
英　国	722	69	11	13
法　国	880	44	5	2
德　国	476	35	5	2
意大利	306	10	6	3
荷　兰	252	19	3	0
瑞　典	164	14	2	2
俄罗斯	2 369	17	2	4
瑞　士	213	21	2	0
美　国	1 584	196	19	23
加拿大	621	52	16	5
澳大利亚	541	49	4	4
非洲国家	142	28	2	1
南美国家	77	10	0	0
其他国家	2 780	112	12	10

（按国别或地区分组）

单位：人

国家（或地区）							
日本	菲律宾	泰国	新加坡	印度尼西亚	马来西亚	韩国	朝鲜
3 999	**195**	**519**	**1 136**	**251**	**628**	**3 459**	**176**
132	8	23	83	9	24	117	1
18	2	9	15	3	6	14	1
37	1	6	14	5	9	17	0
3 555	2	19	34	15	11	94	3
3	155	12	9	10	10	6	3
7	7	385	14	14	12	5	1
30	1	4	862	0	8	17	1
1	4	14	11	184	10	4	0
10	4	5	12	2	509	12	0
65	1	1	11	0	3	3 068	6
3	0	1	1	1	1	4	143
1	0	1	0	0	1	2	0
3	0	2	8	0	2	2	2
11	1	1	8	2	2	5	1
13	2	2	4	2	4	6	0
8	0	5	5	0	0	9	0
1	0	1	2	0	1	1	0
1	0	0	3	1	1	0	0
2	1	0	2	0	0	3	1
2	1	0	3	1	4	6	3
2	0	3	2	1	0	6	2
45	2	6	5	1	3	29	3
6	0	1	9	0	1	4	0
7	1	6	1	0	1	7	0
1	1	0	1	0	0	0	2
0	0	2	0	0	0	2	0
35	1	10	17	0	5	19	3

5－1(续)

国别(或地区)	调查人数	出境后将前往的						
		蒙古	印度	英国	法国	德国	意大利	荷兰
总计	**34 638**	**408**	**247**	**670**	**854**	**441**	**306**	**226**
香港	8 474	0	11	47	26	19	15	6
澳门	1 726	0	0	7	3	2	2	0
台湾	2 109	0	1	4	6	2	2	1
日本	4 033	1	6	11	1	3	5	1
菲律宾	274	0	1	3	0	0	0	0
泰国	553	0	3	2	6	0	0	1
新加坡	1 144	1	4	3	4	0	3	1
印度尼西亚	306	1	0	5	2	2	1	0
马来西亚	680	0	2	3	3	1	1	3
韩国	3 360	2	2	4	7	3	1	1
朝鲜	187	0	1	1	0	0	3	1
蒙古	414	398	1	2	0	0	2	0
印度	251	0	187	2	0	2	2	0
英国	722	0	1	542	9	4	2	2
法国	880	1	0	4	764	2	1	1
德国	476	0	4	3	2	378	3	1
意大利	306	0	2	3	3	2	243	2
荷兰	252	1	2	0	0	1	2	201
瑞典	164	2	2	2	1	0	4	3
俄罗斯	2 369	0	1	0	1	1	1	0
瑞士	213	1	2	2	1	2	1	0
美国	1 584	0	6	10	7	11	2	0
加拿大	621	0	0	5	2	0	2	0
澳大利亚	541	0	2	3	1	3	1	0
非洲国家	142	0	0	0	0	1	1	0
南美国家	77	0	0	0	1	0	1	0
其他国家	2 780	0	6	2	4	2	5	1

单位：人

国家（地区）								
瑞典	俄罗斯	瑞士	美国	加拿大	澳大利亚	非洲国家	南美国家	其他国家
149	**2 332**	**189**	**1 464**	**600**	**504**	**120**	**72**	**2 911**
2	8	9	124	31	22	9	1	109
1	1	1	14	5	3	1	1	22
3	1	0	17	5	2	0	1	19
1	3	1	29	10	1	1	1	59
1	0	1	1	1	1	1	0	2
0	1	0	8	5	2	0	0	10
3	3	2	12	5	4	0	0	15
0	0	0	2	1	1	0	0	0
1	0	1	3	0	2	0	0	6
1	8	2	15	4	7	0	1	44
2	2	3	2	2	0	1	0	2
1	0	0	0	0	0	0	0	0
0	0	0	4	0	1	0	0	10
2	1	3	13	2	4	0	0	13
1	0	3	6	7	2	0	0	4
0	2	2	4	0	0	0	0	8
2	3	4	9	3	2	0	2	1
1	1	3	6	1	0	1	0	4
117	2	0	2	0	0	0	0	2
0	2 288	2	5	7	3	1	0	16
1	1	144	7	4	2	0	0	6
1	1	3	1 144	20	12	2	0	33
4	1	1	13	479	11	0	0	9
1	0	2	6	5	416	1	3	17
0	0	0	1	0	0	102	0	1
0	0	0	1	0	0	0	59	1
3	5	2	16	3	6	0	3	2 498

5-2 2009年入境游客的流向

	调查人数	将前往的					
		北京	天津	河北	山西	内蒙古	辽宁
总计	**11 962**	**2 398**	**82**	**86**	**123**	**18**	**242**
北京	493	0	25	6	5	0	39
天津	213	104	0	0	0	0	7
河北	588	383	0	1	1	0	43
山西	341	144	3	3	82	6	5
内蒙古	48	26	1	0	1	5	0
辽宁	285	94	5	1	0	1	56
吉林	24	7	0	0	0	0	1
黑龙江	148	23	0	64	0	1	24
上海	416	136	8	3	3	1	10
江苏	732	96	9	0	1	0	1
浙江	757	109	0	0	0	0	0
安徽	137	28	2	0	1	0	0
福建	428	51	1	0	0	0	1
江西	403	65	2	0	0	1	1
山东	179	63	5	1	0	0	5
河南	398	39	0	0	20	0	0
湖北	744	128	1	0	0	0	5
湖南	112	27	1	0	0	0	2
广东	542	51	1	0	2	0	1
广西	430	45	2	0	0	0	0
海南	209	38	0	0	0	0	4
重庆	441	97	2	0	0	0	3
四川	971	67	0	1	0	0	1
贵州	531	76	4	1	4	2	16
云南	517	60	1	0	0	0	4
西藏	—	—	—	—	—	—	—
陕西	835	218	6	5	2	0	10
甘肃	665	101	0	0	1	1	1
青海	226	27	0	0	0	0	1
宁夏	149	95	3	0	0	0	1
新疆	—	—	—	—	—	—	—

（按省〈区、市〉分组）

单位：人

省（区、市）								
吉 林	黑龙江	上 海	江 苏	浙 江	安 徽	福 建	江 西	山 东
40	**47**	**2 402**	**455**	**423**	**53**	**233**	**135**	**174**
3	5	150	17	14	0	7	1	25
1	1	57	7	9	1	1	0	1
0	0	121	1	0	0	0	0	0
0	0	16	8	2	0	4	0	1
0	0	9	0	1	0	0	0	0
5	6	61	7	5	1	2	1	9
13	0	3	0	0	0	0	0	0
3	24	4	0	2	0	0	0	0
2	0	0	83	67	5	9	0	14
0	0	329	164	41	6	6	0	9
0	0	378	32	165	0	3	1	15
0	0	42	10	5	18	0	0	5
0	0	119	8	13	3	144	6	7
0	1	72	17	10	7	14	87	2
3	5	33	4	2	0	1	0	50
0	0	14	22	2	0	0	0	0
5	0	196	15	10	1	3	1	1
2	0	25	2	6	0	2	0	0
1	0	64	5	6	0	3	1	2
0	1	17	4	8	0	3	0	0
0	2	12	1	1	1	0	0	0
0	0	80	4	11	0	0	2	0
0	0	143	8	1	0	4	28	2
2	2	56	7	6	7	22	6	14
0	0	75	4	4	0	2	0	4
—	—	—	—	—	—	—	—	—
0	0	269	23	22	3	1	0	13
0	0	35	1	8	0	2	1	0
0	0	8	1	1	0	0	0	0
0	0	14	0	1	0	0	0	0
—	—	—	—	—	—	—	—	—

5－2(续)

	调查人数	将前往的						
		河南	湖北	湖南	广东	广西	海南	重庆
总计	**11 962**	**261**	**352**	**103**	**1 233**	**368**	**191**	**116**
北京	493	7	2	7	29	4	9	0
天津	213	0	1	0	12	2	0	0
河北	588	5	0	0	20	0	0	0
山西	341	16	0	2	23	0	0	0
内蒙古	48	0	0	0	1	0	0	0
辽宁	285	2	2	2	10	4	0	0
吉林	24	0	0	0	0	0	0	0
黑龙江	148	0	0	0	0	0	0	0
上海	416	1	3	1	30	6	3	4
江苏	732	5	1	3	42	3	5	0
浙江	757	0	0	1	38	3	1	0
安徽	137	0	23	1	2	0	0	0
福建	428	0	1	1	56	5	2	2
江西	403	2	8	4	91	3	4	0
山东	179	0	1	0	5	0	0	1
河南	398	188	16	16	16	2	0	0
湖北	744	5	175	18	92	2	3	31
湖南	112	0	4	11	22	1	3	0
广东	542	4	10	6	363	7	3	0
广西	430	0	0	2	142	191	1	0
海南	209	0	1	8	14	2	122	0
重庆	441	0	67	0	43	20	4	0
四川	971	0	1	2	43	5	0	42
贵州	531	15	4	14	64	29	20	3
云南	517	0	2	3	39	14	5	3
西藏	—	—	—	—	—	—	—	—
陕西	835	11	30	0	16	64	4	25
甘肃	665	0	0	0	13	0	2	5
青海	226	0	0	0	5	1	0	0
宁夏	149	0	0	1	2	0	0	0
新疆	—	—	—	—	—	—	—	—

单位：人

省（区、市）								
四川	贵州	云南	西藏	陕西	甘肃	青海	宁夏	新疆
836	**66**	**441**	**137**	**461**	**295**	**64**	**8**	**119**
14	0	9	6	96	6	0	3	4
0	1	2	3	2	1	0	0	0
1	0	0	0	12	0	0	0	0
0	0	0	0	25	1	0	0	0
0	0	2	0	2	0	0	0	0
4	0	2	0	5	0	0	0	0
0	0	0	0	0	0	0	0	0
1	0	1	1	0	0	0	0	0
4	0	4	0	17	0	1	1	0
3	0	0	0	7	1	0	0	0
0	0	1	0	10	0	0	0	0
0	0	0	0	0	0	0	0	0
4	0	2	0	1	0	0	0	1
6	1	3	0	1	0	1	0	0
0	0	0	0	0	0	0	0	0
0	0	0	0	63	0	0	0	0
9	0	6	0	36	0	0	0	1
1	0	1	1	0	1	0	0	0
1	1	4	0	6	0	0	0	0
1	0	12	0	1	0	0	0	0
1	0	1	0	1	0	0	0	0
74	3	14	1	14	2	0	0	0
582	0	28	1	7	3	0	0	2
12	58	71	3	5	1	4	1	2
23	2	266	1	4	0	0	0	1
—	—	—	—	—	—	—	—	—
69	0	9	1	0	16	15	2	1
20	0	2	12	99	237	21	1	102
6	0	1	107	17	25	22	0	4
0	0	0	0	30	1	0	0	1
—	—	—	—	—	—	—	—	—

六、入境过夜旅游者对住宿单位的选择

6-1 2009年入境过夜旅游者对住宿单位的选择
（按外国人、港澳台胞、团体及散客分组）

单位：%

		合 计	宾馆饭店	公 寓	私人住所	车 船	其 他
全 国	**总 计**	**100**	**58.3**	**11.2**	**15.7**	**1.8**	**13.1**
	团 体	100	91.1	1.2	2.2	5.0	0.5
	散 客	100	45.9	14.9	20.8	0.5	17.8
外 国 人	小 计	100	60.8	12.0	10.5	2.0	14.7
	团 体	100	90.5	1.1	2.3	5.6	0.5
	散 客	100	48.1	16.6	14.0	0.5	20.7
香港同胞	小 计	100	48.8	4.5	38.8	0.7	7.2
	团 体	100	97.8	0.8	0.7	0.6	0.2
	散 客	100	39.2	5.2	46.3	0.7	8.6
澳门同胞	小 计	100	61.7	3.5	31.9	0.8	2.2
	团 体	100	97.1	0.0	0.8	0.0	2.1
	散 客	100	54.4	4.3	38.2	0.9	2.2
台湾同胞	小 计	100	43.1	11.9	38.7	0.5	5.8
	团 体	100	92.3	3.6	2.7	0.9	0.4
	散 客	100	34.0	13.5	45.3	0.4	6.8

6-2 2009年入境过夜旅游者对住宿单位的选择
(按性别、年龄、团体及散客分组)

单位：%

		合计	宾馆饭店	公寓	私人住所	车船	其他
全国	**总计**	**100**	**58.3**	**11.2**	**15.7**	**1.8**	**13.1**
	团体	100	91.1	1.2	2.2	5.0	0.5
	散客	100	45.9	14.9	20.8	0.5	17.8
男性	小计	100	59.7	12.1	14.1	1.5	12.7
	团体	100	90.3	1.6	2.8	4.7	0.6
	散客	100	51.0	15.0	17.3	0.6	16.1
女性	小计	100	56.0	9.8	18.3	2.2	13.7
	团体	100	91.9	0.7	1.7	5.4	0.3
	散客	100	36.2	14.7	27.5	0.5	21.1
65岁及以上	小计	100	77.4	2.2	16.5	2.6	1.4
	团体	100	94.6	0.3	0.9	3.9	0.2
	散客	100	53.4	4.8	38.1	0.7	3.0
45~64岁	小计	100	67.5	10.9	15.5	2.0	4.1
	团体	100	92.9	1.1	1.0	4.6	0.4
	散客	100	54.5	15.9	22.9	0.8	5.9
25~44岁	小计	100	60.0	9.6	16.1	1.8	12.5
	团体	100	91.0	1.2	1.2	6.1	0.4
	散客	100	50.7	12.1	20.6	0.5	16.2
15~24岁	小计	100	31.9	18.9	13.7	1.0	34.4
	团体	100	79.2	2.4	12.7	4.3	1.3
	散客	100	23.3	21.9	13.9	0.4	40.5
14岁及以下	小计	100	35.7	20.0	42.2	1.0	1.1
	团体	100	95.0	0.7	0.0	3.5	0.7
	散客	100	18.4	25.6	54.5	0.2	1.2

6－3　2009年入境过夜旅游者对住宿单位的选择
（按职业、团体及散客分组）

单位：%

		合　计	宾馆饭店	公　寓	私人住所	车　船	其　他
全　　国	**总 计**	**100**	**58.3**	**11.2**	**15.7**	**1.8**	**13.1**
	团 体	100	91.1	1.2	2.2	5.0	0.5
	散 客	100	45.9	14.9	20.8	0.5	17.8
政府工作人员	小 计	100	91.3	1.2	3.6	2.7	1.2
	团 体	100	94.2	0.9	0.9	4.0	0.0
	散 客	100	86.8	1.5	7.9	0.8	3.0
专业技术人员	小 计	100	61.2	13.3	11.9	1.5	12.0
	团 体	100	90.1	2.0	1.9	5.4	0.6
	散 客	100	53.7	16.3	14.5	0.5	15.0
职　　员	小 计	100	71.4	5.1	16.5	3.2	3.8
	团 体	100	90.7	1.0	1.0	6.7	0.5
	散 客	100	57.7	7.9	27.5	0.7	6.2
技工/工人	小 计	100	61.3	7.5	20.5	3.5	7.2
	团 体	100	90.2	0.8	0.5	8.6	0.0
	散 客	100	50.1	10.0	28.2	1.6	10.0
商贸人员	小 计	100	69.0	10.3	13.5	1.3	5.9
	团 体	100	94.0	0.3	0.4	5.0	0.2
	散 客	100	62.9	12.7	16.7	0.4	7.2
服务员/推销员	小 计	100	73.9	2.4	15.8	4.9	3.0
	团 体	100	91.7	1.1	0.8	6.4	0.0
	散 客	100	58.6	3.5	28.8	3.6	5.5
退休人员	小 计	100	70.2	1.7	22.9	3.2	2.0
	团 体	100	92.6	1.2	0.9	5.1	0.2
	散 客	100	42.7	2.2	49.9	0.9	4.3
家庭妇女	小 计	100	54.4	9.3	32.5	1.5	2.4
	团 体	100	94.4	0.8	2.1	2.5	0.2
	散 客	100	30.1	14.5	50.9	0.8	3.8
军　　人	小 计	100	82.5	0.0	12.1	1.0	4.4
	团 体	100	91.4	0.0	0.0	0.0	8.6
	散 客	100	75.2	0.0	22.1	1.8	0.9
学　　生	小 计	100	26.9	20.1	12.4	0.6	40.0
	团 体	100	76.7	3.4	13.8	4.7	1.4
	散 客	100	19.9	22.4	12.2	0.1	45.4
其　　他	小 计	100	59.3	13.7	17.3	1.1	8.5
	团 体	100	95.1	0.2	0.9	2.8	1.1
	散 客	100	45.6	18.9	23.6	0.5	11.3

6-4 2009年入境过夜旅游者对住宿单位的选择
（按旅游目的、团体及散客分组）

单位：%

		合计	宾馆饭店	公寓	私人住所	车船	其他
全国	**总计**	**100**	**58.3**	**11.2**	**15.7**	**1.8**	**13.1**
	团体	100	91.1	1.2	2.2	5.0	0.5
	散客	100	45.9	14.9	20.8	0.5	17.8
观光游览	小计	100	85.9	4.4	3.8	4.6	1.3
	团体	100	91.3	0.9	1.2	6.3	0.3
	散客	100	73.3	12.6	9.8	0.5	3.7
休闲度假	小计	100	79.1	4.1	12.0	2.3	2.5
	团体	100	93.8	1.0	0.6	4.2	0.3
	散客	100	65.9	6.8	22.2	0.6	4.5
探亲访友	小计	100	21.1	6.2	64.0	0.8	7.9
	团体	100	65.0	0.7	31.1	0.7	2.4
	散客	100	19.6	6.4	65.0	0.8	8.1
商务	小计	100	60.7	16.2	14.6	0.3	8.2
	团体	100	98.0	1.1	0.5	0.2	0.2
	散客	100	57.1	17.7	15.9	0.3	9.0
会议	小计	100	91.8	1.8	4.6	0.5	1.4
	团体	100	93.7	0.0	2.8	2.0	1.6
	散客	100	91.5	2.0	4.8	0.3	1.4
宗教朝拜	小计	100	69.6	2.5	15.5	0.6	11.8
	团体	100	80.0	0.0	0.0	1.5	18.5
	散客	100	62.5	4.2	26.0	0.0	7.3
文体交流	小计	100	22.2	30.5	3.5	0.1	43.7
	团体	100	86.8	3.6	5.0	1.4	3.2
	散客	100	18.7	31.9	3.4	0.0	45.9
其他	小计	100	24.1	16.7	12.2	1.1	46.0
	团体	100	47.4	11.2	35.3	1.9	4.2
	散客	100	23.1	16.9	11.2	1.0	47.8

七、入境游客对旅游服务质量的评价

7－1 2009年入境游客对旅游服务质量的评价

单位：%

	合 计	最 好 (5分)	好 (4分)	尚 好 (3分)	差 (2分)	最 差 (1分)
宾馆饭店	100	35.3	41.9	19.8	2.4	0.5
餐 饮	100	27.2	42.2	24.5	4.7	0.9
交 通	100	20.7	35.6	29.3	10.9	3.5
娱 乐	100	28.4	36.0	27.8	5.5	2.3
购 物	100	27.6	37.4	28.6	5.2	1.2
导游服务	100	37.0	30.5	24.7	6.0	1.8
邮电通讯	100	27.5	31.9	30.1	7.8	2.6

7-2　2009年外国游客对旅游服务质量的评价

单位：%

	合计	最好（5分）	好（4分）	尚好（3分）	差（2分）	最差（1分）
宾馆饭店	100	40.5	40.1	16.3	2.6	0.6
餐　　饮	100	32.7	40.2	21.8	4.3	1.1
交　　通	100	24.5	36.3	27.0	9.1	3.1
娱　　乐	100	32.4	34.5	24.4	5.8	2.9
购　　物	100	31.1	37.4	24.9	5.1	1.4
导游服务	100	42.7	30.9	19.5	4.9	1.9
邮电通讯	100	31.6	34.2	24.0	7.1	3.0

7－3　2009年香港游客对旅游服务质量的评价

单位：%

	合　计	最　好（5分）	好（4分）	尚　好（3分）	差（2分）	最　差（1分）
宾馆饭店	100	18.9	50.8	28.2	1.9	0.2
餐　　饮	100	13.4	49.5	30.9	5.9	0.2
交　　通	100	9.2	37.8	34.6	15.1	3.4
娱　　乐	100	16.4	42.0	36.5	4.3	0.8
购　　物	100	16.4	37.8	40.6	4.7	0.5
导游服务	100	23.3	29.2	38.1	8.1	1.3
邮电通讯	100	16.6	27.7	44.9	9.2	1.7

7-4 2009年澳门游客对旅游服务质量的评价

单位：%

	合计	最好（5分）	好（4分）	尚好（3分）	差（2分）	最差（1分）
宾馆饭店	100	48.0	30.2	18.8	2.9	0.1
餐饮	100	34.2	38.4	23.6	3.6	0.1
交通	100	29.9	26.0	26.4	12.1	5.6
娱乐	100	37.3	32.2	23.9	5.6	1.0
购物	100	38.1	35.1	21.4	5.1	0.2
导游服务	100	40.2	29.6	21.2	7.1	1.9
邮电通讯	100	35.3	29.5	25.5	7.0	2.8

7-5 2009年台湾游客对旅游服务质量的评价

单位：%

	合 计	最 好 (5分)	好 (4分)	尚 好 (3分)	差 (2分)	最 差 (1分)
宾馆饭店	100	24.3	43.4	28.9	2.1	1.3
餐 饮	100	17.0	43.4	31.9	5.8	1.9
交 通	100	11.8	31.6	37.4	14.4	4.8
娱 乐	100	20.3	35.7	35.5	6.6	2.1
购 物	100	19.2	37.8	33.4	6.8	2.8
导游服务	100	23.7	31.1	34.6	8.4	2.2
邮电通讯	100	18.0	27.2	42.1	10.9	1.8

7-6 2009年入境游客对旅游服务质量的评价
(按外国人、港澳台胞分组)

		调查人数		外国人		香港同胞		澳门同胞		台湾同胞	
		(人)	(%)	(人)	(%)	(人)	(%)	(人)	(%)	(人)	(%)
宾馆饭店	小计	15 091	100.0	9 862	100.0	3 190	100.0	963	100.0	1 076	100.0
	1分	76	0.5	56	0.6	5	0.2	1	0.1	14	1.3
	2分	368	2.4	255	2.6	62	1.9	28	2.9	23	2.1
	3分	2 995	19.8	1 603	16.3	900	28.2	181	18.8	311	28.9
	4分	6 328	41.9	3 950	40.1	1 620	50.8	291	30.2	467	43.4
	5分	5 324	35.3	3 998	40.5	603	18.9	462	48.0	261	24.3
餐　　饮	小计	15 505	100.0	10 228	100.0	3 203	100.0	965	100.0	1 109	100.0
	1分	142	0.9	112	1.1	8	0.2	1	0.1	21	1.9
	2分	730	4.7	442	4.3	189	5.9	35	3.6	64	5.8
	3分	3 798	24.5	2 225	21.8	991	30.9	228	23.6	354	31.9
	4分	6 547	42.2	4 109	40.2	1 586	49.5	371	38.4	481	43.4
	5分	4 288	27.7	3 340	32.7	429	13.4	330	34.2	189	17.0
交　　通	小计	15 298	100.0	10 043	100.0	3 189	100.0	958	100.0	1 108	100.0
	1分	528	3.5	311	3.1	110	3.4	54	5.6	53	4.8
	2分	1 670	10.9	914	9.1	480	15.1	116	12.1	160	14.4
	3分	4 481	29.3	2 711	27.0	1 103	34.6	253	26.4	414	37.4
	4分	5 445	35.6	3 642	36.3	1 204	37.8	249	26.0	350	31.6
	5分	3 174	20.7	2 465	24.5	292	9.2	286	29.9	131	11.8
娱　　乐	小计	14 285	100.0	9 216	100.0	3 105	100.0	943	100.0	1 021	100.0
	1分	326	2.3	271	2.9	25	0.8	9	1.0	21	2.1
	2分	792	5.5	537	5.8	135	4.3	53	5.6	67	6.6
	3分	3 968	27.8	2 248	24.4	1 133	36.5	225	23.9	362	35.5
	4分	5 147	36.0	3 176	34.5	1 303	42.0	304	32.2	364	35.7
	5分	4 052	28.4	2 984	32.4	509	16.4	352	37.3	207	20.3

7－6(续)

		调查人数		外国人		香港同胞		澳门同胞		台湾同胞	
		(人)	(%)	(人)	(%)	(人)	(%)	(人)	(%)	(人)	(%)
购　　物	小计	14 894	100.0	9 718	100.0	3 159	100.0	956	100.0	1 061	100.0
	1分	181	1.2	133	1.4	16	0.5	2	0.2	30	2.8
	2分	769	5.2	500	5.1	148	4.7	49	5.1	72	6.8
	3分	4 261	28.6	2 419	24.9	1 283	40.6	205	21.4	354	33.4
	4分	5 571	37.4	3 639	37.4	1 195	37.8	336	35.1	401	37.8
	5分	4 112	27.6	3 027	31.1	517	16.4	364	38.1	204	19.2
导游服务	小计	14 245	100.0	9 223	100.0	3 087	100.0	947	100.0	988	100.0
	1分	257	1.8	177	1.9	40	1.3	18	1.9	22	2.2
	2分	849	6.0	450	4.9	249	8.1	67	7.1	83	8.4
	3分	3 522	24.7	1 802	19.5	1 177	38.1	201	21.2	342	34.6
	4分	4 340	30.5	2 852	30.9	901	29.2	280	29.6	307	31.1
	5分	5 277	37.0	3 942	42.7	720	23.3	381	40.2	234	23.7
邮电通讯	小计	13 831	100.0	8 794	100.0	3 090	100.0	943	100.0	1 004	100.0
	1分	364	2.6	268	3.0	52	1.7	26	2.8	18	1.8
	2分	1 080	7.8	622	7.1	283	9.2	66	7.0	109	10.9
	3分	4 164	30.1	2 114	24.0	1 387	44.9	240	25.5	423	42.1
	4分	4 417	31.9	3 010	34.2	856	27.7	278	29.5	273	27.2
	5分	3 806	27.5	2 780	31.6	512	16.6	333	35.3	181	18.0

7-7 2009年入境游客对旅游服务质量

		调查人数		男性		女性	
		(人)	(%)	(人)	(%)	(人)	(%)
宾馆饭店	小计	15 091	100.0	8 679	100.0	6 412	100.0
	1分	76	0.5	39	0.4	37	0.6
	2分	368	2.4	216	2.5	152	2.4
	3分	2 995	19.8	1 752	20.2	1 243	19.4
	4分	6 328	41.9	3 692	42.5	2 636	41.1
	5分	5 324	35.3	2 980	34.3	2 344	36.6
餐　　饮	小计	15 505	100.0	8 880	100.0	6 625	100.0
	1分	142	0.9	88	1.0	54	0.8
	2分	730	4.7	422	4.8	308	4.6
	3分	3 798	24.5	2 251	25.3	1 547	23.4
	4分	6 547	42.2	3 810	42.9	2 737	41.3
	5分	4 288	27.7	2 309	26.0	1 979	29.9
交　　通	小计	15 298	100.0	8 746	100.0	6 552	100.0
	1分	528	3.5	326	3.7	202	3.1
	2分	1 670	10.9	1 011	11.6	659	10.1
	3分	4 481	29.3	2 722	31.1	1 759	26.8
	4分	5 445	35.6	3 079	35.2	2 366	36.1
	5分	3 174	20.7	1 608	18.4	1 566	23.9
娱　　乐	小计	14 285	100.0	8 116	100.0	6 169	100.0
	1分	326	2.3	225	2.8	101	1.6
	2分	792	5.5	469	5.8	323	5.2
	3分	3 968	27.8	2 368	29.2	1 600	25.9
	4分	5 147	36.0	2 899	35.7	2 248	36.4
	5分	4 052	28.4	2 155	26.6	1 897	30.8

的评价（按性别、年龄分组）

14岁及以下		15～24岁		25～44岁		45～64岁		65岁及以上	
（人）	（%）	（人）	（%）	（人）	（%）	（人）	（%）	（人）	（%）
83	100.0	1 575	100.0	7 483	100.0	4 868	100.0	1 082	100.0
0	0.0	6	0.4	39	0.5	25	0.5	6	0.6
3	3.6	44	2.8	176	2.4	126	2.6	19	1.8
14	16.9	339	21.5	1 500	20.0	952	19.6	190	17.6
28	33.7	630	40.0	3 239	43.3	2 047	42.1	384	35.5
38	45.8	556	35.3	2 529	33.8	1 718	35.3	483	44.6
84	100.0	1 646	100.0	7 731	100.0	4 961	100.0	1 083	100.0
1	1.2	16	1.0	68	0.9	51	1.0	6	0.6
6	7.1	89	5.4	347	4.5	254	5.1	34	3.1
26	31.0	446	27.1	1 850	23.9	1 224	24.7	252	23.3
25	29.8	637	38.7	3 288	42.5	2 135	43.0	462	42.7
26	31.0	458	27.8	2 178	28.2	1 297	26.1	329	30.4
84	100.0	1 621	100.0	7 681	100.0	4 879	100.0	1 033	100.0
2	2.4	79	4.9	251	3.3	170	3.5	26	2.5
11	13.1	221	13.6	871	11.3	478	9.8	89	8.6
21	25.0	486	30.0	2 228	29.0	1 475	30.2	271	26.2
29	34.5	513	31.6	2 709	35.3	1 783	36.5	411	39.8
21	25.0	322	19.9	1 622	21.1	973	19.9	236	22.8
80	100.0	1 548	100.0	7 204	100.0	4 504	100.0	949	100.0
2	2.5	34	2.2	140	1.9	128	2.8	22	2.3
7	8.8	115	7.4	362	5.0	257	5.7	51	5.4
19	23.8	417	26.9	2 038	28.3	1 276	28.3	218	23.0
23	28.8	539	34.8	2 530	35.1	1 708	37.9	347	36.6
29	36.3	443	28.6	2 134	29.6	1 135	25.20	311	32.8

7－7(续)

		调查人数		男性		女性	
		(人)	(%)	(人)	(%)	(人)	(%)
购物	小计	14 894	100.0	8 405	100.0	6 489	100.0
	1分	181	1.2	117	1.4	64	1.0
	2分	769	5.2	465	5.5	304	4.7
	3分	4 261	28.6	2 544	30.3	1 717	26.5
	4分	5 571	37.4	3 121	37.1	2 450	37.8
	5分	4 112	27.6	2 158	25.7	1 954	30.1
导游服务	小计	14 245	100.0	8 028	100.0	6 217	100.0
	1分	257	1.8	153	1.9	104	1.7
	2分	849	6.0	504	6.3	345	5.5
	3分	3 522	24.7	2 081	25.9	1 441	23.2
	4分	4 340	30.5	2 377	29.6	1 963	31.6
	5分	5 277	37.0	2 913	36.3	2 364	38.0
邮电通讯	小计	13 831	100.0	7 882	100.0	5 949	100.0
	1分	364	2.6	236	3.0	128	2.2
	2分	1 080	7.8	653	8.3	427	7.2
	3分	4 164	30.1	2 448	31.1	1 716	28.8
	4分	4 417	31.9	2 526	32.0	1 891	31.8
	5分	3 806	27.5	2 019	25.6	1 787	30.0

14岁及以下		15~24岁		25~44岁		45~64岁		65岁及以上	
(人)	(%)	(人)	(%)	(人)	(%)	(人)	(%)	(人)	(%)
80	100.0	1 600	100.0	7 466	100.0	4 721	100.0	1 027	100.0
2	2.5	26	1.6	63	0.8	75	1.6	15	1.5
2	2.5	85	5.3	373	5.0	258	5.5	51	5.0
20	25.0	432	27.0	2 131	28.5	1 389	29.4	289	28.1
32	40.0	592	37.0	2 751	36.8	1 812	38.4	384	37.4
24	30.0	465	29.1	2 148	28.8	1 187	25.1	288	28.0
78	100.0	1 488	100.0	7 033	100.0	4 566	100.0	1 080	100.0
0	0.0	35	2.4	117	1.7	91	2.0	14	1.3
10	12.8	123	8.3	406	5.8	261	5.7	49	4.5
11	14.1	393	26.4	1 841	26.2	1 090	23.9	187	17.3
25	32.1	406	27.3	2 107	30.0	1 476	32.3	326	30.2
32	41.0	531	35.7	2 562	36.4	1 648	36.1	504	46.7
73	100.0	1 467	100.0	7 017	100.0	4 369	100.0	905	100.0
7	9.6	48	3.3	157	2.2	127	2.9	25	2.8
7	9.6	147	10.0	559	8.0	313	7.2	54	6.0
19	26.0	425	29.0	2 229	31.8	1 260	28.8	231	25.5
23	31.5	447	30.5	2 159	30.8	1 518	34.7	270	29.8
17	23.3	400	27.3	1 913	27.3	1 151	26.3	325	35.9

7－8　2009年入境游客对旅游服务质量

		调查人数		政　府工作人员		专　业技术人员		职　员		技　工工　人	
		(人)	(%)	(人)	(%)	(人)	(%)	(人)	(%)	(人)	(%)
宾馆饭店	小计	15 091	100.0	511	100.0	2 181	100.0	2 528	100.0	724	100.0
	1分	76	0.5	2	0.4	8	0.4	8	0.3	3	0.4
	2分	368	2.4	9	1.8	39	1.8	81	3.2	12	1.7
	3分	2 995	19.8	76	14.9	506	23.2	522	20.6	173	23.9
	4分	6 328	41.9	186	36.4	1 009	46.3	1 188	47.0	337	46.5
	5分	5 324	35.3	238	46.6	619	28.4	729	28.8	199	27.5
餐　　饮	小计	15 505	100.0	525	100.0	2 234	100.0	2 566	100.0	741	100.0
	1分	142	0.9	4	0.8	16	0.7	19	0.7	4	0.5
	2分	730	4.7	22	4.2	127	5.7	128	5.0	32	4.3
	3分	3 798	24.5	104	19.8	600	26.9	642	25.0	177	23.9
	4分	6 547	42.2	182	34.7	992	44.4	1 203	46.9	350	47.2
	5分	4 288	27.7	213	40.6	499	22.3	574	22.4	178	24.0
交　　通	小计	15 298	100.0	518	100.0	2 203	100.0	2 556	100.0	737	100.0
	1分	528	3.5	16	3.1	62	2.8	90	3.5	26	3.5
	2分	1 670	10.9	34	6.6	304	13.8	245	9.6	87	11.8
	3分	4 481	29.3	153	29.5	700	31.8	745	29.1	202	27.4
	4分	5 445	35.6	174	33.6	835	37.9	1 079	42.2	285	38.7
	5分	3 174	20.7	141	27.2	302	13.7	397	15.5	137	18.6
娱　　乐	小计	14 285	100.0	490	100.0	1 994	100.0	2 512	100.0	697	100.0
	1分	326	2.3	21	4.3	34	1.7	86	3.4	7	1.0
	2分	792	5.5	21	4.3	122	6.1	139	5.5	37	5.3
	3分	3 968	27.8	118	24.1	642	32.2	765	30.5	199	28.6
	4分	5 147	36.0	170	34.7	801	40.2	952	37.9	303	43.5
	5分	4 052	28.4	160	32.7	395	19.8	570	22.7	151	21.7

的评价（按职业分组）

商贸人员		服务员推销员		退休人员		家庭妇女		军人		学生		其他	
（人）	（%）	（人）	（%）	（人）	（%）	（人）	（%）	（人）	（%）	（人）	（%）	（人）	（%）
3 649	100.0	613	100.0	1 211	100.0	1 321	100.0	50	100.0	1 141	100.0	1 162	100.0
11	0.3	5	0.8	6	0.5	16	1.2	0	0.0	6	0.5	11	0.9
77	2.1	23	3.8	26	2.1	35	2.6	0	0.0	42	3.7	24	2.1
645	17.7	136	22.2	228	18.8	279	21.1	10	20.0	221	19.4	199	17.1
1 458	40.0	263	42.9	482	39.8	581	44.0	17	34.0	465	40.8	342	29.4
1 458	40.0	186	30.3	469	38.7	410	31.0	23	46.0	407	35.7	586	50.4
3 773	100.0	621	100.0	1 240	100.0	1 366	100.0	47	100.0	1 199	100.0	1 193	100.0
44	1.2	6	1.0	11	0.9	12	0.9	0	0.0	12	1.0	14	1.2
145	3.8	37	6.0	50	4.0	66	4.8	2	4.3	78	6.5	43	3.6
873	23.1	156	25.1	310	25.0	342	25.0	11	23.4	331	27.6	252	21.1
1 537	40.7	283	45.6	531	42.8	621	45.5	12	25.5	445	37.1	391	32.8
1 174	31.1	139	22.4	338	27.3	325	23.8	22	46.8	333	27.8	493	41.3
3 730	100.0	614	100.0	1 208	100.0	1 355	100.0	46	100.0	1 176	100.0	1 155	100.0
132	3.5	31	5.0	29	2.4	53	3.9	1	2.2	51	4.3	37	3.2
401	10.8	83	13.5	99	8.2	156	11.5	0	0.0	163	13.9	98	8.5
1 101	29.5	179	29.2	343	28.4	381	28.1	12	26.1	355	30.2	310	26.8
1 129	30.3	209	34.0	487	40.3	527	38.9	22	47.8	384	32.7	314	27.2
967	25.9	112	18.2	250	20.7	238	17.6	11	23.9	223	19.0	396	34.3
3 341	100.0	592	100.0	1 160	100.0	1 267	100.0	45	100.0	1 116	100.0	1 071	100.0
58	1.7	15	2.5	24	2.1	37	2.9	1	2.2	31	2.8	12	1.1
151	4.5	26	4.4	67	5.8	65	5.1	2	4.4	99	8.9	63	5.9
818	24.5	179	30.2	298	25.7	373	29.4	9	20.0	294	26.3	273	25.5
1 097	32.8	241	40.7	442	38.1	475	37.5	17	37.8	371	33.2	278	26.0
1 217	36.4	131	22.1	329	28.4	317	25.0	16	35.6	321	28.8	445	41.6

7-8(续)

		调查人数		政府工作人员		专业技术人员		职员		技工工人	
		(人)	(%)	(人)	(%)	(人)	(%)	(人)	(%)	(人)	(%)
购物	小计	14 894	100.0	499	100.0	2 127	100.0	2 534	100.0	723	100.0
	1分	181	1.2	7	1.4	24	1.1	23	0.9	4	0.6
	2分	769	5.2	30	6.0	128	6.0	128	5.1	31	4.3
	3分	4 261	28.6	112	22.4	654	30.7	799	31.5	229	31.7
	4分	5 571	37.4	180	36.1	867	40.8	1 050	41.4	293	40.5
	5分	4 112	27.6	170	34.1	454	21.3	534	21.1	166	23.0
导游服务	小计	14 245	100.0	513	100.0	1 960	100.0	2 507	100.0	681	100.0
	1分	257	1.8	9	1.8	31	1.6	45	1.8	7	1.0
	2分	849	6.0	22	4.3	149	7.6	132	5.3	52	7.6
	3分	3 522	24.7	87	17.0	568	29.0	732	29.2	186	27.3
	4分	4 340	30.5	166	32.4	643	32.8	809	32.3	245	36.0
	5分	5 277	37.0	229	44.6	569	29.0	789	31.5	191	28.0
邮电通讯	小计	13 831	100.0	450	100.0	1 973	100.0	2 398	100.0	686	100.0
	1分	364	2.6	15	3.3	47	2.4	76	3.2	12	1.7
	2分	1 080	7.8	35	7.8	176	8.9	203	8.5	49	7.1
	3分	4 164	30.1	85	18.9	714	36.2	847	35.3	233	34.0
	4分	4 417	31.9	158	35.1	632	32.0	777	32.4	259	37.8
	5分	3 806	27.5	157	34.9	404	20.5	495	20.6	133	19.4

商贸人员		服务员推销员		退休人员		家庭妇女		军人		学生		其他	
(人)	(%)	(人)	(%)	(人)	(%)	(人)	(%)	(人)	(%)	(人)	(%)	(人)	(%)
3 511	100.0	611	100.0	1 209	100.0	1 347	100.0	47	100.0	1 152	100.0	1 134	100.0
36	1.0	10	1.6	9	0.7	14	1.0	0	0.0	27	2.3	27	2.4
171	4.9	29	4.7	53	4.4	73	5.4	2	4.3	69	6.0	55	4.9
926	26.4	183	30.0	358	29.6	433	32.1	9	19.1	291	25.3	267	23.5
1 163	33.1	243	39.8	500	41.4	518	38.5	18	38.3	435	37.8	304	26.8
1 215	34.6	146	23.9	289	23.9	309	22.9	18	38.3	330	28.6	481	42.4
3 266	100.0	605	100.0	1 222	100.0	1 289	100.0	49	100.0	1 053	100.0	1 100	100.0
55	1.7	16	2.6	20	1.6	29	2.2	0	0.0	30	2.8	15	1.4
151	4.6	54	8.9	60	4.9	76	5.9	2	4.1	86	8.2	65	5.9
725	22.2	151	25.0	249	20.4	338	26.2	6	12.2	251	23.8	229	20.8
887	27.2	214	35.4	393	32.2	417	32.4	18	36.7	303	28.8	245	22.3
1 448	44.3	170	28.1	500	40.9	429	33.3	23	46.9	383	36.4	546	49.6
3 311	100.0	579	100.0	1 111	100.0	1 195	100.0	46	100.0	1 053	100.0	1 029	100.0
60	1.8	20	3.5	23	2.1	31	2.6	2	4.3	40	3.8	38	3.7
206	6.2	55	9.5	65	5.9	85	7.1	1	2.2	117	11.1	88	8.6
857	25.9	204	35.2	315	28.4	373	31.2	14	30.4	293	27.8	229	22.3
1 045	31.6	193	33.3	372	33.5	394	33.0	12	26.1	310	29.4	265	25.8
1 143	34.5	107	18.5	336	30.2	312	26.1	17	37.0	293	27.8	409	39.7

7－9　2009 年入境游客对旅游服务质量

		调查人数		观光游览		休闲度假		探亲访友	
		(人)	(%)	(人)	(%)	(人)	(%)	(人)	(%)
宾馆饭店	小计	15 091	100.0	4 137	100.0	2 779	100.0	1 926	100.0
	1 分	76	0.5	29	0.7	7	0.3	11	0.6
	2 分	368	2.4	124	3.0	55	2.0	28	1.5
	3 分	2 995	19.8	641	15.5	523	18.8	510	26.5
	4 分	6 328	41.9	1 727	41.7	1 301	46.8	900	46.7
	5 分	5 324	35.3	1 616	39.1	893	32.1	477	24.8
餐　饮	小计	15 505	100.0	4 175	100.0	2 875	100.0	2 035	100.0
	1 分	142	0.9	45	1.1	18	0.6	13	0.6
	2 分	730	4.7	202	4.8	120	4.2	94	4.6
	3 分	3 798	24.5	956	22.9	673	23.4	551	27.1
	4 分	6 547	42.2	1 702	40.8	1 323	46.0	1 006	49.4
	5 分	4 288	27.7	1 270	30.4	741	25.8	371	18.2
交　通	小计	15 298	100.0	4 084	100.0	2 868	100.0	2 027	100.0
	1 分	528	3.5	118	2.9	116	4.0	69	3.4
	2 分	1 670	10.9	336	8.2	263	9.2	256	12.6
	3 分	4 481	29.3	1 140	27.9	796	27.8	633	31.2
	4 分	5 445	35.6	1 630	39.9	1 133	39.5	829	40.9
	5 分	3 174	20.7	860	21.1	560	19.5	240	11.8
娱　乐	小计	14 285	100.0	3 917	100.0	2 744	100.0	1 948	100.0
	1 分	326	2.3	157	4.0	40	1.5	24	1.2
	2 分	792	5.5	226	5.8	112	4.1	90	4.6
	3 分	3 968	27.8	920	23.5	822	30.0	641	32.9
	4 分	5 147	36.0	1 537	39.2	1 014	37.0	826	42.4
	5 分	4 052	28.4	1 077	27.5	756	27.6	367	18.8

的评价(按旅游目的分组)

商务		会议		宗教朝拜		文化/体育/科技交流		其他	
(人)	(%)	(人)	(%)	(人)	(%)	(人)	(%)	(人)	(%)
4 294	100.0	546	100.0	43	100.0	295	100.0	1 071	100.0
19	0.4	1	0.2	1	2.3	1	0.3	7	0.7
110	2.6	14	2.6	3	7.0	8	2.7	26	2.4
923	21.5	113	20.7	10	23.3	60	20.3	215	20.1
1 705	39.7	239	43.8	13	30.2	145	49.2	298	27.8
1 537	35.8	179	32.8	16	37.2	81	27.5	525	49.0
4 387	100.0	553	100.0	43	100.0	309	100.0	1 128	100.0
57	1.3	3	0.5	2	4.7	2	0.6	2	0.2
229	5.2	28	5.1	0	0.0	10	3.2	47	4.2
1 085	24.7	156	28.2	17	39.5	74	23.9	286	25.4
1 766	40.3	241	43.6	13	30.2	129	41.7	367	32.5
1 250	28.5	125	22.6	11	25.6	94	30.4	426	37.8
4 312	100.0	545	100.0	43	100.0	304	100.0	1 115	100.0
161	3.7	26	4.8	2	4.7	10	3.3	26	2.3
545	12.6	75	13.8	6	14.0	43	14.1	146	13.1
1 340	31.1	167	30.6	14	32.6	80	26.3	311	27.9
1 289	29.9	195	35.8	12	27.9	105	34.5	252	22.6
977	22.7	82	15.0	9	20.9	66	21.7	380	34.1
3 818	100.0	484	100.0	43	100.0	286	100.0	1 045	100.0
68	1.8	6	1.2	4	9.3	1	0.3	26	2.5
222	5.8	45	9.3	1	2.3	21	7.3	75	7.2
1 050	27.5	161	33.3	15	34.9	92	32.2	267	25.6
1 223	32.0	155	32.0	10	23.3	105	36.7	277	26.5
1 255	32.9	117	24.2	13	30.2	67	23.4	400	38.3

7－9(续)

		调查人数		观光游览		休闲度假		探亲访友	
		(人)	(%)	(人)	(%)	(人)	(%)	(人)	(%)
购物	小计	14 894	100.0	4 051	100.0	2 852	100.0	2 007	100.0
	1分	181	1.2	66	1.6	20	0.7	19	0.9
	2分	769	5.2	232	5.7	119	4.2	76	3.8
	3分	4 261	28.6	1 012	25.0	798	28.0	742	37.0
	4分	5 571	37.4	1 623	40.1	1 145	40.1	801	39.9
	5分	4 112	27.6	1 118	27.6	770	27.0	369	18.4
导游服务	小计	14 245	100.0	4 214	100.0	2 762	100.0	1 871	100.0
	1分	257	1.8	76	1.8	46	1.7	29	1.6
	2分	849	6.0	169	4.0	160	5.8	140	7.5
	3分	3 522	24.7	735	17.4	711	25.7	682	36.5
	4分	4 340	30.5	1 460	34.6	901	32.6	573	30.6
	5分	5 277	37.0	1 774	42.1	944	34.2	447	23.9
邮电通讯	小计	13 831	100.0	3 615	100.0	2 682	100.0	1 896	100.0
	1分	364	2.6	141	3.9	47	1.8	32	1.7
	2分	1 080	7.8	252	7.0	188	7.0	162	8.5
	3分	4 164	30.1	832	23.0	817	30.5	810	42.7
	4分	4 417	31.9	1 384	38.3	907	33.8	537	28.3
	5分	3 806	27.5	1 006	27.8	723	27.0	355	18.7

商务		会议		宗教朝拜		文化/体育/科技交流		其他	
(人)	(%)	(人)	(%)	(人)	(%)	(人)	(%)	(人)	(%)
4 051	100.0	508	100.0	43	100.0	290	100.0	1 092	100.0
49	1.2	6	1.2	3	7.0	1	0.3	17	1.6
228	5.6	37	7.3	3	7.0	14	4.8	60	5.5
1 216	30.0	157	30.9	8	18.6	84	29.0	244	22.3
1 342	33.1	208	40.9	18	41.9	113	39.0	321	29.4
1 216	30.0	100	19.7	11	25.6	78	26.9	450	41.2
3 639	100.0	452	100.0	44	100.0	267	100.0	996	100.0
68	1.9	9	2.0	3	6.8	5	1.9	21	2.1
196	5.4	50	11.1	6	13.6	20	7.5	108	10.8
981	27.0	116	25.7	8	18.2	68	25.5	221	22.2
965	26.5	125	27.7	10	22.7	96	36.0	210	21.1
1 429	39.3	152	33.6	17	38.6	78	29.2	436	43.8
3 809	100.0	472	100.0	43	100.0	271	100.0	1043	100.0
86	2.3	12	2.5	3	7.0	15	5.5	28	2.7
283	7.4	42	8.9	7	16.3	22	8.1	124	11.9
1 209	31.7	161	34.1	10	23.3	59	21.8	266	25.5
1 091	28.6	164	34.7	7	16.3	94	34.7	233	22.3
1 140	29.9	93	19.7	16	37.2	81	29.9	392	37.6

7－10　2009 年入境游客对各省(区、市)

	宾馆饭店						餐　饮					
	小计	5 分	4 分	3 分	2 分	1 分	小计	5 分	4 分	3 分	2 分	1 分
北　京	100	67.4	28.3	3.8	0.2	0.3	100	47.7	40.7	10.2	1.0	0.4
天　津	100	55.9	30.5	11.5	1.7	0.4	100	41.8	36.8	17.5	2.9	1.0
河　北	100	42.9	40.7	14.0	1.9	0.5	100	29.2	43.2	22.8	4.4	0.4
山　西	100	53.1	40.1	6.1	0.5	0.2	100	40.8	50.2	8.1	0.9	0.0
内蒙古	100	56.6	21.2	21.0	1.0	0.2	100	52.5	20.0	25.5	1.8	0.2
辽　宁	100	77.1	20.3	2.3	0.3	0.0	100	63.7	29.4	5.8	0.8	0.3
吉　林	100	44.5	49.0	5.8	0.5	0.3	100	36.0	42.3	18.5	2.5	0.8
黑龙江	100	49.1	37.1	10.1	1.7	1.9	100	53.1	32.9	10.4	2.6	1.0
上　海	100	62.6	33.4	3.9	0.1	0.0	100	40.5	47.2	11.4	0.8	0.1
江　苏	100	64.3	32.4	3.1	0.2	0.0	100	41.0	47.3	10.9	0.7	0.0
浙　江	100	43.6	44.9	9.8	1.1	0.6	100	29.3	50.4	17.8	1.7	0.7
安　徽	100	66.0	24.6	7.8	1.5	0.1	100	53.1	33.2	11.0	2.3	0.3
福　建	100	43.5	46.1	9.1	1.2	0.1	100	24.4	48.3	22.9	4.0	0.4
江　西	100	44.2	43.5	10.7	1.5	0.2	100	30.8	45.9	20.5	2.5	0.3
山　东	100	59.1	33.5	6.5	1.0	0.0	100	40.2	39.1	17.1	3.3	0.2
河　南	100	42.0	41.9	14.2	1.4	0.5	100	35.3	35.6	23.5	5.1	0.5
湖　北	100	51.5	39.5	8.4	0.6	0.1	100	37.5	44.9	14.9	2.6	0.2
湖　南	100	43.7	44.5	11.3	0.1	0.5	100	40.2	37.5	20.8	1.0	0.4
广　东	100	45.6	38.6	14.4	1.3	0.2	100	29.6	43.7	22.7	3.5	0.5
广　西	100	40.8	45.6	13.0	0.5	0.1	100	28.1	48.7	20.9	1.9	0.5
海　南	100	52.6	34.2	11.4	1.4	0.5	100	26.3	44.8	22.4	4.7	1.8
重　庆	100	43.8	44.1	11.5	0.7	0.0	100	37.6	40.1	17.0	3.4	1.9
四　川	100	40.8	54.3	4.5	0.2	0.2	100	32.6	58.9	7.9	0.4	0.3
贵　州	100	24.0	53.5	21.4	0.9	0.2	100	16.3	48.8	32.3	2.2	0.3
云　南	100	36.6	48.9	13.7	0.4	0.4	100	24.4	46.4	24.7	3.3	1.1
西　藏	100	39.5	36.5	16.5	6.5	1.0	100	36.5	29.0	28.0	6.5	0.0
陕　西	100	53.1	33.1	11.5	1.5	0.7	100	33.6	41.5	19.5	4.4	1.0
甘　肃	100	39.7	47.4	11.7	1.1	0.0	100	26.5	47.4	22.9	3.1	0.1
青　海	100	49.2	36.3	13.3	1.2	0.0	100	35.7	34.9	26.1	3.2	0.0
宁　夏	100	29.3	46.0	22.7	2.0	0.0	100	21.9	57.5	15.8	4.8	0.0
新　疆	100	13.8	71.7	14.0	0.5	0.0	100	14.3	67.5	17.8	0.5	0.0

旅游服务质量的评价

单位：%

交通						娱乐					
小计	5分	4分	3分	2分	1分	小计	5分	4分	3分	2分	1分
100	28.8	42.0	21.7	5.7	1.8	100	36.4	44.1	15.8	3.0	0.7
100	27.4	32.5	31.5	6.3	2.4	100	34.4	32.5	24.8	5.5	2.9
100	17.9	37.1	29.3	12.3	3.4	100	18.1	38.9	26.6	14.0	2.3
100	26.0	53.5	18.3	2.2	0.2	100	30.0	49.7	17.5	2.5	0.3
100	49.5	16.6	28.7	4.2	1.0	100	45.0	15.4	35.1	3.3	1.2
100	48.6	27.8	15.0	6.9	1.7	100	49.4	30.9	16.3	2.7	0.7
100	17.5	51.8	22.0	8.0	0.8	100	53.8	23.3	12.5	8.8	1.8
100	49.3	36.4	11.0	2.4	0.9	100	36.3	48.7	10.6	3.0	1.4
100	24.3	46.6	22.2	5.6	1.3	100	30.6	49.5	16.9	2.8	0.2
100	23.8	51.9	21.4	2.1	0.7	100	24.4	50.1	21.0	4.1	0.3
100	12.6	38.0	36.1	10.4	2.9	100	11.9	40.7	36.1	8.9	2.4
100	46.1	35.0	13.8	3.9	1.1	100	38.7	41.9	11.3	5.5	2.6
100	14.3	34.3	36.1	10.8	4.5	100	13.6	37.7	37.8	8.5	2.4
100	16.8	41.6	30.1	8.8	2.7	100	13.3	32.5	41.2	10.1	2.8
100	32.2	34.9	24.8	6.9	1.2	100	31.3	31.5	25.3	8.7	3.2
100	33.8	33.3	25.4	6.4	1.3	100	30.4	25.6	30.4	6.0	7.5
100	24.9	36.0	29.2	7.7	2.2	100	25.6	40.9	24.3	7.5	1.7
100	36.0	26.8	31.4	4.5	1.2	100	42.2	30.3	23.2	3.6	0.7
100	18.1	37.2	33.1	9.0	2.7	100	32.6	34.2	25.4	6.6	1.2
100	18.2	44.4	31.2	5.8	0.4	100	17.0	41.8	32.5	6.8	1.9
100	16.7	31.9	31.7	14.4	5.3	100	19.4	26.8	28.2	19.9	5.8
100	23.6	25.0	31.1	13.6	6.8	100	27.7	37.1	26.5	6.7	2.0
100	26.0	57.6	15.0	1.2	0.2	100	26.1	55.5	16.9	1.1	0.3
100	7.7	51.3	33.7	6.7	0.7	100	11.6	52.1	31.6	4.2	0.5
100	14.0	31.0	34.8	13.8	6.4	100	14.8	36.2	35.7	9.0	4.3
100	41.5	28.5	21.0	8.5	0.5	100	39.0	16.0	20.0	23.0	2.0
100	17.0	31.7	30.5	15.5	5.3	100	24.6	36.7	26.5	7.7	4.5
100	14.4	44.8	33.6	6.3	0.9	100	8.6	45.9	34.5	8.6	2.4
100	26.9	37.2	26.4	9.1	0.4	100	17.1	28.9	38.0	12.3	3.7
100	13.7	49.6	32.8	3.8	0.0	100	11.8	41.2	41.2	5.9	0.0
100	9.3	61.0	29.5	0.3	0.0	100	10.8	62.5	26.0	0.8	0.0

7－10(续)

	购物					
	小计	5分	4分	3分	2分	1分
北　　京	100	44.2	42.1	11.8	1.3	0.5
天　　津	100	32.9	42.8	18.9	3.0	2.3
河　　北	100	18.4	40.7	28.5	9.9	2.6
山　　西	100	31.1	47.3	19.6	1.3	0.8
内 蒙 古	100	47.1	19.1	29.8	3.2	0.8
辽　　宁	100	54.9	27.3	14.5	2.9	0.5
吉　　林	100	41.6	41.6	10.5	5.3	1.0
黑 龙 江	100	46.0	39.3	11.4	2.7	0.6
上　　海	100	40.0	46.5	11.9	1.4	0.1
江　　苏	100	33.5	50.9	13.6	1.9	0.2
浙　　江	100	19.4	51.7	23.7	3.8	1.4
安　　徽	100	34.8	46.4	13.5	4.4	0.9
福　　建	100	19.8	42.4	30.0	6.5	1.3
江　　西	100	20.7	45.2	24.6	7.4	2.0
山　　东	100	34.6	36.1	22.1	6.3	0.9
河　　南	100	29.3	30.8	31.7	6.0	2.2
湖　　北	100	31.7	44.0	17.9	5.6	0.8
湖　　南	100	40.2	33.2	23.1	3.1	0.4
广　　东	100	31.2	40.4	22.3	5.0	1.1
广　　西	100	27.8	39.8	25.8	4.4	2.3
海　　南	100	17.4	34.7	26.4	16.3	5.2
重　　庆	100	29.7	40.5	24.9	4.2	0.7
四　　川	100	27.3	59.5	12.6	0.5	0.1
贵　　州	100	12.3	52.3	30.4	4.4	0.6
云　　南	100	21.8	43.3	27.2	6.0	1.7
西　　藏	100	39.5	23.5	30.5	6.0	0.5
陕　　西	100	25.9	38.5	27.1	6.8	1.7
甘　　肃	100	14.4	48.6	29.2	5.9	1.9
青　　海	100	24.1	39.8	28.6	6.2	1.2
宁　　夏	100	9.2	46.2	42.0	2.5	0.0
新　　疆	100	9.8	65.8	24.5	0.0	0.0

单位：%

导游服务						邮电通讯					
小计	5 分	4 分	3 分	2 分	1 分	小计	5 分	4 分	3 分	2 分	1 分
100	41.2	41.8	13.3	3.1	0.6	100	40.5	39.0	15.9	3.9	0.8
100	37.5	27.0	23.4	8.8	3.3	100	35.2	29.6	25.8	6.9	2.5
100	25.0	37.7	21.6	11.6	4.2	100	21.0	33.9	28.2	12.2	4.8
100	33.7	49.0	15.5	1.3	0.5	100	27.1	46.9	23.8	1.7	0.5
100	46.9	14.8	34.8	2.3	1.3	100	45.5	13.5	37.3	2.3	1.4
100	51.1	28.6	15.9	3.1	1.2	100	50.5	28.4	16.9	3.5	0.7
100	58.3	25.3	7.3	6.0	3.3	100	61.0	22.3	6.8	4.8	5.3
100	59.3	34.3	5.7	0.3	0.4	100	33.0	55.6	8.7	1.7	1.0
100	33.6	44.3	18.7	2.9	0.5	100	30.5	51.2	14.6	3.1	0.6
100	29.7	53.2	15.2	1.4	0.5	100	28.8	51.8	16.9	1.9	0.7
100	18.4	46.5	29.3	3.9	2.0	100	18.8	42.2	31.9	5.5	1.6
100	56.1	32.8	7.2	2.9	1.0	100	54.3	31.2	9.5	3.5	1.4
100	20.4	37.3	32.1	7.2	3.0	100	24.4	40.1	26.8	6.7	2.1
100	27.3	37.6	26.9	5.1	3.1	100	21.5	39.7	29.9	7.3	1.5
100	38.6	33.4	19.4	5.9	2.8	100	33.6	36.7	21.8	6.3	1.7
100	41.8	29.4	24.4	3.5	1.0	100	34.5	28.9	27.4	3.9	5.3
100	32.3	40.9	22.6	2.7	1.5	100	30.3	40.8	23.1	3.4	2.4
100	42.5	40.2	13.9	2.3	1.0	100	39.5	35.8	19.8	3.4	1.5
100	38.8	31.1	23.2	5.1	1.9	100	34.1	37.6	21.2	5.4	1.7
100	36.4	38.2	22.5	2.5	0.4	100	22.4	41.5	30.6	4.3	1.3
100	24.6	33.2	23.7	12.7	5.9	100	22.6	27.6	25.1	9.7	15.0
100	35.7	36.7	23.2	3.4	1.0	100	30.9	38.1	24.0	6.2	0.9
100	32.0	52.2	14.5	1.2	0.2	100	26.7	55.8	16.1	1.2	0.2
100	17.1	52.1	27.3	3.3	0.2	100	8.1	56.1	29.4	6.0	0.4
100	24.6	36.2	27.2	6.5	5.5	100	21.6	39.1	25.8	5.9	7.6
100	33.0	29.5	17.0	4.5	16.0	100	39.5	28.5	21.0	9.5	1.5
100	39.1	37.7	17.2	3.5	2.6	100	27.0	34.2	25.1	7.9	5.8
100	19.6	45.0	29.7	4.9	0.9	100	9.2	44.9	35.8	7.0	3.1
100	32.9	32.9	24.9	7.0	2.3	100	27.1	33.3	29.4	8.5	1.7
100	20.0	48.0	25.3	2.7	4.0	100	18.4	47.1	29.9	4.6	0.0
100	7.0	63.3	28.5	1.3	0.0	100	10.5	62.0	26.5	1.0	0.0

八、入境游客对旅游接待设施的评价

8－1　2009 年入境游客对旅游接待设施

		调查人数		外国人	
		（人）	（%）	（人）	（%）
宾馆饭店	小计	15 157	100.0	9 930	100.0
	1 分	61	0.4	46	0.5
	2 分	363	2.4	239	2.4
	3 分	2 876	19.0	1 646	16.6
	4 分	6 471	42.7	3 950	39.8
	5 分	5 386	35.5	4 049	40.8
餐　　饮	小计	15 378	100.0	10 127	100.0
	1 分	133	0.9	103	1.0
	2 分	703	4.6	459	4.5
	3 分	3 934	25.6	2 355	23.3
	4 分	6 537	42.5	4 080	40.3
	5 分	4 071	26.5	3 130	30.9
交　　通	小计	15 224	100.0	9 997	100.0
	1 分	466	3.1	293	2.9
	2 分	1 643	10.8	933	9.3
	3 分	4 719	31.0	2 873	28.7
	4 分	5 421	35.6	3 581	35.8
	5 分	2 975	19.5	2 317	23.2

的评价（按外国人、港澳台胞分组）

香港同胞		澳门同胞		台湾同胞	
（人）	（%）	（人）	（%）	（人）	（%）
3 190	100.0	962	100.0	1 075	100.0
6	0.2	1	0.1	8	0.7
55	1.7	31	3.2	38	3.5
827	25.9	163	16.9	240	22.3
1 689	52.9	302	31.4	530	49.3
613	19.2	465	48.3	259	24.1
3 192	100.0	957	100.0	1 102	100.0
9	0.3	1	0.1	20	1.8
141	4.4	38	4.0	65	5.9
1 000	31.3	236	24.7	343	31.1
1 644	51.5	332	34.7	481	43.6
398	12.5	350	36.6	193	17.5
3 187	100.0	956	100.0	1 084	100.0
82	2.6	43	4.5	48	4.4
424	13.3	127	13.3	159	14.7
1 192	37.4	241	25.2	413	38.1
1 218	38.2	263	27.5	359	33.1
271	8.5	282	29.5	105	9.7

8－1(续)

		调查人数		外国人	
		(人)	(%)	(人)	(%)
娱乐	小计	14 189	100.0	9 119	100.0
	1分	283	2.0	222	2.4
	2分	867	6.1	609	6.7
	3分	4 261	30.0	2 341	25.7
	4分	4 938	34.8	3 148	34.5
	5分	3 840	27.1	2 799	30.7
购物	小计	14 849	100.0	9 690	100.0
	1分	167	1.1	127	1.3
	2分	779	5.2	520	5.4
	3分	4 470	30.1	2 462	25.4
	4分	5 351	36.0	3 525	36.4
	5分	4 082	27.5	3 056	31.5
游览/参观点	小计	14 342	100.0	9 274	100.0
	1分	202	1.4	159	1.7
	2分	830	5.8	487	5.3
	3分	3 984	27.8	2 093	22.6
	4分	4 795	33.4	3 178	34.3
	5分	4 531	31.6	3 357	36.2
旅游景区厕所	小计	14 582	100.0	9 462	100.0
	1分	1 652	11.3	1 168	12.3
	2分	2 801	19.2	1 567	16.6
	3分	4 178	28.7	2 410	25.5
	4分	3 284	22.5	2 328	24.6
	5分	2 667	18.3	1 989	21.0

香港同胞		澳门同胞		台湾同胞	
（人）	（%）	（人）	（%）	（人）	（%）
3 104	100.0	949	100.0	1 017	100.0
29	0.9	15	1.6	17	1.7
138	4.4	53	5.6	67	6.6
1 290	41.6	231	24.3	399	39.2
1 155	37.2	287	30.2	348	34.2
492	15.9	363	38.3	186	18.3
3 150	100.0	950	100.0	1 059	100.0
20	0.6	1	0.1	19	1.8
138	4.4	55	5.8	66	6.2
1 365	43.3	210	22.1	433	40.9
1 152	36.6	320	33.7	354	33.4
475	15.1	364	38.3	187	17.7
3 101	100.0	944	100.0	1 023	100.0
15	0.5	8	0.8	20	2.0
202	6.5	64	6.8	77	7.5
1 275	41.1	232	24.6	384	37.5
974	31.4	298	31.6	345	33.7
635	20.5	342	36.2	197	19.3
3 124	100.0	952	100.0	1 044	100.0
221	7.1	132	13.9	131	12.5
777	24.9	187	19.6	270	25.9
1 177	37.7	255	26.8	336	32.2
555	17.8	199	20.9	202	19.3
394	12.6	179	18.8	105	10.1

8－2 2009年入境游客对旅游

		调查人数		男性		女性	
		(人)	(%)	(人)	(%)	(人)	(%)
宾馆饭店	小计	15 157	100.0	8 753	100.0	6 404	100.0
	1分	61	0.4	39	0.4	22	0.3
	2分	363	2.4	213	2.4	150	2.3
	3分	2 876	19.0	1 714	19.6	1 162	18.1
	4分	6 471	42.7	3 762	43.0	2 709	42.3
	5分	5 386	35.5	3 025	34.6	2 361	36.9
餐　　饮	小计	15 378	100.0	8 806	100.0	6 572	100.0
	1分	133	0.9	78	0.9	55	0.8
	2分	703	4.6	417	4.7	286	4.4
	3分	3 934	25.6	2 330	26.5	1 604	24.4
	4分	6 537	42.5	3 820	43.4	2 717	41.3
	5分	4 071	26.5	2 161	24.5	1 910	29.1
交　　通	小计	15 224	100.0	8 695	100.0	6 529	100.0
	1分	466	3.1	284	3.3	182	2.8
	2分	1 643	10.8	983	11.3	660	10.1
	3分	4 719	31.0	2 868	33.0	1 851	28.4
	4分	5 421	35.6	3 066	35.3	2 355	36.1
	5分	2 975	19.5	1 494	17.2	1 481	22.7

接待设施的评价(按性别、年龄分组)

14岁及以下		15~24岁		25~44岁		45~64岁		65岁及以上	
(人)	(%)	(人)	(%)	(人)	(%)	(人)	(%)	(人)	(%)
82	100.0	1 572	100.0	7 510	100.0	4 917	100.0	1 076	100.0
0	0.0	4	0.3	31	0.4	22	0.4	4	0.4
2	2.4	41	2.6	164	2.2	134	2.7	22	2.0
16	19.5	320	20.4	1 471	19.6	885	18.0	184	17.1
29	35.4	610	38.8	3 322	44.2	2 134	43.4	376	34.9
35	42.7	597	38.0	2 522	33.6	1 742	35.4	490	45.5
82	100.0	1 617	100.0	7 702	100.0	4 914	100.0	1 063	100.0
0	0.0	10	0.6	67	0.9	48	1.0	8	0.8
3	3.7	94	5.8	330	4.3	231	4.7	45	4.2
22	26.8	446	27.6	1 965	25.5	1 239	25.2	262	24.6
32	39.0	653	40.4	3 284	42.6	2 145	43.7	423	39.8
25	30.5	414	25.6	2 056	26.7	1 251	25.5	325	30.6
82	100.0	1 613	100.0	7 644	100.0	4 840	100.0	1 045	100.0
1	1.2	64	4.0	253	3.3	137	2.8	11	1.1
13	15.9	227	14.1	828	10.8	490	10.1	85	8.1
21	25.6	520	32.2	2 343	30.7	1 507	31.1	328	31.4
28	34.1	512	31.7	2 667	34.9	1 809	37.4	405	38.8
19	23.2	290	18.0	1 553	20.3	897	18.5	216	20.7

8－2(续)

		调查人数		男　性		女　性	
		(人)	(%)	(人)	(%)	(人)	(%)
娱　乐	小计	14 189	100.0	8 037	100.0	6 152	100.0
	1分	283	2.0	187	2.3	96	1.6
	2分	867	6.1	535	6.7	332	5.4
	3分	4 261	30.0	2 509	31.2	1 752	28.5
	4分	4 938	34.8	2 798	34.8	2 140	34.8
	5分	3 840	27.1	2 008	25.0	1 832	29.8
购　物	小计	14 849	100.0	8 389	100.0	6 460	100.0
	1分	167	1.1	106	1.3	61	0.9
	2分	779	5.2	481	5.7	298	4.6
	3分	4 470	30.1	2 671	31.8	1 799	27.8
	4分	5 351	36.0	3 022	36.0	2 329	36.1
	5分	4 082	27.5	2 109	25.1	1 973	30.5
游览/参观点	小计	14 342	100.0	8 086	100.0	6 256	100.0
	1分	202	1.4	135	1.7	67	1.1
	2分	830	5.8	504	6.2	326	5.2
	3分	3 984	27.8	2 361	29.2	1 623	25.9
	4分	4 795	33.4	2 639	32.6	2 156	34.5
	5分	4 531	31.6	2 447	30.3	2 084	33.3
旅游景区厕所	小计	14 582	100.0	8 278	100.0	6 304	100.0
	1分	1 652	11.3	969	11.7	683	10.8
	2分	2 801	19.2	1 616	19.5	1 185	18.8
	3分	4 178	28.7	2 414	29.2	1 764	28.0
	4分	3 284	22.5	1 858	22.4	1 426	22.6
	5分	2 667	18.3	1 421	17.2	1 246	19.8

14岁及以下		15~24岁		25~44岁		45~64岁		65岁及以上	
(人)	(%)	(人)	(%)	(人)	(%)	(人)	(%)	(人)	(%)
80	100.0	1 532	100.0	7 134	100.0	4 481	100.0	962	100.0
3	3.8	28	1.8	110	1.5	108	2.4	34	3.5
5	6.3	125	8.2	390	5.5	290	6.5	57	5.9
14	17.5	456	29.8	2 166	30.4	1 394	31.1	231	24.0
30	37.5	510	33.3	2 436	34.1	1 615	36.0	347	36.1
28	35.0	413	27.0	2 032	28.5	1 074	24.0	293	30.5
82	100.0	1 593	100.0	7 445	100.0	4 687	100.0	1 042	100.0
2	2.4	17	1.1	70	0.9	64	1.4	14	1.3
2	2.4	107	6.7	371	5.0	249	5.3	50	4.8
23	28.0	441	27.7	2 276	30.6	1 443	30.8	287	27.5
32	39.0	582	36.5	2 631	35.3	1 723	36.8	383	36.8
23	28.0	446	28.0	2 097	28.2	1 208	25.8	308	29.6
79	100.0	1 523	100.0	7 169	100.0	4 552	100.0	1 019	100.0
1	1.3	20	1.3	82	1.1	83	1.8	16	1.6
6	7.6	96	6.3	418	5.8	263	5.8	47	4.6
19	24.1	411	27.0	2 091	29.2	1 237	27.2	226	22.2
22	27.8	511	33.6	2 290	31.9	1 609	35.3	363	35.6
31	39.2	485	31.8	2 288	31.9	1 360	29.9	367	36.0
76	100.0	1 549	100.0	7 250	100.0	4 672	100.0	1 035	100.0
8	10.5	242	15.6	698	9.6	571	12.2	133	12.9
17	22.4	344	22.2	1 325	18.3	908	19.4	207	20.0
17	22.4	417	26.9	2 113	29.1	1 347	28.8	284	27.4
20	26.3	296	19.1	1 571	21.7	1 147	24.6	250	24.2
14	18.4	250	16.1	1 543	21.3	699	15.0	161	15.6

8－3　2009 年入境游客对旅游

		调查人数		政府工作人员		专业技术人员		职员		技工工人	
		(人)	(%)	(人)	(%)	(人)	(%)	(人)	(%)	(人)	(%)
宾馆饭店	小计	15 157	100.0	525	100.0	2 176	100.0	2 560	100.0	727	100.0
	1 分	61	0.4	1	0.2	8	0.4	13	0.5	1	0.1
	2 分	363	2.4	12	2.3	61	2.8	77	3.0	16	2.2
	3 分	2 876	19.0	68	13.0	473	21.7	462	18.0	142	19.5
	4 分	6 471	42.7	190	36.2	1 031	47.4	1 227	47.9	383	52.7
	5 分	5 386	35.5	254	48.4	603	27.7	781	30.5	185	25.4
餐　　饮	小计	15 378	100.0	521	100.0	2 213	100.0	2 559	100.0	743	100.0
	1 分	133	0.9	8	1.5	21	0.9	19	0.7	7	0.9
	2 分	703	4.6	20	3.8	103	4.7	138	5.4	28	3.8
	3 分	3 934	25.6	121	23.2	619	28.0	643	25.1	193	26.0
	4 分	6 537	42.5	180	34.5	1 047	47.3	1 210	47.3	348	46.8
	5 分	4 071	26.5	192	36.9	423	19.1	549	21.5	167	22.5
交　　通	小计	15 224	100.0	518	100.0	2 169	100.0	2 548	100.0	740	100.0
	1 分	466	3.1	12	2.3	66	3.0	79	3.1	29	3.9
	2 分	1 643	10.8	40	7.7	258	11.9	281	11.0	66	8.9
	3 分	4 719	31.0	153	29.5	767	35.4	791	31.0	212	28.6
	4 分	5 421	35.6	179	34.6	800	36.9	1 039	40.8	307	41.5
	5 分	2 975	19.5	134	25.9	278	12.8	358	14.1	126	41.5

接待设施的评价（按职业分组）

商贸人员		服务员推销员		退休人员		家庭妇女		军人		学生		其他	
（人）	（%）	（人）	（%）	（人）	（%）	（人）	（%）	（人）	（%）	（人）	（%）	（人）	（%）
3 677	100.0	616	100.0	1 215	100.0	1 311	100.0	50	100.0	1 136	100.0	1 164	100.0
13	0.4	0	0.0	4	0.3	12	0.9	0	0.0	2	0.2	7	0.6
65	1.8	27	4.4	25	2.1	33	2.5	1	2.0	29	2.6	17	1.5
671	18.2	140	22.7	226	18.6	266	20.3	7	14.0	221	19.5	200	17.2
1 488	40.5	275	44.6	483	39.8	594	45.3	17	34.0	442	38.9	341	29.3
1 440	39.2	174	28.2	477	39.3	406	31.0	25	50.0	442	38.9	599	51.5
3 756	100.0	615	100.0	1 218	100.0	1 357	100.0	46	100.0	1 175	100.0	1 175	100.0
36	1.0	2	0.3	8	0.7	12	0.9	0	0.0	8	0.7	12	1.0
153	4.1	33	5.4	38	3.1	61	4.5	3	6.5	82	7.0	44	3.7
912	24.3	166	27.0	317	26.0	361	26.6	10	21.7	319	27.1	273	23.2
1 509	40.2	266	43.3	515	42.3	610	45.0	17	37.0	469	39.9	366	31.1
1 146	30.5	148	24.1	340	27.9	313	23.1	16	34.8	297	25.3	480	40.9
3 717	100.0	617	100.0	1 201	100.0	1 341	100.0	47	100.0	1 166	100.0	1 160	100.0
130	3.5	26	4.2	12	1.0	47	3.5	1	2.1	38	3.3	26	2.2
359	9.7	82	13.3	103	8.6	165	12.3	1	2.1	179	15.4	109	9.4
1 129	30.4	196	31.8	347	28.9	412	30.7	13	27.7	368	31.6	331	28.5
1 176	31.6	208	33.7	512	42.6	488	36.4	20	42.6	393	33.7	299	25.8
923	24.8	105	17.0	227	18.9	229	17.1	12	25.5	188	16.1	395	34.1

8－3(续)

		调查人数		政府工作人员		专业技术人员		职员		技工工人	
		(人)	(%)	(人)	(%)	(人)	(%)	(人)	(%)	(人)	(%)
娱乐	小计	14 189	100.0	476	100.0	1 973	100.0	2 454	100.0	703	100.0
	1分	283	2.0	11	2.3	33	1.7	49	2.0	10	1.4
	2分	867	6.1	27	5.7	135	6.8	138	5.6	44	6.3
	3分	4 261	30.0	119	25.0	692	35.1	798	32.5	206	29.3
	4分	4 938	34.8	161	33.8	735	37.3	922	37.6	300	42.7
	5分	3 840	27.1	158	33.2	378	19.2	547	22.3	143	20.3
购物	小计	14 849	100.0	506	100.0	2 106	100.0	2 537	100.0	725	100.0
	1分	167	1.1	8	1.6	24	1.1	23	0.9	6	0.8
	2分	779	5.2	27	5.3	118	5.6	135	5.3	25	3.4
	3分	4 470	30.1	117	23.1	726	34.5	835	32.9	241	33.2
	4分	5 351	36.0	185	36.6	799	37.9	966	38.1	298	41.1
	5分	4 082	27.5	169	33.4	439	20.8	578	22.8	155	21.4
游览/参观点	小计	14 342	100.0	499	100.0	2 009	100.0	2 481	100.0	705	100.0
	1分	202	1.4	6	1.2	28	1.4	30	1.2	7	1.0
	2分	830	5.8	24	4.8	141	7.0	146	5.9	39	5.5
	3分	3 984	27.8	89	17.8	655	32.6	774	31.2	228	32.3
	4分	4 795	33.4	182	36.5	688	34.2	901	36.3	276	39.1
	5分	4 531	31.6	198	39.7	497	24.7	630	25.4	155	22.0
旅游景区厕所	小计	14 582	100.0	498	100.0	2 040	100.0	2 530	100.0	712	100.0
	1分	1 652	11.3	71	14.3	234	11.5	267	10.6	73	10.3
	2分	2 801	19.2	58	11.6	491	24.1	481	19.0	146	20.5
	3分	4 178	28.7	156	31.3	629	30.8	858	33.9	217	30.5
	4分	3 284	22.5	130	26.1	426	20.9	611	24.2	191	26.8
	5分	2 667	18.3	83	16.7	260	12.7	313	12.4	85	11.9

商贸人员		服务员推销员		退休人员		家庭妇女		军人		学生		其他	
(人)	(%)	(人)	(%)	(人)	(%)	(人)	(%)	(人)	(%)	(人)	(%)	(人)	(%)
3 354	100.0	588	100.0	1 150	100.0	1 263	100.0	48	100.0	1 102	100.0	1 078	100.0
56	1.7	9	1.5	28	2.4	36	2.9	4	8.3	23	2.1	24	2.2
177	5.3	31	5.3	57	5.0	68	5.4	1	2.1	108	9.8	81	7.5
898	26.8	215	36.6	339	29.5	415	32.9	12	25.0	307	27.9	260	24.1
1 062	31.7	215	36.6	426	37.0	450	35.6	16	33.3	365	33.1	286	26.5
1 161	34.6	118	20.1	300	26.1	294	23.3	15	31.3	299	27.1	427	39.6
3 502	100.0	615	100.0	1 205	100.0	1 334	100.0	47	100.0	1 146	100.0	1 126	100.0
35	1.0	9	1.5	8	0.7	18	1.3	1	2.1	15	1.3	20	1.8
157	4.5	44	7.2	55	4.6	58	4.3	1	2.1	84	7.3	75	6.7
975	27.8	195	31.7	353	29.3	454	34.0	9	19.1	312	27.2	253	22.5
1 125	32.1	243	39.5	481	39.9	512	38.4	15	31.9	433	37.8	294	26.1
1 210	34.6	124	20.2	308	25.6	292	21.9	21	44.7	302	26.4	484	43.0
3 338	100.0	594	100.0	1 197	100.0	1 292	100.0	46	100.0	1 098	100.0	1 083	100.0
57	1.7	11	1.9	8	0.7	15	1.2	1	2.2	13	1.2	26	2.4
171	5.1	41	6.9	51	4.3	79	6.1	0	0.0	73	6.6	65	6.0
871	26.1	174	29.3	301	25.1	373	28.9	7	15.2	278	25.3	234	21.6
947	28.4	216	36.4	453	37.8	480	37.2	19	41.3	352	32.1	281	25.9
1 292	38.7	152	25.6	384	32.1	345	26.7	19	41.3	382	34.8	477	44.0
3 409	100.0	600	100.0	1 205	100.0	1 308	100.0	47	100.0	1 122	100.0	1 111	100.0
323	9.5	74	12.3	120	10.0	155	11.9	5	10.6	192	17.1	138	12.4
529	15.5	127	21.2	247	20.5	270	20.6	8	17.0	257	22.9	187	16.8
808	23.7	186	31.0	365	30.3	393	30.0	7	14.9	280	25.0	279	25.1
700	20.5	146	24.3	298	24.7	315	24.1	13	27.7	226	20.1	228	20.5
1 049	30.8	67	11.2	175	14.5	175	13.4	14	29.8	167	14.9	279	25.1

8－4　2009 年入境游客对旅游

		调查人数		观光游览		休闲度假		探亲访友	
		(人)	(%)	(人)	(%)	(人)	(%)	(人)	(%)
宾馆饭店	小计	15 157	100.0	4 166	100.0	2 785	100.0	1 935	100.0
	1 分	61	0.4	23	0.6	5	0.2	6	0.3
	2 分	363	2.4	117	2.8	62	2.2	39	2.0
	3 分	2 876	19.0	662	15.9	459	16.5	457	23.6
	4 分	6 471	42.7	1 673	40.2	1 329	47.7	982	50.7
	5 分	5 386	35.5	1 691	40.6	930	33.4	451	23.3
餐　　饮	小计	15 378	100.0	4 125	100.0	2 867	100.0	2 024	100.0
	1 分	133	0.9	46	1.1	13	0.5	11	0.5
	2 分	703	4.6	200	4.8	106	3.7	57	2.8
	3 分	3 934	25.6	956	23.2	705	24.6	592	29.2
	4 分	6 537	42.5	1 752	42.5	1 300	45.3	1 017	50.2
	5 分	4 071	26.5	1 171	28.4	743	25.9	347	17.1
交　　通	小计	15 224	100.0	4 075	100.0	2 865	100.0	2 014	100.0
	1 分	466	3.1	113	2.8	91	3.2	47	2.3
	2 分	1 643	10.8	354	8.7	269	9.4	242	12.0
	3 分	4 719	31.0	1 155	28.3	873	30.5	699	34.7
	4 分	5 421	35.6	1 615	39.6	1 153	40.2	802	39.8
	5 分	2 975	19.5	838	20.6	479	16.7	224	11.1

接待设施的评价(按旅游目的分组)

商务		会议		宗教朝拜		文化/体育/科技交流		其他	
(人)	(%)	(人)	(%)	(人)	(%)	(人)	(%)	(人)	(%)
4 313	100. 0	550	100. 0	43	100. 0	296	100. 0	1 069	100. 0
21	0. 5	1	0. 2	1	2. 3	1	0. 3	3	0. 3
93	2. 2	21	3. 8	4	9. 3	6	2. 0	21	2. 0
912	21. 1	110	20. 0	3	7. 0	51	17. 2	222	20. 8
1 799	41. 7	244	44. 4	18	41. 9	137	46. 3	289	27. 0
1 488	34. 5	174	31. 6	17	39. 5	101	34. 1	534	50. 0
4 348	100. 0	554	100. 0	43	100. 0	302	100. 0	1 115	100. 0
48	1. 1	6	1. 1	2	4. 7	1	0. 3	6	0. 5
232	5. 3	29	5. 2	4	9. 3	14	4. 6	61	5. 5
1 145	26. 3	166	30. 0	10	23. 3	65	21. 5	295	26. 5
1 744	40. 1	223	40. 3	16	37. 2	130	43. 0	355	31. 8
1 179	27. 1	130	23. 5	11	25. 6	92	30. 5	398	35. 7
4 277	100. 0	543	100. 0	43	100. 0	301	100. 0	1 106	100. 0
147	3. 4	30	5. 5	3	7. 0	9	3. 0	26	2. 4
505	11. 8	75	13. 8	5	11. 6	42	14. 0	151	13. 7
1 413	33. 0	173	31. 9	15	34. 9	85	28. 2	306	27. 7
1 279	29. 9	194	35. 7	9	20. 9	109	36. 2	260	23. 5
933	21. 8	71	13. 1	11	25. 6	56	18. 6	363	32. 8

8－4(续)

		调查人数		观光游览		休闲度假		探亲访友	
		(人)	(%)	(人)	(%)	(人)	(%)	(人)	(%)
娱乐	小计	14 189	100.0	3 858	100.0	2 746	100.0	1 934	100.0
	1分	283	2.0	125	3.2	40	1.5	20	1.0
	2分	867	6.1	241	6.2	129	4.7	88	4.6
	3分	4 261	30.0	991	25.7	882	32.1	741	38.3
	4分	4 938	34.8	1 475	38.2	1 019	37.1	726	37.5
	5分	3 840	27.1	1 026	26.6	676	24.6	359	18.6
购物	小计	14 849	100.0	4 052	100.0	2 843	100.0	1 995	100.0
	1分	167	1.1	65	1.6	22	0.8	12	0.6
	2分	779	5.2	238	5.9	109	3.8	71	3.6
	3分	4 470	30.1	1 038	25.6	823	28.9	795	39.8
	4分	5 351	36.0	1 570	38.7	1 111	39.1	783	39.2
	5分	4 082	27.5	1 141	28.2	778	27.4	334	16.7
游览/参观点	小计	14 342	100.0	4 030	100.0	2 802	100.0	1 934	100.0
	1分	202	1.4	57	1.4	24	0.9	18	0.9
	2分	830	5.8	205	5.1	139	5.0	119	6.2
	3分	3 984	27.8	853	21.2	789	28.2	754	39.0
	4分	4 795	33.4	1 560	38.7	1 016	36.3	625	32.3
	5分	4 531	31.6	1 355	33.6	834	29.8	418	21.6
旅游景区厕所	小计	14 582	100.0	4 100	100.0	2 787	100.0	1 948	100.0
	1分	1 652	11.3	631	15.4	266	9.5	156	8.0
	2分	2 801	19.2	715	17.4	565	20.3	478	24.5
	3分	4 178	28.7	1 091	26.6	831	29.8	688	35.3
	4分	3 284	22.5	1 165	28.4	711	25.5	367	18.8
	5分	2 667	18.3	498	12.1	414	14.9	259	13.3

商务		会议		宗教朝拜		文化/体育/科技交流		其他	
(人)	(%)	(人)	(%)	(人)	(%)	(人)	(%)	(人)	(%)
3 810	100.0	480	100.0	43	100.0	281	100.0	1 037	100.0
57	1.5	10	2.1	3	7.0	2	0.7	26	2.5
228	6.0	53	11.0	2	4.7	27	9.6	99	9.5
1 154	30.3	153	31.9	16	37.2	85	30.2	239	23.0
1 173	30.8	154	32.1	8	18.6	105	37.4	278	26.8
1 198	31.4	110	22.9	14	32.6	62	22.1	395	38.1
4 036	100.0	501	100.0	43	100.0	290	100.0	1 089	100.0
44	1.1	9	1.8	4	9.3	0	0.0	11	1.0
232	5.7	30	6.0	1	2.3	16	5.5	82	7.5
1 330	33.0	158	31.5	10	23.3	68	23.4	248	22.8
1 229	30.5	194	38.7	16	37.2	127	43.8	321	29.5
1 201	29.8	110	22.0	12	27.9	79	27.2	427	39.2
3 766	100.0	449	100.0	43	100.0	270	100.0	1 048	100.0
71	1.9	10	2.2	5	11.6	3	1.1	14	1.3
234	6.2	37	8.2	2	4.7	13	4.8	81	7.7
1 128	30.0	112	24.9	12	27.9	60	22.2	276	26.3
1 048	27.8	160	35.6	11	25.6	117	43.3	258	24.6
1 285	34.1	130	29.0	13	30.2	77	28.5	419	40.0
3 895	100.0	466	100.0	44	100.0	275	100.0	1 067	100.0
353	9.1	57	12.2	10	22.7	35	12.7	144	13.5
661	17.0	110	23.6	13	29.5	46	16.7	213	20.0
1 105	28.4	113	24.2	9	20.5	73	26.5	268	25.1
682	17.5	93	20.0	5	11.4	73	26.5	188	17.6
1 094	28.1	93	20.0	7	15.9	48	17.5	254	23.8

8－5　2009 年入境游客对各省(区、市)

	宾馆饭店						餐　饮					
	小计	5 分	4 分	3 分	2 分	1 分	小计	5 分	4 分	3 分	2 分	1 分
北　京	100	65.6	30.0	3.7	0.3	0.4	100	48.2	39.7	10.6	1.0	0.4
天　津	100	54.3	32.3	11.9	0.9	0.7	100	39.2	35.0	21.9	3.2	0.7
河　北	100	40.7	41.1	15.4	2.0	0.8	100	27.6	40.3	26.1	4.9	1.0
山　西	100	38.5	45.3	15.4	0.6	0.2	100	34.6	50.4	13.5	1.2	0.3
内蒙古	100	54.2	20.0	25.8	0.0	0.0	100	51.8	18.9	27.9	1.4	0.0
辽　宁	100	74.4	22.1	2.6	0.5	0.3	100	61.8	28.3	8.1	1.5	0.3
吉　林	100	41.5	48.0	8.8	1.3	0.5	100	30.8	47.0	17.8	3.5	1.0
黑龙江	100	51.3	37.1	9.4	1.3	0.9	100	51.9	36.0	9.7	2.0	0.4
上　海	100	59.8	36.3	3.7	0.1	0.1	100	39.7	49.6	9.1	1.4	0.2
江　苏	100	56.7	39.3	3.8	0.2	0.0	100	43.3	43.9	12.1	0.6	0.1
浙　江	100	39.3	45.6	13.5	0.9	0.8	100	28.6	50.4	19.0	1.6	0.4
安　徽	100	61.2	27.1	9.5	1.7	0.5	100	49.4	34.5	12.2	3.0	0.9
福　建	100	41.3	46.9	10.1	1.6	0.2	100	25.1	46.8	23.2	4.3	0.5
江　西	100	43.4	40.3	14.3	2.0	0.0	100	29.5	42.8	23.5	4.2	0.0
山　东	100	56.2	32.5	9.9	1.3	0.1	100	41.4	37.5	16.8	4.0	0.3
河　南	100	37.2	38.5	23.2	0.9	0.2	100	34.3	33.2	28.8	3.6	0.0
湖　北	100	46.5	43.0	9.7	0.6	0.2	100	36.9	44.5	16.8	1.4	0.4
湖　南	100	39.1	46.2	13.4	1.1	0.1	100	36.7	39.4	21.4	1.9	0.6
广　东	100	43.0	40.3	14.5	1.9	0.3	100	29.5	42.3	24.1	3.5	0.6
广　西	100	41.1	44.0	14.1	0.6	0.2	100	26.8	47.8	22.7	2.0	0.7
海　南	100	54.0	34.7	9.6	0.9	0.8	100	26.1	46.7	20.0	5.6	1.6
重　庆	100	38.6	44.4	15.7	1.0	0.3	100	33.4	40.4	19.5	4.9	1.7
四　川	100	37.0	52.6	9.9	0.4	0.1	100	30.5	56.0	12.2	1.1	0.1
贵　州	100	15.9	61.9	20.8	1.3	0.2	100	11.3	57.7	28.1	2.8	0.2
云　南	100	33.5	47.6	17.7	0.9	0.3	100	22.5	44.3	26.2	5.9	1.0
西　藏	100	39.0	35.0	22.0	3.5	0.5	100	38.0	25.5	26.0	10.0	0.5
陕　西	100	51.4	34.7	10.9	2.0	1.1	100	32.6	41.4	19.7	5.0	1.4
甘　肃	100	35.5	50.1	12.6	1.7	0.1	100	24.2	48.8	24.9	2.0	0.1
青　海	100	46.8	35.9	16.5	0.4	0.4	100	31.3	40.2	24.5	3.6	0.4
宁　夏	100	24.7	47.3	24.7	2.7	0.7	100	19.6	55.9	20.3	3.5	0.7
新　疆	100	13.8	66.8	19.5	0.0	0.0	100	13.8	62.9	22.1	1.3	0.0

旅游接待设施的评价

单位：%

交通						娱乐					
小计	5分	4分	3分	2分	1分	小计	5分	4分	3分	2分	1分
100	29.0	41.3	21.4	6.6	1.7	100	36.9	42.5	16.3	3.5	0.7
100	30.7	28.8	32.1	6.2	2.1	100	33.0	33.8	26.2	5.0	2.1
100	17.7	33.3	33.2	12.6	3.2	100	18.3	38.3	28.1	12.1	3.1
100	25.1	53.2	19.4	2.3	0.0	100	17.6	55.9	22.7	3.3	0.5
100	49.3	13.4	33.9	2.6	0.8	100	44.9	14.4	36.9	2.7	1.0
100	49.0	27.8	13.9	7.6	1.7	100	50.9	29.4	15.5	3.9	0.3
100	18.0	49.8	23.0	7.5	1.8	100	53.8	25.5	11.0	7.8	2.0
100	47.1	39.1	10.9	2.6	0.3	100	37.4	48.9	9.9	2.7	1.1
100	22.7	48.5	22.9	4.9	1.0	100	30.8	51.1	15.4	2.7	0.1
100	22.1	51.1	24.1	2.0	0.6	100	22.7	50.6	23.3	2.8	0.6
100	12.2	40.7	36.7	7.8	2.7	100	10.9	45.6	33.0	8.8	1.6
100	45.2	36.1	13.9	3.9	0.9	100	36.4	43.9	12.7	4.7	2.3
100	15.4	31.9	38.7	9.5	4.5	100	15.4	38.6	34.6	8.6	2.9
100	16.3	38.6	33.3	9.1	2.7	100	14.7	32.0	42.4	7.9	3.1
100	31.9	33.7	26.2	7.2	1.1	100	32.4	33.4	22.9	7.7	3.6
100	33.8	30.1	30.6	4.0	1.5	100	27.8	26.2	35.3	5.4	5.3
100	24.0	37.5	28.5	8.1	1.9	100	26.7	39.8	24.6	7.2	1.6
100	33.1	28.7	32.2	5.3	0.8	100	36.7	36.9	21.6	4.3	0.6
100	19.8	36.4	32.6	8.7	2.5	100	33.1	33.6	25.3	5.9	2.2
100	17.3	43.9	33.6	4.5	0.6	100	17.5	40.1	31.4	8.3	2.7
100	14.7	33.9	33.5	13.2	4.7	100	19.8	28.2	27.7	19.5	4.9
100	26.2	30.5	27.0	12.5	3.8	100	28.5	40.0	24.8	5.7	1.0
100	27.9	53.8	17.0	1.0	0.3	100	24.6	56.9	17.0	1.0	0.5
100	7.2	59.1	28.7	4.8	0.2	100	9.4	59.8	27.5	2.9	0.4
100	12.4	30.8	33.2	16.7	6.9	100	13.9	33.6	38.7	9.0	4.8
100	42.0	25.5	26.0	5.5	1.0	100	37.0	17.0	20.0	21.0	5.0
100	15.6	33.3	31.3	13.8	6.0	100	21.6	37.2	28.2	8.9	4.1
100	15.3	43.4	33.7	6.3	1.3	100	8.0	45.8	35.8	7.6	2.7
100	22.1	36.7	32.1	8.3	0.8	100	12.0	32.8	39.3	12.0	3.8
100	14.1	50.0	32.0	3.9	0.0	100	12.2	52.4	29.3	4.9	1.2
100	6.8	52.5	39.5	1.3	0.0	100	8.5	61.8	29.0	0.8	0.0

8－5(续)

	购物					
	小计	5分	4分	3分	2分	1分
北　京	100	42.3	43.5	11.4	2.6	0.3
天　津	100	34.3	39.0	21.3	3.4	2.1
河　北	100	21.7	38.9	27.5	9.7	2.2
山　西	100	21.6	56.1	20.2	1.9	0.2
内蒙古	100	45.9	18.9	32.3	2.2	0.6
辽　宁	100	54.5	28.1	12.6	4.4	0.3
吉　林	100	44.0	38.5	10.0	4.8	2.8
黑龙江	100	46.3	39.1	10.3	3.0	1.3
上　海	100	38.5	49.0	10.7	1.6	0.2
江　苏	100	32.3	51.9	13.9	1.5	0.4
浙　江	100	20.2	47.0	27.5	4.5	0.8
安　徽	100	35.7	46.4	11.3	4.9	1.6
福　建	100	18.8	44.2	30.0	6.1	1.0
江　西	100	17.0	45.7	26.8	6.2	4.3
山　东	100	36.4	35.3	21.3	6.0	1.0
河　南	100	31.5	30.0	31.3	5.3	2.0
湖　北	100	31.2	44.2	18.4	5.0	1.3
湖　南	100	37.2	38.8	20.6	3.1	0.4
广　东	100	33.3	39.1	21.2	5.3	1.2
广　西	100	27.5	41.1	26.0	4.0	1.5
海　南	100	14.6	33.4	29.0	17.5	5.4
重　庆	100	31.2	42.2	23.3	2.6	0.7
四　川	100	28.9	56.9	13.1	1.0	0.2
贵　州	100	8.6	59.9	28.2	3.2	0.2
云　南	100	20.2	43.4	30.5	4.7	1.2
西　藏	100	40.0	23.0	30.0	6.0	1.0
陕　西	100	25.1	39.8	28.5	5.1	1.4
甘　肃	100	16.5	45.6	30.6	6.7	0.6
青　海	100	19.2	39.7	33.5	6.7	0.8
宁　夏	100	14.0	49.1	33.3	2.6	0.9
新　疆	100	9.5	59.8	30.3	0.5	0.0

单位：%

游览/参观点						旅游景区厕所					
小计	5分	4分	3分	2分	1分	小计	5分	4分	3分	2分	1分
100	42.8	41.1	13.3	2.2	0.5	100	20.5	37.7	24.6	12.8	4.4
100	37.5	30.5	23.0	5.8	3.2	100	30.7	16.8	29.0	12.8	10.8
100	29.6	37.1	19.2	11.0	3.1	100	19.6	27.2	27.2	15.7	10.2
100	27.3	52.6	17.7	1.4	1.0	100	19.2	39.5	32.7	5.7	2.9
100	45.7	17.9	34.0	1.4	1.0	100	41.0	10.4	41.0	4.0	3.7
100	57.2	23.7	13.9	5.2	0.0	100	36.5	28.2	21.2	9.4	4.7
100	32.8	45.3	11.8	6.0	4.3	100	19.5	17.5	41.3	11.0	10.8
100	43.3	45.4	8.7	2.0	0.6	100	27.9	40.6	17.9	6.9	6.9
100	33.4	49.5	14.3	2.3	0.4	100	15.6	38.8	26.1	14.7	4.8
100	41.5	48.3	9.3	0.7	0.2	100	23.4	46.8	25.2	3.4	1.1
100	22.3	42.2	30.7	3.4	1.4	100	11.0	25.3	37.4	14.9	11.4
100	60.2	28.3	7.4	2.9	1.3	100	44.2	37.1	11.6	4.0	3.0
100	22.2	41.6	28.6	5.8	1.8	100	11.2	23.3	37.9	17.9	9.7
100	26.6	38.9	25.6	6.9	2.0	100	12.4	30.4	34.8	13.3	9.1
100	40.9	30.1	20.6	6.3	2.1	100	29.0	29.2	26.4	10.3	5.1
100	40.4	29.9	26.7	2.5	0.5	100	25.9	29.6	29.9	7.0	7.5
100	30.3	41.9	22.7	3.6	1.5	100	18.4	38.2	28.4	9.6	5.3
100	40.7	40.4	16.2	2.0	0.5	100	33.2	34.2	23.8	5.9	2.9
100	35.9	34.6	23.1	4.9	1.5	100	28.6	25.2	29.6	11.4	5.2
100	36.8	39.6	21.3	1.8	0.4	100	12.6	31.6	37.1	12.8	6.0
100	23.1	42.9	19.7	9.5	4.9	100	13.1	23.9	25.0	17.8	20.2
100	34.4	37.7	22.6	3.9	1.4	100	24.4	31.1	24.8	10.9	8.9
100	34.0	51.0	13.8	1.1	0.1	100	28.2	49.8	19.5	1.8	0.7
100	10.9	59.7	26.7	2.3	0.4	100	3.8	43.5	44.3	7.0	1.5
100	28.1	41.6	24.0	3.5	2.8	100	8.2	25.9	28.5	17.4	20.0
100	43.5	34.5	19.0	3.0	0.0	100	34.5	18.5	28.5	17.0	1.5
100	42.1	37.8	14.4	3.9	1.8	100	10.7	22.2	35.1	19.6	12.4
100	30.3	36.1	28.2	4.6	0.9	100	10.2	35.5	37.1	11.0	6.3
100	23.5	38.0	32.6	5.0	0.9	100	11.8	20.7	36.0	19.7	11.8
100	18.4	46.1	27.6	3.9	3.9	100	7.2	33.3	42.0	8.7	8.7
100	8.8	60.3	30.3	0.8	0.0	100	4.5	40.2	45.5	9.0	0.8

九、入境游客对旅游资源的兴趣

9-1 2009年入境游客感兴趣的旅游资源

（按外国人、港澳台胞、团体及散客分组）

单位：%

		山水风光	文物古迹	民俗风情	文化艺术	饮食烹调	医疗保健	旅游购物	海滩	节庆活动	其他
总平均	**总计**	**52.5**	**43.9**	**37.7**	**28.3**	**34.8**	**11.9**	**29.3**	**9.3**	**11.8**	**12.5**
	团体	59.8	50.1	42.9	29.2	33.3	12.3	31.3	8.2	12.9	11.5
	散客	47.3	39.4	34.1	27.7	35.9	11.6	27.9	10.2	11.0	13.2
外国人	小计	52.8	45.6	38.1	29.1	35.6	11.6	29.5	9.3	11.9	11.7
	团体	58.4	50.7	42.7	30.0	34.6	12.6	32.2	8.4	12.5	10.8
	散客	48.1	41.2	34.3	28.3	36.6	10.6	27.1	10.0	11.3	12.4
香港同胞	小计	50.7	37.9	36.6	26.5	34.2	12.6	28.6	9.5	11.4	12.4
	团体	69.2	46.9	42.0	24.9	29.8	10.6	28.8	7.9	16.1	12.2
	散客	44.5	35.0	34.9	27.0	35.7	13.2	28.5	10.1	9.8	12.4
澳门同胞	小计	49.1	35.1	31.6	25.0	31.3	15.8	37.5	12.7	13.9	22.2
	团体	61.1	45.3	43.5	26.5	27.9	11.9	27.9	8.4	17.4	20.8
	散客	44.1	30.8	26.7	24.4	32.8	17.5	41.5	14.5	12.5	22.7
台湾同胞	小计	55.0	45.1	39.7	27.2	30.8	11.1	24.3	7.8	10.5	14.1
	团体	63.4	50.3	45.8	26.8	26.8	10.7	26.0	6.0	11.6	14.1
	散客	49.7	41.9	35.9	27.5	33.4	11.4	23.2	9.0	9.8	14.1

9-2 2009年入境游客感兴趣的旅游资源
(按性别、年龄、团体及散客分组)

单位：%

		山水风光	文物古迹	民俗风情	文化艺术	饮食烹调	医疗保健	旅游购物	海滩	节庆活动	其他
总平均	**总计**	**52.5**	**43.9**	**37.7**	**28.3**	**34.8**	**11.9**	**29.3**	**9.3**	**11.8**	**12.5**
	团体	59.8	50.1	42.9	29.2	33.3	12.3	31.3	8.2	12.9	11.5
	散客	47.3	39.4	34.1	27.7	35.9	11.6	27.9	10.2	11.0	13.2
男性	小计	52.1	44.9	36.9	28.3	34.1	11.6	24.7	8.5	11.3	13.1
	团体	60.8	52.6	43.6	29.8	30.5	12.3	25.9	7.7	13.0	12.2
	散客	47.2	40.6	33.2	27.5	36.1	11.2	24.0	9.0	10.3	13.5
女性	小计	53.1	42.5	38.9	28.4	35.8	12.2	35.5	10.4	12.4	11.7
	团体	58.9	47.7	42.2	28.6	36.1	12.2	36.5	8.7	12.9	10.8
	散客	47.5	37.5	35.6	28.2	35.5	12.3	34.4	12.2	12.0	12.6
65岁及以上	小计	58.7	51.3	42.8	31.3	29.3	18.7	26.7	9.3	14.9	13.5
	团体	63.2	54.6	46.4	32.1	29.8	19.2	27.5	10.2	16.4	15.0
	散客	50.3	45.5	36.4	29.8	28.6	17.8	25.3	7.7	12.0	10.5
45~64岁	小计	53.9	46.6	38.5	28.6	32.9	13.0	25.1	8.2	10.9	11.5
	团体	62.1	52.5	43.1	29.1	30.3	12.7	26.4	6.8	11.3	9.8
	散客	47.5	42.0	34.8	28.1	35.0	13.2	24.0	9.4	10.5	12.9
25~44岁	小计	50.5	41.2	36.5	27.1	36.8	10.6	31.1	9.1	11.2	12.6
	团体	57.4	46.8	41.1	27.5	36.7	10.7	35.7	7.8	12.5	11.3
	散客	46.6	38.1	33.9	26.9	36.9	10.6	28.5	9.8	10.5	13.4
15~24岁	小计	53.1	42.4	37.4	31.4	36.1	9.3	36.2	13.9	14.8	13.4
	团体	58.7	51.6	45.2	33.2	34.9	10.1	34.8	11.6	15.7	13.1
	散客	48.9	35.7	31.6	30.0	37.0	8.7	37.2	15.5	14.2	13.7
14岁及以下	小计	49.0	33.4	35.9	21.1	31.4	8.3	35.2	14.6	14.8	21.9
	团体	49.5	34.3	41.4	21.0	31.0	4.8	32.9	11.0	15.7	20.0
	散客	48.4	32.4	29.8	21.3	31.9	12.2	37.8	18.6	13.8	23.9

9-3 2009年入境游客感兴趣的旅游资源

（按职业、团体及散客分组）

单位：%

		山水风光	文物古迹	民俗风情	文化艺术	饮食烹调	医疗保健	旅游购物	海滩	节庆活动	其他
总平均	**总计**	**52.5**	**43.9**	**37.7**	**28.3**	**34.8**	**11.9**	**29.3**	**9.3**	**11.8**	**12.5**
	团体	59.8	50.1	42.9	29.2	33.3	12.3	31.3	8.2	12.9	11.5
	散客	47.3	39.4	34.1	27.7	35.9	11.6	27.9	10.2	11.0	13.2
政府工作人员	小计	60.4	53.0	44.9	34.2	36.2	20.2	31.3	17.9	19.2	19.6
	团体	68.1	59.9	51.7	37.0	38.1	24.5	35.0	20.9	24.5	23.6
	散客	50.6	44.1	36.2	30.7	33.6	14.6	26.5	14.0	12.4	14.4
专业技术人员	小计	53.8	48.7	39.3	31.0	34.3	11.8	24.0	8.3	11.6	11.0
	团体	62.8	57.9	47.9	33.3	28.2	12.9	26.8	8.0	13.7	10.2
	散客	49.3	44.0	35.0	29.8	37.5	11.3	22.6	8.4	10.5	11.4
职员	小计	53.0	44.2	39.6	27.3	34.5	11.3	29.5	9.3	10.7	11.1
	团体	60.4	52.6	44.3	27.7	32.0	11.6	28.8	7.4	11.1	10.6
	散客	47.3	37.5	35.9	27.0	36.4	11.1	30.1	10.8	10.4	11.6
技工/工人	小计	54.7	45.6	40.7	34.0	36.6	16.9	29.2	12.7	14.3	15.3
	团体	65.6	55.3	50.0	37.6	37.6	18.4	30.3	13.7	17.9	15.0
	散客	48.1	39.8	35.0	31.8	36.1	16.0	28.5	12.0	12.1	15.5
商贸人员	小计	45.3	37.6	31.9	24.9	38.3	9.6	29.1	7.7	10.0	13.0
	团体	47.9	37.7	33.2	22.7	45.5	8.9	41.8	6.3	10.4	9.3
	散客	44.3	37.5	31.4	25.8	35.5	9.8	24.1	8.3	9.9	14.5
服务员/推销员	小计	50.7	42.9	35.2	26.6	31.3	13.3	35.4	11.6	13.0	12.4
	团体	53.9	49.7	37.8	26.9	28.1	11.6	32.3	8.6	13.5	11.3
	散客	48.2	37.5	33.1	26.3	33.8	14.6	37.9	13.9	12.5	13.3
退休人员	小计	57.5	49.8	41.8	28.5	27.9	15.5	25.8	6.3	11.1	8.7
	团体	62.5	52.4	44.3	28.1	27.5	13.9	24.8	4.4	10.8	8.1
	散客	49.0	45.4	37.5	29.1	28.7	18.4	27.5	9.6	11.6	9.6
家庭妇女	小计	53.3	38.4	39.6	25.6	33.9	12.2	35.3	8.6	10.1	9.8
	团体	61.6	42.9	42.9	25.4	30.9	11.8	33.1	6.2	9.7	8.9
	散客	43.4	33.0	35.7	25.8	37.4	12.7	38.0	11.4	10.6	10.9
军人	小计	56.6	46.9	41.5	34.1	28.7	16.3	34.5	9.7	20.2	21.3
	团体	54.7	51.1	50.4	33.6	24.1	17.5	39.4	11.7	21.9	21.2
	散客	58.7	42.1	31.4	34.7	33.9	14.9	28.9	7.4	18.2	21.5
学生	小计	54.0	43.3	36.7	31.9	37.2	6.8	34.5	11.4	14.3	13.2
	团体	58.4	48.9	41.9	35.2	35.1	6.4	32.9	7.9	14.5	12.0
	散客	50.1	38.5	32.2	29.1	39.1	7.2	35.8	14.4	14.0	14.2
其他	小计	56.6	44.3	35.9	27.4	32.5	10.5	29.7	10.0	12.3	16.3
	团体	64.9	50.3	38.0	27.9	27.9	8.1	27.1	7.7	12.6	14.6
	散客	50.3	39.8	34.3	27.1	36.0	12.3	31.7	11.7	12.0	17.5

9－4 2009年入境游客感兴趣的旅游资源
(按旅游目的、团体及散客分组)

单位：%

		山水风光	文物古迹	民俗风情	文化艺术	饮食烹调	医疗保健	旅游购物	海滩	节庆活动	其他
总平均	**总计**	**52.5**	**43.9**	**37.7**	**28.3**	**34.8**	**11.9**	**29.3**	**9.3**	**11.8**	**12.5**
	团体	59.8	50.1	42.9	29.2	33.3	12.3	31.3	8.2	12.9	11.5
	散客	47.3	39.4	34.1	27.7	35.9	11.6	27.9	10.2	11.0	13.2
观光游览	小计	65.1	52.3	44.3	31.4	33.4	10.7	28.9	8.3	13.1	10.5
	团体	66.8	54.4	46.5	31.6	33.2	11.6	28.5	7.2	13.5	10.5
	散客	61.3	47.6	39.0	30.7	33.7	8.4	29.9	10.8	12.2	10.4
休闲度假	小计	54.6	46.3	40.1	27.8	32.4	14.2	32.5	12.4	12.2	11.4
	团体	56.7	51.1	43.4	26.8	29.3	15.1	30.9	10.7	12.4	12.3
	散客	52.1	40.6	36.3	28.9	36.0	13.1	34.4	14.3	12.1	10.3
探亲访友	小计	45.1	36.6	37.5	25.9	36.3	13.9	30.2	10.0	10.7	11.8
	团体	50.5	42.1	42.8	25.4	29.7	12.3	31.2	9.2	14.6	15.9
	散客	44.2	35.7	36.6	26.0	37.3	14.2	30.0	10.1	10.1	11.2
商务	小计	40.9	35.9	28.8	24.8	38.2	9.5	27.3	8.3	9.2	13.8
	团体	32.7	28.7	20.5	18.8	53.3	7.5	53.5	6.6	7.3	9.6
	散客	42.2	37.1	30.1	25.8	35.8	9.9	23.1	8.5	9.5	14.5
会议	小计	39.7	37.3	34.4	30.1	37.9	13.5	23.6	7.7	10.7	13.3
	团体	47.1	37.0	35.3	28.5	31.5	13.2	27.4	7.9	11.2	15.6
	散客	38.4	37.4	34.3	30.4	38.9	13.5	22.9	7.7	10.6	12.9
宗教朝拜	小计	48.2	42.0	41.1	22.8	18.0	13.0	18.7	5.5	12.3	13.9
	团体	53.0	38.6	40.5	20.5	17.4	11.0	18.6	3.8	9.8	12.9
	散客	40.8	47.1	42.0	26.4	19.0	16.1	19.0	8.0	16.1	15.5
文体交流	小计	48.4	46.3	40.1	38.9	37.7	14.7	25.5	8.8	16.2	13.8
	团体	52.8	44.1	39.3	44.7	33.4	11.8	30.6	11.2	19.7	14.6
	散客	46.8	47.1	40.4	36.7	39.3	15.8	23.6	7.9	15.0	13.5
其他	小计	45.3	34.3	29.8	24.3	33.2	16.0	38.0	11.4	14.3	24.2
	团体	49.3	41.4	35.8	30.0	22.0	14.1	36.9	6.9	21.8	23.9
	散客	44.4	32.8	28.5	23.1	35.5	16.4	38.2	12.3	12.8	24.2

9－5 2009年入境游客对各省(区、市)旅游资源的兴趣

单位：%

	山水风光	文物古迹	民俗风情	文化艺术	饮食烹调	医疗保健	旅游购物	海滩	节庆活动	其他
北 京	37.0	58.1	35.8	29.6	45.0	13.0	34.6	1.4	7.0	9.7
天 津	27.2	43.0	39.8	26.4	36.4	13.6	26.2	6.0	10.2	7.6
河 北	48.7	45.6	27.7	30.7	32.7	6.3	22.7	17.3	9.4	9.0
山 西	40.7	69.7	51.3	24.1	22.3	9.1	9.4	6.8	12.8	14.1
内蒙古	12.8	20.2	27.2	18.2	48.8	9.6	60.0	3.8	9.6	8.8
辽 宁	52.1	37.3	37.5	20.5	38.3	8.6	25.1	27.6	21.9	13.7
吉 林	40.0	40.3	32.3	13.8	37.8	10.3	19.5	1.3	11.5	6.0
黑龙江	67.6	34.0	29.3	29.3	34.3	9.9	47.0	4.1	8.0	8.4
上 海	26.0	39.7	33.0	38.1	51.0	14.6	42.2	5.0	13.0	10.9
江 苏	53.0	46.3	38.9	25.7	35.0	7.9	28.8	1.8	7.2	8.9
浙 江	61.4	44.4	32.1	26.8	34.5	8.3	24.1	20.8	19.4	12.7
安 徽	71.0	46.2	35.7	21.9	27.7	10.9	15.6	8.5	10.2	20.1
福 建	41.2	33.6	32.7	20.6	31.6	7.1	23.0	18.9	5.0	16.3
江 西	69.1	50.6	44.0	26.2	34.1	8.2	35.2	1.3	14.9	11.2
山 东	54.1	42.4	30.9	24.7	30.5	11.0	30.0	28.3	8.7	6.6
河 南	70.8	88.8	56.7	55.1	48.0	31.6	32.6	27.4	30.9	30.6
湖 北	47.6	46.0	35.3	23.7	32.5	7.8	18.8	3.4	8.2	11.4
湖 南	77.6	53.6	65.6	51.4	48.3	39.1	38.2	17.5	29.6	24.8
广 东	37.6	29.8	29.5	22.1	29.1	12.9	36.3	3.7	14.0	23.5
广 西	69.1	31.1	42.5	20.9	29.7	11.4	20.3	10.9	9.0	9.8
海 南	57.6	21.2	29.0	13.5	23.5	12.7	26.5	54.9	8.2	14.4
重 庆	72.8	40.8	29.5	24.5	28.8	4.0	8.8	1.0	1.3	4.8
四 川	82.4	59.2	51.2	28.4	27.5	10.1	14.6	1.6	12.9	11.6
贵 州	74.0	30.2	59.2	19.0	17.2	3.0	13.3	0.2	16.2	3.7
云 南	68.8	36.7	68.6	33.0	32.4	6.3	25.1	1.2	16.7	13.9
西 藏	28.0	35.0	46.0	43.5	5.0	3.0	26.0	2.0	17.0	5.0
陕 西	36.1	78.8	36.1	42.3	33.5	4.5	27.1	2.1	8.6	7.8
甘 肃	43.6	59.7	41.6	34.2	32.5	5.2	20.9	0.4	6.9	9.7
青 海	69.2	28.0	60.8	26.8	20.4	5.2	22.0	0.4	10.8	11.2
宁 夏	50.7	40.7	46.0	18.7	35.3	2.7	15.3	0.0	6.7	19.3
新 疆	38.5	57.3	50.8	30.3	16.0	4.8	14.0	0.0	10.8	10.0

十、入境游客对旅游商品的兴趣

10－1 2009年入境游客感兴趣的旅游商品

（按外国人、港澳台胞、团体及散客分组）

单位：%

		服装/丝绸	中成药/保健品	食品/茶叶	酒类/香烟	瓷器/陶器	文复品/字画	地毯/挂毯	首饰/珍珠	胶卷/电器	纪念品/工艺品
总平均	**总计**	**39.5**	**21.4**	**46.7**	**19.8**	**23.6**	**19.6**	**10.3**	**19.0**	**6.8**	**38.0**
	团体	44.0	23.1	46.9	20.6	26.1	21.2	12.6	21.6	6.4	41.8
	散客	36.3	20.2	46.6	19.3	21.9	18.5	8.6	17.0	7.1	35.3
外国人	小计	41.4	21.2	46.3	20.0	25.2	19.9	11.0	19.2	6.6	38.2
	团体	46.0	22.6	47.2	21.3	27.0	21.6	13.0	21.2	6.1	40.8
	散客	37.3	20.1	45.5	19.0	23.6	18.4	9.4	17.6	7.1	35.9
香港同胞	小计	34.3	21.3	50.9	20.5	18.3	17.7	8.0	16.6	7.1	35.1
	团体	36.9	25.8	50.7	16.8	22.5	17.1	11.6	23.5	7.6	46.7
	散客	33.4	19.7	51.0	21.8	17.0	17.9	6.8	14.4	6.9	31.2
澳门同胞	小计	39.5	22.6	45.8	17.3	21.9	19.4	10.6	22.5	11.5	40.0
	团体	39.3	25.2	43.1	20.2	23.2	21.0	15.4	25.2	11.6	45.0
	散客	39.6	21.5	46.9	16.1	21.4	18.7	8.6	21.3	11.4	37.9
台湾同胞	小计	32.8	22.0	43.2	18.4	21.1	20.5	7.6	18.7	5.5	40.7
	团体	33.3	23.7	41.1	17.9	21.7	21.1	9.4	22.8	5.8	44.9
	散客	32.6	20.9	44.5	18.8	20.7	20.1	6.4	16.2	5.3	38.1

10－2　2009年入境游客感兴趣的旅游商品

（按性别、年龄、团体及散客分组）

单位：%

		服装/丝绸	中成药/保健品	食品/茶叶	酒类/香烟	瓷器/陶器	文复品/字画	地毯/挂毯	首饰/珍珠	胶卷/电器	纪念品/工艺品
总平均	**总计**	**39.5**	**21.4**	**46.7**	**19.8**	**23.6**	**19.6**	**10.3**	**19.0**	**6.8**	**38.0**
	团体	44.0	23.1	46.9	20.6	26.1	21.2	12.6	21.6	6.4	41.8
	散客	36.3	20.2	46.6	19.3	21.9	18.5	8.6	17.0	7.1	35.3
男性	小计	32.9	21.4	46.5	21.9	24.3	20.4	9.7	14.2	7.3	37.5
	团体	36.1	23.3	45.8	22.1	27.4	22.8	12.8	17.4	6.9	42.8
	散客	31.1	20.3	46.9	21.9	22.6	19.0	8.0	12.5	7.6	34.5
女性	小计	48.3	21.4	46.9	17.0	22.7	18.5	11.0	25.3	6.2	38.7
	团体	51.7	22.9	48.0	19.1	24.8	19.5	12.5	25.8	6.0	40.8
	散客	45.1	19.9	45.9	15.0	20.7	17.6	9.6	24.8	6.4	36.7
65岁及以上	小计	38.9	29.4	47.9	21.1	26.6	23.6	13.4	18.7	9.4	39.0
	团体	42.4	31.0	47.5	24.0	27.7	24.3	15.8	21.2	10.3	43.6
	散客	32.5	26.6	48.7	15.7	24.7	22.5	9.1	14.2	7.8	30.6
45～64岁	小计	37.0	23.5	45.9	18.8	24.9	19.7	10.4	17.4	6.0	37.3
	团体	40.2	24.6	45.4	17.6	25.6	20.8	12.1	19.8	5.2	41.4
	散客	34.6	22.6	46.4	19.8	24.3	18.8	9.0	15.6	6.7	34.0
25～44岁	小计	40.5	19.4	48.0	20.9	22.9	19.0	9.5	19.1	6.6	37.3
	团体	47.0	20.7	49.5	23.0	26.2	20.5	11.7	22.3	5.9	40.5
	散客	36.9	18.8	47.1	19.7	21.1	18.1	8.2	17.3	7.0	35.4
15～24岁	小计	42.8	17.7	43.2	17.9	21.3	19.2	10.5	23.9	8.4	42.6
	团体	46.6	19.2	42.3	17.9	25.8	21.7	13.6	26.5	8.2	45.8
	散客	40.0	16.6	43.9	17.8	18.0	17.5	8.2	21.9	8.6	40.3
14岁及以下	小计	42.7	15.3	36.7	13.8	16.1	16.3	19.6	16.3	9.0	43.5
	团体	46.2	13.3	37.6	11.9	18.1	17.1	23.8	15.7	7.6	42.9
	散客	38.8	17.6	35.6	16.0	13.8	15.4	14.9	17.0	10.6	44.1

10－3　2009年入境游客感兴趣的旅游商品
（按职业、团体及散客分组）

单位：%

		服装/丝绸	中成药/保健品	食品/茶叶	酒类/香烟	瓷器/陶器	文复品/字画	地毯/挂毯	首饰/珍珠	胶卷/电器	纪念品/工艺品
总平均	**总计**	**39.5**	**21.4**	**46.7**	**19.8**	**23.6**	**19.6**	**10.3**	**19.0**	**6.8**	**38.0**
	团体	44.0	23.1	46.9	20.6	26.1	21.2	12.6	21.6	6.4	41.8
	散客	36.3	20.2	46.6	19.3	21.9	18.5	8.6	17.0	7.1	35.3
政府工作人员	小计	42.4	29.0	49.8	28.2	31.8	26.7	17.0	23.8	12.5	43.0
	团体	48.4	34.7	52.6	32.7	34.2	30.1	23.1	29.7	16.5	48.0
	散客	34.8	21.8	46.3	22.3	28.8	22.3	9.3	16.2	7.4	36.7
专业技术人员	小计	37.8	22.3	47.0	22.5	25.2	21.4	9.7	16.9	7.2	37.3
	团体	43.1	25.1	48.2	23.9	30.5	24.0	13.5	19.4	7.2	42.0
	散客	35.1	20.9	46.4	21.8	22.5	20.1	7.8	15.5	7.1	34.9
职员	小计	40.7	20.8	46.7	17.5	23.0	20.6	10.3	20.2	5.2	39.5
	团体	44.8	22.9	44.8	15.2	26.9	21.8	11.8	22.7	4.4	43.2
	散客	37.5	19.2	48.2	19.3	20.0	19.6	9.1	18.2	5.9	36.6
技工/工人	小计	36.7	25.5	49.8	25.7	27.2	24.5	14.3	18.1	11.1	37.3
	团体	38.5	29.1	46.2	27.0	34.1	31.0	18.4	23.2	14.6	43.7
	散客	35.6	23.2	52.0	24.9	23.0	20.6	11.8	15.0	8.9	33.4
商贸人员	小计	37.5	18.4	47.5	22.2	22.1	16.6	8.9	14.9	5.8	32.9
	团体	47.7	17.3	53.2	31.1	21.9	17.0	10.6	17.4	4.6	32.4
	散客	33.6	18.8	45.2	18.8	22.2	16.4	8.2	13.9	6.2	33.0
服务员/推销员	小计	39.8	21.2	45.5	21.6	23.0	20.4	10.0	24.1	8.1	34.8
	团体	42.6	22.2	43.9	19.7	25.8	21.2	13.8	24.1	7.6	36.0
	散客	37.5	20.5	46.8	23.1	20.8	19.7	7.1	24.1	8.5	33.9
退休人员	小计	36.7	27.3	47.3	17.2	24.0	21.1	10.0	17.1	4.9	37.7
	团体	38.5	26.2	46.2	17.4	24.3	20.8	10.8	17.8	3.8	41.3
	散客	33.5	29.1	49.3	16.9	23.6	21.6	8.6	16.0	6.9	31.5
家庭妇女	小计	47.4	22.0	47.6	12.9	20.6	14.6	10.3	25.8	4.4	37.2
	团体	48.2	23.9	47.3	11.5	20.9	14.8	10.7	25.3	3.4	42.5
	散客	46.4	19.7	47.9	14.6	20.4	14.3	9.7	26.3	5.7	30.9
军人	小计	41.9	26.7	38.8	25.2	32.2	23.3	19.0	18.6	16.3	41.1
	团体	40.9	29.2	37.2	24.8	38.0	23.4	19.7	24.1	17.5	42.3
	散客	43.0	24.0	40.5	25.6	25.6	23.1	18.2	12.4	14.9	39.7
学生	小计	41.9	12.8	40.8	13.1	20.1	18.4	8.6	24.5	7.5	47.0
	团体	45.2	12.7	38.8	12.2	23.3	20.3	10.8	25.3	6.2	48.1
	散客	38.9	12.9	42.6	14.0	17.2	16.7	6.7	23.7	8.7	46.0
其他	小计	38.9	21.9	44.1	17.3	23.9	18.0	9.4	18.3	9.6	43.3
	团体	38.5	21.2	43.3	16.9	23.8	18.2	10.4	19.8	7.0	46.4
	散客	39.3	22.5	44.7	17.5	24.0	17.9	8.7	17.1	11.5	40.8

10－4 2009年入境游客感兴趣的旅游商品

（按旅游目的、团体及散客分组）

单位：%

		服装/丝绸	中成药/保健品	食品/茶叶	酒类/香烟	瓷器/陶器	文复品/字画	地毯/挂毯	首饰/珍珠	胶卷/电器	纪念品/工艺品
总平均	**总计**	**39.5**	**21.4**	**46.7**	**19.8**	**23.6**	**19.6**	**10.3**	**19.0**	**6.8**	**38.0**
	团体	44.0	23.1	46.9	20.6	26.1	21.2	12.6	21.6	6.4	41.8
	散客	36.3	20.2	46.6	19.3	21.9	18.5	8.6	17.0	7.1	35.3
观光游览	小计	41.8	22.3	47.0	18.1	25.8	22.0	11.3	21.2	6.0	43.9
	团体	42.8	23.5	47.1	18.3	27.1	23.1	12.0	21.8	5.9	44.4
	散客	39.5	19.4	46.8	17.7	23.0	19.3	9.6	19.8	6.2	42.7
休闲度假	小计	43.9	23.8	46.6	18.7	24.8	19.3	12.4	22.9	7.9	39.4
	团体	45.4	25.3	44.4	19.0	26.8	20.1	14.8	23.2	7.6	42.6
	散客	42.1	22.1	49.2	18.4	22.4	18.4	9.6	22.5	8.2	35.8
探亲访友	小计	36.9	23.3	49.8	18.7	19.6	19.2	8.6	17.5	6.2	31.7
	团体	37.8	26.4	42.4	19.3	27.5	19.4	13.5	23.6	6.0	42.6
	散客	36.8	22.8	50.9	18.6	18.4	19.2	7.8	16.6	6.3	30.0
商务	小计	36.8	17.1	47.4	22.8	20.3	15.8	7.7	13.6	5.9	31.1
	团体	56.4	14.0	59.9	44.7	17.2	11.5	9.4	11.8	4.8	21.4
	散客	33.6	17.6	45.4	19.3	20.8	16.5	7.5	13.9	6.1	32.6
会议	小计	32.7	21.1	43.9	21.0	26.0	21.9	9.5	17.0	6.0	35.2
	团体	37.5	21.1	38.6	19.7	27.7	21.9	11.0	24.9	6.8	39.5
	散客	31.9	21.1	44.8	21.3	25.7	21.9	9.3	15.7	5.8	34.5
宗教朝拜	小计	21.7	21.7	38.6	13.2	21.9	18.0	14.8	15.3	3.7	46.3
	团体	20.1	17.8	42.0	12.5	16.7	12.9	15.5	18.2	2.3	48.1
	散客	24.1	27.6	33.3	14.4	29.9	25.9	13.8	10.9	5.7	43.7
文体交流	小计	35.0	26.1	46.2	22.9	28.4	25.0	10.4	19.3	8.4	40.9
	团体	39.3	22.2	44.9	19.9	27.8	25.6	11.0	23.6	7.0	39.0
	散客	33.4	27.6	46.6	23.9	28.6	24.8	10.2	17.7	8.8	41.6
其他	小计	36.8	20.9	40.4	21.3	22.2	18.9	10.0	19.4	15.3	37.3
	团体	42.2	21.0	37.9	14.3	25.2	23.3	16.7	32.6	15.9	41.9
	散客	35.6	20.8	40.9	22.7	21.5	17.9	8.6	16.7	15.2	36.3

10－5　2009年外国游客感兴趣的旅游商品
（按国别分组）

单位：%

	服装/丝绸	中成药/保健品	食品/茶叶	酒类/香烟	瓷器/陶器	文复品/字画	地毯/挂毯	首饰/珍珠	胶卷/电器	纪念品/工艺品
外国人	**43.7**	**19.4**	**51.0**	**20.5**	**23.9**	**17.7**	**7.8**	**17.2**	**7.6**	**29.7**
日本	32.8	19.6	55.2	17.5	24.1	13.2	6.3	12.1	2.4	27.4
菲律宾	42.7	21.3	56.7	18.7	24.7	10.7	5.3	17.3	17.3	29.3
泰国	35.3	24.6	56.5	13.0	18.4	15.9	3.9	11.1	11.1	27.1
新加坡	40.0	19.8	53.2	18.0	18.6	21.6	5.9	14.8	7.7	32.5
印度尼西亚	36.1	21.3	58.6	16.6	26.6	27.2	7.1	21.3	7.7	28.4
马来西亚	41.5	19.2	50.8	13.7	18.7	22.8	3.9	19.2	6.5	34.5
韩国	32.9	21.6	55.7	28.5	18.5	11.5	7.5	14.9	3.5	19.9
朝鲜	47.3	18.3	47.3	18.3	16.1	15.1	14.0	20.4	5.4	16.1
蒙古	53.1	8.4	13.8	7.1	12.1	7.1	5.4	8.4	14.6	20.1
印度	50.3	14.9	39.8	11.2	21.7	25.5	8.7	18.0	14.3	35.4
英国	39.4	15.6	46.8	15.2	24.5	16.0	8.9	23.8	9.9	32.3
法国	57.7	13.9	67.7	7.2	71.0	69.3	14.7	40.3	3.5	74.4
德国	41.4	16.6	49.1	14.8	30.8	19.5	7.1	17.2	7.7	37.9
意大利	32.1	26.4	46.2	20.8	27.4	25.5	10.4	20.8	7.5	34.0
荷兰	50.0	16.0	35.0	11.0	33.0	11.0	13.0	17.0	3.0	39.0
瑞典	47.8	13.0	37.7	8.7	24.6	27.5	10.1	26.1	7.2	39.1
俄罗斯	68.9	19.5	59.0	45.4	16.4	10.8	8.8	13.6	8.1	15.0
瑞士	48.1	23.4	40.3	10.4	36.4	15.6	7.8	20.8	1.3	45.5
美国	48.1	17.1	48.0	8.2	22.0	24.7	6.4	23.0	9.0	47.0
加拿大	46.4	21.8	41.2	15.2	32.3	23.8	8.0	17.4	6.4	32.6
澳大利亚	41.5	22.0	38.3	10.9	29.7	22.7	7.7	18.2	8.6	39.0
非洲国家	42.3	20.5	46.2	10.3	19.2	12.8	5.1	14.1	17.9	34.6
南美国家	48.0	22.0	54.0	24.0	24.0	10.0	6.0	18.0	10.0	48.0
其他国家	43.0	19.9	38.7	15.8	22.0	9.7	9.8	19.1	19.6	26.7

10－6 2009年入境游客感兴趣的旅游商品
（按外国人、港澳台胞分组）

单位：%

	服装/丝绸	中成药/保健品	食品/茶叶	酒类/香烟	瓷器/陶器	文复品/字画	地毯/挂毯	首饰/珍珠	胶卷/电器	纪念品/工艺品
北　京	50.3	21.7	42.2	9.4	29.3	24.1	13.2	31.4	3.5	38.6
外国人	51.3	21.5	43.2	9.6	30.7	23.7	13.4	32.7	3.6	37.9
香港同胞	49.3	28.9	37.5	9.2	21.7	21.7	12.5	25.0	3.3	37.5
澳门同胞	40.9	11.4	25.0	2.3	13.6	27.3	11.4	20.5	2.3	63.6
台湾同胞	39.6	17.6	40.7	9.9	25.3	33.0	11.0	25.3	3.3	39.6
天　津	33.2	15.4	40.6	21.4	23.0	28.2	9.2	14.4	4.0	29.4
外国人	32.0	14.8	45.1	21.6	24.7	26.0	9.1	11.5	3.6	30.5
香港同胞	32.8	17.9	23.9	19.4	13.4	37.3	10.4	19.4	6.0	23.9
澳门同胞	35.7	21.4	35.7	28.6	28.6	28.6	7.1	42.9	0.0	35.7
台湾同胞	45.7	14.3	25.7	20.0	20.0	34.3	8.6	25.7	5.7	25.7
河　北	27.3	12.8	32.0	14.0	27.3	17.7	8.8	20.6	7.6	42.8
外国人	26.9	13.2	32.9	13.4	27.4	18.1	8.9	20.5	7.6	43.9
香港同胞	30.6	9.7	22.6	21.0	19.4	14.5	11.3	22.6	8.1	43.5
澳门同胞	25.0	12.5	37.5	6.3	18.8	12.5	6.3	25.0	6.3	37.5
台湾同胞	32.3	9.7	25.8	19.4	45.2	16.1	3.2	16.1	6.5	19.4
山　西	21.5	20.2	32.2	21.4	17.4	25.0	5.6	7.0	4.0	58.7
外国人	23.8	23.2	33.5	23.4	17.9	23.2	6.8	7.4	5.1	54.2
香港同胞	21.8	12.8	34.6	20.5	19.2	24.4	5.1	5.1	2.6	64.1
澳门同胞	13.3	13.3	28.9	17.8	15.6	33.3	2.2	8.9	0.0	64.4
台湾同胞	11.8	13.2	23.7	11.8	13.2	31.6	1.3	5.3	1.3	77.6
内蒙古	57.8	8.0	45.8	43.0	15.6	11.8	11.0	11.0	4.4	31.6
外国人	60.6	7.2	48.4	44.9	14.4	10.3	10.3	10.5	4.6	27.4
香港同胞	30.4	13.0	17.4	26.1	26.1	26.1	17.4	13.0	0.0	78.3
澳门同胞	25.0	0.0	25.0	0.0	50.0	25.0	50.0	25.0	0.0	50.0
台湾同胞	25.0	25.0	18.8	25.0	25.0	31.3	12.5	18.8	6.3	81.3

10－6(续1)　　单位：%

	服装/丝绸	中成药/保健品	食品/茶叶	酒类/香烟	瓷器/陶器	文复品/字画	地毯/挂毯	首饰/珍珠	胶卷/电器	纪念品/工艺品
辽　宁	34.3	25.1	39.8	21.0	21.1	26.6	8.6	21.5	3.8	35.8
外 国 人	34.8	26.4	39.4	20.0	21.7	26.4	8.3	22.2	3.0	35.0
香港同胞	34.0	14.9	46.8	17.0	21.3	23.4	12.8	27.7	6.4	40.4
澳门同胞	20.7	17.2	34.5	17.2	31.0	37.9	3.4	6.9	3.4	44.8
台湾同胞	37.7	26.2	39.3	32.8	11.5	24.6	9.8	18.0	8.2	34.4
吉　林	19.5	36.8	33.0	21.3	8.8	10.3	3.0	5.3	3.5	55.0
外 国 人	21.1	36.0	36.0	24.0	8.5	8.5	3.5	5.4	3.5	51.4
香港同胞	14.6	36.6	19.5	14.6	9.8	17.1	0.0	2.4	0.0	65.9
澳门同胞	6.7	26.7	33.3	0.0	20.0	26.7	0.0	0.0	6.7	60.0
台湾同胞	14.8	51.9	18.5	11.1	3.7	11.1	3.7	11.1	7.4	77.8
黑龙江	65.0	16.9	40.0	14.4	21.9	9.9	8.9	17.1	9.7	23.0
外 国 人	72.2	17.9	39.1	16.1	20.9	8.1	9.8	17.2	10.8	19.9
香港同胞	27.8	5.6	55.6	5.6	27.8	11.1	5.6	27.8	0.0	33.3
澳门同胞	0.0	0.0	100.0	0.0	0.0	0.0	0.0	0.0	0.0	0.0
台湾同胞	18.2	11.7	42.9	3.9	28.6	23.4	2.6	14.3	3.9	45.5
上　海	48.2	20.9	53.1	17.5	27.6	21.8	11.4	24.9	5.3	40.3
外 国 人	48.9	20.1	53.2	17.7	28.7	22.9	12.0	25.1	5.2	39.4
香港同胞	48.3	25.8	57.5	18.3	18.3	15.0	5.8	21.7	4.2	43.3
澳门同胞	21.7	21.7	39.1	13.0	13.0	13.0	4.3	30.4	8.7	60.9
台湾同胞	43.3	27.8	50.5	14.4	26.8	15.5	12.4	24.7	8.2	44.3
江　苏	50.6	12.7	49.1	11.9	22.2	16.0	5.6	24.9	2.2	44.4
外 国 人	50.3	13.7	49.0	13.1	22.5	16.6	5.8	22.7	2.2	44.1
香港同胞	53.1	8.0	51.3	8.8	24.8	12.4	5.3	24.8	4.4	49.6
澳门同胞	41.2	20.6	35.3	2.9	14.7	17.6	2.9	29.4	0.0	35.3
台湾同胞	52.2	9.7	50.5	10.8	21.0	15.1	5.4	32.8	1.1	44.1

10－6(续2)　　单位：%

	服装/丝绸	中成药/保健品	食品/茶叶	酒类/香烟	瓷器/陶器	文复品/字画	地毯/挂毯	首饰/珍珠	胶卷/电器	纪念品/工艺品
浙　江	58.0	15.2	50.6	18.2	21.9	15.4	4.0	14.5	4.7	37.7
外国人	59.5	15.8	49.7	19.1	22.2	14.9	4.1	14.9	4.9	36.9
香港同胞	55.8	16.8	56.8	14.7	17.9	11.6	6.3	12.6	5.3	40.0
澳门同胞	65.8	7.9	50.0	15.8	21.1	10.5	0.0	10.5	10.5	34.2
台湾同胞	43.7	11.5	51.7	14.9	24.1	26.4	2.3	14.9	0.0	43.7
安　徽	20.3	13.9	61.9	25.4	24.5	25.9	9.4	17.4	7.8	46.2
外国人	21.1	14.1	59.6	24.4	23.9	26.5	9.3	16.9	7.7	44.6
香港同胞	12.9	11.8	66.7	25.8	28.0	19.4	7.5	15.1	6.5	53.8
澳门同胞	20.0	15.0	70.0	42.5	22.5	27.5	25.0	27.5	15.0	45.0
台湾同胞	21.1	13.2	76.3	26.3	27.6	26.3	3.9	21.1	6.6	53.9
福　建	21.9	15.5	59.3	9.9	17.7	10.4	1.3	11.2	3.6	46.6
外国人	23.7	14.5	58.4	10.6	17.2	10.4	1.7	12.3	4.1	46.4
香港同胞	16.5	17.6	64.8	9.3	18.7	7.7	1.1	7.7	1.1	43.4
澳门同胞	20.0	17.8	66.7	13.3	20.0	11.1	0.0	15.6	4.4	40.0
台湾同胞	21.7	16.0	54.9	7.4	17.7	13.1	0.6	10.3	4.6	52.0
江　西	21.1	12.3	59.5	13.4	48.6	20.6	1.8	19.4	1.6	44.2
外国人	22.3	12.0	57.6	13.4	51.3	23.7	1.7	21.8	2.2	42.2
香港同胞	18.8	13.7	64.1	13.7	36.8	12.8	0.9	13.7	0.9	53.8
澳门同胞	33.3	0.0	56.7	16.7	50.0	23.3	0.0	13.3	0.0	36.7
台湾同胞	11.5	18.0	65.6	11.5	52.5	13.1	4.9	16.4	0.0	42.6
山　东	28.8	18.5	42.0	24.3	24.5	31.9	8.8	22.1	5.5	31.4
外国人	28.6	18.5	45.2	25.8	22.4	30.1	10.1	20.7	5.3	30.2
香港同胞	30.3	12.7	35.2	21.8	30.9	32.7	3.0	26.7	5.5	33.9
澳门同胞	33.9	23.7	33.9	22.0	23.7	39.0	8.5	30.5	5.1	25.4
台湾同胞	26.1	23.2	33.3	18.8	30.4	39.1	8.0	21.7	6.5	38.4

10－6(续3)　　　　单位：%

	服装/丝绸	中成药/保健品	食品/茶叶	酒类/香烟	瓷器/陶器	文复品/字画	地毯/挂毯	首饰/珍珠	胶卷/电器	纪念品/工艺品
河　南	52.6	43.2	50.1	43.1	57.4	52.5	33.5	27.7	28.9	49.1
外 国 人	51.1	41.4	49.2	40.6	56.2	51.5	31.4	27.2	28.6	50.6
香港同胞	57.9	42.1	42.1	44.7	47.4	52.6	50.0	15.8	21.1	26.3
澳门同胞	50.0	50.0	50.0	75.0	100.0	75.0	75.0	75.0	50.0	50.0
台湾同胞	77.8	77.8	77.8	83.3	83.3	66.7	50.0	38.9	38.9	44.4
湖　北	28.2	19.0	42.8	22.3	15.0	16.2	2.5	12.6	3.1	46.6
外 国 人	28.3	18.0	44.7	22.7	17.3	15.5	2.0	13.2	3.4	47.6
香港同胞	22.6	19.7	44.0	19.2	9.8	17.5	3.4	11.1	2.6	47.0
澳门同胞	31.9	18.7	34.1	20.9	14.3	15.4	4.4	14.3	3.3	44.0
台湾同胞	34.0	21.6	39.5	25.9	14.8	17.3	1.9	11.7	2.5	44.4
湖　南	61.1	40.3	66.0	44.1	49.7	32.8	24.8	27.5	18.0	58.6
外 国 人	62.4	42.0	66.7	44.6	50.6	33.7	27.2	29.1	19.8	57.6
香港同胞	57.7	27.9	64.9	37.8	43.2	26.1	8.1	14.4	3.6	70.3
澳门同胞	58.1	45.2	67.7	41.9	51.6	25.8	12.9	16.1	16.1	48.4
台湾同胞	42.6	26.5	52.9	45.6	41.2	30.9	13.2	23.5	8.8	63.2
广　东	37.5	20.3	38.1	15.8	20.5	14.0	14.3	22.0	9.3	38.5
外 国 人	40.7	18.5	36.0	13.5	22.7	12.7	15.9	19.9	6.9	40.0
香港同胞	31.9	20.9	39.9	23.1	14.4	13.0	10.5	22.7	10.5	35.7
澳门同胞	41.0	27.8	49.5	14.0	24.9	17.6	20.4	28.3	23.3	41.0
台湾同胞	29.4	22.8	37.8	14.8	18.0	19.7	9.1	26.8	9.8	34.5
广　西	31.3	25.2	44.4	10.9	18.4	14.9	6.5	23.4	4.0	48.0
外 国 人	33.6	21.2	40.5	10.5	21.9	18.5	6.2	20.9	4.8	51.2
香港同胞	25.9	34.6	47.6	9.7	14.1	9.7	5.4	28.6	2.7	45.9
澳门同胞	25.0	27.4	61.9	10.7	9.5	4.8	7.1	29.8	2.4	44.0
台湾同胞	30.9	29.7	47.3	13.9	13.3	11.5	8.5	24.2	3.0	39.4

10－6(续4)　　单位：%

	服装/丝绸	中成药/保健品	食品/茶叶	酒类/香烟	瓷器/陶器	文复品/字画	地毯/挂毯	首饰/珍珠	胶卷/电器	纪念品/工艺品
海　南	38.9	23.7	42.5	11.5	10.4	6.1	4.8	50.0	2.8	37.0
外 国 人	41.1	26.4	42.9	13.7	10.2	5.9	4.8	47.6	2.7	36.5
香港同胞	24.8	12.4	44.2	0.9	8.0	3.5	4.4	59.3	2.7	41.6
澳门同胞	43.8	15.6	25.0	3.1	9.4	21.9	6.3	62.5	3.1	18.8
台湾同胞	34.2	13.2	44.7	7.9	21.1	5.3	5.3	57.9	5.3	47.4
重　庆	35.8	22.2	29.2	11.3	15.3	10.5	4.8	2.8	0.5	13.3
外 国 人	40.4	22.0	29.3	11.3	16.5	12.3	5.0	2.6	0.5	12.8
香港同胞	25.7	16.5	29.4	8.3	15.6	8.3	5.5	2.8	0.0	14.7
澳门同胞	30.8	53.8	15.4	0.0	7.7	7.7	0.0	15.4	7.7	15.4
台湾同胞	21.8	27.3	30.9	20.0	7.3	1.8	3.6	1.8	0.0	14.5
四　川	37.2	43.2	52.9	32.2	30.6	19.0	10.4	14.3	5.4	36.2
外 国 人	37.8	43.4	52.2	32.5	32.2	19.5	11.2	14.0	5.4	35.9
香港同胞	37.8	47.1	59.4	35.6	30.7	18.6	9.6	16.4	6.5	39.0
澳门同胞	39.5	43.0	45.6	28.1	21.9	17.5	6.1	11.4	7.0	36.0
台湾同胞	30.2	37.1	53.6	26.6	21.0	16.1	6.5	15.3	3.2	35.9
贵　州	28.7	14.2	30.3	19.5	8.7	10.2	3.8	9.7	1.2	58.3
外 国 人	29.1	12.5	30.2	18.3	8.4	10.8	4.1	10.1	0.9	59.3
香港同胞	32.8	15.5	29.3	20.7	15.5	5.2	5.2	8.6	1.7	51.7
澳门同胞	18.2	18.2	22.7	22.7	4.5	18.2	0.0	4.5	4.5	63.6
台湾同胞	25.0	25.0	35.7	26.8	5.4	7.1	1.8	8.9	1.8	55.4
云　南	29.8	27.5	57.8	23.6	15.9	15.8	5.1	21.7	2.7	50.4
外 国 人	29.6	26.6	55.2	20.3	16.2	17.0	5.5	22.0	3.0	50.7
香港同胞	31.3	34.9	67.5	39.8	16.9	14.5	3.6	21.7	1.2	50.6
澳门同胞	31.8	18.2	59.1	40.9	13.6	13.6	0.0	22.7	0.0	63.6
台湾同胞	29.5	31.1	72.1	31.1	11.5	4.9	4.9	18.0	1.6	42.6

10－6(续5)　　单位：%

	服装/丝绸	中成药/保健品	食品/茶叶	酒类/香烟	瓷器/陶器	文复品/字画	地毯/挂毯	首饰/珍珠	胶卷/电器	纪念品/工艺品
西　藏	34.0	14.5	6.0	4.0	13.0	31.0	44.0	23.0	0.5	49.5
外 国 人	36.0	13.1	6.3	4.6	12.6	30.9	42.3	24.0	0.6	48.6
香港同胞	35.7	28.6	7.1	0.0	14.3	28.6	50.0	14.3	0.0	71.4
澳门同胞	0.0	18.2	0.0	0.0	18.2	36.4	63.6	18.2	0.0	36.4
台湾同胞	39.2	7.1	33.1	6.4	25.5	40.4	7.7	22.6	3.2	48.3
陕　西	37.9	7.3	32.4	6.6	24.8	41.8	7.7	21.4	2.9	47.9
外 国 人	25.0	8.3	26.7	8.3	13.3	45.0	11.7	11.7	0.0	43.3
香港同胞	44.4	22.2	33.3	33.3	22.2	55.6	11.1	33.3	0.0	33.3
澳门同胞	20.5	7.7	23.1	2.6	23.1	69.2	0.0	2.6	0.0	46.2
台湾同胞	27.9	9.2	22.0	13.1	19.5	29.8	32.0	9.2	2.0	45.1
甘　肃	29.3	12.2	23.5	12.9	19.5	28.5	33.0	9.4	1.7	45.9
外 国 人	40.0	34.3	35.7	12.9	14.3	25.7	44.3	7.1	1.4	50.0
香港同胞	37.9	6.9	31.0	13.8	27.6	13.8	31.0	10.3	0.0	48.3
澳门同胞	24.3	18.9	16.2	8.1	21.6	24.3	29.7	16.2	0.0	48.6
台湾同胞	12.6	27.7	18.8	8.9	14.7	9.4	56.0	15.7	0.5	63.4
青　海	13.2	26.8	20.4	8.0	14.4	9.2	54.4	16.0	0.4	65.2
外 国 人	20.0	15.0	30.0	10.0	20.0	5.0	55.0	30.0	0.0	70.0
香港同胞	33.3	0.0	0.0	0.0	0.0	0.0	66.7	33.3	0.0	66.7
澳门同胞	11.1	30.6	25.0	2.8	11.1	11.1	44.4	8.3	0.0	72.2
台湾同胞	23.4	12.1	37.1	4.8	6.5	19.4	16.1	3.2	1.6	80.6
宁　夏	23.3	12.7	34.0	4.0	6.0	20.0	16.7	3.3	1.3	77.3
外 国 人	29.4	11.8	17.6	0.0	0.0	23.5	17.6	5.9	0.0	64.7
香港同胞	0.0	0.0	100.0	0.0	0.0	0.0	0.0	0.0	0.0	0.0
澳门同胞	12.5	25.0	12.5	0.0	12.5	25.0	25.0	0.0	0.0	62.5
台湾同胞	34.0	10.2	25.1	13.0	21.8	18.0	29.6	14.9	3.0	46.7
新　疆	27.8	0.0	22.2	5.6	11.1	11.1	11.1	0.0	5.6	55.6
外 国 人	40.0	10.0	40.0	10.0	30.0	10.0	40.0	10.0	0.0	30.0
香港同胞	30.0	30.0	20.0	20.0	40.0	40.0	70.0	30.0	10.0	30.0
澳门同胞	—	—	—	—	—	—	—	—	—	—
台湾同胞	—	—	—	—	—	—	—	—	—	—

十一、入境游客抽样调查总人数及构成

11－1　2009年入境游客抽样调查总人数及所占比重

		调查总人数		口岸调查人数		过夜旅游者	
		（人）	（%）	（人）	（%）	（人）	（%）
全　　国	**总计**	**48 134**	**100**	**15 950**	**33.1**	**12 480**	**78.2**
	团体	20 036	100	5 126	25.6	4 502	87.8
	散客	28 098	100	10 824	38.5	7 978	73.7
外国人	小计	34 565	100	10 640	30.8	9 079	85.3
	团体	15 991	100	4 525	28.3	3 964	87.6
	散客	18 574	100	6 115	32.9	5 115	83.6
香港同胞	小计	7 228	100	3 216	44.5	2 023	62.9
	团体	1 807	100	301	16.7	269	89.4
	散客	5 421	100	2 915	53.8	1 754	60.2
澳门同胞	小计	2 316	100	968	41.8	383	39.6
	团体	682	100	69	10.1	57	82.6
	散客	1 634	100	899	55.0	326	36.3
台湾同胞	小计	4 025	100	1 126	28.0	995	88.4
	团体	1 556	100	231	14.8	212	91.8
	散客	2 469	100	895	36.2	783	87.5

（按外国人、港澳台胞、团体及散客分组）

一日游游客		饭店调查人数		游船调查人数	
（人）	（%）	（人）	（%）	（人）	（%）
3 470	**21.8**	**31 964**	**66.4**	**220**	**0.5**
624	12.2	14 734	73.5	176	0.9
2 846	26.3	17 230	61.3	44	0.2
1 561	14.7	23 759	68.7	166	0.5
561	12.4	11 325	70.8	141	0.9
1 000	16.4	12 434	66.9	25	0.1
1 193	37.1	3 992	55.2	20	0.3
32	10.6	1 492	82.6	14	0.8
1 161	39.8	2 500	46.1	6	0.1
585	60.4	1 328	57.3	20	0.9
12	17.4	603	88.4	10	1.5
573	63.7	725	44.4	10	0.6
131	11.6	2 885	71.7	14	0.3
19	8.2	1 314	84.4	11	0.7
112	12.5	1 571	63.6	3	0.1

11－2　2009年入境游客抽样调查总人数及所占比重

		调查总人数		口岸调查人数		过夜旅游者	
		（人）	（%）	（人）	（%）	（人）	（%）
北　京	小计	3 345	100	1 500	44.8	1 499	99.9
	团体	2 201	100	1 490	67.7	1 490	100.0
	散客	1 144	100	10	0.9	9	90.0
天　津	小计	1 100	100	600	54.5	588	98.0
	团体	259	100	137	52.9	134	97.8
	散客	841	100	463	55.1	454	98.1
河　北	小计	820	100	0	0.0	0	0.0
	团体	259	100	0	0.0	0	0.0
	散客	561	100	0	0.0	0	0.0
山　西	小计	673	100	0	0.0	0	0.0
	团体	414	100	0	0.0	0	0.0
	散客	259	100	0	0.0	0	0.0
内蒙古	小计	1 120	100	620	55.4	415	66.9
	团体	638	100	400	62.7	206	51.5
	散客	482	100	220	45.6	209	95.0
辽　宁	小计	1 314	100	708	53.9	605	85.5
	团体	573	100	353	61.6	250	70.8
	散客	741	100	355	47.9	355	100.0
吉　林	小计	700	100	300	42.9	300	100.0
	团体	357	100	210	58.8	210	100.0
	散客	343	100	90	26.2	90	100.0
黑龙江	小计	1 300	100	600	46.2	400	66.7
	团体	971	100	354	36.5	354	100.0
	散客	329	100	246	74.8	46	18.7
上　海	小计	3 186	100	1 500	47.1	1 473	98.2
	团体	658	100	303	46.0	301	99.3
	散客	2 528	100	1 197	47.3	1 172	97.9

(按省〈区、市〉、团体及散客分组)

一日游游客		饭店调查人数		游船调查人数	
(人)	(%)	(人)	(%)	(人)	(%)
1	0.1	1 845	55.2	0	0.0
0	0.0	711	32.3	0	0.0
1	10.0	1 134	99.1	0	0.0
12	2.0	500	45.5	0	0.0
3	2.2	122	47.1	0	0.0
9	1.9	378	44.9	0	0.0
0	0.0	820	100.0	0	0.0
0	0.0	259	100.0	0	0.0
0	0.0	561	100.0	0	0.0
0	0.0	673	100.0	0	0.0
0	0.0	414	100.0	0	0.0
0	0.0	259	100.0	0	0.0
205	33.1	500	44.6	0	0.0
194	48.5	238	37.3	0	0.0
11	5.0	262	54.4	0	0.0
103	14.5	606	46.1	0	0.0
103	29.2	220	38.4	0	0.0
0	0.0	386	52.1	0	0.0
0	0.0	400	57.1	0	0.0
0	0.0	147	41.2	0	0.0
0	0.0	253	73.8	0	0.0
200	33.3	700	53.8	0	0.0
0	0.0	617	63.5	0	0.0
200	81.3	83	25.2	0	0.0
27	1.8	1 686	52.9	0	0.0
2	0.7	355	54.0	0	0.0
25	2.1	1 331	52.7	0	0.0

11－2(续1)

		调查总人数		口岸调查人数		过夜旅游者	
		(人)	(%)	(人)	(%)	(人)	(%)
江　苏	小计	1 558	100	468	30.0	468	100.0
	团体	400	100	81	20.3	81	100.0
	散客	1 158	100	387	33.4	387	100.0
浙　江	小计	1 400	100	400	28.6	400	100.0
	团体	428	100	108	25.2	108	100.0
	散客	972	100	292	30.0	292	100.0
安　徽	小计	1 016	100	0	0.0	0	0.0
	团体	652	100	0	0.0	0	0.0
	散客	364	100	0	0.0	0	0.0
福　建	小计	1 730	100	742	42.9	644	86.8
	团体	459	100	216	47.1	119	55.1
	散客	1 271	100	526	41.4	525	99.8
江　西	小计	625	100	0	0.0	0	0.0
	团体	270	100	0	0.0	0	0.0
	散客	355	100	0	0.0	0	0.0
山　东	小计	2 475	100	1 250	50.5	916	73.3
	团体	609	100	198	32.5	178	89.9
	散客	1 866	100	1 052	56.4	738	70.2
河　南	小计	806	100	0	0.0	0	0.0
	团体	598	100	0	0.0	0	0.0
	散客	208	100	0	0.0	0	0.0
湖　北	小计	1 042	100	0	0.0	0	0.0
	团体	423	100	0	0.0	0	0.0
	散客	619	100	0	0.0	0	0.0
湖　南	小计	1 510	100	0	0.0	0	0.0
	团体	928	100	0	0.0	0	0.0
	散客	582	100	0	0.0	0	0.0
广　东	小计	11 027	100	5 525	50.1	3 506	63.5
	团体	2 225	100	303	13.6	267	88.1
	散客	8 802	100	5 222	59.3	3 239	62.0
广　西	小计	1 843	100	743	40.3	501	67.4
	团体	972	100	478	49.2	381	79.7
	散客	871	100	265	30.4	120	45.3

一日游游客		饭店调查人数		游船调查人数	
（人）	（%）	（人）	（%）	（人）	（%）
0	0.0	1 090	70.0	0	0.0
0	0.0	319	79.8	0	0.0
0	0.0	771	66.6	0	0.0
0	0.0	1 000	71.4	0	0.0
0	0.0	320	74.8	0	0.0
0	0.0	680	70.0	0	0.0
0	0.0	1 016	100.0	0	0.0
0	0.0	652	100.0	0	0.0
0	0.0	364	100.0	0	0.0
98	13.2	988	57.1	0	0.0
97	44.9	243	52.9	0	0.0
1	0.2	745	58.6	0	0.0
0	0.0	625	100.0	0	0.0
0	0.0	270	100.0	0	0.0
0	0.0	355	100.0	0	0.0
334	26.7	1 225	49.5	0	0.0
20	10.1	411	67.5	0	0.0
314	29.8	814	43.6	0	0.0
0	0.0	806	100.0	0	0.0
0	0.0	598	100.0	0	0.0
0	0.0	208	100.0	0	0.0
0	0.0	922	88.5	120	11.5
0	0.0	345	81.6	78	18.4
0	0.0	577	93.2	42	6.8
0	0.0	1 510	100.0	0	0.0
0	0.0	928	100.0	0	0.0
0	0.0	582	100.0	0	0.0
2 019	36.5	5 502	49.9	0	0.0
36	11.9	1 922	86.4	0	0.0
1 983	38.0	3 580	40.7	0	0.0
242	32.6	1 100	59.7	0	0.0
97	20.3	494	50.8	0	0.0
145	54.7	606	69.6	0	0.0

11－2(续2)

		调查总人数		口岸调查人数		过夜旅游者	
		(人)	(%)	(人)	(%)	(人)	(%)
海　南	小计	898	100	0	0.0	0	0.0
	团体	508	100	0	0.0	0	0.0
	散客	390	100	0	0.0	0	0.0
重　庆	小计	600	100	0	0.0	0	0.0
	团体	292	100	0	0.0	0	0.0
	散客	308	100	0	0.0	0	0.0
四　川	小计	2 821	100	0	0.0	0	0.0
	团体	1 623	100	0	0.0	0	0.0
	散客	1 198	100	0	0.0	0	0.0
贵　州	小计	600	100	0	0.0	0	0.0
	团体	457	100	0	0.0	0	0.0
	散客	143	100	0	0.0	0	0.0
云　南	小计	1 419	100	594	41.9	394	66.3
	团体	677	100	242	35.7	189	78.1
	散客	742	100	352	47.4	205	58.2
西　藏	小计	200	100	0	0.0	0	0.0
	团体	163	100	0	0.0	0	0.0
	散客	37	100	0	0.0	0	0.0
陕　西	小计	1 107	100	0	0.0	0	0.0
	团体	730	100	0	0.0	0	0.0
	散客	377	100	0	0.0	0	0.0
甘　肃	小计	699	100	0	0.0	0	0.0
	团体	523	100	0	0.0	0	0.0
	散客	176	100	0	0.0	0	0.0
青　海	小计	250	100	0	0.0	0	0.0
	团体	161	100	0	0.0	0	0.0
	散客	89	100	0	0.0	0	0.0
宁　夏	小计	150	100	0	0.0	0	0.0
	团体	28	100	0	0.0	0	0.0
	散客	122	100	0	0.0	0	0.0
新　疆	小计	800	100	400	50.0	371	92.8
	团体	580	100	253	43.6	234	92.5
	散客	220	100	147	66.8	137	93.2

一日游游客		饭店调查人数		游船调查人数	
(人)	(%)	(人)	(%)	(人)	(%)
0	0.0	898	100.0	0	0.0
0	0.0	508	100.0	0	0.0
0	0.0	390	100.0	0	0.0
0	0.0	500	83.3	100	16.7
0	0.0	194	66.4	98	33.6
0	0.0	306	99.4	2	0.6
0	0.0	2 821	100.0	0	0.0
0	0.0	1 623	100.0	0	0.0
0	0.0	1 198	100.0	0	0.0
0	0.0	600	100.0	0	0.0
0	0.0	457	100.0	0	0.0
0	0.0	143	100.0	0	0.0
200	33.7	825	58.1	0	0.0
53	21.9	435	64.3	0	0.0
147	41.8	390	52.6	0	0.0
0	0.0	200	100.0	0	0.0
0	0.0	163	100.0	0	0.0
0	0.0	37	100.0	0	0.0
0	0.0	1 107	100.0	0	0.0
0	0.0	730	100.0	0	0.0
0	0.0	377	100.0	0	0.0
0	0.0	699	100.0	0	0.0
0	0.0	523	100.0	0	0.0
0	0.0	176	100.0	0	0.0
0	0.0	250	100.0	0	0.0
0	0.0	161	100.0	0	0.0
0	0.0	89	100.0	0	0.0
0	0.0	150	100.0	0	0.0
0	0.0	28	100.0	0	0.0
0	0.0	122	100.0	0	0.0
29	7.3	400	50.0	0	0.0
19	7.5	327	56.4	0	0.0
10	6.8	73	33.2	0	0.0

11－3 2009年口岸调查入境游客人数及所占比重

		调查人数		男性		女性	
		(人)	(%)	(人)	(%)	(人)	(%)
全国	**总计**	**15 950**	**100**	**9 174**	**57.5**	**6 776**	**42.5**
	团体	5 126	100	2 480	48.4	2 646	51.6
	散客	10 824	100	6 694	61.8	4 130	38.2
外国人	小计	10 640	100	6 369	59.9	4 271	40.1
	团体	4 525	100	2 202	48.7	2 323	51.3
	散客	6 115	100	4 167	68.1	1 948	31.9
香港同胞	小计	3 216	100	1 700	52.9	1 516	47.1
	团体	301	100	142	47.2	159	52.8
	散客	2 915	100	1 558	53.4	1 357	46.6
澳门同胞	小计	968	100	437	45.1	531	54.9
	团体	69	100	33	47.8	36	52.2
	散客	899	100	404	44.9	495	55.1
台湾同胞	小计	1 126	100	668	59.3	458	40.7
	团体	231	100	103	44.6	128	55.4
	散客	895	100	565	63.1	330	36.9

（按外国人、港澳台胞、团体及散客、性别、年龄分组）

14 岁及以下		15～24 岁		25～44 岁		45～64 岁		65 岁及以上	
（人）	（%）	（人）	（%）	（人）	（%）	（人）	（%）	（人）	（%）
88	**0.6**	**1 677**	**10.5**	**7 890**	**49.5**	**5 142**	**32.2**	**1 153**	**7.2**
26	0.5	451	8.8	2 133	41.6	1 863	36.3	653	12.7
62	0.6	1 226	11.3	5 757	53.2	3 279	30.3	500	4.6
59	0.6	1 001	9.4	5 188	48.8	3 579	33.6	813	7.6
23	0.5	380	8.4	1 938	42.8	1 611	35.6	573	12.7
36	0.6	621	10.2	3 250	53.1	1 968	32.2	240	3.9
10	0.3	362	11.3	1 699	52.8	932	29.0	213	6.6
1	0.3	43	14.3	103	34.2	118	39.2	36	12.0
9	0.3	319	10.9	1 596	54.8	814	27.9	177	6.1
11	1.1	234	24.2	442	45.7	227	23.5	54	5.6
0	0.0	12	17.4	25	36.2	20	29.0	12	17.4
11	1.2	222	24.7	417	46.4	207	23.0	42	4.7
8	0.7	80	7.1	561	49.8	404	35.9	73	6.5
2	0.9	16	6.9	67	29.0	114	49.4	32	13.9
6	0.7	64	7.2	494	55.2	290	32.4	41	4.6

11－4　2009年口岸调查入境游客人数及所占比重

	调查人数 (人)	调查人数 (%)	政府工作人员 (人)	政府工作人员 (%)	专业技术人员 (人)	专业技术人员 (%)	职员 (人)	职员 (%)	技工工人 (人)	技工工人 (%)
全国总计	**15 950**	**100**	**555**	**3.5**	**2 278**	**14.3**	**2 679**	**16.8**	**754**	**4.7**
团体	5 126	100	294	5.7	516	10.1	948	18.5	178	3.5
散客	10 824	100	261	2.4	1 762	16.3	1 731	16.0	576	5.3
外国人小计	10 640	100	431	4.1	1 517	14.3	1 575	14.8	438	4.1
团体	4 525	100	256	5.7	455	10.1	857	18.9	164	3.6
散客	6 115	100	175	2.9	1 062	17.4	718	11.7	274	4.5
香港同胞小计	3 216	100	65	2.0	496	15.4	711	22.1	226	7.0
团体	301	100	20	6.6	33	11.0	51	16.9	7	2.3
散客	2 915	100	45	1.5	463	15.9	660	22.6	219	7.5
澳门同胞小计	968	100	23	2.4	68	7.0	206	21.3	43	4.4
团体	69	100	0	0.0	7	10.1	9	13.0	2	2.9
散客	899	100	23	2.6	61	6.8	197	21.9	41	4.6
台湾同胞小计	1 126	100	36	3.2	197	17.5	187	16.6	47	4.2
团体	231	100	18	7.8	21	9.1	31	13.4	5	2.2
散客	895	100	18	2.0	176	19.7	156	17.4	42	4.7

（按外国人、港澳台胞、团体及散客、职业分组）

商贸人员（人）	商贸人员（%）	服务员推销员（人）	服务员推销员（%）	退休人员（人）	退休人员（%）	家庭妇女（人）	家庭妇女（%）	军人（人）	军人（%）	学生（人）	学生（%）	其他（人）	其他（%）
3 869	**24.3**	**643**	**4.0**	**1 261**	**7.9**	**1 393**	**8.7**	**51**	**0.3**	**1 228**	**7.7**	**1 239**	**7.8**
1 056	20.6	192	3.7	618	12.1	553	10.8	21	0.4	382	7.5	368	7.2
2 813	26.0	451	4.2	643	5.9	840	7.8	30	0.3	846	7.8	871	8.0
2 993	28.1	308	2.9	754	7.1	809	7.6	38	0.4	823	7.7	954	9.0
997	22.0	154	3.4	520	11.5	467	10.3	17	0.4	328	7.2	310	6.9
1 996	32.6	154	2.5	234	3.8	342	5.6	21	0.3	495	8.1	644	10.5
498	15.5	202	6.3	314	9.8	394	12.3	9	0.3	185	5.8	116	3.6
31	10.3	15	5.0	41	13.6	48	15.9	3	1.0	29	9.6	23	7.6
467	16.0	187	6.4	273	9.4	346	11.9	6	0.2	156	5.4	93	3.2
105	10.8	82	8.5	82	8.5	93	9.6	4	0.4	166	17.1	96	9.9
7	10.1	7	10.1	10	14.5	5	7.2	1	1.4	9	13.0	12	17.4
98	10.9	75	8.3	72	8.0	88	9.8	3	0.3	157	17.5	84	9.3
273	24.2	51	4.5	111	9.9	97	8.6	0	0.0	54	4.8	73	6.5
21	9.1	16	6.9	47	20.3	33	14.3	0	0.0	16	6.9	23	10.0
252	28.2	35	3.9	64	7.2	64	7.2	0	0.0	38	4.2	50	5.6

11－5　2009年口岸调查入境游客人数及所占比重

		调查人数		观光游览		休闲度假		探亲访友	
		(人)	(%)	(人)	(%)	(人)	(%)	(人)	(%)
全　国	**总计**	**15 950**	**100**	**4 460**	**28.0**	**2 905**	**18.2**	**2 051**	**12.9**
	团体	5 126	100	3 015	58.8	1 114	21.7	62	1.2
	散客	10 824	100	1 445	13.4	1 791	16.5	1 989	18.4
外国人	小计	10 640	100	3 426	32.2	1 771	16.6	731	6.9
	团体	4 525	100	2 587	57.2	987	21.8	49	1.1
	散客	6 115	100	839	13.7	784	12.8	682	11.2
香港同胞	小计	3 216	100	558	17.4	701	21.8	956	29.7
	团体	301	100	224	74.4	56	18.6	5	1.7
	散客	2 915	100	334	11.5	645	22.1	951	32.6
澳门同胞	小计	968	100	212	21.9	251	25.9	155	16.0
	团体	69	100	40	58.0	16	23.2	1	1.4
	散客	899	100	172	19.1	235	26.1	154	17.1
台湾同胞	小计	1 126	100	264	23.4	182	16.2	209	18.6
	团体	231	100	164	71.0	55	23.8	7	3.0
	散客	895	100	100	11.2	127	14.2	202	22.6

（按外国人、港澳台胞、团体及散客、旅游目的分组）

商务		会议		宗教朝拜		文化/体育/科技交流		其他	
（人）	（%）	（人）	（%）	（人）	（%）	（人）	（%）	（人）	（%）
4 472	**28.0**	**570**	**3.6**	**47**	**0.3**	**311**	**1.9**	**1 134**	**7.1**
733	14.3	57	1.1	14	0.3	47	0.9	84	1.6
3 739	34.5	513	4.7	33	0.3	264	2.4	1 050	9.7
3 290	30.9	396	3.7	32	0.3	225	2.1	769	7.2
719	15.9	53	1.2	14	0.3	41	0.9	75	1.7
2 571	42.0	343	5.6	18	0.3	184	3.0	694	11.3
717	22.3	112	3.5	6	0.2	46	1.4	120	3.7
8	2.7	2	0.7	0	0.0	3	1.0	3	1.0
709	24.3	110	3.8	6	0.2	43	1.5	117	4.0
105	10.8	30	3.1	6	0.6	23	2.4	186	19.2
2	2.9	2	2.9	0	0.0	3	4.3	5	7.2
103	11.5	28	3.1	6	0.7	20	2.2	181	20.1
360	32.0	32	2.8	3	0.3	17	1.5	59	5.2
4	1.7	0	0.0	0	0.0	0	0.0	1	0.4
356	39.8	32	3.6	3	0.3	17	1.9	58	6.5

11－6　2009年口岸调查外国游客人数

	调查人数		男　性		女　性	
	（人）	（%）	（人）	（%）	（人）	（%）
外国人	**10 640**	**100**	**6 369**	**59.9**	**4 271**	**40.1**
日　本	1 843	100	1 229	66.7	614	33.3
菲律宾	150	100	103	68.7	47	31.3
泰　国	207	100	126	60.9	81	39.1
新加坡	440	100	278	63.2	162	36.8
印度尼西亚	169	100	117	69.2	52	30.8
马来西亚	386	100	226	58.5	160	41.5
韩　国	1 797	100	1 262	70.2	535	29.8
朝　鲜	93	100	58	62.4	35	37.6
蒙　古	239	100	124	51.9	115	48.1
印　度	161	100	125	77.6	36	22.4
英　国	282	100	167	59.2	115	40.8
法　国	489	100	264	54.0	225	46.0
德　国	169	100	107	63.3	62	36.7
意大利	106	100	59	55.7	47	44.3
荷　兰	100	100	56	56.0	44	44.0
瑞　典	69	100	43	62.3	26	37.7
俄罗斯	1 330	100	433	32.6	897	67.4
瑞　士	77	100	53	68.8	24	31.2
美　国	732	100	445	60.8	287	39.2
加拿大	362	100	198	54.7	164	45.3
澳大利亚	313	100	186	59.4	127	40.6
非洲国家	78	100	59	75.6	19	24.4
南美国家	50	100	38	76.0	12	24.0
其他国家	998	100	613	61.4	385	38.6

及所占比重（按国别、性别、年龄分组）

14岁及以下		15～24岁		25～44岁		45～64岁		65岁及以上	
（人）	（%）	（人）	（%）	（人）	（%）	（人）	（%）	（人）	（%）
59	**0.6**	**1 001**	**9.4**	**5 188**	**48.8**	**3 579**	**33.6**	**813**	**7.6**
5	0.3	116	6.3	730	39.6	748	40.6	244	13.2
0	0.0	11	7.3	98	65.3	35	23.3	6	4.0
1	0.5	12	5.8	99	47.8	79	38.2	16	7.7
2	0.5	30	6.8	248	56.4	130	29.5	30	6.8
2	1.2	18	10.7	104	61.5	40	23.7	5	3.0
4	1.0	31	8.0	207	53.6	125	32.4	19	4.9
9	0.5	264	14.7	784	43.6	612	34.1	128	7.1
1	1.1	9	9.7	35	37.6	41	44.1	7	7.5
0	0.0	12	5.0	164	68.6	61	25.5	2	0.8
0	0.0	15	9.3	94	58.4	46	28.6	6	3.7
2	0.7	24	8.5	140	49.6	104	36.9	12	4.3
0	0.0	40	8.2	293	59.9	142	29.0	14	2.9
0	0.0	9	5.3	75	44.4	77	45.6	8	4.7
0	0.0	10	9.4	61	57.5	29	27.4	6	5.7
0	0.0	16	16.0	38	38.0	37	37.0	9	9.0
0	0.0	8	11.6	32	46.4	22	31.9	7	10.1
14	1.1	133	10.0	764	57.4	350	26.3	69	5.2
0	0.0	10	13.0	34	44.2	26	33.8	7	9.1
13	1.8	84	11.5	269	36.7	276	37.7	90	12.3
1	0.3	31	8.6	171	47.2	130	35.9	29	8.0
1	0.3	17	5.4	160	51.1	94	30.0	41	13.1
0	0.0	3	3.8	49	62.8	25	32.1	1	1.3
1	2.0	3	6.0	22	44.0	20	40.0	4	8.0
3	0.3	95	9.5	517	51.8	330	33.1	53	5.3

11－7　2009年口岸调查外国游客人数

	调查人数		政府工作人员		专业技术人员		职员		技工工人	
	(人)	(%)	(人)	(%)	(人)	(%)	(人)	(%)	(人)	(%)
外国人	**10 640**	**100**	**431**	**4.1**	**1 517**	**14.3**	**1 575**	**14.8**	**438**	**4.1**
日本	1 843	100	57	3.1	261	14.2	247	13.4	94	5.1
菲律宾	150	100	3	2.0	23	15.3	14	9.3	14	9.3
泰国	207	100	17	8.2	18	8.7	29	14.0	14	6.8
新加坡	440	100	11	2.5	96	21.8	61	13.9	13	3.0
印度尼西亚	169	100	3	1.8	22	13.0	30	17.8	7	4.1
马来西亚	386	100	17	4.4	67	17.4	51	13.2	12	3.1
韩国	1 797	100	118	6.6	210	11.7	351	19.5	43	2.4
朝鲜	93	100	3	3.2	11	11.8	16	17.2	5	5.4
蒙古	239	100	6	2.5	14	5.9	6	2.5	9	3.8
印度	161	100	2	1.2	36	22.4	17	10.6	4	2.5
英国	282	100	11	3.9	70	24.8	61	21.6	7	2.5
法国	489	100	13	2.7	60	12.3	113	23.1	51	10.4
德国	169	100	7	4.1	35	20.7	15	8.9	12	7.1
意大利	106	100	9	8.5	22	20.8	10	9.4	5	4.7
荷兰	100	100	4	4.0	13	13.0	22	22.0	3	3.0
瑞典	69	100	1	1.4	6	8.7	19	27.5	3	4.3
俄罗斯	1 330	100	67	5.0	88	6.6	153	11.5	54	4.1
瑞士	77	100	2	2.6	17	22.1	11	14.3	1	1.3
美国	732	100	24	3.3	175	23.9	101	13.8	21	2.9
加拿大	362	100	9	2.5	83	22.9	80	22.1	9	2.5
澳大利亚	313	100	7	2.2	68	21.7	74	23.6	15	4.8
非洲国家	78	100	2	2.6	12	15.4	4	5.1	0	0.0
南美国家	50	100	0	0.0	13	26.0	5	10.0	1	2.0
其他国家	998	100	38	3.8	97	9.7	85	8.5	41	4.1

及所占比重(按国别、职业分组)

商贸人员		服务员推销员		退休人员		家庭妇女		军人		学生		其他	
(人)	(%)	(人)	(%)	(人)	(%)	(人)	(%)	(人)	(%)	(人)	(%)	(人)	(%)
2 993	**28.1**	**308**	**2.9**	**754**	**7.1**	**809**	**7.6**	**38**	**0.4**	**823**	**7.7**	**954**	**9.0**
491	26.6	59	3.2	185	10.0	232	12.6	3	0.2	96	5.2	118	6.4
30	20.0	1	0.7	4	2.7	5	3.3	2	1.3	6	4.0	48	32.0
59	28.5	6	2.9	9	4.3	13	6.3	1	0.5	11	5.3	30	14.5
104	23.6	18	4.1	34	7.7	35	8.0	2	0.5	28	6.4	38	8.6
39	23.1	2	1.2	5	3.0	6	3.6	1	0.6	17	10.1	37	21.9
115	29.8	7	1.8	30	7.8	32	8.3	0	0.0	17	4.4	38	9.8
375	20.9	36	2.0	97	5.4	144	8.0	5	0.3	252	14.0	166	9.2
13	14.0	3	3.2	12	12.9	7	7.5	1	1.1	8	8.6	14	15.1
94	39.3	10	4.2	12	5.0	29	12.1	2	0.8	6	2.5	51	21.3
57	35.4	4	2.5	6	3.7	8	5.0	0	0.0	5	3.1	22	13.7
64	22.7	4	1.4	10	3.5	20	7.1	1	0.4	18	6.4	16	5.7
114	23.3	13	2.7	42	8.6	26	5.3	2	0.4	34	7.0	21	4.3
53	31.4	8	4.7	2	1.2	13	7.7	2	1.2	10	5.9	12	7.1
21	19.8	10	9.4	7	6.6	7	6.6	1	0.9	8	7.5	6	5.7
17	17.0	2	2.0	9	9.0	10	10.0	0	0.0	13	13.0	7	7.0
10	14.5	3	4.3	4	5.8	7	10.1	2	2.9	7	10.1	7	10.1
576	43.3	67	5.0	88	6.6	78	5.9	4	0.3	80	6.0	75	5.6
23	29.9	4	5.2	7	9.1	2	2.6	0	0.0	7	9.1	3	3.9
141	19.3	23	3.1	67	9.2	37	5.1	1	0.1	90	12.3	52	7.1
66	18.2	8	2.2	37	10.2	24	6.6	0	0.0	27	7.5	19	5.2
52	16.6	7	2.2	33	10.5	17	5.4	2	0.6	17	5.4	21	6.7
39	50.0	0	0.0	2	2.6	3	3.8	0	0.0	3	3.8	13	16.7
14	28.0	0	0.0	0	0.0	2	4.0	1	2.0	3	6.0	11	22.0
426	42.7	13	1.3	52	5.2	52	5.2	5	0.5	60	6.0	129	12.9

11－8　2009年口岸调查外国游客人数

	调查人数		观光游览		休闲度假		探亲访友	
	(人)	(%)	(人)	(%)	(人)	(%)	(人)	(%)
外国人	**10 640**	**100**	**3 426**	**32.2**	**1 771**	**16.6**	**731**	**6.9**
日本	1 843	100	672	36.5	244	13.2	102	5.5
菲律宾	150	100	23	15.3	16	10.7	12	8.0
泰国	207	100	47	22.7	38	18.4	23	11.1
新加坡	440	100	90	20.5	80	18.2	95	21.6
印度尼西亚	169	100	22	13.0	17	10.1	21	12.4
马来西亚	386	100	122	31.6	74	19.2	48	12.4
韩国	1 797	100	638	35.5	180	10.0	158	8.8
朝鲜	93	100	29	31.2	8	8.6	8	8.6
蒙古	239	100	19	7.9	17	7.1	6	2.5
印度	161	100	15	9.3	19	11.8	10	6.2
英国	282	100	77	27.3	76	27.0	17	6.0
法国	489	100	385	78.7	24	4.9	10	2.0
德国	169	100	41	24.3	29	17.2	9	5.3
意大利	106	100	23	21.7	25	23.6	9	8.5
荷兰	100	100	36	36.0	37	37.0	5	5.0
瑞典	69	100	27	39.1	15	21.7	7	10.1
俄罗斯	1 330	100	386	29.0	244	18.3	16	1.2
瑞士	77	100	24	31.2	17	22.1	5	6.5
美国	732	100	258	35.2	148	20.2	63	8.6
加拿大	362	100	86	23.8	153	42.3	25	6.9
澳大利亚	313	100	82	26.2	121	38.7	20	6.4
非洲国家	78	100	11	14.1	9	11.5	3	3.8
南美国家	50	100	20	40.0	13	26.0	2	4.0
其他国家	998	100	293	29.4	167	16.7	57	5.7

及所占比重(按国别、旅游目的分组)

商务		会议		宗教朝拜		文化/体育/科技交流		其他	
(人)	(%)	(人)	(%)	(人)	(%)	(人)	(%)	(人)	(%)
3 290	**30.9**	**396**	**3.7**	**32**	**0.3**	**225**	**2.1**	**769**	**7.2**
613	33.3	97	5.3	1	0.1	40	2.2	74	4.0
41	27.3	1	0.7	3	2.0	3	2.0	51	34.0
58	28.0	9	4.3	8	3.9	3	1.4	21	10.1
123	28.0	22	5.0	3	0.7	5	1.1	22	5.0
53	31.4	4	2.4	0	0.0	4	2.4	48	28.4
97	25.1	12	3.1	0	0.0	6	1.6	27	7.0
481	26.8	81	4.5	10	0.6	60	3.3	189	10.5
22	23.7	13	14.0	0	0.0	4	4.3	9	9.7
147	61.5	0	0.0	0	0.0	0	0.0	50	20.9
80	49.7	9	5.6	0	0.0	1	0.6	27	16.8
83	29.4	15	5.3	1	0.4	6	2.1	7	2.5
42	8.6	12	2.5	0	0.0	9	1.8	7	1.4
60	35.5	9	5.3	1	0.6	8	4.7	12	7.1
27	25.5	8	7.5	1	0.9	8	7.5	5	4.7
15	15.0	3	3.0	0	0.0	1	1.0	3	3.0
12	17.4	0	0.0	0	0.0	5	7.2	3	4.3
566	42.6	36	2.7	3	0.2	12	0.9	67	5.0
24	31.2	4	5.2	0	0.0	1	1.3	2	2.6
176	24.0	29	4.0	0	0.0	20	2.7	38	5.2
78	21.5	5	1.4	1	0.3	4	1.1	10	2.8
64	20.4	11	3.5	0	0.0	9	2.9	6	1.9
42	53.8	3	3.8	0	0.0	1	1.3	9	11.5
13	26.0	0	0.0	0	0.0	0	0.0	2	4.0
373	37.4	13	1.3	0	0.0	15	1.5	80	8.0

11-9 2009年饭店调查入境游客人数及所占比重

		饭店及游船调查人数		外国人	
		(人)	(%)	(人)	(%)
北京	小计	1 845	100	1 558	84.4
	团体	711	100	636	89.5
	散客	1 134	100	922	81.3
天津	小计	500	100	384	76.8
	团体	122	100	96	78.7
	散客	378	100	288	76.2
河北	小计	820	100	711	86.7
	团体	259	100	223	86.1
	散客	561	100	488	87.0
山西	小计	673	100	474	70.4
	团体	414	100	293	70.8
	散客	259	100	181	69.9
内蒙古	小计	500	100	457	91.4
	团体	238	100	224	94.1
	散客	262	100	233	88.9
辽宁	小计	606	100	469	77.4
	团体	220	100	154	70.0
	散客	386	100	315	81.6
吉林	小计	400	100	317	79.3
	团体	147	100	134	91.2
	散客	253	100	183	72.3
黑龙江	小计	700	100	604	86.3
	团体	617	100	525	85.1
	散客	83	100	79	95.2
上海	小计	1 686	100	1 446	85.8
	团体	355	100	318	89.6
	散客	1 331	100	1 128	84.7
江苏	小计	1 090	100	757	69.4
	团体	319	100	195	61.1
	散客	771	100	562	72.9

(按省〈区、市〉、团体及散客、外国人、港澳台胞分组)

香港同胞		澳门同胞		台湾同胞	
(人)	(%)	(人)	(%)	(人)	(%)
152	8.2	44	2.4	91	4.9
40	5.6	11	1.5	24	3.4
112	9.9	33	2.9	67	5.9
67	13.4	14	2.8	35	7.0
17	13.9	3	2.5	6	4.9
50	13.2	11	2.9	29	7.7
62	7.6	16	2.0	31	3.8
20	7.7	6	2.3	10	3.9
42	7.5	10	1.8	21	3.7
78	11.6	45	6.7	76	11.3
40	9.7	31	7.5	50	12.1
38	14.7	14	5.4	26	10.0
23	4.6	4	0.8	16	3.2
8	3.4	2	0.8	4	1.7
15	5.7	2	0.8	12	4.6
47	7.8	29	4.8	61	10.1
15	6.8	16	7.3	35	15.9
32	8.3	13	3.4	26	6.7
41	10.3	15	3.8	27	6.8
4	2.7	1	0.7	8	5.4
37	14.6	14	5.5	19	7.5
18	2.6	1	0.1	77	11.0
15	2.4	0	0.0	77	12.5
3	3.6	1	1.2	0	0.0
120	7.1	23	1.4	97	5.8
19	5.4	4	1.1	14	3.9
101	7.6	19	1.4	83	6.2
113	10.4	34	3.1	186	17.1
40	12.5	10	3.1	74	23.2
73	9.5	24	3.1	112	14.5

11－9(续1)

		饭店及游船调查人数		外国人	
		(人)	(%)	(人)	(%)
浙　江	小计	1 000	100	780	78.0
	团体	320	100	264	82.5
	散客	680	100	516	75.9
安　徽	小计	1 016	100	807	79.4
	团体	652	100	513	78.7
	散客	364	100	294	80.8
福　建	小计	988	100	586	59.3
	团体	243	100	140	57.6
	散客	745	100	446	59.9
江　西	小计	625	100	417	66.7
	团体	270	100	181	67.0
	散客	355	100	236	66.5
山　东	小计	1 225	100	863	70.4
	团体	411	100	268	65.2
	散客	814	100	595	73.1
河　南	小计	806	100	724	89.8
	团体	598	100	540	90.3
	散客	208	100	184	88.5
湖　北	小计	1 042	100	555	53.3
	团体	423	100	230	54.4
	散客	619	100	325	52.5
湖　南	小计	1 510	100	1 300	86.1
	团体	928	100	826	89.0
	散客	582	100	474	81.4
广　东	小计	5 502	100	3 239	58.9
	团体	1 922	100	1 187	61.8
	散客	3 580	100	2 052	57.3
广　西	小计	1 100	100	666	60.5
	团体	494	100	340	68.8
	散客	606	100	326	53.8
海　南	小计	898	100	715	79.6
	团体	508	100	405	79.7
	散客	390	100	310	79.5

香港同胞		澳门同胞		台湾同胞	
(人)	(%)	(人)	(%)	(人)	(%)
95	9.5	38	3.8	87	8.7
19	5.9	13	4.1	24	7.5
76	11.2	25	3.7	63	9.3
93	9.2	40	3.9	76	7.5
62	9.5	24	3.7	53	8.1
31	8.5	16	4.4	23	6.3
182	18.4	45	4.6	175	17.7
44	18.1	12	4.9	47	19.3
138	18.5	33	4.4	128	17.2
117	18.7	30	4.8	61	9.8
55	20.4	9	3.3	25	9.3
62	17.5	21	5.9	36	10.1
165	13.5	59	4.8	138	11.3
63	15.3	25	6.1	55	13.4
102	12.5	34	4.2	83	10.2
38	4.7	8	1.0	36	4.5
26	4.3	6	1.0	26	4.3
12	5.8	2	1.0	10	4.8
234	22.5	91	8.7	162	15.5
85	20.1	35	8.3	73	17.3
149	24.1	56	9.0	89	14.4
111	7.4	31	2.1	68	4.5
64	6.9	10	1.1	28	3.0
47	8.1	21	3.6	40	6.9
1 186	21.6	442	8.0	635	11.5
307	16.0	182	9.5	246	12.8
879	24.6	260	7.3	389	10.9
185	16.8	84	7.6	165	15.0
62	12.6	20	4.0	72	14.6
123	20.3	64	10.6	93	15.3
113	12.6	32	3.6	38	4.2
61	12.0	21	4.1	21	4.1
52	13.3	11	2.8	17	4.4

11-9(续2)

		饭店及游船调查人数		外国人	
		(人)	(%)	(人)	(%)
重庆	小计	600	100	423	70.5
	团体	292	100	232	79.5
	散客	308	100	191	62.0
四川	小计	2 821	100	2 136	75.7
	团体	1 623	100	1 158	71.3
	散客	1 198	100	978	81.6
贵州	小计	600	100	464	77.3
	团体	457	100	363	79.4
	散客	143	100	101	70.6
云南	小计	825	100	659	79.9
	团体	435	100	348	80.0
	散客	390	100	311	79.7
西藏	小计	200	100	175	87.5
	团体	163	100	146	89.6
	散客	37	100	29	78.4
陕西	小计	1 107	100	999	90.2
	团体	730	100	677	92.7
	散客	377	100	322	85.4
甘肃	小计	699	100	563	80.5
	团体	523	100	416	79.5
	散客	176	100	147	83.5
青海	小计	250	100	191	76.4
	团体	161	100	118	73.3
	散客	89	100	73	82.0
宁夏	小计	150	100	124	82.7
	团体	28	100	24	85.7
	散客	122	100	100	82.0
新疆	小计	400	100	362	90.5
	团体	327	100	292	89.3
	散客	73	100	70	95.9

香港同胞		澳门同胞		台湾同胞	
（人）	（%）	（人）	（%）	（人）	（%）
109	18.2	13	2.2	55	9.2
33	11.3	9	3.1	18	6.2
76	24.7	4	1.3	37	12.0
323	11.4	114	4.0	248	8.8
207	12.8	90	5.5	168	10.4
116	9.7	24	2.0	80	6.7
58	9.7	22	3.7	56	9.3
45	9.8	16	3.5	33	7.2
13	9.1	6	4.2	23	16.1
83	10.1	22	2.7	61	7.4
38	8.7	15	3.4	34	7.8
45	11.5	7	1.8	27	6.9
14	7.0	0	0.0	11	5.5
7	4.3	0	0.0	10	6.1
7	18.9	0	0.0	1	2.7
60	5.4	9	0.8	39	3.5
29	4.0	4	0.5	20	2.7
31	8.2	5	1.3	19	5.0
70	10.0	29	4.1	37	5.3
50	9.6	25	4.8	32	6.1
20	11.4	4	2.3	5	2.8
20	8.0	3	1.2	36	14.4
12	7.5	3	1.9	28	17.4
8	9.0	0	0.0	8	9.0
17	11.3	1	0.7	8	5.3
2	7.1	0	0.0	2	7.1
15	12.3	1	0.8	6	4.9
18	4.5	10	2.5	10	2.5
17	5.2	10	3.1	8	2.4
1	1.4	0	0.0	2	2.7

11－10 2009年饭店调查入境游客人数及所占比重

		饭店及游船调查人数		男性		女性	
		（人）	（%）	（人）	（%）	（人）	（%）
北京	小计	1 845	100	1 002	54.3	843	45.7
	团体	711	100	306	43.0	405	57.0
	散客	1 134	100	696	61.4	438	38.6
天津	小计	500	100	347	69.4	153	30.6
	团体	122	100	74	60.7	48	39.3
	散客	378	100	273	72.2	105	27.8
河北	小计	820	100	445	54.3	375	45.7
	团体	259	100	110	42.5	149	57.5
	散客	561	100	335	59.7	226	40.3
山西	小计	673	100	417	62.0	256	38.0
	团体	414	100	247	59.7	167	40.3
	散客	259	100	170	65.6	89	34.4
内蒙古	小计	500	100	161	32.2	339	67.8
	团体	238	100	34	14.3	204	85.7
	散客	262	100	127	48.5	135	51.5
辽宁	小计	606	100	357	58.9	249	41.1
	团体	220	100	79	35.9	141	64.1
	散客	386	100	278	72.0	108	28.0
吉林	小计	400	100	222	55.5	178	44.5
	团体	147	100	73	49.7	74	50.3
	散客	253	100	149	58.9	104	41.1
黑龙江	小计	700	100	236	33.7	464	66.3
	团体	617	100	191	31.0	426	69.0
	散客	83	100	45	54.2	38	45.8
上海	小计	1 686	100	1 121	66.5	565	33.5
	团体	355	100	187	52.7	168	47.3
	散客	1 331	100	934	70.2	397	29.8
江苏	小计	1 090	100	706	64.8	384	35.2
	团体	319	100	161	50.5	158	49.5
	散客	771	100	545	70.7	226	29.3

（按省〈区、市〉、性别、年龄、团体及散客分组）

14岁及以下		15～24岁		25～44岁		45～64岁		65岁及以上	
（人）	（%）	（人）	（%）	（人）	（%）	（人）	（%）	（人）	（%）
13	0.7	152	8.2	953	51.7	621	33.7	106	5.7
6	0.8	91	12.8	333	46.8	220	30.9	61	8.6
7	0.6	61	5.4	620	54.7	401	35.4	45	4.0
4	0.8	42	8.4	267	53.4	164	32.8	23	4.6
2	1.6	16	13.1	59	48.4	41	33.6	4	3.3
2	0.5	26	6.9	208	55.0	123	32.5	19	5.0
8	1.0	138	16.8	397	48.4	242	29.5	35	4.3
2	0.8	54	20.8	117	45.2	71	27.4	15	5.8
6	1.1	84	15.0	280	49.9	171	30.5	20	3.6
10	1.5	81	12.0	233	34.6	255	37.9	94	14.0
9	2.2	52	12.6	120	29.0	163	39.4	70	16.9
1	0.4	29	11.2	113	43.6	92	35.5	24	9.3
1	0.2	35	7.0	377	75.4	75	15.0	12	2.4
0	0.0	10	4.2	202	84.9	22	9.2	4	1.7
1	0.4	25	9.5	175	66.8	53	20.2	8	3.1
5	0.8	43	7.1	308	50.8	210	34.7	40	6.6
3	1.4	26	11.8	95	43.2	72	32.7	24	10.9
2	0.5	17	4.4	213	55.2	138	35.8	16	4.1
0	0.0	35	8.8	225	56.3	125	31.3	15	3.8
0	0.0	17	11.6	56	38.1	60	40.8	14	9.5
0	0.0	18	7.1	169	66.8	65	25.7	1	0.4
15	2.1	71	10.1	308	44.0	238	34.0	68	9.7
13	2.1	67	10.9	256	41.5	214	34.7	67	10.9
2	2.4	4	4.8	52	62.7	24	28.9	1	1.2
4	0.2	115	6.8	840	49.8	603	35.8	124	7.4
0	0.0	33	9.3	159	44.8	122	34.4	41	11.5
4	0.3	82	6.2	681	51.2	481	36.1	83	6.2
6	0.6	92	8.4	557	51.1	368	33.8	67	6.1
4	1.3	37	11.6	137	42.9	112	35.1	29	9.1
2	0.3	55	7.1	420	54.5	256	33.2	38	4.9

11－10(续1)

		饭店及游船调查人数		男性		女性	
		(人)	(%)	(人)	(%)	(人)	(%)
浙江	小计	1 000	100	619	61.9	381	38.1
	团体	320	100	150	46.9	170	53.1
	散客	680	100	469	69.0	211	31.0
安徽	小计	1 016	100	593	58.4	423	41.6
	团体	652	100	355	54.4	297	45.6
	散客	364	100	238	65.4	126	34.6
福建	小计	988	100	590	59.7	398	40.3
	团体	243	100	117	48.1	126	51.9
	散客	745	100	473	63.5	272	36.5
江西	小计	625	100	367	58.7	258	41.3
	团体	270	100	149	55.2	121	44.8
	散客	355	100	218	61.4	137	38.6
山东	小计	1 225	100	756	61.7	469	38.3
	团体	411	100	220	53.5	191	46.5
	散客	814	100	536	65.8	278	34.2
河南	小计	806	100	491	60.9	315	39.1
	团体	598	100	355	59.4	243	40.6
	散客	208	100	136	65.4	72	34.6
湖北	小计	1 042	100	609	58.4	433	41.6
	团体	423	100	214	50.6	209	49.4
	散客	619	100	395	63.8	224	36.2
湖南	小计	1 510	100	887	58.7	623	41.3
	团体	928	100	540	58.2	388	41.8
	散客	582	100	347	59.6	235	40.4
广东	小计	5 502	100	3 097	56.3	2 405	43.7
	团体	1 922	100	937	48.8	985	51.2
	散客	3 580	100	2 160	60.3	1 420	39.7
广西	小计	1 100	100	623	56.6	477	43.4
	团体	494	100	234	47.4	260	52.6
	散客	606	100	389	64.2	217	35.8
海南	小计	898	100	452	50.3	446	49.7
	团体	508	100	255	50.2	253	49.8
	散客	390	100	197	50.5	193	49.5

14岁及以下		15～24岁		25～44岁		45～64岁		65岁及以上	
(人)	(%)	(人)	(%)	(人)	(%)	(人)	(%)	(人)	(%)
6	0.6	98	9.8	518	51.8	335	33.5	43	4.3
4	1.3	44	13.8	145	45.3	100	31.3	27	8.4
2	0.3	54	7.9	373	54.9	235	34.6	16	2.4
17	1.7	38	3.7	375	36.9	441	43.4	145	14.3
12	1.8	20	3.1	229	35.1	270	41.4	121	18.6
5	1.4	18	4.9	146	40.1	171	47.0	24	6.6
5	0.5	75	7.6	470	47.6	366	37.0	72	7.3
2	0.8	21	8.6	81	33.3	104	42.8	35	14.4
3	0.4	54	7.2	389	52.2	262	35.2	37	5.0
4	0.6	66	10.6	327	52.3	203	32.5	25	4.0
2	0.7	22	8.1	147	54.4	88	32.6	11	4.1
2	0.6	44	12.4	180	50.7	115	32.4	14	3.9
14	1.1	109	8.9	525	42.9	477	38.9	100	8.2
8	1.9	36	8.8	134	32.6	170	41.4	63	15.3
6	0.7	73	9.0	391	48.0	307	37.7	37	4.5
5	0.6	56	6.9	179	22.2	344	42.7	222	27.5
5	0.8	42	7.0	111	18.6	224	37.5	216	36.1
0	0.0	14	6.7	68	32.7	120	57.7	6	2.9
6	0.6	86	8.3	473	45.4	373	35.8	104	10.0
3	0.7	46	10.9	150	35.5	169	40.0	55	13.0
3	0.5	40	6.5	323	52.2	204	33.0	49	7.9
15	1.0	149	9.9	659	43.6	509	33.7	178	11.8
11	1.2	94	10.1	333	35.9	339	36.5	151	16.3
4	0.7	55	9.5	326	56.0	170	29.2	27	4.6
131	2.4	843	15.3	2 496	45.4	1 631	29.6	401	7.3
67	3.5	357	18.6	768	40.0	537	27.9	193	10.0
64	1.8	486	13.6	1 728	48.3	1 094	30.6	208	5.8
9	0.8	95	8.6	477	43.4	438	39.8	81	7.4
8	1.6	44	8.9	188	38.1	203	41.1	51	10.3
1	0.2	51	8.4	289	47.7	235	38.8	30	5.0
4	0.4	104	11.6	454	50.6	281	31.3	55	6.1
3	0.6	48	9.4	251	49.4	166	32.7	40	7.9
1	0.3	56	14.4	203	52.1	115	29.5	15	3.8

11－10(续2)

		饭店及游船调查人数		男性		女性	
		(人)	(%)	(人)	(%)	(人)	(%)
重庆	小计	600	100	361	60.2	239	39.8
	团体	292	100	148	50.7	144	49.3
	散客	308	100	213	69.2	95	30.8
四川	小计	2 821	100	1 650	58.5	1 171	41.5
	团体	1 623	100	830	51.1	793	48.9
	散客	1 198	100	820	68.4	378	31.6
贵州	小计	600	100	325	54.2	275	45.8
	团体	457	100	243	53.2	214	46.8
	散客	143	100	82	57.3	61	42.7
云南	小计	825	100	487	59.0	338	41.0
	团体	435	100	224	51.5	211	48.5
	散客	390	100	263	67.4	127	32.6
西藏	小计	200	100	93	46.5	107	53.5
	团体	163	100	71	43.6	92	56.4
	散客	37	100	22	59.5	15	40.5
陕西	小计	1 107	100	580	52.4	527	47.6
	团体	730	100	360	49.3	370	50.7
	散客	377	100	220	58.4	157	41.6
甘肃	小计	699	100	380	54.4	319	45.6
	团体	523	100	276	52.8	247	47.2
	散客	176	100	104	59.1	72	40.9
青海	小计	250	100	143	57.2	107	42.8
	团体	161	100	84	52.2	77	47.8
	散客	89	100	59	66.3	30	33.7
宁夏	小计	150	100	122	81.3	28	18.7
	团体	28	100	19	67.9	9	32.1
	散客	122	100	103	84.4	19	15.6
新疆	小计	400	100	208	52.0	192	48.0
	团体	327	100	164	50.2	163	49.8
	散客	73	100	44	60.3	29	39.7

14 岁及以下		15 ~ 24 岁		25 ~ 44 岁		45 ~ 64 岁		65 岁及以上	
(人)	(%)	(人)	(%)	(人)	(%)	(人)	(%)	(人)	(%)
0	0.0	90	15.0	214	35.7	246	41.0	50	8.3
0	0.0	64	21.9	82	28.1	111	38.0	35	12.0
0	0.0	26	8.4	132	42.9	135	43.8	15	4.9
11	0.4	279	9.9	1 542	54.7	869	30.8	120	4.3
9	0.6	159	9.8	820	50.5	540	33.3	95	5.9
2	0.2	120	10.0	722	60.3	329	27.5	25	2.1
5	0.8	66	11.0	269	44.8	189	31.5	71	11.8
4	0.9	49	10.7	196	42.9	150	32.8	58	12.7
1	0.7	17	11.9	73	51.0	39	27.3	13	9.1
1	0.1	78	9.5	388	47.0	304	36.8	54	6.5
1	0.2	41	9.4	186	42.8	171	39.3	36	8.3
0	0.0	37	9.5	202	51.8	133	34.1	18	4.6
5	2.5	21	10.5	82	41.0	66	33.0	26	13.0
4	2.5	14	8.6	68	41.7	53	32.5	24	14.7
1	2.7	7	18.9	14	37.8	13	35.1	2	5.4
4	0.4	94	8.5	382	34.5	464	41.9	163	14.7
1	0.1	67	9.2	215	29.5	309	42.3	138	18.9
3	0.8	27	7.2	167	44.3	155	41.1	25	6.6
1	0.1	49	7.0	285	40.8	271	38.8	93	13.3
0	0.0	30	5.7	194	37.1	221	42.3	78	14.9
1	0.6	19	10.8	91	51.7	50	28.4	15	8.5
0	0.0	19	7.6	130	52.0	93	37.2	8	3.2
0	0.0	11	6.8	78	48.4	66	41.0	6	3.7
0	0.0	8	9.0	52	58.4	27	30.3	2	2.2
0	0.0	3	2.0	90	60.0	55	36.7	2	1.3
0	0.0	0	0.0	14	50.0	13	46.4	1	3.6
0	0.0	3	2.5	76	62.3	42	34.4	1	0.8
1	0.3	30	7.5	175	43.8	175	43.8	19	4.8
1	0.3	24	7.3	138	42.2	148	45.3	16	4.9
0	0.0	6	8.2	37	50.7	27	37.0	3	4.1

11－11　2009年饭店调查入境游客人数及所占比重

		饭店及游船调查人数		政府工作人员		专业技术人员		职员		技工工人	
		(人)	(%)	(人)	(%)	(人)	(%)	(人)	(%)	(人)	(%)
北　京	小计	1 845	100	84	4.6	266	14.4	469	25.4	44	2.4
	团体	711	100	26	3.7	47	6.6	178	25.0	9	1.3
	散客	1 134	100	58	5.1	219	19.3	291	25.7	35	3.1
天　津	小计	500	100	33	6.6	122	24.4	93	18.6	27	5.4
	团体	122	100	2	1.6	21	17.2	18	14.8	9	7.4
	散客	378	100	31	8.2	101	26.7	75	19.8	18	4.8
河　北	小计	820	100	44	5.4	193	23.5	143	17.4	61	7.4
	团体	259	100	21	8.1	37	14.3	54	20.8	13	5.0
	散客	561	100	23	4.1	156	27.8	89	15.9	48	8.6
山　西	小计	673	100	80	11.9	145	21.5	127	18.9	28	4.2
	团体	414	100	68	16.4	93	22.5	71	17.1	23	5.6
	散客	259	100	12	4.6	52	20.1	56	21.6	5	1.9
内蒙古	小计	500	100	20	4.0	36	7.2	43	8.6	22	4.4
	团体	238	100	4	1.7	6	2.5	16	6.7	10	4.2
	散客	262	100	16	6.1	30	11.5	27	10.3	12	4.6
辽　宁	小计	606	100	37	6.1	123	20.3	145	23.9	14	2.3
	团体	220	100	12	5.5	48	21.8	46	20.9	2	0.9
	散客	386	100	25	6.5	75	19.4	99	25.6	12	3.1
吉　林	小计	400	100	31	7.8	60	15.0	104	26.0	9	2.3
	团体	147	100	20	13.6	6	4.1	38	25.9	4	2.7
	散客	253	100	11	4.3	54	21.3	66	26.1	5	2.0
黑龙江	小计	700	100	25	3.6	54	7.7	143	20.4	28	4.0
	团体	617	100	22	3.6	40	6.5	125	20.3	21	3.4
	散客	83	100	3	3.6	14	16.9	18	21.7	7	8.4
上　海	小计	1 686	100	31	1.8	254	15.1	460	27.3	58	3.4
	团体	355	100	8	2.3	48	13.5	97	27.3	10	2.8
	散客	1 331	100	23	1.7	206	15.5	363	27.3	48	3.6
江　苏	小计	1 090	100	56	5.1	259	23.8	188	17.2	47	4.3
	团体	319	100	17	5.3	37	11.6	64	20.1	11	3.4
	散客	771	100	39	5.1	222	28.8	124	16.1	36	4.7

(按省〈区、市〉、职业、团体及散客分组)

商贸人员		服务员推销员		退休人员		家庭妇女		军人		学生		其他	
(人)	(%)	(人)	(%)	(人)	(%)	(人)	(%)	(人)	(%)	(人)	(%)	(人)	(%)
454	24.6	40	2.2	141	7.6	103	5.6	6	0.3	142	7.7	96	5.2
117	16.5	22	3.1	94	13.2	71	10.0	3	0.4	89	12.5	55	7.7
337	29.7	18	1.6	47	4.1	32	2.8	3	0.3	53	4.7	41	3.6
126	25.2	14	2.8	18	3.6	16	3.2	4	0.8	28	5.6	19	3.8
27	22.1	7	5.7	8	6.6	9	7.4	1	0.8	12	9.8	8	6.6
99	26.2	7	1.9	10	2.6	7	1.9	3	0.8	16	4.2	11	2.9
134	16.3	18	2.2	43	5.2	31	3.8	10	1.2	94	11.5	49	6.0
42	16.2	7	2.7	26	10.0	11	4.2	3	1.2	30	11.6	15	5.8
92	16.4	11	2.0	17	3.0	20	3.6	7	1.2	64	11.4	34	6.1
94	14.0	20	3.0	70	10.4	27	4.0	15	2.2	32	4.8	35	5.2
48	11.6	14	3.4	50	12.1	9	2.2	11	2.7	13	3.1	14	3.4
46	17.8	6	2.3	20	7.7	18	6.9	4	1.5	19	7.3	21	8.1
261	52.2	9	1.8	23	4.6	34	6.8	3	0.6	22	4.4	27	5.4
167	70.2	4	1.7	8	3.4	12	5.0	0	0.0	8	3.4	3	1.3
94	35.9	5	1.9	15	5.7	22	8.4	3	1.1	14	5.3	24	9.2
140	23.1	14	2.3	33	5.4	37	6.1	1	0.2	33	5.4	29	4.8
23	10.5	5	2.3	21	9.5	30	13.6	1	0.5	21	9.5	11	5.0
117	30.3	9	2.3	12	3.1	7	1.8	0	0.0	12	3.1	18	4.7
94	23.5	2	0.5	42	10.5	20	5.0	1	0.3	27	6.8	10	2.5
10	6.8	1	0.7	32	21.8	14	9.5	1	0.7	15	10.2	6	4.1
84	33.2	1	0.4	10	4.0	6	2.4	0	0.0	12	4.7	4	1.6
102	14.6	18	2.6	119	17.0	65	9.3	3	0.4	64	9.1	79	11.3
83	13.5	17	2.8	115	18.6	61	9.9	3	0.5	59	9.6	71	11.5
19	22.9	1	1.2	4	4.8	4	4.8	0	0.0	5	6.0	8	9.6
488	28.9	31	1.8	122	7.2	120	7.1	3	0.2	82	4.9	37	2.2
36	10.1	8	2.3	53	14.9	56	15.8	2	0.6	28	7.9	9	2.5
452	34.0	23	1.7	69	5.2	64	4.8	1	0.1	54	4.1	28	2.1
257	23.6	33	3.0	84	7.7	45	4.1	7	0.6	59	5.4	55	5.0
45	14.1	17	5.3	54	16.9	32	10.0	3	0.9	29	9.1	10	3.1
212	27.5	16	2.1	30	3.9	13	1.7	4	0.5	30	3.9	45	5.8

11－11(续1)

		饭店及游船调查人数		政府工作人员		专业技术人员		职员		技工工人	
		(人)	(%)	(人)	(%)	(人)	(%)	(人)	(%)	(人)	(%)
浙　江	小计	1 000	100	21	2.1	155	15.5	154	15.4	27	2.7
	团体	320	100	9	2.8	43	13.4	47	14.7	7	2.2
	散客	680	100	12	1.8	112	16.5	107	15.7	20	2.9
安　徽	小计	1 016	100	72	7.1	224	22.0	159	15.6	68	6.7
	团体	652	100	45	6.9	126	19.3	111	17.0	43	6.6
	散客	364	100	27	7.4	98	26.9	48	13.2	25	6.9
福　建	小计	988	100	37	3.7	137	13.9	206	20.9	20	2.0
	团体	243	100	13	5.3	32	13.2	48	19.8	6	2.5
	散客	745	100	24	3.2	105	14.1	158	21.2	14	1.9
江　西	小计	625	100	42	6.7	114	18.2	121	19.4	29	4.6
	团体	270	100	16	5.9	46	17.0	55	20.4	15	5.6
	散客	355	100	26	7.3	68	19.2	66	18.6	14	3.9
山　东	小计	1 225	100	142	11.6	224	18.3	197	16.1	45	3.7
	团体	411	100	51	12.4	59	14.4	64	15.6	13	3.2
	散客	814	100	91	11.2	165	20.3	133	16.3	32	3.9
河　南	小计	806	100	200	24.8	161	20.0	196	24.3	40	5.0
	团体	598	100	190	31.8	103	17.2	139	23.2	28	4.7
	散客	208	100	10	4.8	58	27.9	57	27.4	12	5.8
湖　北	小计	1 042	100	56	5.4	262	25.1	175	16.8	34	3.3
	团体	423	100	19	4.5	86	20.3	72	17.0	9	2.1
	散客	619	100	37	6.0	176	28.4	103	16.6	25	4.0
湖　南	小计	1 510	100	130	8.6	280	18.5	216	14.3	229	15.2
	团体	928	100	93	10.0	209	22.5	129	13.9	121	13.0
	散客	582	100	37	6.4	71	12.2	87	14.9	108	18.6
广　东	小计	5 502	100	250	4.5	747	13.6	962	17.5	284	5.2
	团体	1 922	100	107	5.6	223	11.6	413	21.5	89	4.6
	散客	3 580	100	143	4.0	524	14.6	549	15.3	195	5.4
广　西	小计	1 100	100	42	3.8	111	10.1	216	19.6	67	6.1
	团体	494	100	17	3.4	33	6.7	114	23.1	39	7.9
	散客	606	100	25	4.1	78	12.9	102	16.8	28	4.6
海　南	小计	898	100	83	9.2	117	13.0	189	21.0	21	2.3
	团体	508	100	42	8.3	64	12.6	105	20.7	13	2.6
	散客	390	100	41	10.5	53	13.6	84	21.5	8	2.1

商贸人员		服务员推销员		退休人员		家庭妇女		军人		学生		其他	
(人)	(%)	(人)	(%)	(人)	(%)	(人)	(%)	(人)	(%)	(人)	(%)	(人)	(%)
400	40.0	31	3.1	53	5.3	76	7.6	5	0.5	40	4.0	38	3.8
54	16.9	19	5.9	40	12.5	53	16.6	2	0.6	27	8.4	19	5.9
346	50.9	12	1.8	13	1.9	23	3.4	3	0.4	13	1.9	19	2.8
197	19.4	46	4.5	106	10.4	66	6.5	4	0.4	21	2.1	53	5.2
94	14.4	29	4.4	93	14.3	55	8.4	3	0.5	18	2.8	35	5.4
103	28.3	17	4.7	13	3.6	11	3.0	1	0.3	3	0.8	18	4.9
302	30.6	27	2.7	63	6.4	81	8.2	7	0.7	35	3.5	73	7.4
31	12.8	10	4.1	32	13.2	34	14.0	6	2.5	10	4.1	21	8.6
271	36.4	17	2.3	31	4.2	47	6.3	1	0.1	25	3.4	52	7.0
127	20.3	26	4.2	47	7.5	33	5.3	9	1.4	35	5.6	42	6.7
50	18.5	13	4.8	26	9.6	16	5.9	5	1.9	10	3.7	18	6.7
77	21.7	13	3.7	21	5.9	17	4.8	4	1.1	25	7.0	24	6.8
272	22.2	59	4.8	99	8.1	57	4.7	7	0.6	72	5.9	51	4.2
50	12.2	28	6.8	57	13.9	33	8.0	3	0.7	32	7.8	21	5.1
222	27.3	31	3.8	42	5.2	24	2.9	4	0.5	40	4.9	30	3.7
51	6.3	8	1.0	43	5.3	12	1.5	0	0.0	48	6.0	47	5.8
19	3.2	6	1.0	32	5.4	10	1.7	0	0.0	38	6.4	33	5.5
32	15.4	2	1.0	11	5.3	2	1.0	0	0.0	10	4.8	14	6.7
177	17.0	21	2.0	129	12.4	73	7.0	6	0.6	61	5.9	48	4.6
53	12.5	10	2.4	81	19.1	41	9.7	2	0.5	30	7.1	20	4.7
124	20.0	11	1.8	48	7.8	32	5.2	4	0.6	31	5.0	28	4.5
241	16.0	33	2.2	142	9.4	83	5.5	15	1.0	88	5.8	53	3.5
85	9.2	13	1.4	121	13.0	65	7.0	7	0.8	57	6.1	28	3.0
156	26.8	20	3.4	21	3.6	18	3.1	8	1.4	31	5.3	25	4.3
1 442	26.2	272	4.9	428	7.8	373	6.8	51	0.9	307	5.6	386	7.0
262	13.6	107	5.6	215	11.2	179	9.3	23	1.2	149	7.8	155	8.1
1 180	33.0	165	4.6	213	5.9	194	5.4	28	0.8	158	4.4	231	6.5
199	18.1	44	4.0	119	10.8	102	9.3	5	0.5	84	7.6	111	10.1
46	9.3	21	4.3	83	16.8	50	10.1	1	0.2	43	8.7	47	9.5
153	25.2	23	3.8	36	5.9	52	8.6	4	0.7	41	6.8	64	10.6
166	18.5	35	3.9	74	8.2	69	7.7	8	0.9	64	7.1	72	8.0
86	16.9	19	3.7	49	9.6	47	9.3	7	1.4	32	6.3	44	8.7
80	20.5	16	4.1	25	6.4	22	5.6	1	0.3	32	8.2	28	7.2

11－11(续2)

		饭店及游船调查人数		政府工作人员		专业技术人员		职员		技工工人	
		(人)	(%)	(人)	(%)	(人)	(%)	(人)	(%)	(人)	(%)
重庆	小计	600	100	19	3.2	78	13.0	83	13.8	31	5.2
	团体	292	100	10	3.4	26	8.9	33	11.3	23	7.9
	散客	308	100	9	2.9	52	16.9	50	16.2	8	2.6
四川	小计	2 821	100	205	7.3	496	17.6	417	14.8	115	4.1
	团体	1 623	100	157	9.7	216	13.3	257	15.8	66	4.1
	散客	1 198	100	48	4.0	280	23.4	160	13.4	49	4.1
贵州	小计	600	100	56	9.3	76	12.7	126	21.0	11	1.8
	团体	457	100	42	9.2	49	10.7	96	21.0	10	2.2
	散客	143	100	14	9.8	27	18.9	30	21.0	1	0.7
云南	小计	825	100	53	6.4	116	14.1	181	21.9	23	2.8
	团体	435	100	21	4.8	54	12.4	120	27.6	12	2.8
	散客	390	100	32	8.2	62	15.9	61	15.6	11	2.8
西藏	小计	200	100	11	5.5	16	8.0	18	9.0	8	4.0
	团体	163	100	10	6.1	15	9.2	16	9.8	5	3.1
	散客	37	100	1	2.7	1	2.7	2	5.4	3	8.1
陕西	小计	1 107	100	53	4.8	202	18.2	176	15.9	34	3.1
	团体	730	100	36	4.9	113	15.5	120	16.4	20	2.7
	散客	377	100	17	4.5	89	23.6	56	14.9	14	3.7
甘肃	小计	699	100	42	6.0	115	16.5	127	18.2	24	3.4
	团体	523	100	29	5.5	75	14.3	98	18.7	15	2.9
	散客	176	100	13	7.4	40	22.7	29	16.5	9	5.1
青海	小计	250	100	9	3.6	33	13.2	70	28.0	6	2.4
	团体	161	100	6	3.7	18	11.2	49	30.4	4	2.5
	散客	89	100	3	3.4	15	16.9	21	23.6	2	2.2
宁夏	小计	150	100	4	2.7	38	25.3	30	20.0	5	3.3
	团体	28	100	2	7.1	7	25.0	4	14.3	0	0.0
	散客	122	100	2	1.6	31	25.4	26	21.3	5	4.1
新疆	小计	400	100	30	7.5	51	12.8	109	27.3	22	5.5
	团体	327	100	25	7.6	43	13.1	99	30.3	16	4.9
	散客	73	100	5	6.8	8	11.0	10	13.7	6	8.2

商贸人员		服务员推销员		退休人员		家庭妇女		军人		学生		其他	
(人)	(%)	(人)	(%)	(人)	(%)	(人)	(%)	(人)	(%)	(人)	(%)	(人)	(%)
140	23.3	11	1.8	57	9.5	47	7.8	2	0.3	73	12.2	59	9.8
36	12.3	10	3.4	40	13.7	25	8.6	2	0.7	59	20.2	28	9.6
104	33.8	1	0.3	17	5.5	22	7.1	0	0.0	14	4.5	31	10.1
595	21.1	70	2.5	234	8.3	207	7.3	13	0.5	164	5.8	305	10.8
206	12.7	49	3.0	193	11.9	171	10.5	8	0.5	103	6.3	197	12.1
389	32.5	21	1.8	41	3.4	36	3.0	5	0.4	61	5.1	108	9.0
105	17.5	14	2.3	71	11.8	38	6.3	3	0.5	44	7.3	56	9.3
75	16.4	13	2.8	63	13.8	30	6.6	3	0.7	33	7.2	43	9.4
30	21.0	1	0.7	8	5.6	8	5.6	0	0.0	11	7.7	13	9.1
149	18.1	34	4.1	80	9.7	67	8.1	1	0.1	61	7.4	60	7.3
36	8.3	20	4.6	57	13.1	56	12.9	0	0.0	35	8.0	24	5.5
113	29.0	14	3.6	23	5.9	11	2.8	1	0.3	26	6.7	36	9.2
45	22.5	17	8.5	29	14.5	3	1.5	5	2.5	27	13.5	21	10.5
40	24.5	15	9.2	29	17.8	1	0.6	4	2.5	19	11.7	9	5.5
5	13.5	2	5.4	0	0.0	2	5.4	1	2.7	8	21.6	12	32.4
180	16.3	28	2.5	173	15.6	94	8.5	4	0.4	84	7.6	79	7.1
76	10.4	22	3.0	142	19.5	72	9.9	4	0.5	62	8.5	63	8.6
104	27.6	6	1.6	31	8.2	22	5.8	0	0.0	22	5.8	16	4.2
82	11.7	12	1.7	119	17.0	65	9.3	6	0.9	46	6.6	61	8.7
62	11.9	10	1.9	103	19.7	58	11.1	5	1.0	26	5.0	42	8.0
20	11.4	2	1.1	16	9.1	7	4.0	1	0.6	20	11.4	19	10.8
35	14.0	5	2.0	30	12.0	18	7.2	0	0.0	13	5.2	31	12.4
22	13.7	2	1.2	21	13.0	12	7.5	0	0.0	10	6.2	17	10.6
13	14.6	3	3.4	9	10.1	6	6.7	0	0.0	3	3.4	14	15.7
39	26.0	0	0.0	12	8.0	2	1.3	0	0.0	1	0.7	19	12.7
5	17.9	0	0.0	6	21.4	1	3.6	0	0.0	0	0.0	3	10.7
34	27.9	0	0.0	6	4.9	1	0.8	0	0.0	1	0.8	16	13.1
59	14.8	17	4.3	41	10.3	28	7.0	3	0.8	19	4.8	21	5.3
26	8.0	15	4.6	40	12.2	27	8.3	3	0.9	16	4.9	17	5.2
33	45.2	2	2.7	1	1.4	1	1.4	0	0.0	3	4.1	4	5.5

11－12 2009年饭店调查入境游客人数及所占比重

		饭店及游船调查人数		观光游览		休闲度假		探亲访友	
		(人)	(%)	(人)	(%)	(人)	(%)	(人)	(%)
北　京	小计	1 845	100	472	25.6	388	21.0	102	5.5
	团体	711	100	327	46.0	244	34.3	25	3.5
	散客	1 134	100	145	12.8	144	12.7	77	6.8
天　津	小计	500	100	105	21.0	116	23.2	37	7.4
	团体	122	100	51	41.8	56	45.9	3	2.5
	散客	378	100	54	14.3	60	15.9	34	9.0
河　北	小计	820	100	226	27.6	184	22.4	54	6.6
	团体	259	100	91	35.1	94	36.3	12	4.6
	散客	561	100	135	24.1	90	16.0	42	7.5
山　西	小计	673	100	272	40.4	189	28.1	41	6.1
	团体	414	100	189	45.7	138	33.3	16	3.9
	散客	259	100	83	32.0	51	19.7	25	9.7
内蒙古	小计	500	100	82	16.4	66	13.2	16	3.2
	团体	238	100	42	17.6	22	9.2	7	2.9
	散客	262	100	40	15.3	44	16.8	9	3.4
辽　宁	小计	606	100	177	29.2	79	13.0	46	7.6
	团体	220	100	131	59.5	40	18.2	18	8.2
	散客	386	100	46	11.9	39	10.1	28	7.3
吉　林	小计	400	100	147	36.8	48	12.0	30	7.5
	团体	147	100	121	82.3	19	12.9	2	1.4
	散客	253	100	26	10.3	29	11.5	28	11.1
黑龙江	小计	700	100	398	56.9	205	29.3	19	2.7
	团体	617	100	368	59.6	197	31.9	7	1.1
	散客	83	100	30	36.1	8	9.6	12	14.5
上　海	小计	1 686	100	440	26.1	222	13.2	86	5.1
	团体	355	100	227	63.9	64	18.0	12	3.4
	散客	1 331	100	213	16.0	158	11.9	74	5.6
江　苏	小计	1 090	100	288	26.4	183	16.8	58	5.3
	团体	319	100	180	56.4	89	27.9	14	4.4
	散客	771	100	108	14.0	94	12.2	44	5.7

（按省〈区、市〉、旅游目的、团体及散客分组）

商务		会议		宗教朝拜		文化/体育/科技交流		其他	
(人)	(%)	(人)	(%)	(人)	(%)	(人)	(%)	(人)	(%)
505	27.4	282	15.3	7	0.4	64	3.5	25	1.4
65	9.1	19	2.7	1	0.1	20	2.8	10	1.4
440	38.8	263	23.2	6	0.5	44	3.9	15	1.3
146	29.2	66	13.2	1	0.2	18	3.6	11	2.2
1	0.8	0	0.0	1	0.8	4	3.3	6	4.9
145	38.4	66	17.5	0	0.0	14	3.7	5	1.3
230	28.0	56	6.8	5	0.6	37	4.5	28	3.4
37	14.3	9	3.5	3	1.2	9	3.5	4	1.5
193	34.4	47	8.4	2	0.4	28	5.0	24	4.3
78	11.6	28	4.2	36	5.3	13	1.9	16	2.4
24	5.8	9	2.2	24	5.8	6	1.4	8	1.9
54	20.8	19	7.3	12	4.6	7	2.7	8	3.1
294	58.8	9	1.8	7	1.4	9	1.8	17	3.4
159	66.8	2	0.8	2	0.8	3	1.3	1	0.4
135	51.5	7	2.7	5	1.9	6	2.3	16	6.1
190	31.4	60	9.9	2	0.3	32	5.3	20	3.3
11	5.0	6	2.7	0	0.0	11	5.0	3	1.4
179	46.4	54	14.0	2	0.5	21	5.4	17	4.4
116	29.0	32	8.0	0	0.0	15	3.8	12	3.0
2	1.4	1	0.7	0	0.0	1	0.7	1	0.7
114	45.1	31	12.3	0	0.0	14	5.5	11	4.3
52	7.4	9	1.3	1	0.1	7	1.0	9	1.3
32	5.2	2	0.3	1	0.2	5	0.8	5	0.8
20	24.1	7	8.4	0	0.0	2	2.4	4	4.8
667	39.6	187	11.1	5	0.3	67	4.0	12	0.7
22	6.2	11	3.1	1	0.3	16	4.5	2	0.6
645	48.5	176	13.2	4	0.3	51	3.8	10	0.8
383	35.1	87	8.0	8	0.7	44	4.0	39	3.6
15	4.7	2	0.6	5	1.6	7	2.2	7	2.2
368	47.7	85	11.0	3	0.4	37	4.8	32	4.2

11－12(续1)

		饭店及游船调查人数		观光游览		休闲度假		探亲访友	
		(人)	(%)	(人)	(%)	(人)	(%)	(人)	(%)
浙　江	小计	1 000	100	263	26.3	120	12.0	34	3.4
	团体	320	100	209	65.3	79	24.7	8	2.5
	散客	680	100	54	7.9	41	6.0	26	3.8
安　徽	小计	1 016	100	412	40.6	244	24.0	71	7.0
	团体	652	100	325	49.8	181	27.8	35	5.4
	散客	364	100	87	23.9	63	17.3	36	9.9
福　建	小计	988	100	228	23.1	163	16.5	144	14.6
	团体	243	100	112	46.1	73	30.0	23	9.5
	散客	745	100	116	15.6	90	12.1	121	16.2
江　西	小计	625	100	214	34.2	135	21.6	50	8.0
	团体	270	100	134	49.6	73	27.0	11	4.1
	散客	355	100	80	22.5	62	17.5	39	11.0
山　东	小计	1 225	100	350	28.6	213	17.4	80	6.5
	团体	411	100	211	51.3	106	25.8	20	4.9
	散客	814	100	139	17.1	107	13.1	60	7.4
河　南	小计	806	100	631	78.3	112	13.9	11	1.4
	团体	598	100	508	84.9	77	12.9	3	0.5
	散客	208	100	123	59.1	35	16.8	8	3.8
湖　北	小计	1 042	100	389	37.3	171	16.4	95	9.1
	团体	423	100	253	59.8	89	21.0	28	6.6
	散客	619	100	136	22.0	82	13.2	67	10.8
湖　南	小计	1 510	100	598	39.6	351	23.2	75	5.0
	团体	928	100	502	54.1	267	28.8	32	3.4
	散客	582	100	96	16.5	84	14.4	43	7.4
广　东	小计	5 502	100	1 141	20.7	1 400	25.4	525	9.5
	团体	1 922	100	632	32.9	783	40.7	94	4.9
	散客	3 580	100	509	14.2	617	17.2	431	12.0
广　西	小计	1 100	100	545	49.5	211	19.2	112	10.2
	团体	494	100	338	68.4	105	21.3	14	2.8
	散客	606	100	207	34.2	106	17.5	98	16.2
海　南	小计	898	100	296	33.0	419	46.7	35	3.9
	团体	508	100	180	35.4	250	49.2	16	3.1
	散客	390	100	116	29.7	169	43.3	19	4.9

商务		会议		宗教朝拜		文化/体育/科技交流		其他	
(人)	(%)	(人)	(%)	(人)	(%)	(人)	(%)	(人)	(%)
480	48.0	37	3.7	9	0.9	16	1.6	41	4.1
7	2.2	3	0.9	4	1.3	10	3.1	0	0.0
473	69.6	34	5.0	5	0.7	6	0.9	41	6.0
159	15.6	49	4.8	37	3.6	22	2.2	22	2.2
45	6.9	16	2.5	34	5.2	8	1.2	8	1.2
114	31.3	33	9.1	3	0.8	14	3.8	14	3.8
340	34.4	48	4.9	12	1.2	17	1.7	36	3.6
13	5.3	4	1.6	8	3.3	4	1.6	6	2.5
327	43.9	44	5.9	4	0.5	13	1.7	30	4.0
114	18.2	25	4.0	2	0.3	38	6.1	47	7.5
13	4.8	6	2.2	2	0.7	7	2.6	24	8.9
101	28.5	19	5.4	0	0.0	31	8.7	23	6.5
357	29.1	127	10.4	14	1.1	65	5.3	19	1.6
31	7.5	11	2.7	10	2.4	18	4.4	4	1.0
326	40.0	116	14.3	4	0.5	47	5.8	15	1.8
36	4.5	4	0.5	4	0.5	4	0.5	4	0.5
6	1.0	2	0.3	0	0.0	2	0.3	0	0.0
30	14.4	2	1.0	4	1.9	2	1.0	4	1.9
226	21.7	59	5.7	14	1.3	61	5.9	27	2.6
29	6.9	6	1.4	6	1.4	9	2.1	3	0.7
197	31.8	53	8.6	8	1.3	52	8.4	24	3.9
213	14.1	146	9.7	30	2.0	63	4.2	34	2.3
55	5.9	30	3.2	11	1.2	24	2.6	7	0.8
158	27.1	116	19.9	19	3.3	39	6.7	27	4.6
1 558	28.3	291	5.3	62	1.1	137	2.5	388	7.1
173	9.0	61	3.2	27	1.4	37	1.9	115	6.0
1 385	38.7	230	6.4	35	1.0	100	2.8	273	7.6
142	12.9	25	2.3	1	0.1	32	2.9	32	2.9
10	2.0	3	0.6	0	0.0	10	2.0	14	2.8
132	21.8	22	3.6	1	0.2	22	3.6	18	3.0
58	6.5	43	4.8	4	0.4	20	2.2	23	2.6
13	2.6	19	3.7	4	0.8	14	2.8	12	2.4
45	11.5	24	6.2	0	0.0	6	1.5	11	2.8

11－12(续2)

		饭店及游船调查人数		观光游览		休闲度假		探亲访友	
		(人)	(%)	(人)	(%)	(人)	(%)	(人)	(%)
重　庆	小计	600	100	248	41.3	160	26.7	41	6.8
	团体	292	100	164	56.2	94	32.2	11	3.8
	散客	308	100	84	27.3	66	21.4	30	9.7
四　川	小计	2 821	100	1 481	52.5	470	16.7	51	1.8
	团体	1 623	100	1 148	70.7	312	19.2	13	0.8
	散客	1 198	100	333	27.8	158	13.2	38	3.2
贵　州	小计	600	100	310	51.7	124	20.7	43	7.2
	团体	457	100	270	59.1	104	22.8	22	4.8
	散客	143	100	40	28.0	20	14.0	21	14.7
云　南	小计	825	100	425	51.5	193	23.4	31	3.8
	团体	435	100	292	67.1	114	26.2	4	0.9
	散客	390	100	133	34.1	79	20.3	27	6.9
西　藏	小计	200	100	94	47.0	32	16.0	1	0.5
	团体	163	100	85	52.1	27	16.6	1	0.6
	散客	37	100	9	24.3	5	13.5	0	0.0
陕　西	小计	1 107	100	674	60.9	201	18.2	28	2.5
	团体	730	100	531	72.7	128	17.5	11	1.5
	散客	377	100	143	37.9	73	19.4	17	4.5
甘　肃	小计	699	100	419	59.9	147	21.0	22	3.1
	团体	523	100	346	66.2	115	22.0	9	1.7
	散客	176	100	73	41.5	32	18.2	13	7.4
青　海	小计	250	100	128	51.2	56	22.4	4	1.6
	团体	161	100	102	63.4	33	20.5	0	0.0
	散客	89	100	26	29.2	23	25.8	4	4.5
宁　夏	小计	150	100	25	16.7	8	5.3	2	1.3
	团体	28	100	10	35.7	2	7.1	1	3.6
	散客	122	100	15	12.3	6	4.9	1	0.8
新　疆	小计	400	100	218	54.5	115	28.8	7	1.8
	团体	327	100	203	62.1	107	32.7	1	0.3
	散客	73	100	15	20.5	8	11.0	6	8.2

商务		会议		宗教朝拜		文化/体育/科技交流		其他	
(人)	(%)	(人)	(%)	(人)	(%)	(人)	(%)	(人)	(%)
112	18.7	14	2.3	0	0.0	7	1.2	18	3.0
10	3.4	1	0.3	0	0.0	5	1.7	7	2.4
102	33.1	13	4.2	0	0.0	2	0.6	11	3.6
450	16.0	161	5.7	38	1.3	115	4.1	55	1.9
50	3.1	22	1.4	36	2.2	28	1.7	14	0.9
400	33.4	139	11.6	2	0.2	87	7.3	41	3.4
61	10.2	26	4.3	4	0.7	24	4.0	8	1.3
24	5.3	15	3.3	2	0.4	13	2.8	7	1.5
37	25.9	11	7.7	2	1.4	11	7.7	1	0.7
104	12.6	42	5.1	4	0.5	17	2.1	9	1.1
6	1.4	10	2.3	1	0.2	6	1.4	2	0.5
98	25.1	32	8.2	3	0.8	11	2.8	7	1.8
8	4.0	0	0.0	53	26.5	7	3.5	5	2.5
3	1.8	0	0.0	43	26.4	1	0.6	3	1.8
5	13.5	0	0.0	10	27.0	6	16.2	2	5.4
116	10.5	40	3.6	5	0.5	21	1.9	22	2.0
20	2.7	14	1.9	4	0.5	12	1.6	10	1.4
96	25.5	26	6.9	1	0.3	9	2.4	12	3.2
61	8.7	12	1.7	7	1.0	20	2.9	11	1.6
21	4.0	5	1.0	6	1.1	17	3.3	4	0.8
40	22.7	7	4.0	1	0.6	3	1.7	7	4.0
17	6.8	14	5.6	19	7.6	3	1.2	9	3.6
2	1.2	7	4.3	14	8.7	1	0.6	2	1.2
15	16.9	7	7.9	5	5.6	2	2.2	7	7.9
59	39.3	19	12.7	0	0.0	7	4.7	30	20.0
6	21.4	9	32.1	0	0.0	0	0.0	0	0.0
53	43.4	10	8.2	0	0.0	7	5.7	30	24.6
35	8.8	13	3.3	0	0.0	4	1.0	8	2.0
8	2.4	3	0.9	0	0.0	1	0.3	4	1.2
27	37.0	10	13.7	0	0.0	3	4.1	4	5.5

11－13　2009年饭店调查外国游客

	饭店及游船调查人数	日　本	菲律宾	泰　国
北　京	1 552	292	12	11
天　津	364	87	3	6
河　北	647	104	8	5
山　西	443	87	12	7
内蒙古	453	27	5	6
辽　宁	468	192	7	9
吉　林	317	35	0	2
黑龙江	604	16	0	0
上　海	1 446	468	8	10
江　苏	757	197	3	13
浙　江	776	171	26	9
安　徽	771	171	2	21
福　建	566	137	25	14
江　西	390	89	10	7
山　东	796	202	8	9
河　南	706	127	18	16
湖　北	551	124	8	4
湖　南	1 203	231	9	7
广　东	3 006	410	43	188
广　西	664	117	1	15
海　南	705	84	3	10
重　庆	422	45	6	3
四　川	2 116	524	25	46
贵　州	464	64	4	6
云　南	659	77	2	60
西　藏	173	16	1	3
陕　西	973	194	2	2
甘　肃	527	136	2	7
青　海	189	39	1	1
宁　夏	124	42	0	2
新　疆	347	24	2	4

人数(按省〈区、市〉、国别分组)

单位：人

新加坡	印度尼西亚	马来西亚	韩　国	朝　鲜	蒙　古	印　度
55	10	25	121	4	8	13
19	4	8	87	1	3	6
26	2	7	88	6	3	7
27	3	15	46	7	3	3
12	2	2	19	2	129	3
29	4	10	74	6	1	1
24	1	7	136	3	0	3
6	0	10	24	6	0	1
66	6	27	148	5	1	24
53	8	42	121	4	2	15
53	12	26	69	19	11	16
24	13	22	176	9	3	8
91	19	32	47	2	2	13
24	9	14	55	4	4	9
41	8	16	223	7	2	8
20	18	18	60	12	6	8
26	4	16	75	0	1	2
37	9	8	415	5	4	5
295	131	301	201	24	12	70
46	15	35	70	0	2	7
41	2	23	151	8	3	2
32	5	15	27	0	2	6
123	25	47	379	11	4	26
30	7	11	41	5	5	3
47	7	31	67	4	1	8
7	0	4	10	3	0	12
22	3	12	53	2	1	13
26	2	9	58	8	3	4
12	0	5	17	0	0	1
12	0	5	4	0	0	3
16	2	4	16	9	3	7

11－13(续)

	饭店及游船调查人数	英　国	法　国	德　国	意大利	荷　兰
北　京	1 552	182	68	85	36	32
天　津	364	15	10	14	12	9
河　北	647	27	52	29	23	11
山　西	443	40	19	13	12	10
内蒙古	453	4	4	5	21	3
辽　宁	468	12	10	12	10	4
吉　林	317	8	2	21	10	3
黑龙江	604	6	1	1	2	1
上　海	1 446	63	54	81	35	26
江　苏	757	48	25	33	16	6
浙　江	776	29	35	21	24	33
安　徽	771	27	36	35	14	5
福　建	566	15	13	11	6	10
江　西	390	15	25	8	7	10
山　东	796	30	31	22	12	14
河　南	706	16	81	38	8	38
湖　北	551	54	51	29	11	11
湖　南	1 203	147	112	22	11	7
广　东	3 006	119	97	68	87	53
广　西	664	61	38	29	11	12
海　南	705	17	19	17	9	8
重　庆	422	52	30	24	10	6
四　川	2 116	136	81	35	42	16
贵　州	464	34	34	13	39	14
云　南	659	37	46	36	11	30
西　藏	173	10	16	13	6	11
陕　西	973	82	25	65	19	16
甘　肃	527	32	36	25	15	9
青　海	189	15	7	18	4	5
宁　夏	124	7	4	5	3	2
新　疆	347	19	15	13	15	16

单位：人

瑞　典	俄罗斯	瑞　士	美　国	加拿大	澳大利亚	非洲国家	南美国家	其他国家
29	105	32	265	58	42	10	3	54
6	0	5	28	10	9	1	0	21
3	73	14	63	22	16	2	2	54
3	22	6	50	25	15	8	0	10
1	172	3	13	6	2	2	0	10
5	14	5	27	10	15	7	1	3
0	37	1	11	4	3	4	1	1
0	487	0	20	11	8	3	0	1
15	20	22	186	45	56	4	6	70
7	20	5	84	21	23	2	0	9
21	10	27	66	25	21	18	9	25
24	19	12	70	33	14	5	6	22
3	7	7	44	17	13	9	0	29
5	14	7	35	9	8	5	0	17
6	27	9	50	15	27	7	3	19
9	24	14	91	38	10	6	0	30
11	4	8	53	26	17	4	4	8
7	10	14	69	22	17	6	7	22
41	42	31	234	134	121	43	35	226
6	6	17	68	32	23	1	0	52
7	188	6	30	16	11	0	1	49
5	5	13	56	13	38	12	3	14
22	22	18	240	80	92	21	6	95
15	4	9	50	38	19	2	1	16
14	4	17	68	25	42	2	4	19
5	4	6	23	14	3	1	0	5
15	21	21	245	52	43	4	4	57
6	5	10	69	16	31	2	0	16
1	5	8	19	13	9	1	0	8
0	0	1	19	6	4	3	0	2
6	38	5	12	29	17	4	5	66

11－14　2009年饭店调查入境游客人数及所占比重

(按城市、外国人、港澳台胞分组)

	饭店及游船调查人数		外国人		香港同胞		澳门同胞		台湾同胞	
	(人)	(%)	(人)	(%)	(人)	(%)	(人)	(%)	(人)	(%)
北　京	1 845	100	1 558	84.4	152	8.2	44	2.4	91	4.9
天　津	500	100	384	76.8	67	13.4	14	2.8	35	7.0
石家庄	150	100	110	73.3	19	12.7	7	4.7	14	9.3
唐　山	100	100	85	85.0	10	10.0	1	1.0	4	4.0
秦皇岛	181	100	176	97.2	2	1.1	1	0.6	2	1.1
保　定	99	100	93	93.9	6	6.1	0	0.0	0	0.0
承　德	190	100	179	94.2	7	3.7	1	0.5	3	1.6
廊　坊	100	100	68	68.0	18	18.0	6	6.0	8	8.0
太　原	90	100	89	98.9	0	0.0	0	0.0	1	1.1
大　同	113	100	66	58.4	12	10.6	16	14.2	19	16.8
阳　泉	30	100	29	96.7	1	3.3	0	0.0	0	0.0
长　治	40	100	28	70.0	8	20.0	2	5.0	2	5.0
晋　城	30	100	26	86.7	1	3.3	1	3.3	2	6.7
朔　州	30	100	25	83.3	3	10.0	1	3.3	1	3.3
晋　中	110	100	80	72.7	15	13.6	4	3.6	11	10.0
运　城	70	100	21	30.0	19	27.1	10	14.3	20	28.6
忻　州	80	100	56	70.0	5	6.3	6	7.5	13	16.3
临　汾	50	100	35	70.0	7	14.0	3	6.0	5	10.0
吕　梁	30	100	19	63.3	7	23.3	2	6.7	2	6.7
呼和浩特	100	100	73	73.0	17	17.0	1	1.0	9	9.0
满洲里	170	100	170	100.0	0	0.0	0	0.0	0	0.0
二连浩特	130	100	129	99.2	0	0.0	1	0.8	0	0.0
包　头	100	100	85	85.0	6	6.0	2	2.0	7	7.0
沈　阳	201	100	139	69.2	14	7.0	14	7.0	34	16.9
大　连	405	100	330	81.5	33	8.1	15	3.7	27	6.7
长　春	200	100	142	71.0	34	17.0	12	6.0	12	6.0
吉　林	100	100	79	79.0	6	6.0	1	1.0	14	14.0
延　吉	100	100	96	96.0	1	1.0	2	2.0	1	1.0

11－14(续1)

	饭店及游船调查人数		外国人		香港同胞		澳门同胞		台湾同胞	
	(人)	(%)	(人)	(%)	(人)	(%)	(人)	(%)	(人)	(%)
哈尔滨	200	100	196	98.0	2	1.0	1	0.5	1	0.5
齐齐哈尔	100	100	10	10.0	14	14.0	0	0.0	76	76.0
大庆	100	100	98	98.0	2	2.0	0	0.0	0	0.0
佳木斯	100	100	100	100.0	0	0.0	0	0.0	0	0.0
牡丹江	200	100	200	100.0	0	0.0	0	0.0	0	0.0
上海	1 686	100	1 446	85.8	120	7.1	23	1.4	97	5.8
南京	340	100	246	72.4	35	10.3	17	5.0	42	12.4
无锡	217	100	131	60.4	34	15.7	7	3.2	45	20.7
苏州	298	100	210	70.5	27	9.1	3	1.0	58	19.5
南通	125	100	88	70.4	7	5.6	4	3.2	26	20.8
扬州	110	100	82	74.5	10	9.1	3	2.7	15	13.6
杭州	500	100	403	80.6	45	9.0	13	2.6	39	7.8
宁波	200	100	150	75.0	21	10.5	9	4.5	20	10.0
温州	100	100	74	74.0	11	11.0	5	5.0	10	10.0
绍兴	100	100	79	79.0	8	8.0	6	6.0	7	7.0
金华	100	100	74	74.0	10	10.0	5	5.0	11	11.0
合肥	168	100	145	86.3	10	6.0	9	5.4	4	2.4
芜湖	100	100	76	76.0	8	8.0	8	8.0	8	8.0
铜陵	109	100	97	89.0	7	6.4	0	0.0	5	4.6
安庆	102	100	85	83.3	7	6.9	1	1.0	9	8.8
黄山	337	100	259	76.9	40	11.9	6	1.8	32	9.5
池州	200	100	145	72.5	21	10.5	16	8.0	18	9.0
福州	301	100	177	58.8	52	17.3	17	5.6	55	18.3
厦门	337	100	239	70.9	44	13.1	9	2.7	45	13.4
泉州	150	100	72	48.0	37	24.7	10	6.7	31	20.7
漳州	119	100	65	54.6	25	21.0	4	3.4	25	21.0
武夷山	81	100	33	40.7	24	29.6	5	6.2	19	23.5
南昌	141	100	110	78.0	14	9.9	7	5.0	10	7.1
景德镇	110	100	84	76.4	12	10.9	4	3.6	10	9.1
九江	131	100	91	69.5	20	15.3	3	2.3	17	13.0
赣州	122	100	61	50.0	45	36.9	7	5.7	9	7.4
吉安	121	100	71	58.7	26	21.5	9	7.4	15	12.4

11－14(续2)

	饭店及游船调查人数		外国人		香港同胞		澳门同胞		台湾同胞	
	(人)	(%)	(人)	(%)	(人)	(%)	(人)	(%)	(人)	(%)
济　南	169	100	100	59.2	48	28.4	6	3.6	15	8.9
青　岛	394	100	272	69.0	50	12.7	22	5.6	50	12.7
烟　台	158	100	131	82.9	13	8.2	4	2.5	10	6.3
曲　阜	116	100	61	52.6	21	18.1	10	8.6	24	20.7
泰　安	168	100	134	79.8	15	8.9	3	1.8	16	9.5
威　海	120	100	110	91.7	2	1.7	0	0.0	8	6.7
日　照	100	100	55	55.0	16	16.0	14	14.0	15	15.0
郑　州	199	100	170	85.4	10	5.0	3	1.5	16	8.0
开　封	199	100	182	91.5	7	3.5	2	1.0	8	4.0
洛　阳	207	100	194	93.7	10	4.8	1	0.5	2	1.0
三门峡	201	100	178	88.6	11	5.5	2	1.0	10	5.0
武　汉	483	100	244	50.5	121	25.1	38	7.9	80	16.6
十　堰	108	100	48	44.4	29	26.9	11	10.2	20	18.5
宜　昌	122	100	82	67.2	18	14.8	7	5.7	15	12.3
襄　樊	109	100	52	47.7	25	22.9	10	9.2	22	20.2
荆　州	100	100	40	40.0	30	30.0	10	10.0	20	20.0
湖北游船	120	100	89	74.2	11	9.2	15	12.5	5	4.2
长　沙	400	100	272	68.0	67	16.8	15	3.8	46	11.5
湘　潭	200	100	144	72.0	20	10.0	14	7.0	22	11.0
衡　阳	180	100	180	100.0	0	0.0	0	0.0	0	0.0
岳　阳	230	100	230	100.0	0	0.0	0	0.0	0	0.0
张家界	500	100	474	94.8	24	4.8	2	0.4	0	0.0
广　州	1 797	100	1 341	74.6	232	12.9	95	5.3	129	7.2
深　圳	1 465	100	999	68.2	327	22.3	42	2.9	97	6.6
珠　海	781	100	151	19.3	238	30.5	147	18.8	245	31.4
汕　头	319	100	166	52.0	93	29.2	36	11.3	24	7.5
江　门	296	100	156	52.7	63	21.3	39	13.2	38	12.8
肇　庆	200	100	79	39.5	72	36.0	20	10.0	29	14.5
惠　州	198	100	98	49.5	54	27.3	25	12.6	21	10.6
东　莞	248	100	161	64.9	37	14.9	26	10.5	24	9.7
中　山	198	100	88	44.4	70	35.4	12	6.1	28	14.1
南　宁	150	100	95	63.3	25	16.7	5	3.3	25	16.7
桂　林	450	100	342	76.0	39	8.7	12	2.7	57	12.7
梧　州	130	100	22	16.9	44	33.8	31	23.8	33	25.4
北　海	110	100	67	60.9	24	21.8	5	4.5	14	12.7
玉　林	111	100	58	52.3	32	28.8	9	8.1	12	10.8

11－14(续3)

	饭店及游船调查人数		外国人		香港同胞		澳门同胞		台湾同胞	
	(人)	(%)	(人)	(%)	(人)	(%)	(人)	(%)	(人)	(%)
百　色	95	100	51	53.7	16	16.8	13	13.7	15	15.8
凭　祥	54	100	31	57.4	5	9.3	9	16.7	9	16.7
海　口	300	100	253	84.3	25	8.3	9	3.0	13	4.3
三　亚	598	100	462	77.3	88	14.7	23	3.8	25	4.2
重　庆	500	100	346	69.2	100	20.0	8	1.6	46	9.2
重庆游船	100	100	77	77.0	9	9.0	5	5.0	9	9.0
成　都	1 000	100	797	79.7	104	10.4	46	4.6	53	5.3
绵　阳	621	100	490	78.9	64	10.3	11	1.8	56	9.0
乐　山	700	100	466	66.6	97	13.9	36	5.1	101	14.4
阿坝州	500	100	383	76.6	58	11.6	21	4.2	38	7.6
贵　阳	401	100	309	77.1	42	10.5	13	3.2	37	9.2
安　顺	100	100	86	86.0	5	5.0	2	2.0	7	7.0
黔东南	99	100	69	69.7	11	11.1	7	7.1	12	12.1
昆　明	722	100	577	79.9	76	10.5	20	2.8	49	6.8
景　洪	50	100	40	80.0	4	8.0	2	4.0	4	8.0
瑞　丽	53	100	42	79.2	3	5.7	0	0.0	8	15.1
拉　萨	200	100	175	87.5	14	7.0	0	0.0	11	5.5
西　安	1 011	100	907	89.7	58	5.7	8	0.8	38	3.8
咸　阳	96	100	92	95.8	2	2.1	1	1.0	1	1.0
兰　州	299	100	242	80.9	36	12.0	12	4.0	9	3.0
敦　煌	400	100	321	80.3	34	8.5	17	4.3	28	7.0
西　宁	150	100	125	83.3	10	6.7	1	0.7	14	9.3
格尔木	100	100	66	66.0	10	10.0	2	2.0	22	22.0
银　川	150	100	124	82.7	17	11.3	1	0.7	8	5.3
乌鲁木齐	150	100	130	86.7	11	7.3	4	2.7	5	3.3
吐鲁番	150	100	139	92.7	5	3.3	4	2.7	2	1.3
喀　什	100	100	93	93.0	2	2.0	2	2.0	3	3.0

下　　篇

国内旅游抽样调查资料

第一部分

综 合 分 析 报 告

2009年中国国内旅游抽样调查综合分析

由国家旅游局政策法规司与国家统计局城市社会经济调查司、农村社会经济调查司合作，在我国大陆地区开展的国内旅游抽样调查结果表明，2009年，我国国内旅游市场继续保持快速增长。全年国内旅游人数突破19亿人次，国内旅游收入首次突破1万亿元。

——国内旅游总人数为19.02亿人次，比上年增长11.1%；

——国内旅游总收入为10183.69亿元，增长16.4%；

——国内游客人均花费535.4元/人次，增长4.8%。

现将2009年中国国内旅游抽样调查情况综合报告如下：

一、2009年中国国内旅游抽样调查主要对象及抽样范围

国家旅游局自1993年起，每年委托国家统计局城市社会经济调查司（原为国家统计局城市社会经济调查总队），对我国大陆地区城镇居民国内旅游情况进行抽样调查（2006年以前未将西藏纳入调查范围）。同时，在连续三年（1997～1999年）与国家统计局城市社会经济调查总队合作开展农村居民国内旅游调查取得经验的基础上，从2000年开始，委托国家统计局农村社会经济调查司（原为国家统计局农村社会经济调查总队）在我国除西藏以外的大陆地区开展了农村居民国内旅游抽样调查。根据调查结果，对全国国内旅游人数、出游率、出游花费等主要指标进行测算，从而分别得出城镇居民旅游总体情况、农村居民旅游总体情况以及全国国内居民旅游总体情况。

1. 城镇居民国内旅游抽样调查

2009年城镇居民国内旅游抽样调查的调查对象，是我国大陆城镇居民中，离开惯常居住地到国内其他地方从事游览、度假、参观、探亲、访友等活动（也包括外出治病、疗养、考察、参加会议和从事经济、科技、文化、教育、体育、宗教等活动），并且在外停留6小时以上的人。调查对象不包括以下人员：（1）在外连续停留一年以上的人员；（2）外出以谋求职业并以获取报酬为目的的人员；（3）到各地巡视工作的部级以上领导；（4）常驻外地办事处的工作人员。

2009年城镇居民国内旅游调查采用的是两阶抽样，即第一阶段在全国抽取

北京、天津、呼和浩特、沈阳、大连、长春、哈尔滨、上海、杭州、宁波、南京、无锡、福州、厦门、南昌、济南、郑州、武汉、长沙、广州、深圳、海口、重庆、成都、昆明、拉萨、西安、兰州、西宁和乌鲁木齐等30个城市，第二阶段从抽中的30个城市中抽选1万户城镇居民家庭进行调查，调查频率为季度调查。调查问卷重点突出出游人数、出游率和人均花费及构成、对我国国内旅游服务质量的评价等主要内容。

2. 农村居民国内旅游抽样调查

2009年农村居民国内旅游抽样调查的对象，是指不以谋求职业、获取报酬为目的，离开惯常环境，在外停留时间超过6小时的出行活动，包括一日游游客和旅游者（过夜游客）。一日游游客是指在外停留时间不足24小时，未在其他地方的住宿单位内过夜的农村居民。旅游者（过夜游客）是指在其他地方的住宿单位内至少停留一夜，最长不超过12个月的农村居民。包括（1）参加旅行社组织的团队旅游；（2）离开本县的探亲访友；（3）宗教/朝拜；（4）为集体或私营企业外出采购、洽谈商务、参加会议等；（5）外出参加有组织的文娱、体育和节庆活动；（6）一年以内的短期培训、学习或进修。

鉴于目前农村居民出行的具体情况，外出打工、赶集的活动不能认为是旅游，但是外出打工者回家探亲属于本调查范围。

2009年农村居民国内旅游抽样调查在除西藏以外的30个省、自治区、直辖市的1万户农民家庭中进行。该调查为季度调查，重点关注出游人数、出游率和人均花费及构成、对我国国内旅游服务质量的评价等主要内容。

二、全国城镇居民旅游和农村居民旅游的总体情况

1. 城镇居民国内旅游情况

2009年，我国城镇居民国内出游人次率（以下简称为出游率）达212.5%，比上年提高45.1个百分点；国内旅游出游人数9.03亿人次，比上年增长28.4%；游客每次出游人均花费（以下简称人均花费）801.1元/人次，下降5.7%；国内旅游出游花费7233.79亿元，增长21.1%。

各季度城镇居民国内旅游情况：

第一季度全国城镇居民旅游人次数2.41亿人次，出游率56.8%，旅游总花费1849.87亿元，游客人均花费767.6元/人次。

第二季度全国城镇居民旅游人次数2.15亿人次，出游率50.6%，旅游总花费1526.40亿元，游客人均花费710.0元/人次。

第三季度全国城镇居民旅游人次数2.12亿人次，出游率49.9%，旅游总花费2081.30亿元，游客人均花费981.7元/人次。

第四季度全国城镇居民旅游人次数2.35亿人次，出游率55.2%，旅游总花

费 1776.22 亿元，游客人均花费 755.8 元/人次。

2. 农村居民国内旅游情况

2009 年，我国农村居民国内旅游出游率 110.6%，比上年回落 1.3 个百分点；国内旅游出游人数 9.99 亿人次，比上年下降 1.0%；人均花费 295.3 元/人次，增长 7.3%；国内旅游花费 2949.90 亿元，增长 6.2%。

各季度农村居民国内旅游情况：

第一季度全国农村居民旅游人次数 3.23 亿人次，出游率 35.8%，旅游总花费 1005.43 亿元，游客人均花费 311.0 元/人次。

第二季度全国农村居民旅游人次数 2.32 亿人次，出游率 25.6%，旅游总花费 636.10 亿元，游客人均花费 274.8 元/人次。

第三季度全国农村居民旅游人次数 2.22 亿人次，出游率 24.6%，旅游总花费 637.60 亿元，游客人均花费 287.0 元/人次。

第四季度全国农村居民旅游人次数 2.22 亿人次，出游率 24.6%，旅游总花费 670.77 亿元，游客人均花费 302.0 元/人次。

三、城镇居民国内旅游抽样调查结果

1. 出游人数构成

在被调查的 42946 名出游居民中，户主为男性的家庭出游 25880 人，占 60.3%；户主为女性的家庭出游 17066 人，占 39.7%。

户主年龄在 45～64 岁的家庭出游人数最多，为 23346 人，占出游总人数的 54.4%；14 岁及以下的 36 人，占 0.1%；15～24 岁的 421 人，占 1.0%；25～44 岁的 14311 人，占 33.3%；65 岁及以上的 4832 人，占 11.3%。

按“户主文化程度”分组，大学本科及以上的家庭出游 6380 人，占出游总人数的 14.9%；大学专科 7933 人，占 18.5%；中专及高中 16198 人，占 37.7%；初中 10352 人，占 24.1%；小学 1632 人，占 3.8%；小学以下 451 人，占 1.1%。

按“家庭月总收入”分组，月收入在 15000 元以上的 1220 人，占 2.8%；月收入在 10000～14999 元的 2776 人，占 6.5%；月收入在 5000～9999 元的 13678 人，占 31.8%；月收入在 2500～4999 元的 17288 人，占 40.3%；月收入在 1000～2499 元的 7283 人，占 17.0%；月收入在 999 元以下的 701 人，占 1.6%。

按“旅游目的”分组，观光游览 12400 人，占 28.9%；休闲度假 10061 人，占 23.4%；商务/出差 1501 人，占 3.5%；探亲访友 15400 人，占 35.9%；健康医疗 454 人，占 1.1%；其他旅游目的 3130 人，占 7.3%。

按“旅游方式”分组，旅行社组织的 5838 人，占 13.6%；非旅行社组织的

37108 人，占 86.4%。

2. 游客每次出游人均花费情况

城镇游客每次出游人均花费 801.1 元。其中，一日游人均花费 291.9 元，比上年增长 3.2%；过夜游人均花费 1550.3 元，比上年下降 6.1%。

按“家庭月总收入”分组，月收入在 15000 元以上的人均花费 1424.2 元，10000~14999 元的人均花费 1328.7 元，5000~9999 元的人均花费 850.1 元，2500~4999 元的人均花费 664.5 元，1000~2499 元的人均花费 507.5 元，999 元以下的人均花费 492.0 元。出游人均花费与家庭总收入呈高度正相关。

按“旅游目的”分组，商务/出差的人均花费最高，达 2355.8 元；观光/游览的人均花费 1029.2 元，度假/休闲的人均花费 682.5 元，探亲访友的人均花费 662.5 元，健康医疗的人均花费 994.9 元，其他旅游目的的人均花费 582.4 元。

3. 国内游客对旅游服务质量的评价

（1）对公共设施的评价：评价“很好”的有 2973 人，占 14.1%；评价“好”的有 12915 人，占 61.4%；评价“一般”的有 5025 人，占 23.9%；评价“差及较差”的有 113 人，占 0.6%。

（2）对服务质量的评价：评价“很好”的有 2727 人，占 13.0%；评价“好”的有 12354 人，占 58.8%；评价“一般”的有 5256 人，占 25.0%；评价“差及较差”的有 111 人，占 0.6%；未享受服务的有 578 人，占 2.7%。

四、农村居民国内旅游抽样调查情况

1. 过夜游出游人数构成

在被调查的 13712 名出游居民中，男性 7991 人，占 58.3%；女性 5721 人，占 41.7%。男性出游人数比重超过女性。

出游人数主要集中在 25~64 岁，占出游总人数的 78.8%。分年龄段看，14 岁及以下的 611 人，占 4.5%；15~24 岁的 2300 人，占 16.8%；25~44 岁的 5426 人，占 39.6%；45~64 岁的 4792 人，占 34.9%；65 岁及以上的 583 人，占 4.3%。

按“文化程度”分组，大专及以上 758 人，占 5.5%；中专及高中 2617 人，占 19.1%；初中 7179 人，占 52.4%；小学 2349 人，占 17.1%；小学以下 809 人，占 5.9%。

按“家庭年人均纯收入”分组，年人均纯收入在 8000 元以上的 3167 人，占 23.1%；年人均纯收入在 6000~7999 元的 2468 人，占 18.0%；年人均纯收入在 4000~5999 元的 4169 人，占 30.4%；年人均纯收入在 2000~3999 元的 3360 人，占 24.5%；年人均纯收入在 1999 元以下的 548 人，占 4.0%。

按“旅游目的”分组，观光游览 1155 人，占 8.4%；休闲度假 655 人，占

4.8%；商务/出差574人，占4.2%；探亲访友9069人，占66.1%；健康医疗1013人，占7.4%；其他旅游目的1246人，占9.1%。

按“旅游方式”分组，旅行社组织的775人，占5.7%；非旅行社组织的12937人，占94.3%。

2. 游客每次出游人均花费情况

农村游客每次出游人均花费295.3元。其中，一日游人均花费206.8元，过夜游人均花费481.0元。

从旅游方式看，参加旅行社组团的人均花费1209元，比上年增长13.4%，其中启程前付给旅行社827元，占68.4%；购物275元，占22.7%；其他费用108元，占8.9%。散客人均花费267元，比上年增长5.5%，主要用于购物、交通和餐饮，分别占45.7%、21.3%和8.6%。

3. 国内游客对旅游服务质量的评价

（1）对公共设施的评价：评价“很好”的有6104人，占14.0%；评价“好”的有25134人，占57.8%；评价“一般”的有11838人，占27.3%；评价“差及较差”的有390人，占0.9%。

（2）对服务质量的评价：评价“很好”的有5211人，占12.0%；评价“好”的有23804人，占54.8%；评价“一般”的有12043人，占27.7%；评价“差及较差”的有386人，占0.9%；未享受服务的有2022人，占4.6%。

第二部分

2009 年国内旅游出游及花费情况

2－1　2009 年国内旅游基本情况

	总人次数 （亿人次）	出游率* （%）	总花费 （亿元）	人均花费 （元/人次）
全国总计	**19.02**	**143.2**	**10 183.69**	**535.4**
城镇居民	9.03	212.5	7 233.79	801.1
农村居民	9.99	110.6	2 949.90	295.3
城镇居民	**9.03**	**212.5**	**7 233.39**	**801.1**
一季度	2.41	56.8	1 849.87	767.6
二季度	2.15	50.6	1 526.40	710.0
三季度	2.12	49.9	2 081.30	981.7
四季度	2.35	55.2	1 776.22	755.8

* 出游率指城镇居民或农村居民出游人次数占其总人口数的比重。

2－2　2009年城镇居民国内旅游出游及花费情况

城　市	人均花费（元/人）	比上年增减（%）	出游率（%）	比上年增减（%）
总平均	**801.1**	**－5.7**	**212.5**	**45.1**
北　京	980.0	－15.7	196.0	－18.4
天　津	737.2	9.0	223.3	35.0
呼和浩特	1 528.6	13.7	36.1	－20.2
沈　阳	665.1	－18.1	254.5	91.5
大　连	445.6	49.6	455.9	101.1
长　春	989.1	－18.1	46.9	10.9
哈尔滨	1 311.1	－17.8	150.0	60.8
上　海	596.6	－3.3	354.8	104.9
南　京	1 708.7	－5.8	110.2	37.3
无　锡	1 205.7	－9.0	77.5	6.8
杭　州	1 291.6	18.1	137.9	－12.1
宁　波	904.9	－12.8	374.9	140.6
福　州	1 364.4	18.6	88.0	－3.3
厦　门	1 185.5	11.9	126.4	4.9
南　昌	1 452.5	4.2	48.3	11.8
济　南	539.8	－10.2	334.4	92.9
郑　州	1 050.2	24.6	22.6	5.1
武　汉	614.3	－12.2	401.3	121.5
长　沙	881.0	－30.0	221.5	95.7
广　州	782.1	19.6	415.1	128.5
深　圳	2 079.5	2.2	176.9	－29.5
海　口	1 048.8	－13.4	122.1	－14.3
重　庆	713.2	－9.3	350.7	130.8
成　都	735.1	0.5	237.7	1.8
昆　明	725.6	22.5	148.9	45.0
拉　萨	3 959.9	－34.0	23.7	17.1
西　安	444.5	－25.9	331.3	150.6
兰　州	672.4	0.9	238.6	55.0
西　宁	605.9	－25.7	111.7	－4.7
乌鲁木齐	1 469.7	5.2	36.3	1.9

注：人均花费比上年增减为百分比，出游率比上年增减为百分点。

2-3 2009年各季度城镇居民

城　市	一季度		二季度	
	出游率（%）	人均花费（元/人次）	出游率（%）	人均花费（元/人次）
总 平 均	**56.8**	**767.6**	**50.6**	**710.0**
北　京	49.6	955.3	48.6	888.0
天　津	45.2	712.4	57.6	708.8
呼和浩特	7.9	1 695.4	8.3	1 271.2
沈　阳	62.7	676.7	55.3	601.8
大　连	109.9	443.2	100.8	484.7
长　春	11.9	1 030.3	11.9	979.7
哈 尔 滨	33.3	1 390.9	41.1	1 204.9
上　海	111.3	498.1	86.4	474.6
南　京	8.7	3 789.4	31.7	1 220.4
无　锡	22.7	1 485.8	21.3	1 219.4
杭　州	39.0	1 242.9	37.9	1 041.8
宁　波	112.5	1 037.3	83.3	669.8
福　州	21.2	1 268.7	19.1	1 216.0
厦　门	44.2	1 293.3	25.9	763.1
南　昌	15.0	1 276.8	11.7	1 155.1
济　南	76.2	456.9	84.8	510.0
郑　州	3.0	483.6	6.1	896.9
武　汉	142.8	453.6	86.2	721.3
长　沙	69.5	924.4	44.1	687.3
广　州	107.5	734.6	92.4	581.0
深　圳	52.6	2 151.7	35.1	2 330.7
海　口	45.3	941.7	16.9	636.2
重　庆	87.8	503.6	85.4	672.8
成　都	83.1	699.0	44.4	534.8
昆　明	48.9	776.7	27.5	477.1
拉　萨	3.2	2 457.1	11.0	5 862.9
西　安	62.0	497.0	103.8	303.9
兰　州	41.8	892.3	85.7	490.7
西　宁	20.9	826.7	30.5	463.4
乌鲁木齐	7.7	1 915.4	6.0	1 325.5

国内旅游出游及花费情况

三　季　度		四　季　度	
出游率（%）	人均花费（元/人次）	出游率（%）	人均花费（元/人次）
49.9	**981.7**	**55.2**	**755.8**
49.0	1 205.3	49.5	879.1
56.8	889.3	67.5	645.0
12.6	1 803.4	7.7	1 188.6
73.0	760.2	65.2	592.6
119.6	434.1	129.0	418.6
14.7	846.1	8.5	1 182.7
40.0	1 451.8	37.2	1 192.6
76.1	786.4	76.5	715.0
33.6	1 970.6	41.3	1 294.8
17.3	938.4	16.1	1 035.8
25.9	1 796.2	34.1	1 257.6
67.2	1 054.5	107.2	799.7
20.2	2 115.9	28.2	1 014.1
21.1	1 697.7	32.5	991.3
8.8	2 113.9	12.2	1 498.9
83.1	670.4	93.5	527.2
5.6	2 174.6	8.7	674.8
70.6	966.2	92.4	563.9
47.0	1 023.6	58.4	828.0
107.0	1 008.6	109.6	772.7
42.0	2 035.7	46.2	1 801.5
28.8	1 535.0	28.7	976.8
80.7	976.0	98.4	748.9
47.2	918.1	58.9	777.4
30.9	778.6	39.4	748.4
9.8	2 477.3	0.7	7 932.7
78.9	728.9	93.0	325.2
61.2	629.5	55.2	781.7
42.1	543.1	20.9	666.5
15.4	734.0	7.9	2 288.7

2-4 2009年农村居民

地区	调查总人数（人）	出游人次数（人次）	出游率（%）	过夜游		一日游	
				（人次）	（%）	（人次）	（%）
合计	**39 292**	**43 466**	**110.6**	**13 712**	**34.9**	**29 754**	**75.7**
北京	714	1 090	152.6	244	34.2	846	118.4
天津	683	947	138.7	148	21.7	799	117.0
河北	1 880	1 730	92.0	407	21.7	1 323	70.4
山西	761	687	90.3	144	18.9	543	71.4
内蒙古	712	478	67.2	302	42.4	176	24.7
辽宁	971	1 287	132.6	335	34.5	952	98.1
吉林	675	924	136.9	223	33.0	701	103.9
黑龙江	696	863	124.0	322	46.3	541	77.7
上海	692	518	74.9	111	16.0	407	58.8
江苏	1 817	3 061	168.5	627	34.5	2 434	134.0
浙江	1 458	1 306	89.6	411	28.2	895	61.4
安徽	2 039	2 199	107.8	965	47.3	1 234	60.5
福建	1 174	1 459	124.2	450	38.3	1 009	85.9
江西	1 285	639	49.7	286	22.3	353	27.5
山东	2 075	2 906	140.1	593	28.6	2 313	111.5
河南	2 854	1 424	49.9	446	15.6	978	34.3
湖北	1 566	1 607	102.6	574	36.7	1 033	66.0
湖南	1 870	2 405	128.6	1 162	62.1	1 243	66.5
广东	2 437	2 082	85.5	1 116	45.8	966	39.6
广西	1 452	927	63.9	450	31.0	477	32.9
海南	1 010	1 020	101.0	457	45.3	563	55.8
重庆	1 042	1 922	184.5	667	64.0	1 255	120.4
四川	2 260	3 641	161.1	992	43.9	2 649	117.2
贵州	1 381	1 664	120.5	600	43.5	1 064	77.1
云南	1 180	1 504	127.4	470	39.8	1 034	87.6
陕西	1 183	778	65.8	228	19.3	550	46.5
甘肃	836	1 451	173.5	252	30.1	1 199	143.4
青海	903	1 334	147.7	190	21.0	1 144	126.7
宁夏	792	899	113.5	349	44.1	550	69.4
新疆	897	714	79.6	191	21.3	523	58.3

国内旅游出游基本情况

总花费 (元)	过夜游花费 (元)	一日游花费 (元)	过夜游 人均花费 (元/人次)	一日游 人均花费 (元/人次)
12 747 835	**6 595 185**	**6 152 650**	**481.0**	**206.8**
378 307	191 222	187 085	783.7	221.1
288 817	110 085	178 732	743.8	223.7
475 267	155 000	320 267	380.8	242.1
197 008	64 329	132 679	446.7	244.3
288 814	205 201	83 613	679.5	475.1
366 187	120 998	245 189	361.2	257.6
160 422	69 897	90 525	313.4	129.1
242 982	117 617	125 365	365.3	231.7
241 352	147 781	93 571	1 331.4	229.9
1 310 527	477 920	832 607	762.2	342.1
570 210	342 285	227 925	832.8	254.7
619 930	341 003	278 927	353.4	226.0
440 994	200 806	240 188	446.2	238.0
237 369	168 152	69 217	587.9	196.1
867 264	355 972	511 292	600.3	221.1
329 192	188 866	140 326	423.5	143.5
512 109	276 355	235 754	481.5	228.2
729 474	458 006	271 468	394.2	218.4
889 925	699 211	190 714	626.5	197.4
313 313	194 865	118 448	433.0	248.3
208 169	139 621	68 548	305.5	121.8
416 102	242 706	173 396	363.9	138.2
718 399	368 211	350 188	371.2	132.2
429 816	234 848	194 968	391.4	183.2
532 336	354 107	178 229	753.4	172.4
160 245	91 347	68 898	400.6	125.3
258 001	82 670	175 331	328.1	146.2
288 577	64 978	223 599	342.0	195.5
162 743	85 362	77 381	244.6	140.7
113 984	45 764	68 220	239.6	130.4

第三部分

2009 年城镇居民国内旅游抽样调查分类数据

一、城镇居民国内旅游抽样调查人次数及构成

3－1－1　城镇居民国内旅游抽样调查出游人次数

城　　市	出游人次数		性别			
			男		女	
	(人次)	(%)	(人次)	(%)	(人次)	(%)
合　　计	**42 946**	**100.0**	**25 880**	**60.3**	**17 066**	**39.7**
北　　京	1 941	100.0	1 128	58.1	813	41.9
天　　津	2 268	100.0	1 413	62.3	855	37.7
呼和浩特	200	100.0	145	72.5	55	27.5
沈　　阳	2 493	100.0	1 707	68.5	786	31.5
大　　连	2 756	100.0	1 883	68.3	873	31.7
长　　春	284	100.0	181	63.7	103	36.3
哈 尔 滨	838	100.0	497	59.3	341	40.7
上　　海	3 652	100.0	1 479	40.5	2 173	59.5
南　　京	639	100.0	469	73.4	170	26.6
无　　锡	151	100.0	106	70.2	45	29.8
杭　　州	738	100.0	385	52.2	353	47.8
宁　　波	1 343	100.0	909	67.7	434	32.3
福　　州	581	100.0	424	73.0	157	27.0
厦　　门	814	100.0	497	61.1	317	38.9
南　　昌	285	100.0	180	63.2	105	36.8
济　　南	1 991	100.0	867	43.5	1 124	56.5
郑　　州	182	100.0	112	61.5	70	38.5
武　　汉	4 103	100.0	2 890	70.4	1 213	29.6
长　　沙	1 824	100.0	1 173	64.3	651	35.7
广　　州	2 893	100.0	1 417	49.0	1 476	51.0
深　　圳	1 241	100.0	807	65.0	434	35.0
海　　口	272	100.0	152	55.9	120	44.1
重　　庆	3 748	100.0	2 113	56.4	1 635	43.6
成　　都	1 840	100.0	959	52.1	881	47.9
昆　　明	1 341	100.0	845	63.0	496	37.0
拉　　萨	101	100.0	64	63.4	37	36.6
西　　安	2 367	100.0	1 632	68.9	735	31.1
兰　　州	1 313	100.0	916	69.8	397	30.2
西　　宁	565	100.0	419	74.2	146	25.8
乌鲁木齐	182	100.0	111	61.0	71	39.0

及构成(按城市、户主性别和年龄分组)

年龄									
65岁及以上		45~64岁		25~44岁		15~24岁		14岁及以下	
(人次)	(%)	(人次)	(%)	(人次)	(%)	(人次)	(%)	(人次)	(%)
4 832	**11.3**	**23 346**	**54.4**	**14 311**	**33.3**	**421**	**1.0**	**36**	**0.1**
186	9.6	992	51.1	656	33.8	106	5.5	1	0.1
283	12.5	1 543	68.0	434	19.1	4	0.2	4	0.2
39	19.5	85	42.5	75	37.5	1	0.5	0	0.0
408	16.4	1 275	51.1	804	32.3	5	0.2	1	0.0
161	5.8	1 722	62.5	863	31.3	7	0.3	3	0.1
42	14.8	158	55.6	83	29.2	1	0.4	0	0.0
143	17.1	490	58.5	200	23.9	5	0.6	0	0.0
215	5.9	2 489	68.2	938	25.7	9	0.2	1	0.0
115	18.0	334	52.3	189	29.6	1	0.2	0	0.0
32	21.2	73	48.3	45	29.8	1	0.7	0	0.0
92	12.5	423	57.3	208	28.2	13	1.8	2	0.3
219	16.3	492	36.6	621	46.2	11	0.8	0	0.0
40	6.9	306	52.7	231	39.8	3	0.5	1	0.2
63	7.7	337	41.4	412	50.6	1	0.1	1	0.1
52	18.2	175	61.4	57	20.0	1	0.4	0	0.0
71	3.6	1 110	55.8	779	39.1	30	1.5	1	0.1
38	20.9	81	44.5	62	34.1	1	0.5	0	0.0
639	15.6	2 438	59.4	994	24.2	27	0.7	5	0.1
334	18.3	809	44.4	657	36.0	19	1.0	5	0.3
87	3.0	1 547	53.5	1 176	40.6	82	2.8	1	0.0
55	4.4	376	30.3	779	62.8	30	2.4	1	0.1
29	10.7	116	42.6	123	45.2	3	1.1	1	0.4
410	10.9	2 044	54.5	1 284	34.3	9	0.2	1	0.0
292	15.9	896	48.7	626	34.0	25	1.4	1	0.1
196	14.6	615	45.9	514	38.3	15	1.1	1	0.1
2	2.0	22	21.8	76	75.2	1	1.0	0	0.0
219	9.3	1 389	58.7	754	31.9	3	0.1	2	0.1
232	17.7	666	50.7	410	31.2	4	0.3	1	0.1
127	22.5	256	45.3	179	31.7	2	0.4	1	0.2
11	6.0	87	47.8	82	45.1	1	0.5	1	0.5

3-1-2 城镇居民国内旅游抽样调查出游人次数

城市	出游人次数		文化							
			研究生		大学本科		大学专科		中专	
	(人次)	(%)	(人次)	(%)	(人次)	(%)	(人次)	(%)	(人次)	(%)
合计	**42 946**	**100.0**	**591**	**1.4**	**5 789**	**13.5**	**7 933**	**18.5**	**3 616**	**8.4**
北京	1 941	100.0	35	1.8	336	17.3	434	22.4	180	9.3
天津	2 268	100.0	34	1.5	274	12.1	379	16.7	286	12.6
呼和浩特	200	100.0	3	1.5	34	17.0	45	22.5	22	11.0
沈阳	2 493	100.0	55	2.2	472	18.9	807	32.3	176	7.1
大连	2 756	100.0	85	3.1	359	13.0	507	18.4	161	5.8
长春	284	100.0	2	0.7	47	16.5	41	14.4	27	9.5
哈尔滨	838	100.0	19	2.3	100	11.9	150	17.9	50	6.0
上海	3 652	100.0	64	1.8	400	11.0	488	13.3	367	10.0
南京	639	100.0	25	3.9	110	17.2	133	20.8	44	6.9
无锡	151	100.0	0	0.0	11	7.3	12	7.9	17	11.3
杭州	738	100.0	19	2.6	122	16.5	115	15.6	34	4.6
宁波	1 343	100.0	9	0.7	185	13.8	164	12.2	139	10.3
福州	581	100.0	4	0.7	82	14.1	126	21.7	34	5.9
厦门	814	100.0	5	0.6	107	13.1	131	16.1	106	13.0
南昌	285	100.0	0	0.0	25	8.8	49	17.2	23	8.1
济南	1 991	100.0	10	0.5	100	5.0	420	21.1	201	10.1
郑州	182	100.0	4	2.2	23	12.6	35	19.2	12	6.6
武汉	4 103	100.0	57	1.4	519	12.6	591	14.4	393	9.6
长沙	1 824	100.0	9	0.5	249	13.7	372	20.4	125	6.9
广州	2 893	100.0	31	1.1	415	14.3	586	20.3	130	4.5
深圳	1 241	100.0	4	0.3	173	13.9	309	24.9	118	9.5
海口	272	100.0	1	0.4	37	13.6	39	14.3	37	13.6
重庆	3 748	100.0	30	0.8	532	14.2	681	18.1	309	8.2
成都	1 840	100.0	11	0.6	310	16.8	324	17.6	137	7.4
昆明	1 341	100.0	9	0.7	167	12.5	179	13.3	148	11.0
拉萨	101	100.0	1	1.0	18	17.8	38	37.6	18	17.8
西安	2 367	100.0	41	1.7	403	17.0	497	21.0	179	7.6
兰州	1 313	100.0	20	1.5	118	9.0	178	13.6	79	6.0
西宁	565	100.0	4	0.7	47	8.3	67	11.9	52	9.2
乌鲁木齐	182	100.0	0	0.0	14	7.7	36	19.8	12	6.6

及构成（按城市和户主文化程度分组）

程度									
高中		初中		小学		扫盲班		未上过学	
（人次）	（%）	（人次）	（%）	（人次）	（%）	（人次）	（%）	（人次）	（%）
12 582	**29.3**	**10 352**	**24.1**	**1 632**	**3.8**	**168**	**0.4**	**283**	**0.7**
393	20.2	486	25.0	65	3.3	1	0.1	11	0.6
671	29.6	554	24.4	54	2.4	7	0.3	9	0.4
35	17.5	44	22.0	13	6.5	1	0.5	3	1.5
458	18.4	480	19.3	35	1.4	6	0.2	4	0.2
709	25.7	879	31.9	30	1.1	7	0.3	19	0.7
116	40.8	40	14.1	8	2.8	2	0.7	1	0.4
257	30.7	209	24.9	39	4.7	6	0.7	8	1.0
1 139	31.2	1 152	31.5	29	0.8	11	0.3	2	0.1
167	26.1	138	21.6	17	2.7	1	0.2	4	0.6
45	29.8	48	31.8	14	9.3	3	2.0	1	0.7
141	19.1	247	33.5	45	6.1	11	1.5	4	0.5
265	19.7	342	25.5	187	13.9	16	1.2	36	2.7
177	30.5	131	22.5	18	3.1	4	0.7	5	0.9
191	23.5	226	27.8	43	5.3	1	0.1	4	0.5
91	31.9	73	25.6	20	7.0	1	0.4	3	1.1
715	35.9	515	25.9	26	1.3	0	0.0	4	0.2
55	30.2	42	23.1	10	5.5	1	0.5	0	0.0
1 287	31.4	1 008	24.6	174	4.2	27	0.7	47	1.1
601	32.9	362	19.8	79	4.3	18	1.0	9	0.5
1 384	47.8	287	9.9	51	1.8	7	0.2	2	0.1
461	37.1	161	13.0	9	0.7	1	0.1	5	0.4
91	33.5	52	19.1	7	2.6	1	0.4	7	2.6
967	25.8	995	26.5	204	5.4	17	0.5	13	0.3
432	23.5	512	27.8	91	4.9	0	0.0	23	1.3
219	16.3	444	33.1	156	11.6	9	0.7	10	0.7
12	11.9	11	10.9	2	2.0	1	1.0	0	0.0
859	36.3	347	14.7	29	1.2	0	0.0	12	0.5
479	36.5	332	25.3	81	6.2	6	0.5	20	1.5
111	19.6	184	32.6	85	15.0	1	0.2	14	2.5
54	29.7	51	28.0	11	6.0	1	0.5	3	1.6

3-1-3 城镇居民国内旅游抽样调查出游人次数

城市	出游人次数		家庭月			
			15000 元以上		10000~14999 元	
	(人次)	(%)	(人次)	(%)	(人次)	(%)
合计	**42 946**	**100.0**	**1 220**	**2.8**	**2 776**	**6.5**
北京	1 941	100.0	79	4.1	223	11.5
天津	2 268	100.0	12	0.5	79	3.5
呼和浩特	200	100.0	2	1.0	2	1.0
沈阳	2 493	100.0	58	2.3	110	4.4
大连	2 756	100.0	62	2.2	104	3.8
长春	284	100.0	3	1.1	6	2.1
哈尔滨	838	100.0	49	5.8	16	1.9
上海	3 652	100.0	164	4.5	502	13.7
南京	639	100.0	32	5.0	63	9.9
无锡	151	100.0	6	4.0	8	5.3
杭州	738	100.0	37	5.0	54	7.3
宁波	1 343	100.0	102	7.6	116	8.6
福州	581	100.0	17	2.9	56	9.6
厦门	814	100.0	63	7.7	118	14.5
南昌	285	100.0	3	1.1	4	1.4
济南	1 991	100.0	28	1.4	47	2.4
郑州	182	100.0	1	0.5	4	2.2
武汉	4 103	100.0	57	1.4	189	4.6
长沙	1 824	100.0	78	4.3	111	6.1
广州	2 893	100.0	22	0.8	258	8.9
深圳	1 241	100.0	89	7.2	182	14.7
海口	272	100.0	10	3.7	8	2.9
重庆	3 748	100.0	131	3.5	296	7.9
成都	1 840	100.0	51	2.8	59	3.2
昆明	1 341	100.0	16	1.2	44	3.3
拉萨	101	100.0	1	1.0	6	5.9
西安	2 367	100.0	41	1.7	78	3.3
兰州	1 313	100.0	1	0.1	19	1.4
西宁	565	100.0	3	0.5	9	1.6
乌鲁木齐	182	100.0	2	1.1	5	2.7

及构成(按城市和家庭月总收入分组)

总收入							
5000~9999元		2500~4999元		1000~2499元		999元以下	
(人次)	(%)	(人次)	(%)	(人次)	(%)	(人次)	(%)
13 678	**31.8**	**17 288**	**40.3**	**7 283**	**17.0**	**701**	**1.6**
921	47.4	587	30.2	127	6.5	4	0.2
748	33.0	1 084	47.8	341	15.0	4	0.2
48	24.0	93	46.5	54	27.0	1	0.5
921	36.9	1 063	42.6	319	12.8	22	0.9
882	32.0	1 365	49.5	325	11.8	18	0.7
76	26.8	137	48.2	56	19.7	6	2.1
108	12.9	347	41.4	278	33.2	40	4.8
1 623	44.4	1 134	31.1	219	6.0	10	0.3
232	36.3	254	39.7	56	8.8	2	0.3
36	23.8	70	46.4	31	20.5	0	0.0
274	37.1	289	39.2	79	10.7	5	0.7
410	30.5	536	39.9	168	12.5	11	0.8
226	38.9	208	35.8	71	12.2	3	0.5
353	43.4	234	28.7	39	4.8	7	0.9
36	12.6	136	47.7	101	35.4	5	1.8
218	10.9	766	38.5	854	42.9	78	3.9
45	24.7	81	44.5	47	25.8	4	2.2
1 244	30.3	1 922	46.8	658	16.0	33	0.8
520	28.5	792	43.4	295	16.2	28	1.5
1 678	58.0	882	30.5	53	1.8	0	0.0
391	31.5	370	29.8	193	15.6	16	1.3
46	16.9	112	41.2	94	34.6	2	0.7
1 168	31.2	1 562	41.7	557	14.9	34	0.9
397	21.6	896	48.7	389	21.1	48	2.6
263	19.6	570	42.5	410	30.6	38	2.8
33	32.7	37	36.6	17	16.8	7	6.9
540	22.8	1 034	43.7	542	22.9	132	5.6
128	9.7	463	35.3	596	45.4	106	8.1
92	16.3	193	34.2	245	43.4	23	4.1
21	11.5	71	39.0	69	37.9	14	7.7

3－1－4 城镇居民国内旅游抽样调查出游人次数

城市	出游人次数		旅游			
			观光游览		休闲度假	
	（人次）	（%）	（人次）	（%）	（人次）	（%）
合计	**42 946**	**100.0**	**12 400**	**28.9**	**10 061**	**23.4**
北京	1 941	100.0	740	38.1	553	28.5
天津	2 268	100.0	832	36.7	428	18.9
呼和浩特	200	100.0	55	27.5	18	9.0
沈阳	2 493	100.0	619	24.8	594	23.8
大连	2 756	100.0	450	16.3	542	19.7
长春	284	100.0	62	21.8	26	9.2
哈尔滨	838	100.0	206	24.6	229	27.3
上海	3 652	100.0	1 229	33.7	730	20.0
南京	639	100.0	339	53.1	146	22.8
无锡	151	100.0	46	30.5	37	24.5
杭州	738	100.0	251	34.0	98	13.3
宁波	1 343	100.0	364	27.1	235	17.5
福州	581	100.0	237	40.8	123	21.2
厦门	814	100.0	205	25.2	84	10.3
南昌	285	100.0	117	41.1	75	26.3
济南	1 991	100.0	1 018	51.1	141	7.1
郑州	182	100.0	77	42.3	6	3.3
武汉	4 103	100.0	793	19.3	912	22.2
长沙	1 824	100.0	350	19.2	368	20.2
广州	2 893	100.0	1 038	35.9	890	30.8
深圳	1 241	100.0	297	23.9	215	17.3
海口	272	100.0	35	12.9	26	9.6
重庆	3 748	100.0	990	26.4	1 208	32.2
成都	1 840	100.0	458	24.9	700	38.0
昆明	1 341	100.0	339	25.3	500	37.3
拉萨	101	100.0	16	15.8	26	25.7
西安	2 367	100.0	620	26.2	646	27.3
兰州	1 313	100.0	458	34.9	239	18.2
西宁	565	100.0	107	18.9	217	38.4
乌鲁木齐	182	100.0	52	28.6	49	26.9

及构成(按城市和旅游目的分组)

目的							
商务/出差		探亲访友		健康医疗		其他	
(人次)	(%)	(人次)	(%)	(人次)	(%)	(人次)	(%)
1 501	**3.5**	**15 400**	**35.9**	**454**	**1.1**	**3 130**	**7.3**
68	3.5	512	26.4	16	0.8	52	2.7
75	3.3	762	33.6	34	1.5	137	6.0
18	9.0	96	48.0	2	1.0	11	5.5
153	6.1	920	36.9	11	0.4	196	7.9
16	0.6	1 379	50.0	48	1.7	321	11.6
20	7.0	141	49.6	5	1.8	30	10.6
72	8.6	282	33.7	9	1.1	40	4.8
49	1.3	1 416	38.8	5	0.1	223	6.1
28	4.4	114	17.8	2	0.3	10	1.6
17	11.3	32	21.2	11	7.3	8	5.3
40	5.4	330	44.7	16	2.2	3	0.4
53	3.9	547	40.7	25	1.9	119	8.9
36	6.2	155	26.7	6	1.0	24	4.1
43	5.3	431	52.9	7	0.9	44	5.4
7	2.5	67	23.5	2	0.7	17	6.0
80	4.0	579	29.1	7	0.4	166	8.3
12	6.6	46	25.3	16	8.8	25	13.7
226	5.5	1 674	40.8	63	1.5	435	10.6
28	1.5	761	41.7	41	2.2	276	15.1
62	2.1	822	28.4	8	0.3	73	2.5
43	3.5	568	45.8	13	1.0	105	8.5
9	3.3	178	65.4	16	5.9	8	2.9
114	3.0	1 187	31.7	24	0.6	225	6.0
32	1.7	487	26.5	6	0.3	157	8.5
29	2.2	331	24.7	8	0.6	134	10.0
24	23.8	26	25.7	2	2.0	7	6.9
63	2.7	890	37.6	23	1.0	125	5.3
56	4.3	443	33.7	10	0.8	107	8.1
14	2.5	165	29.2	16	2.8	46	8.1
14	7.7	59	32.4	2	1.1	6	3.3

3-1-5 城镇居民国内旅游抽样调查出游人次数

城　　市	出游人次数	
	(人次)	(%)
合　　计	**42 946**	**100.0**
北　　京	1 941	100.0
天　　津	2 268	100.0
呼和浩特	200	100.0
沈　　阳	2 493	100.0
大　　连	2 756	100.0
长　　春	284	100.0
哈 尔 滨	838	100.0
上　　海	3 652	100.0
南　　京	639	100.0
无　　锡	151	100.0
杭　　州	738	100.0
宁　　波	1 343	100.0
福　　州	581	100.0
厦　　门	814	100.0
南　　昌	285	100.0
济　　南	1 991	100.0
郑　　州	182	100.0
武　　汉	4 103	100.0
长　　沙	1 824	100.0
广　　州	2 893	100.0
深　　圳	1 241	100.0
海　　口	272	100.0
重　　庆	3 748	100.0
成　　都	1 840	100.0
昆　　明	1 341	100.0
拉　　萨	101	100.0
西　　安	2 367	100.0
兰　　州	1 313	100.0
西　　宁	565	100.0
乌鲁木齐	182	100.0

及构成(按旅游方式分组)

旅游方式			
团体		散客	
(人次)	(%)	(人次)	(%)
5 838	**13.6**	**37 108**	**86.4**
216	11.2	1 725	88.9
327	14.4	1 941	85.6
40	20.2	160	79.8
509	20.4	1 984	79.6
83	3.0	2 673	97.0
36	12.7	248	87.3
107	12.7	731	87.3
830	22.8	2 822	77.3
297	46.5	342	53.5
29	19.3	122	80.8
145	19.6	593	80.4
115	8.5	1 228	91.5
200	34.5	381	65.5
62	7.6	752	92.4
115	40.3	170	59.7
103	5.2	1 888	94.8
90	49.5	92	50.5
418	10.2	3 685	89.8
156	8.6	1 668	91.4
622	21.5	2 271	78.5
203	16.4	1 038	83.6
11	4.0	261	96.0
500	13.4	3 248	86.7
175	9.5	1 665	90.5
153	11.5	1 188	88.5
2	1.3	99	98.7
146	6.2	2 221	93.8
106	8.1	1 207	91.9
7	1.3	558	98.7
35	19.3	147	80.7

二、城镇居民国内旅游出游人均花费情况

3-2-1 城镇居民国内旅游出游人均花费情况

	人均花费	性别	
		男	女
合计	**801.1**	**799.7**	**803.3**
北京	980.0	953.0	1 020.1
天津	737.2	703.1	803.1
呼和浩特	1 528.6	1 476.3	1 713.8
沈阳	665.1	635.9	731.5
大连	445.6	436.1	465.1
长春	989.1	1 010.8	945.2
哈尔滨	1 311.1	1 449.8	1 066.1
上海	596.6	630.0	575.6
南京	1 708.7	1 679.5	1 809.8
无锡	1 205.7	1 337.8	862.9
杭州	1 291.6	1 591.2	982.0
宁波	904.9	881.6	954.3
福州	1 364.4	1 257.9	1 734.0
厦门	1 185.5	1 019.9	1 460.2
南昌	1 452.5	1 346.7	1 674.3
济南	539.8	694.4	410.8
郑州	1 050.2	1 115.6	867.7
武汉	614.3	562.0	772.7
长沙	881.0	892.8	860.4
广州	782.1	664.8	911.9
深圳	2 079.5	2 005.3	2 228.9
海口	1 048.8	1 002.0	1 116.5
重庆	713.2	735.4	684.7
成都	735.1	839.6	634.4
昆明	725.6	707.3	759.3
拉萨	3 959.9	3 301.3	4 687.1
西安	444.5	450.9	430.2
兰州	672.4	691.0	619.8
西宁	605.9	523.5	911.8
乌鲁木齐	1 469.7	1 541.0	1 372.5

（按城市、户主性别和年龄分组）

单位：元/人次

年龄				
65 岁及以上	45～64 岁	25～44 岁	15～24 岁	14 岁及以下
788.8	**779.7**	**825.4**	**1 021.3**	**3 121.0**
920.1	1 002.1	974.6	464.6	0.0
667.3	724.1	792.0	2 522.6	5 288.3
2 498.7	1 740.5	1 220.5	0.0	0.0
610.5	787.5	546.0	362.2	0.0
487.4	456.7	422.7	467.2	126.6
1 301.3	1 083.0	827.7	210.6	0.0
1 093.3	1 599.3	906.3	287.6	0.0
691.1	577.7	619.9	267.7	0.0
1 424.1	2 071.7	1 440.2	357.0	0.0
1 343.4	1 093.8	1 334.0	0.0	0.0
1 103.0	1 009.9	1 563.6	592.8	15 576.8
993.6	909.3	888.0	1 157.1	0.0
1 849.0	1 225.4	1 294.1	4 600.4	0.0
825.0	1 369.0	1 155.2	681.9	190.7
2 416.5	1 331.6	1 254.9	0.0	1 391.7
788.1	569.2	487.0	435.6	0.0
789.7	824.2	1 576.7	0.0	0.0
515.1	585.8	702.3	1 451.6	1 166.2
999.2	896.1	831.3	1 043.7	455.5
480.3	721.6	867.7	916.8	0.0
3 507.8	2 271.6	1 911.2	826.6	0.0
2 180.7	1 188.2	740.3	4 258.5	0.0
652.3	734.9	704.7	212.2	0.0
749.7	692.6	772.5	1 165.5	0.0
654.1	765.8	717.9	297.2	0.0
1 313.7	5 252.4	3 754.5	0.0	0.0
279.9	497.7	389.4	119.7	0.0
443.8	736.4	657.1	0.0	0.0
384.9	705.2	560.9	0.0	0.0
2 804.3	1 610.8	1 181.8	0.0	0.0

3-2-2 城镇居民国内旅游出游人均花费情况

	人均花费	文化		
		研究生	大学本科	大学专科
合计	**801.1**	**1 253.7**	**1 057.1**	**899.5**
北京	980.0	1 650.1	1 215.6	1 112.6
天津	737.2	1 101.1	855.9	710.1
呼和浩特	1 528.6	1 644.5	1 617.3	1 930.7
沈阳	665.1	575.9	713.3	694.8
大连	445.6	566.9	636.4	583.5
长春	989.1	1 103.1	1 267.7	1 058.5
哈尔滨	1 311.1	1 930.9	1 925.8	1 367.0
上海	596.6	584.3	801.8	657.2
南京	1 708.7	2 776.0	1 827.5	1 215.9
无锡	1 205.7	0.0	1 324.4	1 432.9
杭州	1 291.6	1 816.6	1 780.2	1 532.5
宁波	904.9	1 983.1	1 164.3	1 073.8
福州	1 364.4	1 743.3	1 709.2	1 681.2
厦门	1 185.5	821.1	1 167.4	1 135.1
南昌	1 452.5	0.0	2 220.3	1 488.6
济南	539.8	2 436.9	1 466.3	588.6
郑州	1 050.2	208.7	750.8	1 022.8
武汉	614.3	1 162.0	812.7	637.3
长沙	881.0	1 179.7	980.1	841.5
广州	782.1	1 658.2	1 260.3	878.4
深圳	2 079.5	4 251.5	2 454.9	2 303.1
海口	1 048.8	2 087.5	1 132.8	1 106.0
重庆	713.2	2 333.8	931.8	720.1
成都	735.1	1 472.5	1 040.7	925.9
昆明	725.6	1 533.9	787.0	983.0
拉萨	3 959.9	9 616.4	4 000.5	4 481.8
西安	444.5	1 078.7	551.8	442.4
兰州	672.4	1 225.8	1 155.3	731.2
西宁	605.9	371.1	965.1	962.6
乌鲁木齐	1 469.7	0.0	938.6	1 714.8

(按城市和户主文化程度分组)

单位：元/人次

程度					
中专	高中	初中	小学	扫盲班	未上过学
811.6	**717.2**	**584.7**	**641.4**	**722.4**	**561.4**
1 007.9	828.0	765.1	447.1	417.5	292.2
719.2	688.9	664.3	1 146.5	804.7	342.0
1 636.1	854.6	1 083.1	1 596.2	0.0	0.0
837.7	569.4	593.7	598.5	683.0	56.1
416.5	357.4	335.3	227.2	415.5	315.5
368.7	947.2	971.5	585.1	347.9	0.0
991.1	1 338.4	970.3	535.6	627.1	854.5
761.2	534.5	483.0	355.5	1 200.2	0.0
1 475.0	1 686.1	1 879.4	320.9	1 298.9	0.0
1 528.0	1 059.9	1 073.4	653.0	0.0	0.0
787.9	1 211.5	857.7	900.0	1 008.2	509.3
769.1	1 005.3	689.0	494.6	908.6	415.2
1 301.5	1 063.5	718.7	666.4	880.2	0.0
1 052.0	1 369.9	1 022.9	4 520.3	0.0	3 040.8
1 350.4	1 142.4	1 773.5	1 000.3	0.0	765.4
511.2	437.5	400.7	591.9	0.0	244.9
998.9	1 276.3	859.9	0.0	1 152.3	111.3
809.2	636.5	328.9	568.1	650.9	250.2
806.5	825.1	942.9	861.1	897.2	933.3
630.4	627.4	504.2	225.4	655.5	1 799.9
2 077.2	1 805.1	1 612.4	1 413.0	0.0	0.0
1 618.8	981.0	540.5	2 532.8	180.9	0.0
621.4	713.1	552.6	670.3	517.3	1 334.6
586.0	535.1	506.7	316.2	161.9	0.0
677.3	811.4	528.2	738.7	1 360.6	487.1
1 999.3	3 806.2	5 459.7	155.9	155.9	0.0
502.2	356.8	404.8	189.1	0.0	275.4
532.4	713.4	380.6	378.4	0.0	386.0
871.3	432.1	439.6	384.9	11.1	193.4
610.6	1 864.6	1 321.8	1 341.3	0.0	0.0

3-2-3 城镇居民国内旅游出游人均花费情况

	人均花费	家庭月	
		15000 元以上	10000~14999 元
合　　计	**801.1**	**1 424.2**	**1 328.7**
北　　京	980.0	1 111.9	1 421.8
天　　津	737.2	1 053.7	1 251.7
呼和浩特	1 528.6	2 673.4	2 087.5
沈　　阳	665.1	1 843.7	1 686.0
大　　连	445.6	755.6	899.2
长　　春	989.1	1 094.8	6 958.3
哈 尔 滨	1 311.1	2 487.3	2 104.7
上　　海	596.6	1 069.9	803.0
南　　京	1 708.7	3 108.1	1 813.1
无　　锡	1 205.7	1 944.5	1 029.5
杭　　州	1 291.6	1 989.4	1 128.4
宁　　波	904.9	1 342.0	1 477.0
福　　州	1 364.4	1 582.7	2 773.8
厦　　门	1 185.5	1 605.4	1 414.4
南　　昌	1 452.5	7 114.9	1 622.8
济　　南	539.8	246.6	569.6
郑　　州	1 050.2	0.0	789.8
武　　汉	614.3	525.2	993.7
长　　沙	881.0	1 185.3	1 277.0
广　　州	782.1	3 480.5	1 248.5
深　　圳	2 079.5	2 622.2	2 678.4
海　　口	1 048.8	495.8	581.6
重　　庆	713.2	1 062.9	1 050.8
成　　都	735.1	1 273.3	1 356.0
昆　　明	725.6	1 056.6	1 265.6
拉　　萨	3 959.9	3 464.2	13 136.7
西　　安	444.5	647.6	1 125.6
兰　　州	672.4	6 565.1	2 544.7
西　　宁	605.9	1 391.7	980.6
乌鲁木齐	1 469.7	1 903.6	858.2

（按城市和家庭月总收入分组）

单位：元/人次

总收入			
5000～9999元	2500～4999元	1000～2499元	999元以下
850.1	**664.5**	**507.5**	**492.0**
991.4	743.0	424.2	0.0
801.3	632.9	535.1	0.0
2 193.7	1 307.8	1 043.6	487.1
634.5	465.4	370.9	302.9
502.0	384.0	243.1	141.9
1 052.2	903.0	797.7	577.3
1 786.5	1 402.5	523.5	191.7
579.4	426.9	409.8	48.9
1 465.3	1 566.1	1 373.0	0.0
1 482.4	940.9	271.4	0.0
1 371.8	1 062.3	796.5	581.0
851.9	603.9	651.1	695.8
1 227.2	1 088.2	640.5	0.0
995.3	786.6	327.0	0.0
1 530.9	1 421.7	1 166.4	180.9
636.2	668.8	417.5	288.3
795.7	1 318.4	1 154.0	0.0
743.9	508.8	394.8	110.3
917.1	840.6	593.1	192.7
823.3	500.0	740.3	0.0
2 052.3	1 871.1	1 409.5	2 099.2
1 185.3	1 189.1	998.4	0.0
805.8	623.4	394.3	452.0
772.3	607.1	681.8	50.5
819.6	656.3	543.4	971.2
4 526.6	2 544.8	1 423.2	0.0
451.9	422.3	281.0	337.3
1 311.5	629.5	466.8	556.2
847.3	642.2	325.9	118.8
982.4	1 739.0	1 354.7	5 459.9

3－2－4 城镇居民国内旅游出游人均花费情况

城市	人均花费	旅游	
		观光游览	休闲度假
合计	**801.1**	**1 029.2**	**682.5**
北京	980.0	1 064.2	1 034.8
天津	737.2	836.0	564.0
呼和浩特	1 528.6	2 404.1	2 608.3
沈阳	665.1	927.1	686.9
大连	445.6	702.1	333.2
长春	989.1	1 296.4	693.1
哈尔滨	1 311.1	1 119.1	918.9
上海	596.6	844.0	594.0
南京	1 708.7	1 870.0	1 254.5
无锡	1 205.7	1 366.9	1 081.1
杭州	1 291.6	1 649.3	1 079.2
宁波	904.9	1 217.5	587.3
福州	1 364.4	1 334.8	1 694.0
厦门	1 185.5	1 041.8	881.6
南昌	1 452.5	1 773.6	1 105.9
济南	539.8	455.6	1 048.6
郑州	1 050.2	954.2	1 144.5
武汉	614.3	1 048.4	656.2
长沙	881.0	1 112.1	962.9
广州	782.1	870.5	705.1
深圳	2 079.5	2 108.1	1 935.0
海口	1 048.8	3 084.1	1 120.1
重庆	713.2	1 219.9	532.0
成都	735.1	1 140.6	529.1
昆明	725.6	1 387.5	437.2
拉萨	3 959.9	3 293.6	2 647.6
西安	444.5	612.6	269.5
兰州	672.4	920.2	366.5
西宁	605.9	735.6	329.3
乌鲁木齐	1 469.7	1 140.1	1 698.8

（按城市和旅游目的分组）

目的			
商务/出差	探亲访友	健康医疗	其他
2 355.8	**662.5**	**994.9**	**582.4**
2 199.7	852.1	648.6	328.1
1 790.1	671.9	378.1	757.6
2 507.5	785.2	6 958.3	1 420.7
1 802.5	446.8	527.3	480.5
5 701.9	350.8	940.1	583.7
3 879.1	739.8	1 332.5	419.3
4 905.8	1 026.5	6 523.9	1 312.6
2 060.7	429.0	4 266.4	309.8
6 366.7	1 378.7	41.7	2 187.0
1 354.1	1 156.1	0.0	665.2
1 391.1	1 087.0	0.0	1 163.4
1 824.6	826.0	1 042.3	820.3
1 833.8	1 147.0	601.2	627.4
3 392.2	1 246.9	540.0	684.8
1 641.0	1 374.0	1 391.7	856.7
2 103.8	475.5	312.1	542.2
2 321.3	1 017.5	0.0	0.0
2 110.1	392.7	1 135.7	403.4
1 314.9	817.0	504.8	672.0
2 025.5	698.9	627.8	972.2
2 850.2	2 090.0	1 219.7	2 140.8
876.7	718.0	0.0	615.6
1 468.2	469.6	1 249.9	355.1
1 203.5	698.1	445.3	426.3
1 962.2	673.7	597.2	264.0
7 008.9	3 599.1	1 635.2	3 385.9
1 379.0	397.0	278.9	455.4
1 782.9	584.2	990.3	325.8
3 548.5	813.9	0.0	519.7
3 796.4	1 451.3	0.0	2 166.1

三、城镇居民散客国内旅游人均花费构成

3－3－1　城镇居民散客国内旅游

城　　市	总花费	城市间交通费	飞　机	火　车	长途汽车	自驾车	轮　船
总 平 均	**100.0**	**21.0**	**6.9**	**5.3**	**3.8**	**4.5**	**0.2**
北　　京	100.0	23.9	8.6	6.6	1.1	7.6	0.0
天　　津	100.0	15.2	2.8	7.3	1.9	3.0	0.1
呼和浩特	100.0	28.6	8.8	9.7	3.7	5.1	0.8
沈　　阳	100.0	22.6	7.1	8.2	2.3	4.3	0.2
大　　连	100.0	14.5	5.6	3.0	2.2	2.3	0.5
长　　春	100.0	29.7	7.7	13.9	2.2	5.4	0.0
哈 尔 滨	100.0	27.8	12.1	11.2	2.4	1.8	0.4
上　　海	100.0	18.5	6.9	5.2	2.0	4.1	0.4
南　　京	100.0	22.8	10.3	4.7	2.5	5.3	0.0
无　　锡	100.0	25.2	7.3	5.8	7.2	4.8	0.0
杭　　州	100.0	26.7	9.8	6.0	7.1	3.6	0.0
宁　　波	100.0	16.6	3.5	2.6	3.4	6.5	0.3
福　　州	100.0	24.9	9.7	5.6	5.6	3.9	0.1
厦　　门	100.0	22.6	10.4	1.4	5.9	4.1	0.1
南　　昌	100.0	22.9	4.5	11.8	3.9	2.4	0.2
济　　南	100.0	8.1	0.8	2.8	2.2	2.2	0.1
郑　　州	100.0	31.9	0.0	19.3	3.0	9.6	0.0
武　　汉	100.0	15.0	5.3	3.8	2.7	2.3	0.2
长　　沙	100.0	15.9	4.7	4.2	4.4	2.4	0.1
广　　州	100.0	22.0	5.2	3.1	5.7	7.4	0.1
深　　圳	100.0	23.5	8.7	3.2	4.0	7.1	0.3
海　　口	100.0	31.7	16.0	2.6	6.9	5.8	0.4
重　　庆	100.0	18.5	4.5	2.6	5.9	4.8	0.2
成　　都	100.0	24.2	8.7	3.2	4.5	7.2	0.2
昆　　明	100.0	22.0	7.0	1.8	5.9	7.1	0.2
拉　　萨	100.0	36.0	19.4	11.1	1.8	3.6	0.0
西　　安	100.0	22.7	3.5	7.9	6.5	4.3	0.0
兰　　州	100.0	22.9	4.8	9.8	3.9	1.1	0.2
西　　宁	100.0	26.9	5.8	17.3	2.9	0.9	0.0
乌鲁木齐	100.0	41.5	20.5	9.8	8.2	1.9	0.0

人均花费构成（按城市分组）

单位：%

住宿费	餐饮费	市内交通费	邮电通讯费	景区游览费	文娱费	购物费	其他
8.0	**17.7**	**2.4**	**1.0**	**6.4**	**2.9**	**24.9**	**15.7**
10.5	21.8	2.3	0.7	8.5	2.9	24.3	5.2
7.8	20.0	3.4	1.1	6.9	3.9	31.6	10.1
9.4	8.1	1.3	1.1	5.7	2.8	27.1	16.0
8.4	18.4	2.3	0.4	7.5	3.1	27.4	9.9
4.1	19.6	3.5	0.9	5.5	2.6	33.4	16.0
9.2	10.7	2.5	1.3	5.5	1.4	27.1	12.5
11.6	14.2	1.9	1.4	6.3	2.0	17.6	17.2
7.4	20.1	5.2	0.3	5.6	2.1	24.8	15.9
8.0	15.4	1.9	0.8	10.8	1.9	23.2	15.3
6.1	9.3	2.5	1.5	5.0	0.2	17.7	32.6
8.8	8.9	1.1	0.2	7.2	0.8	33.3	12.8
5.8	12.4	1.2	0.7	6.9	0.8	33.2	22.3
11.0	22.4	2.2	0.7	8.0	0.9	14.0	16.0
5.6	9.3	0.9	0.9	3.2	1.3	16.2	40.2
10.1	12.7	2.6	1.2	11.2	1.6	29.8	7.9
3.5	15.0	3.9	0.6	8.4	1.3	45.2	13.9
9.8	11.5	1.3	0.4	6.7	2.4	15.5	20.5
6.7	17.3	3.1	0.9	4.4	3.2	34.3	15.0
5.5	12.0	1.7	1.2	5.5	3.9	22.9	31.5
10.3	30.9	2.4	0.9	6.1	2.7	22.4	2.3
6.4	15.3	1.2	1.8	3.9	2.4	20.8	24.7
7.2	13.0	1.2	0.8	3.7	2.0	17.3	23.2
8.8	20.6	3.8	1.1	7.8	4.2	22.8	12.3
11.5	21.9	1.3	1.0	6.5	5.1	14.9	13.6
9.8	27.7	1.8	0.5	9.0	5.7	17.9	5.7
14.3	11.6	2.0	2.8	3.4	4.0	17.6	8.3
8.8	19.3	1.8	0.6	7.6	3.8	17.8	17.7
7.9	13.1	2.6	1.4	8.2	5.5	22.2	16.2
7.6	16.8	2.0	0.6	6.7	3.9	21.6	13.9
7.8	11.5	1.8	0.6	9.6	0.3	19.8	7.1

3-3-2 城镇居民散客出游人均

	总花费 （元）	城市间交通费 （元）	飞 机 （元）	火 车 （元）	长途汽车 （元）	自驾车 （元）	轮 船 （元）
总 平 均	**642.8**	**135.0**	**44.1**	**34.0**	**24.3**	**28.9**	**1.2**
按性别分							
男	645.6	133.7	41.7	34.9	24.7	29.4	1.0
女	638.2	137.0	48.1	32.6	23.5	28.2	1.4
按年龄分							
65 岁及以上	600.5	118.8	41.1	36.7	20.0	18.2	1.2
45～64 岁	615.1	125.1	43.6	34.0	21.2	22.4	1.2
25～44 岁	684.5	150.1	45.0	33.3	28.5	39.7	1.2
15～24 岁	604.4	143.9	47.3	39.0	39.5	18.1	0.0
14 岁及以下	3 352.5	775.2	402.5	0.0	367.2	5.6	0.0

	总花费 （%）	城市间交通费 （%）	飞 机 （%）	火 车 （%）	长途汽车 （%）	自驾车 （%）	轮 船 （%）
总 平 均	**100.0**	**21.0**	**6.9**	**5.3**	**3.8**	**4.5**	**0.2**
按性别分							
男	100.0	20.7	6.5	5.4	3.8	4.6	0.2
女	100.0	21.5	7.5	5.1	3.7	4.4	0.2
按年龄分							
65 岁及以上	100.0	19.8	6.8	6.1	3.3	3.0	0.2
45～64 岁	100.0	20.3	7.1	5.5	3.4	3.6	0.2
25～44 岁	100.0	21.9	6.6	4.9	4.2	5.8	0.2
15～24 岁	100.0	23.8	7.8	6.5	6.5	3.0	0.0
14 岁及以下	100.0	23.1	12.0	0.0	11.0	0.2	0.0

花费构成（按户主性别和年龄分组）

住宿费（元）	餐饮费（元）	市内交通费（元）	邮电通讯费（元）	景区游览费（元）	文娱费（元）	购物费（元）	其他（元）
51.5	**114.1**	**15.5**	**6.2**	**41.0**	**18.7**	**159.9**	**101.0**
52.8	113.7	15.1	6.2	41.0	19.1	162.7	101.3
49.5	114.6	16.1	6.2	41.0	17.9	155.5	100.4
50.8	106.9	14.9	5.0	38.1	15.7	136.5	113.9
52.7	114.1	16.7	5.5	38.3	17.4	151.5	93.8
50.1	115.6	14.0	7.4	44.9	20.9	174.3	107.2
40.6	108.8	22.1	4.5	42.1	19.2	137.6	85.4
219.4	169.6	4.5	8.5	82.7	0.0	1 897.7	194.8

住宿费（%）	餐饮费（%）	市内交通费（%）	邮电通讯费（%）	景区游览费（%）	文娱费（%）	购物费（%）	其他（%）
8.0	**17.7**	**2.4**	**1.0**	**6.4**	**2.9**	**24.9**	**15.7**
8.2	17.6	2.3	1.0	6.3	3.0	25.2	15.7
7.8	18.0	2.5	1.0	6.4	2.8	24.4	15.7
8.5	17.8	2.5	0.8	6.3	2.6	22.7	19.0
8.6	18.5	2.7	0.9	6.2	2.8	24.6	15.3
7.3	16.9	2.0	1.1	6.6	3.0	25.5	15.7
6.7	18.0	3.7	0.8	7.0	3.2	22.8	14.1
6.5	5.1	0.1	0.3	2.5	0.0	56.6	5.8

3－3－3 城镇居民散客出游人均

	总花费（元）	城市间交通费（元）	飞　机（元）	火　车（元）	长途汽车（元）	自驾车（元）	轮　船（元）
总 平 均	**642.8**	**135.0**	**44.1**	**34.0**	**24.3**	**28.9**	**1.2**
按文化程度分							
未上过学	546.2	169.1	66.8	33.1	36.7	12.9	0.0
扫 盲 班	573.5	106.8	18.7	49.2	19.4	19.1	0.0
小　　学	508.0	89.5	19.2	20.0	22.0	23.4	1.0
初　　中	470.9	81.5	22.6	22.1	20.7	13.9	1.0
高　　中	568.6	110.1	34.9	26.6	22.8	22.8	0.9
中　　专	668.5	140.0	39.8	37.5	26.9	28.7	3.5
大学专科	727.5	155.3	49.2	40.7	26.1	36.0	1.0
大学本科	851.7	213.5	83.1	48.8	27.5	49.7	1.0
研 究 生	1 026.7	237.9	84.9	74.6	28.9	44.1	2.2

	总花费（%）	城市间交通费（%）	飞　机（%）	火　车（%）	长途汽车（%）	自驾车（%）	轮　船（%）
总 平 均	**100.0**	**21.0**	**6.9**	**5.3**	**3.8**	**4.5**	**0.2**
按文化程度分							
未上过学	100.0	31.0	12.2	6.1	6.7	2.4	0.0
扫 盲 班	100.0	18.6	3.3	8.6	3.4	3.3	0.0
小　　学	100.0	17.6	3.8	3.9	4.3	4.6	0.2
初　　中	100.0	17.3	4.8	4.7	4.4	3.0	0.2
高　　中	100.0	19.4	6.1	4.7	4.0	4.0	0.1
中　　专	100.0	20.9	5.9	5.6	4.0	4.3	0.5
大学专科	100.0	21.3	6.8	5.6	3.6	4.9	0.1
大学本科	100.0	25.1	9.8	5.7	3.2	5.8	0.1
研 究 生	100.0	23.2	8.3	7.3	2.8	4.3	0.2

花费构成(按户主文化程度分组)

住宿费(元)	餐饮费(元)	市内交通费(元)	邮电通讯费(元)	景区游览费(元)	文娱费(元)	购物费(元)	其他(元)
51.5	**114.1**	**15.5**	**6.2**	**41.0**	**18.7**	**159.9**	**101.0**
50.6	99.2	11.7	4.3	29.7	8.6	106.2	66.7
60.5	99.8	24.1	5.7	56.2	9.5	131.1	79.6
25.5	79.1	11.3	3.7	27.8	16.5	154.0	100.7
28.0	81.1	13.9	3.7	26.9	11.9	131.0	92.8
39.8	103.8	15.7	5.6	34.7	17.8	148.5	92.7
53.0	114.9	14.6	5.6	43.7	19.3	164.4	113.0
65.1	133.4	15.3	7.8	46.4	21.6	173.3	109.4
83.4	150.5	17.6	9.0	62.4	24.9	187.7	102.8
90.7	160.6	20.7	9.0	52.0	25.4	269.7	160.8

住宿费(%)	餐饮费(%)	市内交通费(%)	邮电通讯费(%)	景区游览费(%)	文娱费(%)	购物费(%)	其他(%)
8.0	**17.7**	**2.4**	**1.0**	**6.4**	**2.9**	**24.9**	**15.7**
9.3	18.2	2.1	0.8	5.4	1.6	19.5	12.2
10.5	17.4	4.2	1.0	9.8	1.7	22.9	13.9
5.0	15.6	2.2	0.7	5.5	3.2	30.3	19.8
6.0	17.2	2.9	0.8	5.7	2.5	27.8	19.7
7.0	18.3	2.8	1.0	6.1	3.1	26.1	16.3
7.9	17.2	2.2	0.8	6.5	2.9	24.6	16.9
8.9	18.3	2.1	1.1	6.4	3.0	23.8	15.0
9.8	17.7	2.1	1.1	7.3	2.9	22.0	12.1
8.8	15.6	2.0	0.9	5.1	2.5	26.3	15.7

3-3-4 城镇居民散客出游人均

	总花费（元）	城市间交通费（元）	飞机（元）	火车（元）	长途汽车（元）	自驾车（元）	轮船（元）
总平均	**642.8**	**135.0**	**44.1**	**34.0**	**24.3**	**28.9**	**1.2**
按家庭月总收入分							
15000 元及以上	1 122.4	268.3	130.8	45.1	29.5	62.5	0.4
10000～14999 元	1 078.1	253.5	116.1	45.8	25.8	64.7	1.1
5000～9999 元	687.5	138.2	39.3	37.1	23.3	37.5	1.0
2500～4999 元	537.0	105.8	30.7	32.0	24.8	16.7	1.5
1000～2499 元	419.8	77.6	24.3	20.8	22.8	8.4	1.3
999 元以下	404.9	120.2	23.3	32.0	18.8	25.7	0.0

	总花费（%）	城市间交通费（%）	飞机（%）	火车（%）	长途汽车（%）	自驾车（%）	轮船（%）
总平均	**100.0**	**21.0**	**6.9**	**5.3**	**3.8**	**4.5**	**0.2**
按家庭月总收入分							
15000 元及以上	100.0	24.0	11.7	4.0	2.6	5.6	0.0
10000～14999 元	100.0	24.0	10.8	4.3	2.4	6.0	0.1
5000～9999 元	100.0	20.5	5.7	5.4	3.4	5.5	0.1
2500～4999 元	100.0	19.8	5.7	6.0	4.6	3.1	0.3
1000～2499 元	100.0	19.4	5.8	5.0	5.4	2.0	0.3
999 元以下	100.0	29.7	5.7	7.9	4.7	6.4	0.0

花费构成（按家庭月总收入分组）

住宿费（元）	餐饮费（元）	市内交通费（元）	邮电通讯费（元）	景区游览费（元）	文娱费（元）	购物费（元）	其他（元）
51.5	**114.1**	**15.5**	**6.2**	**41.0**	**18.7**	**159.9**	**101.0**
104.3	174.6	17.6	8.4	67.5	29.4	256.8	194.7
110.6	185.3	22.5	12.2	61.6	30.1	226.8	170.0
57.1	131.1	15.9	6.9	45.6	21.0	169.4	99.5
37.5	92.5	14.5	4.7	34.4	15.4	140.8	90.8
25.5	71.4	12.6	4.3	27.3	11.3	121.0	64.7
22.3	57.7	10.1	4.0	25.9	18.2	99.3	47.0

住宿费（%）	餐饮费（%）	市内交通费（%）	邮电通讯费（%）	景区游览费（%）	文娱费（%）	购物费（%）	其他（%）
8.0	**17.7**	**2.4**	**1.0**	**6.4**	**2.9**	**24.9**	**15.7**
9.3	15.6	1.6	0.7	6.0	2.6	22.9	17.4
10.3	17.2	2.1	1.1	5.7	2.8	21.0	15.8
8.3	19.1	2.3	1.0	6.6	3.1	24.6	14.5
7.0	17.2	2.7	0.9	6.4	2.9	26.2	16.9
6.1	17.0	3.0	1.0	6.5	2.7	28.8	15.4
5.5	14.3	2.5	1.0	6.4	4.5	24.5	11.6

3-3-5 城镇居民散客出游人均

	总花费（元）	城市间交通费（元）	飞机（元）	火车（元）	长途汽车（元）	自驾车（元）	轮船（元）
总平均	**642.8**	**135.0**	**44.1**	**34.0**	**24.3**	**28.9**	**1.2**
按旅游目的分							
观光游览	624.9	151.5	57.1	35.9	21.8	33.8	1.0
休闲度假	511.0	104.8	30.4	20.7	15.6	34.6	1.1
商务/出差	2 217.3	717.2	400.4	162.4	67.4	60.5	9.0
探亲访友	657.1	129.1	32.9	36.3	30.6	26.0	1.0
医疗健康	854.7	103.1	36.8	39.4	11.6	10.2	0.0
其　　他	543.7	52.5	16.1	18.2	8.4	8.2	1.0

	总花费（%）	城市间交通费（%）	飞机（%）	火车（%）	长途汽车（%）	自驾车（%）	轮船（%）
总平均	**100.0**	**21.0**	**6.9**	**5.3**	**3.8**	**4.5**	**0.2**
按旅游目的分							
观光游览	100.0	24.2	9.1	5.7	3.5	5.4	0.2
休闲度假	100.0	20.5	6.0	4.1	3.0	6.8	0.2
商务/出差	100.0	32.3	18.1	7.3	3.0	2.7	0.4
探亲访友	100.0	19.7	5.0	5.5	4.7	4.0	0.2
医疗健康	100.0	12.1	4.3	4.6	1.4	1.2	0.0
其　　他	100.0	9.7	3.0	3.3	1.5	1.5	0.2

花费构成(按旅游目的分组)

住宿费(元)	餐饮费(元)	市内交通费(元)	邮电通讯费(元)	景区游览费(元)	文娱费(元)	购物费(元)	其他(元)
51.5	**114.1**	**15.5**	**6.2**	**41.0**	**18.7**	**159.9**	**101.0**
81.3	136.9	17.3	6.2	93.7	19.8	93.4	24.9
62.9	131.8	14.6	4.6	48.4	28.9	89.4	25.7
458.7	386.1	40.5	33.3	58.3	66.8	304.9	151.5
16.8	88.8	13.9	6.3	15.6	12.4	210.0	164.2
75.1	85.8	22.8	5.7	40.1	6.9	91.9	423.2
22.7	72.8	14.4	3.0	10.5	10.1	235.1	122.6

住宿费(%)	餐饮费(%)	市内交通费(%)	邮电通讯费(%)	景区游览费(%)	文娱费(%)	购物费(%)	其他(%)
8.0	**17.7**	**2.4**	**1.0**	**6.4**	**2.9**	**24.9**	**15.7**
13.0	21.9	2.8	1.0	15.0	3.2	14.9	4.0
12.3	25.8	2.9	0.9	9.5	5.7	17.5	5.0
20.7	17.4	1.8	1.5	2.6	3.0	13.8	6.8
2.6	13.5	2.1	1.0	2.4	1.9	32.0	25.0
8.8	10.0	2.7	0.7	4.7	0.8	10.8	49.5
4.2	13.4	2.7	0.6	1.9	1.9	43.2	22.5

四、城镇居民对国内旅游服务质量的评价

3－4－1 城镇居民对国内旅游服务质量的评价

	调查人数	
	（人）	（%）
合 计	**21 026**	**100.0**
对公共设施评分		
很好	2 973	14.1
好	12 915	61.4
一般	5 025	23.9
较差	102	0.5
差	11	0.1
对服务质量评分		
很好	2 727	13.0
好	12 354	58.8
一般	5 256	25.0
较差	97	0.5
差	14	0.1
未享受服务	578	2.7

（按旅游方式分组）

旅游方式			
团　体		散　客	
（人）	（%）	（人）	（%）
17 694	**100.0**	**3 332**	**100.0**
2 311	13.1	662	19.9
10 818	61.1	2 097	62.9
4 467	25.2	558	16.7
89	0.5	13	0.4
9	0.1	2	0.1
2 145	12.1	582	17.5
10 287	58.1	2 067	62.0
4 603	26.0	653	19.6
76	0.4	21	0.6
11	0.1	3	0.1
572	3.2	6	0.2

3-4-2 城镇居民对国内旅游服务质量的评价

	调查人数		性别			
			男		女	
	(人)	(%)	(人)	(%)	(人)	(%)
合计	**21 026**	**100.0**	**12 797**	**100.0**	**8 229**	**100.0**
对公共设施评分						
很好	2 973	14.1	1 779	13.9	1 194	14.5
好	12 915	61.4	7 747	60.5	5 168	62.8
一般	5 025	23.9	3 195	25.0	1 830	22.2
较差	102	0.5	68	0.5	34	0.4
差	11	0.1	8	0.1	3	0.0
对服务质量评分						
很好	2 727	13.0	1 651	12.9	1 076	13.1
好	12 354	58.8	7 436	58.1	4 918	59.8
一般	5 256	25.0	3 361	26.3	1 895	23.0
较差	97	0.5	63	0.5	34	0.4
差	14	0.1	6	0.0	8	0.1
未享受服务	578	2.7	280	2.2	298	3.6

(按户主性别和年龄分组)

年龄									
65岁及以上		45~64岁		25~44岁		15~24岁		14岁及以下	
(人)	(%)	(人)	(%)	(人)	(%)	(人)	(%)	(人)	(%)
1 989	**100.0**	**11 337**	**100.0**	**7 541**	**100.0**	**149**	**100.0**	**10**	**100.0**
306	15.4	1 611	14.2	1 016	13.5	39	26.2	1	10.0
1 216	61.1	7 014	61.9	4 589	60.9	89	59.7	7	70.0
461	23.2	2 659	23.5	1 885	25.0	18	12.1	2	20.0
5	0.3	50	0.4	44	0.6	3	2.0	0	0.0
1	0.1	3	0.0	7	0.1	0	0.0	0	0.0
286	14.4	1 482	13.1	919	12.2	40	26.8	0	0.0
1 194	60.0	6 707	59.2	4 367	57.9	82	55.0	4	40.0
455	22.9	2 772	24.5	2 001	26.5	22	14.8	6	60.0
8	0.4	48	0.4	40	0.5	1	0.7	0	0.0
2	0.1	8	0.1	4	0.1	0	0.0	0	0.0
44	2.2	320	2.8	210	2.8	4	2.7	0	0.0

3－4－3 城镇居民对国内旅游服务质量的评价

	调查人数		文化					
			研究生		大学本科		大学专科	
	(人)	(%)	(人)	(%)	(人)	(%)	(人)	(%)
合　计	**21 026**	**100.0**	**375**	**100.0**	**3 379**	**100.0**	**4 372**	**100.0**
对公共设施评分								
很好	2 973	14.1	63	16.8	561	16.6	603	13.8
好	12 915	61.4	240	64.0	2 002	59.2	2 682	61.3
一般	5 025	23.9	67	17.9	798	23.6	1 067	24.4
较差	102	0.5	2	0.5	16	0.5	20	0.5
差	11	0.1	3	0.8	2	0.1	0	0.0
对服务质量评分								
很好	2 727	13.0	51	13.6	509	15.1	556	12.7
好	12 354	58.8	242	64.5	1 924	56.9	2 560	58.6
一般	5 256	25.0	76	20.3	858	25.4	1 132	25.9
较差	97	0.5	1	0.3	14	0.4	21	0.5
差	14	0.1	0	0.0	0	0.0	4	0.1
未享受服务	578	2.7	5	1.3	74	2.2	99	2.3

(按户主文化程度分组)

程度											
中专		高中		初中		小学		扫盲班		未上过学	
(人)	(%)	(人)	(%)	(人)	(%)	(人)	(%)	(人)	(%)	(人)	(%)
1 797	**100.0**	**5 903**	**100.0**	**4 454**	**100.0**	**592**	**100.0**	**85**	**100.0**	**69**	**100.0**
239	13.3	833	14.1	566	12.7	79	13.3	15	17.6	14	20.3
1 121	62.4	3 621	61.3	2 810	63.1	350	59.1	50	58.8	39	56.5
426	23.7	1 411	23.9	1 061	23.8	159	26.9	20	23.5	16	23.2
9	0.5	36	0.6	16	0.4	3	0.5	0	0.0	0	0.0
2	0.1	2	0.0	1	0.0	1	0.2	0	0.0	0	0.0
229	12.7	789	13.4	500	11.2	68	11.5	12	14.1	13	18.8
1 084	60.3	3 417	57.9	2 685	60.3	362	61.1	47	55.3	33	47.8
429	23.9	1 462	24.8	1 104	24.8	152	25.7	24	28.2	19	27.5
8	0.4	28	0.5	24	0.5	0	0.0	0	0.0	1	1.4
3	0.2	5	0.1	2	0.0	0	0.0	0	0.0	0	0.0
44	2.4	202	3.4	139	3.1	10	1.7	2	2.4	3	4.3

3－4－4 城镇居民对国内旅游服务质量的评价

	调查人数		家 庭 月			
			15000 元以上		10000～14999 元	
	（人）	（%）	（人）	（%）	（人）	（%）
合　计	**21 026**	**100.0**	**862**	**100.0**	**1 656**	**100.0**
对公共设施评分						
很好	2 973	14.1	125	14.5	232	14.0
好	12 915	61.4	560	65.0	1 051	63.5
一般	5 025	23.9	174	20.2	363	21.9
较差	102	0.5	3	0.3	8	0.5
差	11	0.1	0	0.0	2	0.1
对服务质量评分						
很好	2 727	13.0	121	14.0	217	13.1
好	12 354	58.8	508	58.9	977	59.0
一般	5 256	25.0	203	23.5	394	23.8
较差	97	0.5	3	0.3	8	0.5
差	14	0.1	0	0.0	0	0.0
未享受服务	578	2.7	27	3.1	60	3.6

（按家庭月总收入分组）

总收入							
5000～9999元		2500～4999元		1000～2499元		999元以下	
（人）	（%）	（人）	（%）	（人）	（%）	（人）	（%）
7 506	**100.0**	**7 971**	**100.0**	**2 832**	**100.0**	**199**	**100.0**
1 134	15.1	1 096	13.7	366	12.9	20	10.1
4 614	61.5	4 854	60.9	1 698	60.0	138	69.3
1 717	22.9	1 980	24.8	750	26.5	41	20.6
37	0.5	36	0.5	18	0.6	0	0.0
4	0.1	5	0.1	0	0.0	0	0.0
1 033	13.8	996	12.5	340	12.0	20	10.1
4 430	59.0	4 662	58.5	1 646	58.1	131	65.8
1 783	23.8	2 057	25.8	772	27.3	47	23.6
39	0.5	36	0.5	11	0.4	0	0.0
3	0.0	9	0.1	2	0.1	0	0.0
218	2.9	211	2.6	61	2.2	1	0.5

3－4－5　城镇居民对国内旅游服务质量的评价

	调查人数		旅　　游			
			观光游览		休闲度假	
	（人）	（%）	（人）	（%）	（人）	（%）
合　　计	**21 026**	**100.0**	**5 987**	**100.0**	**4 820**	**100.0**
对公共设施评分						
很好	2 973	14.1	1 236	20.6	680	14.1
好	12 915	61.4	3 783	63.2	2 994	62.1
一般	5 025	23.9	949	15.9	1 118	23.2
较差	102	0.5	16	0.3	25	0.5
差	11	0.1	3	0.1	3	0.1
对服务质量评分						
很好	2 727	13.0	1 130	18.9	600	12.4
好	12 354	58.8	3 635	60.7	2 923	60.6
一般	5 256	25.0	1 134	18.9	1 207	25.0
较差	97	0.5	28	0.5	30	0.6
差	14	0.1	4	0.1	5	0.1
未享受服务	578	2.7	56	0.9	55	1.1

（按旅游目的分组）

目的							
商务/出差		探亲访友		健康医疗		其他	
（人）	（%）	（人）	（%）	（人）	（%）	（人）	（%）
745	**100.0**	**7 737**	**100.0**	**181**	**100.0**	**1 556**	**100.0**
99	13.3	804	10.4	23	12.7	131	8.4
416	55.8	4 739	61.3	105	58.0	878	56.4
225	30.2	2 144	27.7	49	27.1	540	34.7
5	0.7	47	0.6	3	1.7	6	0.4
0	0.0	3	0.0	1	0.6	1	0.1
87	11.7	772	10.0	22	12.2	116	7.5
413	55.4	4 427	57.2	106	58.6	850	54.6
227	30.5	2 091	27.0	49	27.1	548	35.2
9	1.2	23	0.3	4	2.2	3	0.2
0	0.0	4	0.1	0	0.0	1	0.1
9	1.2	420	5.4	0	0.0	38	2.4

第四部分

2009 年农村居民国内旅游抽样调查分类数据

一、农村居民一日游情况

4－1－1 农村居民一日游

地 区	调查总人数（人）	出游人次数（人次）	人均花费（元/人次）
总 平 均	**39 292**	**29 754**	**206.8**
北 京	714	846	221.1
天 津	683	799	223.7
河 北	1 880	1 323	242.1
山 西	761	543	244.3
内 蒙 古	712	176	475.1
辽 宁	971	952	257.6
吉 林	675	701	129.1
黑 龙 江	696	541	231.7
上 海	692	407	229.9
江 苏	1 817	2 434	342.1
浙 江	1 458	895	254.7
安 徽	2 039	1 234	226.0
福 建	1 174	1 009	238.0
江 西	1 285	353	196.1
山 东	2 075	2 313	221.1
河 南	2 854	978	143.5
湖 北	1 566	1 033	228.2
湖 南	1 870	1 243	218.4
广 东	2 437	966	197.4
广 西	1 452	477	248.3
海 南	1 010	563	121.8
重 庆	1 042	1 255	138.2
四 川	2 260	2 649	132.2
贵 州	1 381	1 064	183.2
云 南	1 180	1 034	172.4
陕 西	1 183	550	125.3
甘 肃	836	1 199	146.2
青 海	903	1 144	195.5
宁 夏	792	550	140.7
新 疆	897	523	130.4

出游花费情况

交　通 （%）	餐　饮 （%）	购　物 （%）	游览娱乐 （%）	其　他 （%）
14.8	**8.1**	**56.9**	**3.0**	**17.3**
8.9	8.7	55.3	2.5	24.6
12.2	9.7	58.9	1.4	17.8
9.0	6.7	72.2	2.0	10.0
11.4	8.0	55.1	2.0	23.6
13.0	6.9	59.4	0.6	20.1
10.8	4.4	64.5	0.2	20.0
18.0	5.9	50.0	1.0	25.1
10.7	7.0	61.5	1.3	19.4
13.5	9.3	59.2	6.1	11.8
11.7	11.0	56.5	7.9	13.0
14.8	8.1	59.9	3.6	13.5
20.7	8.8	60.3	1.6	8.6
13.2	7.3	61.7	1.6	16.2
29.6	5.2	44.2	1.5	19.5
12.2	10.6	65.3	3.8	8.1
23.5	9.8	57.3	1.6	7.7
22.3	6.1	54.6	2.1	14.8
19.0	4.2	48.6	1.7	26.4
18.2	12.7	56.4	4.9	7.7
32.0	7.7	45.6	1.5	13.2
27.1	17.8	30.1	7.1	17.9
15.4	6.5	58.3	1.6	18.2
15.1	7.5	46.6	2.8	28.0
16.5	3.3	32.5	0.7	47.0
15.8	11.7	49.1	2.3	21.2
24.7	8.3	49.7	3.5	13.8
8.6	8.3	53.4	2.2	27.4
8.5	5.2	71.5	0.5	14.3
17.9	6.6	56.3	1.9	17.4
12.2	8.7	69.2	0.5	9.4

4-1-2 农村居民一日游

地 区	调查总人口（人）	出游人次数（人次）	出游率（%）	旅 游			
				观光游览		休闲度假	
				（人次）	（%）	（人次）	（%）
全国总计	**39 292**	**29 754**	**75.7**	**2 027**	**6.8**	**2 285**	**7.7**
北 京	714	846	118.4	139	16.4	131	15.5
天 津	683	799	117.0	32	4.0	30	3.8
河 北	1 880	1 323	70.4	125	9.4	133	10.1
山 西	761	543	71.4	32	5.9	14	2.6
内蒙古	712	176	24.7	4	2.3	3	1.7
辽 宁	971	952	98.1	3	0.3	15	1.6
吉 林	675	701	103.9	14	2.0	49	7.0
黑龙江	696	541	77.7	19	3.5	57	10.5
上 海	692	407	58.8	118	29.0	40	9.8
江 苏	1 817	2 434	134.0	277	11.4	424	17.4
浙 江	1 458	895	61.4	141	15.8	57	6.4
安 徽	2 039	1 234	60.5	44	3.6	51	4.1
福 建	1 174	1 009	85.9	46	4.6	104	10.3
江 西	1 285	353	27.5	26	7.4	21	5.9
山 东	2 075	2 313	111.5	248	10.7	200	8.6
河 南	2 854	978	34.3	57	5.8	103	10.5
湖 北	1 566	1 033	66.0	4	0.4	37	3.6
湖 南	1 870	1 243	66.5	27	2.2	26	2.1
广 东	2 437	966	39.6	155	16.0	67	6.9
广 西	1 452	477	32.9	6	1.3	0	0.0
海 南	1 010	563	55.8	13	2.3	41	7.3
重 庆	1 042	1 255	120.4	29	2.3	37	2.9
四 川	2 260	2 649	117.2	176	6.6	107	4.0
贵 州	1 381	1 064	77.1	20	1.9	36	3.4
云 南	1 180	1 034	87.6	108	10.4	44	4.3
陕 西	1 183	550	46.5	36	6.5	56	10.2
甘 肃	836	1 199	143.4	39	3.3	36	3.0
青 海	903	1 144	126.7	39	3.4	189	16.5
宁 夏	792	550	69.4	38	6.9	39	7.1
新 疆	897	523	58.3	12	2.3	138	26.4

出游目的情况

目的							
商务/出差		探亲访友		健康医疗		其他	
(人次)	(%)	(人次)	(%)	(人次)	(%)	(人次)	(%)
1 997	**6.7**	**12 629**	**42.4**	**3 482**	**11.7**	**7 334**	**24.6**
12	1.4	418	49.4	94	11.1	52	6.1
63	7.9	196	24.5	73	9.1	405	50.7
112	8.5	431	32.6	157	11.9	365	27.6
22	4.1	104	19.2	48	8.8	323	59.5
7	4.0	54	30.7	19	10.8	89	50.6
134	14.1	238	25.0	109	11.4	453	47.6
75	10.7	309	44.1	110	15.7	144	20.5
13	2.4	119	22.0	133	24.6	200	37.0
5	1.2	131	32.2	49	12.0	64	15.7
171	7.0	850	34.9	228	9.4	484	19.9
192	21.5	267	29.8	148	16.5	90	10.1
103	8.3	540	43.8	196	15.9	300	24.3
118	11.7	528	52.3	111	11.0	102	10.1
6	1.7	218	61.8	21	5.9	61	17.3
183	7.9	901	39.0	215	9.3	566	24.5
38	3.9	403	41.2	106	10.8	271	27.7
59	5.7	485	47.0	112	10.8	336	32.5
93	7.5	683	54.9	122	9.8	292	23.5
34	3.5	570	59.0	57	5.9	83	8.6
32	6.7	258	54.1	14	2.9	167	35.0
31	5.5	153	27.2	45	8.0	280	49.7
63	5.0	768	61.2	203	16.2	155	12.4
131	4.9	1 639	61.9	425	16.0	171	6.5
20	1.9	467	43.9	62	5.8	459	43.1
16	1.5	426	41.2	158	15.3	282	27.3
21	3.8	213	38.7	96	17.5	128	23.3
64	5.3	505	42.1	130	10.8	425	35.4
101	8.8	456	39.7	105	9.2	254	22.2
15	2.7	149	27.1	66	12.0	243	44.2
63	12.0	150	28.7	70	13.4	90	17.2

二、农村居民国内旅游者(过夜游客)抽样调查

4-2-1 农村居民国内旅游者(过夜游客)抽样调查

地 区	出游人次数		性 别			
			男		女	
	(人次)	(%)	(人次)	(%)	(人次)	(%)
合 计	**13 712**	**100.0**	**7 991**	**58.3**	**5 721**	**41.7**
北 京	244	100.0	137	56.1	107	43.9
天 津	148	100.0	72	48.6	76	51.4
河 北	407	100.0	243	59.7	164	40.3
山 西	144	100.0	80	55.6	64	44.4
内蒙古	302	100.0	188	62.3	114	37.7
辽 宁	335	100.0	188	56.1	147	43.9
吉 林	223	100.0	110	49.3	113	50.7
黑龙江	322	100.0	171	53.1	151	46.9
上 海	111	100.0	69	62.2	42	37.8
江 苏	627	100.0	350	55.8	277	44.2
浙 江	411	100.0	209	50.9	202	49.1
安 徽	965	100.0	615	63.7	350	36.3
福 建	450	100.0	269	59.8	181	40.2
江 西	286	100.0	181	63.3	105	36.7
山 东	593	100.0	333	56.2	260	43.8
河 南	446	100.0	302	67.7	144	32.3
湖 北	574	100.0	347	60.5	227	39.5
湖 南	1 162	100.0	627	54.0	535	46.0
广 东	1 116	100.0	713	63.9	403	36.1
广 西	450	100.0	271	60.2	179	39.8
海 南	457	100.0	299	65.4	158	34.6
重 庆	667	100.0	361	54.1	306	45.9
四 川	992	100.0	573	57.8	419	42.2
贵 州	600	100.0	377	62.8	223	37.2
云 南	470	100.0	250	53.2	220	46.8
陕 西	228	100.0	136	59.6	92	40.4
甘 肃	252	100.0	152	60.3	100	39.7
青 海	190	100.0	119	62.6	71	37.4
宁 夏	349	100.0	161	46.1	188	53.9
新 疆	191	100.0	88	46.1	103	53.9

人次数及构成

人次数及构成(按地区、性别和年龄分组)

年龄									
65岁及以上		45~64岁		25~44岁		15~24岁		14岁及以下	
(人次)	(%)	(人次)	(%)	(人次)	(%)	(人次)	(%)	(人次)	(%)
583	**4.3**	**4 792**	**34.9**	**5 426**	**39.6**	**2 300**	**16.8**	**611**	**4.5**
3	1.2	87	35.7	109	44.7	19	7.8	26	10.7
5	3.4	70	47.3	50	33.8	16	10.8	7	4.7
16	3.9	163	40.0	111	27.3	99	24.3	18	4.4
10	6.9	58	40.3	51	35.4	16	11.1	9	6.3
7	2.3	124	41.1	152	50.3	14	4.6	5	1.7
12	3.6	122	36.4	105	31.3	86	25.7	10	3.0
7	3.1	97	43.5	70	31.4	35	15.7	14	6.3
8	2.5	89	27.6	132	41.0	51	15.8	42	13.0
8	7.2	59	53.2	34	30.6	7	6.3	3	2.7
41	6.5	291	46.4	195	31.1	78	12.4	22	3.5
29	7.1	178	43.3	124	30.2	52	12.7	28	6.8
52	5.4	291	30.2	355	36.8	244	25.3	23	2.4
15	3.3	125	27.8	205	45.6	81	18.0	24	5.3
15	5.2	68	23.8	110	38.5	87	30.4	6	2.1
27	4.6	242	40.8	185	31.2	109	18.4	30	5.1
13	2.9	136	30.5	210	47.1	70	15.7	17	3.8
5	0.9	214	37.3	227	39.5	112	19.5	16	2.8
75	6.5	450	38.7	416	35.8	160	13.8	61	5.2
21	1.9	237	21.2	592	53.0	237	21.2	29	2.6
8	1.8	69	15.3	245	54.4	115	25.6	13	2.9
11	2.4	120	26.3	199	43.5	116	25.4	11	2.4
64	9.6	289	43.3	198	29.7	77	11.5	39	5.8
54	5.4	347	35.0	393	39.6	144	14.5	54	5.4
27	4.5	197	32.8	273	45.5	76	12.7	27	4.5
12	2.6	201	42.8	179	38.1	53	11.3	25	5.3
5	2.2	92	40.4	92	40.4	30	13.2	9	3.9
3	1.2	80	31.7	131	52.0	30	11.9	8	3.2
8	4.2	84	44.2	85	44.7	13	6.8	0	0.0
16	4.6	138	39.5	123	35.2	55	15.8	17	4.9
6	3.1	74	38.7	75	39.3	18	9.4	18	9.4

4-2-2 农村居民国内旅游者(过夜游客)

地区	出游人次数		文化			
			大专及以上		中专及高中	
	(人次)	(%)	(人次)	(%)	(人次)	(%)
合计	**13 712**	**100.0**	**758**	**5.5**	**2 617**	**19.1**
北京	244	100.0	62	25.4	84	34.4
天津	148	100.0	2	1.4	20	13.5
河北	407	100.0	49	12.0	142	34.9
山西	144	100.0	6	4.2	37	25.7
内蒙古	302	100.0	6	2.0	37	12.3
辽宁	335	100.0	29	8.7	70	20.9
吉林	223	100.0	8	3.6	35	15.7
黑龙江	322	100.0	21	6.5	22	6.8
上海	111	100.0	11	9.9	43	38.7
江苏	627	100.0	54	8.6	145	23.1
浙江	411	100.0	15	3.6	100	24.3
安徽	965	100.0	75	7.8	161	16.7
福建	450	100.0	34	7.6	91	20.2
江西	286	100.0	17	5.9	59	20.6
山东	593	100.0	79	13.3	183	30.9
河南	446	100.0	14	3.1	90	20.2
湖北	574	100.0	22	3.8	104	18.1
湖南	1 162	100.0	22	1.9	201	17.3
广东	1 116	100.0	70	6.3	241	21.6
广西	450	100.0	17	3.8	66	14.7
海南	457	100.0	34	7.4	124	27.1
重庆	667	100.0	24	3.6	85	12.7
四川	992	100.0	28	2.8	125	12.6
贵州	600	100.0	20	3.3	97	16.2
云南	470	100.0	19	4.0	73	15.5
陕西	228	100.0	6	2.6	22	9.6
甘肃	252	100.0	5	2.0	55	21.8
青海	190	100.0	1	0.5	25	13.2
宁夏	349	100.0	2	0.6	59	16.9
新疆	191	100.0	6	3.1	21	11.0

抽样调查人数及构成(按地区和文化程度分组)

程度					
初中		小学		小学以下	
(人次)	(%)	(人次)	(%)	(人次)	(%)
7 179	**52.4**	**2 349**	**17.1**	**809**	**5.9**
64	26.2	9	3.7	25	10.2
88	59.5	31	20.9	7	4.7
161	39.6	33	8.1	22	5.4
72	50.0	21	14.6	8	5.6
133	44.0	119	39.4	7	2.3
176	52.5	56	16.7	4	1.2
110	49.3	52	23.3	18	8.1
195	60.6	58	18.0	26	8.1
45	40.5	8	7.2	4	3.6
297	47.4	103	16.4	28	4.5
165	40.1	86	20.9	45	10.9
563	58.3	92	9.5	74	7.7
241	53.6	57	12.7	27	6.0
151	52.8	45	15.7	14	4.9
231	39.0	74	12.5	26	4.3
261	58.5	63	14.1	18	4.0
343	59.8	75	13.1	30	5.2
642	55.2	239	20.6	58	5.0
711	63.7	74	6.6	20	1.7
274	60.9	76	16.9	17	3.8
239	52.3	51	11.2	9	2.0
327	49.0	198	29.7	33	4.9
569	57.4	212	21.4	58	5.8
268	44.7	148	24.7	67	11.2
243	51.7	97	20.6	38	8.1
153	67.1	32	14.0	15	6.6
126	50.0	41	16.3	25	9.9
94	49.5	41	21.6	29	15.3
145	41.5	98	28.1	45	12.9
92	48.2	60	31.4	12	6.3

4-2-3 农村居民国内旅游者(过夜游客)抽样调查

地区	出游人次数		家庭年人均			
			8000 元以上		6000~7999 元	
	(人次)	(%)	(人次)	(%)	(人次)	(%)
合计	**13 712**	**100.0**	**3 167**	**23.1**	**2 468**	**18.0**
北京	244	100.0	221	90.6	23	9.4
天津	148	100.0	29	19.6	28	18.9
河北	407	100.0	140	34.4	39	9.6
山西	144	100.0	83	57.6	11	7.6
内蒙古	302	100.0	112	37.1	79	26.2
辽宁	335	100.0	95	28.4	115	34.3
吉林	223	100.0	48	21.5	53	23.8
黑龙江	322	100.0	0	0.0	81	25.2
上海	111	100.0	85	76.6	5	4.5
江苏	627	100.0	495	78.9	91	14.5
浙江	411	100.0	233	56.7	89	21.7
安徽	965	100.0	116	12.0	161	16.7
福建	450	100.0	42	9.3	102	22.7
江西	286	100.0	52	18.2	47	16.4
山东	593	100.0	247	41.7	135	22.8
河南	446	100.0	53	11.9	89	20.0
湖北	574	100.0	30	5.2	64	11.1
湖南	1 162	100.0	248	21.3	194	16.7
广东	1 116	100.0	420	37.6	316	28.3
广西	450	100.0	7	1.6	64	14.2
海南	457	100.0	16	3.5	25	5.5
重庆	667	100.0	20	3.0	97	14.5
四川	992	100.0	76	7.7	263	26.5
贵州	600	100.0	5	0.8	89	14.8
云南	470	100.0	85	18.1	80	17.0
陕西	228	100.0	10	4.4	44	19.3
甘肃	252	100.0	0	0.0	7	2.8
青海	190	100.0	12	6.3	0	0.0
宁夏	349	100.0	72	20.6	66	18.9
新疆	191	100.0	115	60.2	11	5.8

人次数及构成(按地区和家庭年人均纯收入分组)

纯 收 入					
4000~5999元		2000~3999元		1999元以下	
(人次)	(%)	(人次)	(%)	(人次)	(%)
4 169	**30.4**	**3 360**	**24.5**	**548**	**4.0**
0	0.0	0	0.0	0	0.0
35	23.6	28	18.9	28	18.9
95	23.3	125	30.7	8	2.0
40	27.8	10	6.9	0	0.0
79	26.2	12	4.0	20	6.6
107	31.9	18	5.4	0	0.0
86	38.6	36	16.1	0	0.0
116	36.0	112	34.8	13	4.0
16	14.4	3	2.7	2	1.8
19	3.0	15	2.4	7	1.1
52	12.7	37	9.0	0	0.0
388	40.2	285	29.5	15	1.6
177	39.3	107	23.8	22	4.9
104	36.4	73	25.5	10	3.5
112	18.9	52	8.8	47	7.9
192	43.0	78	17.5	34	7.6
359	62.5	112	19.5	9	1.6
484	41.7	214	18.4	22	1.9
261	23.4	119	10.7	0	0.0
64	14.2	283	62.9	32	7.1
167	36.5	229	50.1	20	4.4
355	53.2	166	24.9	29	4.3
370	37.3	278	28.0	5	0.5
94	15.7	329	54.8	83	13.8
85	18.1	181	38.5	39	8.3
72	31.6	53	23.2	49	21.5
58	23.0	165	65.5	22	8.7
34	17.9	127	66.8	17	8.9
97	27.8	99	28.4	15	4.3
51	26.7	14	7.3	0	0.0

4-2-4 农村居民国内旅游者(过夜游客)抽样调查

地区	出游人次数		旅游			
			观光游览		休闲度假	
	(人次)	(%)	(人次)	(%)	(人次)	(%)
合计	**13 712**	**100.0**	**1 155**	**8.4**	**655**	**4.8**
北京	244	100.0	59	24.2	20	8.2
天津	148	100.0	35	23.6	1	0.7
河北	407	100.0	39	9.6	9	2.2
山西	144	100.0	24	16.7	5	3.5
内蒙古	302	100.0	4	1.3	1	0.3
辽宁	335	100.0	12	3.6	2	0.6
吉林	223	100.0	5	2.2	5	2.2
黑龙江	322	100.0	3	0.9	19	5.9
上海	111	100.0	74	66.7	11	9.9
江苏	627	100.0	72	11.5	39	6.2
浙江	411	100.0	95	23.1	21	5.1
安徽	965	100.0	38	3.9	49	5.1
福建	450	100.0	25	5.6	16	3.6
江西	286	100.0	23	8.0	6	2.1
山东	593	100.0	102	17.2	22	3.7
河南	446	100.0	27	6.1	39	8.7
湖北	574	100.0	11	1.9	72	12.5
湖南	1 162	100.0	16	1.4	24	2.1
广东	1 116	100.0	203	18.2	82	7.3
广西	450	100.0	10	2.2	4	0.9
海南	457	100.0	13	2.8	36	7.9
重庆	667	100.0	31	4.6	23	3.4
四川	992	100.0	53	5.3	53	5.3
贵州	600	100.0	11	1.8	19	3.2
云南	470	100.0	112	23.8	17	3.6
陕西	228	100.0	26	11.4	7	3.1
甘肃	252	100.0	7	2.8	4	1.6
青海	190	100.0	6	3.2	22	11.6
宁夏	349	100.0	7	2.0	13	3.7
新疆	191	100.0	12	6.3	14	7.3

人次数及构成(按地区和旅游目的分组)

目的							
商务/出差		探亲访友		健康医疗		其他	
(人次)	(%)	(人次)	(%)	(人次)	(%)	(人次)	(%)
574	**4.2**	**9 069**	**66.1**	**1 013**	**7.4**	**1 246**	**9.1**
16	6.6	134	54.9	11	4.5	4	1.6
20	13.5	77	52.0	6	4.1	9	6.1
16	3.9	266	65.4	48	11.8	29	7.1
2	1.4	78	54.2	15	10.4	20	13.9
1	0.3	167	55.3	59	19.5	70	23.2
14	4.2	248	74.0	17	5.1	42	12.5
4	1.8	167	74.9	24	10.8	18	8.1
3	0.9	220	68.3	38	11.8	39	12.1
4	3.6	14	12.6	4	3.6	4	3.6
58	9.3	409	65.2	30	4.8	19	3.0
14	3.4	213	51.8	54	13.1	14	3.4
46	4.8	685	71.0	45	4.7	102	10.6
41	9.1	313	69.6	36	8.0	19	4.2
13	4.5	195	68.2	27	9.4	22	7.7
42	7.1	336	56.7	34	5.7	57	9.6
17	3.8	233	52.2	37	8.3	93	20.9
11	1.9	394	68.6	32	5.6	54	9.4
24	2.1	928	79.9	75	6.5	95	8.2
35	3.1	768	68.8	13	1.2	15	1.3
2	0.4	398	88.4	3	0.7	33	7.3
55	12.0	245	53.6	30	6.6	78	17.1
13	1.9	514	77.1	42	6.3	44	6.6
40	4.0	722	72.8	66	6.7	58	5.8
14	2.3	349	58.2	84	14.0	123	20.5
11	2.3	197	41.9	65	13.8	68	14.5
18	7.9	127	55.7	24	10.5	26	11.4
23	9.1	174	69.0	20	7.9	24	9.5
8	4.2	121	63.7	15	7.9	18	9.5
6	1.7	250	71.6	46	13.2	27	7.7
3	1.6	127	66.5	13	6.8	22	11.5

三、农村居民国内散客过夜游人均花费情况

4-3-1 农村居民散客过夜游人均花费

地　区	人均花费	长途交通	飞　机	火　车	长途汽车	轮　船
总平均	**267**	**50**	**2**	**11**	**37**	**0**
北　京	291	28	4	8	16	0
天　津	251	23	0	2	21	0
河　北	267	29	0	8	21	0
山　西	282	43	5	11	27	0
内蒙古	603	89	1	13	75	0
辽　宁	281	35	0	10	25	0
吉　林	167	37	4	8	25	0
黑龙江	283	44	1	16	27	0
上　海	267	24	0	9	15	0
江　苏	394	52	3	9	40	0
浙　江	372	64	9	8	46	1
安　徽	272	68	0	17	51	0
福　建	291	50	7	5	38	0
江　西	303	99	3	37	59	0
山　东	268	40	7	5	27	1
河　南	226	70	1	23	46	0
湖　北	312	73	1	29	43	0
湖　南	301	69	2	18	49	0
广　东	370	99	5	2	92	0
广　西	335	110	1	5	104	0
海　南	203	53	2	5	45	1
重　庆	204	41	1	12	27	1
四　川	192	34	2	6	26	0
贵　州	255	57	3	11	43	0
云　南	234	36	4	2	30	0
陕　西	188	55	0	28	27	0
甘　肃	175	19	0	7	12	0
青　海	205	22	0	3	19	0
宁　夏	180	39	1	12	26	0
新　疆	160	27	0	7	20	0

构成情况(按地区分组)

单位：元/人次

住　宿	餐　饮	游　览	购　物	娱　乐	市内交通	邮电通讯	其　他
6	**23**	**5**	**122**	**3**	**7**	**3**	**48**
10	28	6	132	1	9	1	76
5	25	3	143	2	8	2	40
7	22	5	161	2	4	2	35
5	24	6	133	1	6	3	61
22	62	3	242	8	10	10	157
3	15	2	153	0	5	2	66
2	12	1	64	1	2	1	47
3	23	2	133	2	7	3	66
10	27	15	135	3	19	0	34
10	42	17	191	9	10	4	59
16	30	14	153	2	5	2	86
4	26	3	140	1	6	4	20
7	24	3	141	3	11	4	48
11	25	9	91	1	9	8	50
6	30	7	147	2	6	2	28
5	20	4	104	1	5	2	15
8	19	7	131	1	8	4	61
4	14	5	119	4	5	4	77
11	36	8	163	9	12	6	26
3	19	1	127	2	8	5	60
16	39	5	51	7	7	4	21
4	16	4	90	3	11	3	32
5	16	4	75	2	5	2	49
4	14	1	71	6	2	2	98
7	28	5	88	2	4	1	63
8	18	6	74	2	4	3	18
4	15	3	85	1	6	2	40
1	13	0	139	1	2	0	27
4	16	2	80	1	3	1	34
3	18	1	89	1	6	1	14

4-3-2 农村居民散客过夜游人均花费

地区	人均花费	长途交通	飞机	火车	长途汽车	轮船
总平均	**100.0**	**18.7**	**0.75**	**4.1**	**13.7**	**0.0**
北京	100.0	9.6	1.37	2.7	5.5	0.0
天津	100.0	9.6	0.00	0.8	8.4	0.0
河北	100.0	10.9	0.00	3.0	7.9	0.0
山西	100.0	15.2	1.77	3.9	9.6	0.0
内蒙古	100.0	14.8	0.17	2.2	12.4	0.0
辽宁	100.0	12.5	0.00	3.6	8.9	0.0
吉林	100.0	22.2	2.40	4.8	15.0	0.0
黑龙江	100.0	15.5	0.35	5.7	9.5	0.0
上海	100.0	9.0	0.00	3.4	5.6	0.0
江苏	100.0	13.2	0.76	2.3	10.2	0.0
浙江	100.0	17.2	2.42	2.2	12.4	0.3
安徽	100.0	25.0	0.00	6.3	18.8	0.0
福建	100.0	17.2	2.41	1.7	13.1	0.0
江西	100.0	32.7	0.99	12.2	19.5	0.0
山东	100.0	14.9	2.61	1.9	10.1	0.4
河南	100.0	31.0	0.44	10.2	20.4	0.0
湖北	100.0	23.4	0.32	9.3	13.8	0.0
湖南	100.0	22.9	0.66	6.0	16.3	0.0
广东	100.0	26.8	1.35	0.5	24.9	0.0
广西	100.0	32.8	0.30	1.5	31.0	0.0
海南	100.0	26.1	0.99	2.5	22.2	0.5
重庆	100.0	20.1	0.49	5.9	13.2	0.5
四川	100.0	17.7	1.04	3.1	13.5	0.0
贵州	100.0	22.4	1.18	4.3	16.9	0.0
云南	100.0	15.4	1.71	0.9	12.8	0.0
陕西	100.0	29.3	0.00	14.9	14.4	0.0
甘肃	100.0	10.9	0.00	4.0	6.9	0.0
青海	100.0	10.7	0.00	1.5	9.3	0.0
宁夏	100.0	21.7	0.56	6.7	14.4	0.0
新疆	100.0	16.9	0.00	4.4	12.5	0.0

构成比例(按地区分组)

单位：%

住　宿	餐　饮	游　览	购　物	娱　乐	市内交通	邮电通讯	其　他
2.2	**8.6**	**1.9**	**45.7**	**1.1**	**2.6**	**1.1**	**18.0**
3.4	9.6	2.1	45.4	0.3	3.1	0.3	26.1
2.0	10.0	1.2	57.0	0.8	3.2	0.8	15.9
2.6	8.2	1.9	60.3	0.7	1.5	0.7	13.1
1.8	8.5	2.1	47.2	0.4	2.1	1.1	21.6
3.6	10.3	0.5	40.1	1.3	1.7	1.7	26.0
1.1	5.3	0.7	54.4	0.0	1.8	0.7	23.5
1.2	7.2	0.6	38.3	0.6	1.2	0.6	28.1
1.1	8.1	0.7	47.0	0.7	2.5	1.1	23.3
3.7	10.1	5.6	50.6	1.1	7.1	0.0	12.7
2.5	10.7	4.3	48.5	2.3	2.5	1.0	15.0
4.3	8.1	3.8	41.1	0.5	1.3	0.5	23.1
1.5	9.6	1.1	51.5	0.4	2.2	1.5	7.4
2.4	8.2	1.0	48.5	1.0	3.8	1.4	16.5
3.6	8.3	3.0	30.0	0.3	3.0	2.6	16.5
2.2	11.2	2.6	54.9	0.7	2.2	0.7	10.4
2.2	8.8	1.8	46.0	0.4	2.2	0.9	6.6
2.6	6.1	2.2	42.0	0.3	2.6	1.3	19.6
1.3	4.7	1.7	39.5	1.3	1.7	1.3	25.6
3.0	9.7	2.2	44.1	2.4	3.2	1.6	7.0
0.9	5.7	0.3	37.9	0.6	2.4	1.5	17.9
7.9	19.2	2.5	25.1	3.4	3.4	2.0	10.3
2.0	7.8	2.0	44.1	1.5	5.4	1.5	15.7
2.6	8.3	2.1	39.1	1.0	2.6	1.0	25.5
1.6	5.5	0.4	27.8	2.4	0.8	0.8	38.4
3.0	12.0	2.1	37.6	0.9	1.7	0.4	26.9
4.3	9.6	3.2	39.4	1.1	2.1	1.6	9.6
2.3	8.6	1.7	48.6	0.6	3.4	1.1	22.7
0.5	6.3	0.0	67.8	0.5	1.0	0.0	13.2
2.2	8.9	1.1	44.4	0.6	1.7	0.6	18.9
1.9	11.3	0.6	55.6	0.6	3.8	0.6	8.8

4－3－3　农村居民散客过夜游人均花费

	散客旅游人均花费	城市间交通费	飞　机	火　车	汽车（含自驾车）	海轮或内河轮船
合　计	**411**	**75**	**3**	**15**	**56**	**0**
性别						
男	406	78	4	15	58	0
女	419	71	3	14	54	0
年龄						
65岁及以上	329	62	9	15	38	0
45～64岁	373	58	3	12	43	0
25～44岁	439	82	3	15	63	0
15～24岁	448	113	5	28	80	0
14岁及以下	457	71	2	8	61	0
文化程度						
大专以上	493	112	16	28	68	0
高中及中专	452	74	2	18	54	0
初中	414	79	4	15	60	0
小学	352	59	2	10	47	0
小学以下	394	64	2	11	51	0

构成情况（按性别、年龄、文化程度分组）

单位：元/人次

住宿费	餐饮费	市内交通费	邮电通讯费	景区游览费	文娱费	购物费	其　他
9	**36**	**10**	**4**	**10**	**5**	**189**	**73**
10	37	10	4	9	5	181	72
8	35	10	4	11	4	200	76
8	27	9	2	11	1	104	105
9	32	9	3	8	3	175	76
10	39	10	4	10	6	205	73
8	37	12	6	11	4	202	55
11	54	14	4	29	11	198	65
17	56	14	6	19	6	206	57
12	42	11	4	13	6	216	74
8	35	10	4	9	5	194	70
7	29	9	3	9	3	154	79
10	38	10	2	12	6	151	101

4-3-4 农村居民散客过夜游人均花费

	散客旅游人均花费	城市间交通费				
			飞机	火车	汽车（含自驾车）	海轮或内河轮船
合计	**100**	**18.2**	**0.7**	**3.6**	**13.6**	**0.0**
性别						
男	100	19.2	1.0	3.7	14.3	0.0
女	100	16.9	0.7	3.3	12.9	0.00
年龄						
65岁及以上	100	18.8	2.7	4.6	11.6	0.0
45~64岁	100	15.5	0.8	3.2	11.5	0.0
25~44岁	100	18.7	0.7	3.4	14.4	0.0
15~24岁	100	25.2	1.1	6.3	17.9	0.0
14岁及以下	100	15.5	0.4	1.8	13.3	0.0
文化程度						
大专以上	100	22.7	3.2	5.7	13.8	0.0
高中及中专	100	16.4	0.4	4.0	11.9	0.0
初中	100	19.1	1.0	3.6	14.5	0.0
小学	100	16.8	0.6	2.8	13.4	0.0
小学以下	100	16.2	0.5	2.8	12.9	0.0

构成比例（按性别、年龄、文化程度分组）

单位：%

住宿费	餐饮费	市内交通费	邮电通讯费	景区游览费	文娱费	购物费	其他
2.2	**8.8**	**2.4**	**1.0**	**2.4**	**1.2**	**46.0**	**17.8**
2.5	9.1	2.5	1.0	2.2	1.2	44.6	17.7
1.9	8.4	2.4	1.0	2.6	1.0	47.7	18.1
2.4	8.2	2.7	0.6	3.3	0.3	31.6	31.9
2.4	8.6	2.4	0.8	2.1	0.8	46.9	20.4
2.3	8.9	2.3	0.9	2.3	1.4	46.7	16.6
1.8	8.3	2.7	1.3	2.5	0.9	45.1	12.3
2.4	11.8	3.1	0.9	6.3	2.4	43.3	14.2
3.4	11.4	2.8	1.2	3.9	1.2	41.8	11.6
2.7	9.3	2.4	0.9	2.9	1.3	47.8	16.4
1.9	8.5	2.4	1.0	2.2	1.2	46.9	16.9
2.0	8.2	2.6	0.9	2.6	0.8	43.8	22.4
2.5	9.6	2.5	0.5	3.0	1.5	38.3	25.6

四、农村居民国内游客对服务质量的评价

4－4－1　农村居民国内游客对服务

	调查人数	
	（人）	（%）
合　　计	**43 466**	**100.0**
公共设施综合评分		
很好	6 104	14.0
好	25 134	57.8
一般	11 838	27.2
较差	340	0.8
差	50	0.1
服务质量综合评分		
很好	5 211	12.0
好	23 804	54.8
一般	12 043	27.7
较差	348	0.8
差	38	0.1
未享受服务	2 022	4.7

质量的评价（按旅游方式分组）

旅游方式			
团　　体		散　　客	
（人）	（%）	（人）	（%）
1 129	**100.0**	**42 337**	**100.0**
315	27.9	5 789	13.7
627	55.5	24 507	57.9
184	16.3	11 654	27.5
3	0.3	337	0.8
0	0.0	50	0.1
271	24.0	4 940	11.7
634	56.2	23 170	54.7
207	18.3	11 836	28.0
16	1.4	332	0.8
1	0.1	37	0.1
0	0.0	2 022	4.8

4－4－2　农村居民国内游客对服务质量的评价

	调查人数		性　别			
			男		女	
	（人）	（%）	（人）	（%）	（人）	（%）
合　　计	**43 466**	**100.0**	**25 417**	**100.0**	**18 049**	**100.0**
公共设施综合评分						
很好	6 104	14.0	3 568	14.0	2 536	14.1
好	25 134	57.8	14 468	56.9	10 666	59.1
一般	11 838	27.2	7 148	28.1	4 690	26.0
较差	340	0.8	194	0.8	146	0.8
差	50	0.1	39	0.1	11	0.1
服务质量综合评分						
很好	5 211	12.0	3 025	11.9	2 186	12.1
好	23 804	54.8	13 730	54.0	10 074	55.8
一般	12 043	27.7	7 232	28.5	4 811	26.7
较差	348	0.8	209	0.8	139	0.8
差	38	0.1	25	0.1	13	0.1
未享受服务	2 022	4.7	1 196	4.7	826	4.6

（按性别和年龄分组）

年龄									
65岁及以上		45~64岁		25~44岁		15~24岁		14岁及以下	
（人）	（%）	（人）	（%）	（人）	（%）	（人）	（%）	（人）	（%）
1 666	**100.0**	**17 002**	**100.0**	**17 584**	**100.0**	**5 199**	**100.0**	**2 015**	**100.0**
193	11.6	2 504	14.7	2 350	13.4	721	13.9	336	16.7
990	59.4	9 773	57.5	10 065	57.2	3 100	59.6	1 206	59.9
466	28.0	4 559	26.8	5 022	28.6	1 328	25.5	463	23.0
13	0.8	139	0.8	136	0.8	43	0.8	9	0.4
4	0.2	27	0.2	11	0.1	7	0.1	1	0.0
156	9.4	2 169	12.8	1 997	11.4	595	11.4	294	14.6
942	56.5	9 157	53.9	9 614	54.7	2 959	56.9	1 132	56.2
497	29.8	4 634	27.3	5 007	28.5	1 420	27.3	485	24.1
15	0.9	139	0.8	147	0.8	37	0.7	10	0.5
1	0.1	19	0.1	11	0.1	4	0.1	3	0.1
55	3.3	884	5.2	808	4.6	184	3.5	91	4.5

4-4-3 农村居民国内游客对服务质量的评价

	调查人数		文化			
			大专及以上		中专及高中	
	（人）	（%）	（人）	（%）	（人）	（%）
合　　计	**43 466**	**100.0**	**1 770**	**100.0**	**8 155**	**100.0**
公共设施综合评分						
很好	6 104	14.0	305	17.2	1 466	18.0
好	25 134	57.8	1 164	65.8	4 706	57.7
一般	11 838	27.2	293	16.6	1 928	23.6
较差	340	0.8	8	0.5	51	0.6
差	50	0.1	0	0.0	4	0.0
服务质量综合评分						
很好	5 211	12.0	264	14.9	1 251	15.3
好	23 804	54.8	1 100	62.1	4 509	55.3
一般	12 043	27.7	341	19.3	2 050	25.1
较差	348	0.8	5	0.3	45	0.6
差	38	0.1	0	0.0	2	0.0
未享受服务	2 022	4.7	60	3.4	298	3.7

(按文化程度分组)

程度					
初中		小学		小学以下	
(人)	(%)	(人)	(%)	(人)	(%)
23 077	**100.0**	**8 271**	**100.0**	**2 193**	**100.0**
3 006	13.0	1 021	12.3	298	13.6
13 378	58.0	4 579	55.4	1 301	59.3
6 515	28.2	2 545	30.8	571	26.0
160	0.7	99	1.2	22	1.0
18	0.1	27	0.3	1	0.0
2 569	11.1	868	10.5	254	11.6
12 610	54.6	4 363	52.8	1 213	55.3
6 638	28.8	2 434	29.4	594	27.1
186	0.8	91	1.1	21	1.0
24	0.1	9	0.1	3	0.1
1 050	4.5	506	6.1	108	4.9

4-4-4 农村居民国内游客对服务质量的评价

	调查人数		家庭年人均 8000元以上	
	(人)	(%)	(人)	(%)
合　计	**43 466**	**100.0**	**1 850**	**100.0**
公共设施综合评分				
很好	6 104	14.0	383	20.7
好	25 134	57.8	1 113	60.2
一般	11 838	27.2	351	19.0
较差	340	0.8	3	0.2
差	50	0.1	0	0.0
服务质量综合评分				
很好	5 211	12.0	333	18.0
好	23 804	54.8	1 042	56.3
一般	12 043	27.7	429	23.2
较差	348	0.8	5	0.3
差	38	0.1	0	0.0
未享受服务	2 022	4.7	41	2.2

（按家庭年人均纯收入分组）

纯收入							
6000～7999 元		4000～5999 元		2000～3999 元		1999 元以下	
（人）	（%）	（人）	（%）	（人）	（%）	（人）	（%）
1 467	**100.0**	**2 812**	**100.0**	**2 900**	**100.0**	**567**	**100.0**
294	20.0	356	12.7	277	9.6	32	5.6
826	56.3	1 635	58.1	1 633	56.3	312	55.0
339	23.1	808	28.7	975	33.6	213	37.6
7	0.5	12	0.4	11	0.4	10	1.8
1	0.1	1	0.0	4	0.1	0	0.0
243	16.6	299	10.6	207	7.1	34	6.0
770	52.5	1 542	54.8	1 598	55.1	278	49.0
397	27.1	838	29.8	936	32.3	222	39.2
13	0.9	13	0.5	19	0.7	10	1.8
2	0.1	5	0.2	2	0.1	0	0.0
42	2.9	115	4.1	138	4.8	23	4.1

4-4-5 农村居民国内游客对服务质量的评价

	调查人数		旅游			
			观光游览		休闲度假	
	(人)	(%)	(人)	(%)	(人)	(%)
合　　计	**43 466**	**100.0**	**3 182**	**100.0**	**2 940**	**100.0**
公共设施综合评分						
很好	6 104	14.0	805	25.3	496	16.9
好	25 134	57.8	1 907	59.9	1 877	63.8
一般	11 838	27.2	445	14.0	562	19.1
较差	340	0.8	22	0.7	5	0.2
差	50	0.1	3	0.1	0	0.0
服务质量综合评分						
很好	5 211	12.0	654	20.6	417	14.2
好	23 804	54.8	1 943	61.1	1 831	62.3
一般	12 043	27.7	542	17.0	632	21.5
较差	348	0.8	29	0.9	8	0.3
差	38	0.1	2	0.1	1	0.0
未享受服务	2 022	4.7	12	0.4	51	1.7

(按旅游目的分组)

目的							
商务/出差		探亲访友		健康/医疗		其他	
(人)	(%)	(人)	(%)	(人)	(%)	(人)	(%)
2 571	**100.0**	**21 698**	**100.0**	**4 495**	**100.0**	**8 580**	**100.0**
432	16.8	2 951	13.6	474	10.5	946	11.0
1 481	57.6	12 615	58.1	2 653	59.0	4 601	53.6
649	25.2	5 955	27.4	1 326	29.5	2 901	33.8
7	0.3	150	0.7	38	0.8	118	1.4
2	0.1	27	0.1	4	0.1	14	0.2
397	15.4	2 536	11.7	397	8.8	810	9.4
1 381	53.7	11 736	54.1	2 480	55.2	4 433	51.7
718	27.9	6 022	27.8	1 375	30.6	2 754	32.1
11	0.4	146	0.7	64	1.4	90	1.0
0	0.0	16	0.1	10	0.2	9	0.1
64	2.5	1 242	5.7	169	3.8	484	5.6

责任编辑： 王　军
责任印制： 冯冬青

图书在版编目（CIP）数据

旅游抽样调查资料. 2010/国家旅游局政策法规司，国家统计局城市社会经济调查司，国家统计局农村社会经济调查司编. --北京：中国旅游出版社，2010. 10
ISBN 978－7－5032－4044－7

Ⅰ. ①旅…　Ⅱ. ①国…②国…③国…　Ⅲ. ①旅游业－抽样调查－统计资料－中国－2010　Ⅳ. ①F592－66

中国版本图书馆 CIP 数据核字（2010）第 198866 号

书　　名：旅游抽样调查资料 2010

编　　者：国家旅游局政策法规司
国家统计局城市社会经济调查司
国家统计局农村社会经济调查司
出版发行：中国旅游出版社
（北京建国门内大街甲 9 号　邮编：100005）
http：//www. cttp. net. cn　E-mail：cttp@ cnta. gov. cn
发行部电话：010－85166507　85166517
排　　版：北京中文天地文化艺术有限公司
经　　销：全国各地新华书店
印　　刷：北京建筑工业印刷厂
版　　次：2010 年 10 月第 1 版　2010 年 10 月第 1 次印刷
开　　本：787 毫米×1092 毫米　1/16
印　　张：27
字　　数：650 千
定　　价：120. 00 元
I S B N　978－7－5032－4044－7